Direito PREVIDENCIÁRIO PÚBLICO grifado

Francisco Braga

Direito PREVIDENCIÁRIO PÚBLICO grifado

INCLUI

- Grifos ao longo do texto que facilitam a revisão e a fixação do conteúdo
- Quadros de ATENÇÃO
- Jurisprudência atualizada
- Antes e depois da EC 103/2019

3ª edição

revista, atualizada e ampliada

2025

EDITORA *Jus*PODIVM

www.editorajuspodivm.com.br

EDITORA *Jus*PODIVM
www.editorajuspodivm.com.br

Rua Canuto Saraiva, 131 – Mooca – CEP: 03113-010 – São Paulo – São Paulo
Tel: (11) 3582.5757
• Contato: https://www.editorajuspodivm.com.br/central-de-relacionamento

Diagramação: EQUIPE *Jus*PODIVM

Capa: Maitê Coelho

B813d Braga, Francisco.
Direito Previdenciário Público Grifado / Francisco Braga – 3.ed., rev., atual. e ampl. - São Paulo: Editora JusPodivm, 2025.

312 p.

ISBN: 978-85-442-5809-5

1. Direito Previdenciário. I. Braga, Francisco. II. Título.

CDD 341.6

BIBLIOTECÁRIA RESPONSÁVEL

Ana Carolina Ribeiro Mois – CRB7 – RJ 007348/0

Além da minha família e amigos, agradeço especialmente aos meus alunos, que, sem descanso, sempre me estimularam (e cobraram, até mesmo com certa urgência) a publicar um livro de direito previdenciário público no modelo Grifado. Sem vocês, eu certamente ainda estaria postergando este projeto. Muito obrigado!

Mensagem do Autor

Prezado leitor,

Prezada leitora,

Primeiramente, muito obrigado pela confiança no meu trabalho. Pode ter certeza de que depositei todas as minhas energias neste livro, com o intuito de elaborar o melhor material possível para atingir a finalidade principal a que se propõe: a preparação para os concursos públicos (muito embora ele também consiga atender quem estuda o direito previdenciário público com qualquer outro objetivo).

Este livro segue o mesmo modelo e o mesmo estilo de abordagem do seu "irmão mais velho", o Direito Constitucional Grifado, que teve a primeira edição publicada em 2021.

Por isso, as mesmas razões que me levaram a escrever o Direito Constitucional Grifado e a estruturá-lo da forma como estruturei se aplicam aqui. Porém, como sei que é possível que você não tenha lido o meu manual de direito constitucional, repetirei aqui a explicação que apresentei lá e que, agora, justifica também a existência do Direito Previdenciário Público Grifado.

Fui "concurseiro", tive aprovações e exerci diferentes cargos, e todas as dificuldades que eu enfrentei com os meus materiais de estudo procurei eliminar neste livro. Ou seja, fiz tudo pensando em como tornar o seu estudo mais eficiente (no tempo e no aproveitamento) e agradável.

Por isso, procurei evitar tudo que, a meu ver, pudesse atrapalhar de alguma forma o estudo da matéria, como as notas de rodapé e a falta de transcrição dos julgados e dos textos legais que foram comentados.

Você vai perceber que o livro não tem nenhuma nota de rodapé. Tudo que você precisa ler está inserido no próprio texto, de modo que não será necessário, em nenhum momento, parar a leitura para buscar detalhes no fim da página.

Além disso, precedentes jurisprudenciais e dispositivos legais (e constitucionais) não foram apenas mencionados ou comentados, mas transcritos no livro. Fiz isso porque, quando me preparava para as provas, sempre que via, no material de leitura, referência a algum artigo de lei ou a algum julgado, sentia necessidade de pesquisá-lo para conferir o seu conteúdo. Você não terá esse problema aqui.

Em relação aos precedentes jurisprudenciais transcritos no livro, tenho consciência de que algumas pessoas não gostam de lê-los. Se você for uma delas (ou se simplesmente não quiser "perder tempo" fazendo essa leitura), não se preocupe, pois é possível "pular" esses trechos sem medo de ter prejuízo de conteúdo, pois todos os entendimentos jurisprudenciais contidos nessas decisões foram devidamente comentados e explicados antes da respectiva transcrição. Ou seja, a leitura da jurisprudência inserida ao longo do texto é apenas um "complemento" para quem quer robustecer o estudo.

Finalmente, chegamos à característica principal deste livro: os grifos.

Todo o livro foi grifado pessoalmente por mim, de modo a destacar apenas os trechos necessários para que você possa revisar a matéria depois de estudá-la. Com isso, você poderá ler todo o conteúdo (do tópico, do capítulo ou mesmo do livro inteiro) sem precisar perder tempo grifando as passagens mais importantes com a preocupação de preparar o material para revisá-lo posteriormente. Tudo isso já foi feito.

Este livro, portanto, já está pronto para você revisar a matéria sem precisar preparar um material resumido para isso. **O seu único trabalho aqui será ler o conteúdo.**

E por que preferi grifar o texto, em vez de utilizar alguma ferramenta tradicional de revisão, como quadros sinóticos ou frases organizadas em tópicos ao fim de cada capítulo? Por conta das vantagens que os grifos proporcionam.

Em primeiro lugar, embora resumos em formato de quadros e frases – que são recursos já bastante difundidos – sejam excelentes, pela minha experiência de estudos, olhar para o texto original que já havia sido estudado e reler apenas os trechos mais importantes tem um efeito estimulante da memória mais efetivo, pois, em muitos casos, é a imagem que faz serem relembrados certos detalhes. Muitas pessoas, inclusive, possuem memória fotográfica, e ela é ativada quando se olha novamente para o texto que já havia sido estudado.

Além disso, os grifos do livro, embora sejam o suficiente para você revisar o que estudou, não impedem que você faça, adicionalmente, seus próprios grifos e anotações. Você pode utilizá-los como um norte para saber o mínimo que é necessário reler para fazer uma revisão completa, e, a partir disso, fazer seus próprios destaques e o que mais julgar necessário. Tudo depende da sua forma de estudar. Os grifos "de fábrica" são uma ferramenta que se adapta facilmente ao seu estilo de estudo.

E, justamente por serem uma ferramenta adaptável, os grifos tornam possíveis diferentes estratégias de estudo, dentre as quais você pode escolher a que melhor atenda suas necessidades.

Se você já se encontrar em um nível avançado de preparação e quiser priorizar outras disciplinas que serão cobradas na sua prova, poderá estudar direito previdenciário público lendo unicamente nossos grifos e, dessa forma, conseguirá rever rapidamente toda a matéria. E a mesma coisa poderá ser feita se você estiver em uma reta final para algum concurso (faltando, por exemplo, 30 dias para a prova) e precisar de um material completo e de leitura rápida. Nesse caso, a leitura dos grifos também resolverá, sozinha, o seu problema.

Se, por outro lado, você ainda se encontrar em uma fase inicial de preparação, o método deste livro também atenderá as suas necessidades. Nesse caso, você poderá fazer uma leitura completa da matéria e revisá-la em seguida relendo apenas os grifos. Inclusive, sugiro que faça uma revisão dentro das primeiras vinte e quatro horas após o estudo do tema, pois é cientificamente comprovado que é nesse período que mais esquecemos a matéria estudada, de modo que revisá-la antes de expirado esse prazo garante uma maior fixação do conteúdo. Eu mesmo costumava fazer isso quando era "concurseiro" e sentia na prática os benefícios. É evidente, porém, que essas revisões "imediatas" não eliminam a necessidade de revisões feitas com maiores intervalos de tempo.

Enfim, esses são os motivos que me levaram a optar pelo método que utilizo neste livro e que me fazem confiar nos bons resultados que ele proporciona. Eu confio tanto nesse modelo, que, após utilizá-lo no Direito Constitucional Grifado e de ver que funcionou como esperado, resolvi repeti-lo aqui, no Direito Previdenciário Público Grifado.

É isso. Espero que goste da leitura e que tenha sucesso na caminhada.

Um abraço.

FRANCISCO BRAGA

Sumário

5 APOSENTADORIAS NO REGIME PRÓPRIO DE PREVIDÊNCIA SOCIAL 143

6 PENSÃO POR MORTE NO REGIME PRÓPRIO DE PREVIDÊNCIA SOCIAL 235

1

INTRODUÇÃO E ESCLARECIMENTOS PRELIMINARES

Antes de iniciar os estudos, é essencial que você saiba qual é o objeto deste livro.

Aqui, não estudaremos todo o direito previdenciário, mas apenas uma parte específica dele: o direito previdenciário público.

Se aqui o que estudaremos será o direito previdenciário público, isso significa que existe um direito previdenciário privado? Não.

Na verdade, o direito previdenciário é sempre público (isto é, é sempre um ramo daquilo que tradicionalmente se chama de direito público), pois ele compreende um conjunto de normas que disciplinam relações que envolvem o Estado, com especial destaque para as relações entre o Estado e os indivíduos que dele recebem benefícios previdenciários (esses indivíduos são os segurados e os seus dependentes). Isso porque a previdência é um direito social prestado pelo Estado aos indivíduos, consubstanciando um direito fundamental de segunda geração (que, como estudamos em direito constitucional, é a geração de direitos fundamentais que compreende os direitos de caráter prestacional, isto é, os direitos que exigem do Estado determinadas prestações).

Mas cuidado com um detalhe: o que foi dito no parágrafo acima não significa que as conhecidas "previdências privadas" sejam "públicas". Nessas previdências privadas, que podem ser contratadas no mercado financeiro como investimentos sujeitos a regime específico de resgate, o que há são realmente relações privadas, as quais não se confundem com as relações jurídicas estudadas na disciplina do Direito Previdenciário.

O direito previdenciário, portanto, é sempre público, pois ele é sempre um ramo do direito público.

Se o direito previdenciário é sempre público, por que existe uma disciplina específica chamada Direito Previdenciário **Público**? Por um motivo simples: para diferenciá-la do direito previdenciário, que estuda as regras aplicáveis ao regime de previdência dos trabalhadores da iniciativa privada em geral.

O regime de previdência dos trabalhadores privados em geral é o chamado Regime Geral de Previdência Social (RGPS) e é gerido pelo INSS (Instituto Nacional do Seguro Social), que é uma autarquia federal.

Paralelamente ao regime geral, existe um regime previdenciário aplicável aos servidores públicos, que é chamado de Regime Próprio de Previdência Social (RPPS), o qual é gerido, em cada ente federado, por um órgão ou entidade específico designado na legislação própria da entidade federativa (isto é, a União, o Distrito Federal, cada Estado e cada Município, por meio de leis próprias, estabelecem o órgão ou entidade responsável por gerir o seu regime próprio de previdência).

O objeto de estudo do direito previdenciário público são justamente as regras constitucionais e legais que regem o regime próprio de previdência, isto é, a previdência dos servidores públicos. **E são essas regras que serão estudadas neste livro.**

Além de saber qual é o objeto deste livro (que, como acabamos de ver, é o regime próprio de previdência), é importante que você entenda a metodologia nele utilizada para a abordagem dos temas.

Em 2019, tivemos mais uma "reforma da previdência", veiculada pela EC 103/2019, que trouxe alterações extensas e profundas no direito previdenciário, especialmente, no que diz respeito ao regime de previdência dos servidores públicos (o chamado regime próprio de previdência social ou RPPS), que é o objeto de estudo da disciplina Direito Previdenciário Público.

Tendo em vista a relevância e o volume das alterações trazidas pela EC 103/2019, e com o objetivo de evitar confusões no estudo da disciplina, a melhor forma de abordar a matéria é por meio da comparação entre o antes e o depois da reforma.

Além disso, o comparativo entre o antes e o depois da EC 103/2019 possui importância prática e, até mesmo, para provas de concursos públicos, pois até hoje existem regimes próprios de previdência de diferentes entes federados que ainda não foram reformados para se adequarem à referida emenda e que, por isso, continuam, em grande parte, sendo regidos pelas regras anteriores a ela.

Por conta disso, os temas tratados neste livro serão, na sua quase totalidade, abordados em dois tópicos distintos: o primeiro dedicado a explicar qual era a sua disciplina antes da EC 103/2019 e o segundo, a explicar qual é a sua disciplina atual, trazida pela Emenda. Portanto, tudo que estiver contido nos tópicos "antes da EC 103/2019" levará em consideração a disciplina vigente antes dessa emenda, assim como tudo que estiver contido nos tópicos "depois da EC 103/2019" se referirá à disciplina atual do tema. Excepcionalmente, porém, haverá alguns poucos temas que serão abordados em tópico único (sem subdivisão em antes e depois da EC 103/2019), por serem temas que não sofreram alteração pela reforma de 2019 ou que, apesar de terem sido alterados, ficaram melhor explicados em um só tópico.

E é importante registrar que, embora os tópicos "antes da EC 103/2019" tratem das normas vigentes antes da reforma, o tempo verbal neles utilizado para explicar a matéria abordada não será sempre o pretérito (isto é, o passado), por um motivo simples: facilitar a escrita e a compreensão da matéria. Por isso, ainda que o tempo verbal utilizado seja o presente, saiba que, se o conteúdo estiver dentro de um tópico "antes da EC 103/2019", ele se referirá ao que estava em vigor antes dessa emenda, e não ao que está em vigor atualmente (embora em alguns temas, como você irá perceber, a EC 103/2019 não tenha realizado modificações substanciais).

Essa metodologia permitirá uma melhor compreensão da matéria, tendo em vista que a EC 103/2019 trouxe alterações bastante profundas e complexas para o regime de previdência dos servidores públicos, de modo que estudá-las sem antes entender qual era o cenário normativo vigente anteriormente não parece ser a melhor estratégia para o estudo do Direito Previdenciário Público.

2

PANORAMA GERAL DO REGIME PRÓPRIO DE PREVIDÊNCIA SOCIAL

1. COMPETÊNCIA LEGISLATIVA

Para iniciar o estudo do Direito Previdenciário Público, é necessário saber quais são as entidades federativas que possuem competência para legislar sobre previdência, pois ter esse conhecimento é indispensável para compreender diversos outros aspectos da disciplina.

1.1. Competência legislativa antes da EC 103/2019

Nos termos do art. 24, XII, da CF/88 (na redação anterior à EC 103/2019), previdência social é um tema de **competência legislativa concorrente entre a União, os Estados e o Distrito Federal**. Essa competência, naturalmente, engloba o regime de previdência dos servidores públicos (que é chamado de regime próprio de previdência social ou RPPS).

Veja:

> "**Art. 24, CF/88.** Compete à União, aos Estados e ao Distrito Federal legislar concorrentemente sobre:
>
> (...)
>
> **XII -** previdência social, proteção e defesa da saúde;
>
> (...)"

No âmbito da competência legislativa concorrente, a União, os Estados e o Distrito Federal possuem papéis distintos: enquanto a União edita normas gerais de abrangência nacional, os Estados e o Distrito Federal editam normas específicas, de abrangência limitada aos seus respectivos territórios, para atender suas peculiaridades.

Caso a União se omita na criação das normas gerais, os Estados (e o Distrito Federal) podem exercer a competência legislativa plena, ou seja, podem editar tanto as suas normas específicas quanto as normas gerais. E, na hipótese de os Estados terem exercido a competência plena e, em momento posterior, haver a criação de normas gerais pela União, essas normas gerais federais supervenientes suspenderão a eficácia das normas gerais estaduais que forem conflitantes com elas (não haverá revogação de norma estadual por norma federal superveniente, mas apenas a suspensão da eficácia daquela).

Tudo isso está disposto nos §§ 1º a 4º do art. 24 da CF/88:

> "**Art. 24, CF/88. (...)**
>
> **§ 1º** No âmbito da legislação concorrente, a competência da União limitar-se-á a estabelecer normas gerais.
>
> **§ 2º** A competência da União para legislar sobre normas gerais não exclui a competência suplementar dos Estados.
>
> **§ 3º** Inexistindo lei federal sobre normas gerais, os Estados exercerão a competência legislativa plena, para atender a suas peculiaridades.
>
> **§ 4º** A superveniência de lei federal sobre normas gerais suspende a eficácia da lei estadual, no que lhe for contrário."

Portanto, no que diz respeito ao regime de previdência do funcionalismo público, a União tem competência para editar normas gerais, enquanto os Estados e o Distrito Federal possuem competência para criar normas específicas que atendam suas peculiaridades, tudo conforme consta do art. 24 da CF/88.

Note que, apesar de os **Municípios** não terem sido incluídos no rol de entes federativos que exercem a competência legislativa concorrente, eles podem editar leis sobre os temas indicados no art. 24 da CF/88, desde que se trate de alguma questão de interesse local, pois, quando presente esse interesse, a Constituição permite que os Municípios suplementem a legislação federal e a estadual, tudo conforme previsto no art. 30, I e II, da CF/88. E é justamente esse o caso da previdência dos servidores municipais: havendo inegável interesse local nesse tema, os Municípios podem, perfeitamente, editar normas próprias disciplinando a questão.

> "**Art. 24, CF/88.** Compete à União, aos Estados e ao Distrito Federal legislar concorrentemente sobre:
>
> (...)
>
> **XII** - previdência social, proteção e defesa da saúde;
>
> (...)"
>
> "**Art. 30, CF/88.** Compete aos Municípios:
>
> I - legislar sobre assuntos de interesse local;
>
> II - suplementar a legislação federal e a estadual no que couber;
>
> (...)"

1.1.1. A norma geral federal sobre RPPS editada pela União e a possibilidade de os Estados, Distrito Federal e Municípios fixarem, por leis próprias, as listas de beneficiários dos seus regimes próprios de previdência

Conforme vimos, no tema da previdência social, a União tem competência para legislar sobre normas gerais. E aí surge o seguinte questionamento: **em relação ao regime próprio de previdência dos servidores públicos, essa norma geral foi editada pela União?** Sim. Trata-se da Lei 9.717/98.

No que diz respeito a essa lei, uma das disposições mais importantes é a do *caput* do seu art. 5º, que proíbe que os regimes próprios de previdência concedam benefícios previdenciários que não existam igualmente no Regime Geral de Previdência Social (que é o regime de previdência gerido pelo INSS).

Confira o teor desse dispositivo:

> "**Art. 5º, Lei 9.717/98.** Os regimes próprios de previdência social dos servidores públicos da União, dos Estados, do Distrito Federal e dos Municípios, dos militares dos Estados e do Distrito Federal não poderão conceder benefícios distintos dos previstos no Regime Geral de Previdência Social, de que trata a Lei nº 8.213, de 24 de julho de 1991, salvo disposição em contrário da Constituição Federal."

Nos termos desse dispositivo, portanto, para que um regime próprio de previdência de qualquer ente federativo conceda um benefício, esse benefício deve existir, também, no Regime Geral de Previdência Social (RGPS), que é a previdência gerida pelo INSS.

E foi daí que surgiu um dos grandes debates relativos à previdência do funcionalismo público: a vedação de concessão de benefício não previsto no RGPS faz com que os regimes próprios de previdência não possam conceder benefício a **beneficiários** não previstos no RGPS, ainda que o benefício em si exista no regime geral de previdência?

Para compreender melhor esse questionamento, imagine o famoso caso das pensionistas filhas solteiras, que são aquelas mulheres que, pelo simples fato de possuírem o estado civil de solteiras, têm direito a receber pensão por morte. As filhas solteiras não estão previstas no RGPS como beneficiárias, mas em alguns entes federativos (como é o caso do Estado de São Paulo), elas foram elencadas como aptas a receber pensão por morte deixada por servidor público.

O que se questiona é o seguinte: embora o benefício de pensão por morte exista no RGPS, o seu pagamento, por regime próprio de previdência, a beneficiários não previstos no RGPS (por exemplo, as filhas solteiras) viola o art. 5º, *caput*, da Lei 9.717/98?

A esse respeito, há **divergência entre o STF e o STJ**.

O Superior Tribunal de Justiça vem entendendo que o art. 5º da Lei 9.717/98, ao proibir que os regimes próprios de previdência concedam benefícios sem correspondência no RGPS, impede que existam, no RPPS, beneficiários diversos daqueles previstos no regime geral de previdência. Por conta disso, segundo o STJ, os regimes próprios dos diversos entes federativos não podem, por exemplo, assegurar o pagamento de pensão por morte a filhos universitários maiores de 21 (vinte e um) anos ou filhas solteiras de qualquer idade, já que, no RGPS (art. 16 da Lei 8.213/91), tanto o filho quanto a filha do segurado só podem ser pensionistas até atingirem 21 (vinte e um) anos de idade, sendo irrelevante o seu estado civil ou o fato de frequentarem curso superior.

Esse entendimento foi adotado pelo STJ, por exemplo, no **REsp 1666609** (j. 13/06/2017) e no **AgInt no RMS 62572** (j. 15/05/2023). Neste último, a Corte negou a possibilidade de o regime próprio de previdência pagar pensão por morte a filho de segurado maior de 21 (vinte e um) anos, ainda que ele seja estudante universitário. Veja a ementa desse julgamento:

> "PREVIDENCIÁRIO. REGIME ESTATUTÁRIO. **PENSÃO POR MORTE. LEI ESTADUAL. LIMITE ETÁRIO.** NÃO PREVALÊNCIA.
>
> 1. Consoante o entendimento do STJ, **há absoluta impossibilidade de recebimento de pensão por morte até os 24 anos de idade, ainda que o beneficiário seja estudante universitário**, devendo prevalecer - sobre as disposições de lei local - a legislação federal que rege a matéria, ou seja, a **Lei n. 9.717/1998**, que fixou regras para a organização e o funcionamento dos regimes próprios de previdência social dos servidores públicos da União, dos Estados, do Distrito Federal e dos Municípios, que

> estabelece em seu art. 5º que os referidos entes "não poderão conceder benefícios distintos dos previstos no Regime Geral de Previdência Social, de que trata a Lei n. 8.213, de 24 de julho de 1991, salvo disposição em contrário da Constituição Federal".
>
> (...)" **(AgInt no RMS 62572, Rel. Min. GURGEL DE FARIA, Primeira Turma, j. 15/05/2023)**

O Supremo Tribunal Federal, porém, **diverge do STJ** e adota um posicionamento que dá autonomia aos entes federados para definir a lista de beneficiários do respectivo regime próprio de previdência.

Segundo o STF, o rol de beneficiários não é uma questão geral de previdência social (que, conforme vimos, deve ser objeto de disciplina em lei federal), mas sim uma questão específica, que é de competência legislativa de cada ente federado, já que direito previdenciário é um tema inserido no âmbito da legislação concorrente (art. 24, XII, CF/88). Isso faz com que caiba a cada entidade da Federação estabelecer o rol de beneficiários do seu regime próprio de previdência, sem ter a obrigação de seguir a lista prevista na legislação de regência do RGPS.

Por conta disso, o STF admite que leis locais de regime próprio de previdência assegurem o pagamento de pensão por morte a beneficiários não existentes no âmbito do RGPS, como é o caso do filho universitário maior de 21 (vinte e um) anos, da filha solteira de qualquer idade ou mesmo de beneficiários que são habilitados como pensionistas simplesmente por terem sido designados pelo segurado. Segundo a Corte, o que a Lei 9.717/98 proíbe é que os regimes próprios de previdência criem benefícios sem correspondência no RGPS, o que não se confunde com as pessoas (isto é, os beneficiários) que têm direito a esses benefícios. A lista dessas pessoas, segundo o Supremo Tribunal Federal, é algo que cada ente federado tem autonomia para definir, por ser uma questão específica de cada um, e não uma questão geral. É possível citar como exemplos de precedentes nesse sentido o **MS 31770** (j. 20/11/2014) e o **ARE 880210** (j. 02/09/2015).

Qual posicionamento deve ser adotado em provas? Depende de como o tema for cobrado na questão.

Se a questão especificar um tribunal (STJ ou STF), a resposta deve ser dada de acordo com o entendimento do tribunal mencionado pela banca examinadora. Porém, se a questão não se referir a nenhum tribunal específico, a estratégia mais segura é responder de acordo com os precedentes do Supremo Tribunal Federal, já que o STF é o tribunal mais elevado do País e, portanto, o que dá a "última palavra" sobre os temas submetidos ao Poder Judiciário.

1.2. Competência legislativa após a EC 103/2019

Após a edição da EC 103/2019, a competência para legislar sobre previdência social **continua sendo concorrente**, permanecendo inalterado o art. 24, XII, da CF/88.

Portanto, no Direito Previdenciário (inclusive no que diz respeito ao regime próprio de previdência), a União continua sendo o ente federado competente para criar normas gerais, enquanto os Estados e o Distrito Federal criam as suas normas específicas, conforme continua previsto no art. 24, §§ 1º a 4º, da CF/88.

Em relação aos Municípios, conforme vimos, eles podem editar normas sobre o regime de previdência dos seus servidores, por haver, no tema, inegável interesse local e a Constituição permitir que, quando presente esse interesse, eles suplementem a legislação federal e a estadual (art. 30, I e II, CF/88).

> "**Art. 24, CF/88.** Compete à União, aos Estados e ao Distrito Federal legislar concorrentemente sobre:
>
> (...)
>
> **XII -** previdência social, proteção e defesa da saúde;
>
> (...)"
>
> "**Art. 30, CF/88.** Compete aos Municípios:
>
> I - legislar sobre assuntos de interesse local;
>
> II - suplementar a legislação federal e a estadual no que couber;
>
> (...)"

Apesar disso, a repartição da competência legislativa para tratar de regime próprio de previdência social **não permaneceu exatamente como ela era antes da entrada em vigor da EC 103/2019.**

Isso porque a EC 103/2019, diferentemente do que ocorria antes dela, estabeleceu que as regras disciplinadoras dos **requisitos e critérios de concessão e de cálculo das aposentadorias (exceto a idade limite da aposentadoria compulsória) e das pensões** nos regimes próprios de previdência, **bem como a disciplina do abono de permanência**, devem ser definidas na legislação de cada ente federado, não mais seguindo normas gerais federais aplicáveis nacionalmente.

Em relação a essas questões, a EC 103/2019 trouxe apenas normas aplicáveis no âmbito do RPPS da **União**, e atribuiu aos Estados, Distrito Federal e Municípios a competência para legislar sobre elas no que diz respeito aos seus regimes próprios de previdência.

Nós temos aí, portanto, normas gerais de previdência social que são editadas necessariamente por cada ente federado, não tendo a União competência para tratar dessas questões em relação a todas as entidades da Federação.

Isso fica bastante claro no art. 40, §§ 1º, I e III, 3º a 5º, 7º e 19 da CF/88 e nos arts. 10, § 7º, e 23, § 8º, da EC 103/2019 (os quais ainda serão estudados neste livro):

> "**Art. 40, CF/88.**
>
> (...)
>
> **§ 1º** O servidor abrangido por regime próprio de previdência social será aposentado: ***(Redação dada pela EC 103/2019)***
>
> I - por incapacidade permanente para o trabalho, no cargo em que estiver investido, quando insuscetível de readaptação, hipótese em que será obrigatória a realização de avaliações periódicas para verificação da continuidade das condições que ensejaram a concessão da aposentadoria, na forma de lei do respectivo ente federativo; ***(Redação dada pela EC 103/2019)***
>
> II - compulsoriamente, com proventos proporcionais ao tempo de contribuição, aos 70 (setenta) anos de idade, ou aos 75 (setenta e cinco) anos de idade, na forma de lei complementar;
>
> III - no âmbito da União, aos 62 (sessenta e dois) anos de idade, se mulher, e aos 65 (sessenta e cinco) anos de idade, se homem, e, no âmbito dos Estados, do Distrito Federal e dos Municípios, **na idade mínima estabelecida mediante emenda às respectivas Constituições e Leis Orgânicas**, observados o tempo de contribuição e **os demais requisitos estabelecidos em lei complementar do respectivo ente federativo**. ***(Redação dada pela EC 103/2019)***
>
> (...)
>
> **§ 3º** As regras para cálculo de proventos de aposentadoria serão disciplinadas em lei do respectivo ente federativo. ***(Redação dada pela EC 103/2019)***
>
> **§ 4º** É vedada a adoção de requisitos ou critérios diferenciados para concessão de benefícios em regime próprio de previdência social, ressalvado o disposto nos §§ 4º-A, 4º-B, 4º-C e 5º. ***(Redação dada pela EC 103/2019)***
>
> **§ 4º-A.** Poderão ser estabelecidos por **lei complementar do respectivo ente federativo** idade e tempo de contribuição diferenciados para aposentadoria de servidores com deficiência, previamente submetidos a avaliação biopsicossocial realizada por equipe multiprofissional e interdisciplinar. ***(Redação dada pela EC 103/2019)***

§ 4º-B. Poderão ser estabelecidos por **lei complementar do respectivo ente federativo** idade e tempo de contribuição diferenciados para aposentadoria de ocupantes do cargo de agente penitenciário, de agente socioeducativo ou de policial dos órgãos de que tratam o inciso IV do caput do art. 51, o inciso XIII do caput do art. 52 e os incisos I a IV do caput do art. 144. ***(Redação dada pela EC 103/2019)***

§ 4º-C. Poderão ser estabelecidos por **lei complementar do respectivo ente federativo** idade e tempo de contribuição diferenciados para aposentadoria de servidores cujas atividades sejam exercidas com efetiva exposição a agentes químicos, físicos e biológicos prejudiciais à saúde, ou associação desses agentes, vedada a caracterização por categoria profissional ou ocupação. ***(Redação dada pela EC 103/2019)***

§ 5º Os ocupantes do cargo de professor terão idade mínima reduzida em 5 (cinco) anos em relação às idades decorrentes da aplicação do disposto no inciso III do § 1º, desde que comprovem tempo de efetivo exercício das funções de magistério na educação infantil e no ensino fundamental e médio fixado em **lei complementar do respectivo ente federativo**. ***(Redação dada pela EC 103/2019)***

(...)

§ 7º Observado o disposto no § 2º do art. 201, quando se tratar da única fonte de renda formal auferida pelo dependente, o benefício de pensão por morte será concedido nos termos de **lei do respectivo ente federativo**, a qual tratará de forma diferenciada a hipótese de morte dos servidores de que trata o § 4º-B decorrente de agressão sofrida no exercício ou em razão da função. ***(Redação dada pela EC 103/2019)***

(...)

§ 19. Observados critérios a serem estabelecidos em **lei do respectivo ente federativo**, o servidor titular de cargo efetivo que tenha completado as exigências para a aposentadoria voluntária e que opte por permanecer em atividade poderá fazer jus a um abono de permanência equivalente, no máximo, ao valor da sua contribuição previdenciária, até completar a idade para aposentadoria compulsória. ***(Redação dada pela EC 103/2019)***

(...)"

"**Art. 10, EC 103/2019.** Até que entre em vigor lei federal que discipline os benefícios do regime próprio de previdência social dos **servidores da União**, aplica-se o disposto neste artigo.

(...)

§ 7º Aplicam-se às aposentadorias dos servidores dos Estados, do Distrito Federal e dos Municípios as normas constitucionais e infraconstitucionais anteriores à data de entrada em vigor desta Emenda Constitucional, **enquanto não promovidas alterações na legislação interna** relacionada ao respectivo regime próprio de previdência social.

(...)"

> "**Art. 23, EC 103/2019.** A pensão por morte concedida a dependente de segurado do Regime Geral de Previdência Social ou de **servidor público federal** será equivalente a uma cota familiar de 50% (cinquenta por cento) do valor da aposentadoria recebida pelo segurado ou servidor ou daquela a que teria direito se fosse aposentado por incapacidade permanente na data do óbito, acrescida de cotas de 10 (dez) pontos percentuais por dependente, até o máximo de 100% (cem por cento).
>
> (...)
>
> **§ 8º** Aplicam-se às pensões concedidas aos dependentes de servidores dos Estados, do Distrito Federal e dos Municípios as normas constitucionais e infraconstitucionais anteriores à data de entrada em vigor desta Emenda Constitucional, **enquanto não promovidas alterações na legislação interna** relacionada ao respectivo regime próprio de previdência social.
>
> (...)"

Apesar de a EC 103/2019 ter atribuído aos Estados, Distrito Federal e Municípios a competência para legislar sobre questões que, antes da Emenda, eram da competência legislativa da União, o fato é que, segundo o art. 24, II, da CF/88, a competência para legislar sobre previdência social (aí incluído – repita-se – o regime próprio de previdência) **continua sendo concorrente**.

Isso significa que a definição das normas gerais aplicáveis aos regimes próprios de previdência de todos os entes federados (ressalvadas, conforme vimos, as relativas a aposentadorias, pensões e abono de permanência) **continua sendo de competência da União**.

E foi nessa linha de raciocínio que a EC 103/2019 incluiu o § 22 no art. 40 da CF/88, prevendo ser proibida (a partir da EC 103/2019) a criação de novos regimes próprios de previdência, bem como estabelecendo que a União deverá elaborar **lei complementar** tratando de normas gerais sobre organização, funcionamento e responsabilidade na gestão do RPPS, devendo essa lei complementar necessariamente disciplinar determinados aspectos do regime próprio de previdência (aspectos esses que se encontram listados nos incisos do próprio art. 40, § 22, da CF/88).

Mas, enquanto a União não editar essa nova lei complementar sobre normas gerais, continuará aplicável a Lei Federal 9.717/98 (que foi a lei federal sobre normas gerais do RPPS editada antes da EC 103/2019), conforme prevê o art. 9º da EC 103/2019, dispositivo que estabelece normas gerais a serem observadas em todo o País até que a União edite a nova legislação de normas gerais.

Combinando o § 22 do art. 40 da CF/88 com o art. 9º da EC 103/2019, temos o seguinte: após a EC 103/2019, as normas gerais nacionais sobre RPPS devem ser veiculadas em **lei complementar federal** (e não mais em lei ordinária) e, enquanto essa nova lei complementar não for editada pela União, continuará tendo aplicação a Lei 9.717/98, mas não isoladamente, pois ela será aplicada em conjunto com as normas gerais estabelecidas no próprio art. 9º da EC 103/2019.

Note que **as normas gerais previstas no art. 9º da EC 103/2019 são transitórias**, pois elas apenas serão aplicadas enquanto não for editada a nova lei complementar federal de normas gerais.

Dentre as normas gerais "transitórias" previstas no art. 9º da EC 103/2019, uma das mais interessantes é a previsão, contida no § 2º, de que, no RPPS, **os únicos benefícios serão a aposentadoria e a pensão por morte**. Assim, caso o ente federativo preveja outros benefícios além desses dois (a exemplo do auxílio funeral e do auxílio reclusão), eles não poderão ser custeados por recursos do regime próprio de previdência, devendo ser suportados por outras fontes. Trata-se de uma medida tendente a preservar a saúde financeira dos regimes próprios de previdência em todas as esferas da Federação.

Confira o teor desses dispositivos:

> "**Art. 40, § 22, CF/88.** Vedada a instituição de novos regimes próprios de previdência social, lei complementar federal estabelecerá, para os que já existam, normas gerais de organização, de funcionamento e de responsabilidade em sua gestão, dispondo, entre outros aspectos, sobre:
>
> I - requisitos para sua extinção e consequente migração para o Regime Geral de Previdência Social;
>
> II - modelo de arrecadação, de aplicação e de utilização dos recursos;
>
> III - fiscalização pela União e controle externo e social;
>
> IV - definição de equilíbrio financeiro e atuarial;
>
> V - condições para instituição do fundo com finalidade previdenciária de que trata o art. 249 e para vinculação a ele dos recursos provenientes de contribuições e dos bens, direitos e ativos de qualquer natureza;
>
> VI - mecanismos de equacionamento do deficit atuarial;
>
> VII - estruturação do órgão ou entidade gestora do regime, observados os princípios relacionados com governança, controle interno e transparência;
>
> VIII - condições e hipóteses para responsabilização daqueles que desempenhem atribuições relacionadas, direta ou indiretamente, com a gestão do regime;

IX - condições para adesão a consórcio público;

X - parâmetros para apuração da base de cálculo e definição de alíquota de contribuições ordinárias e extraordinárias."

"**Art. 9º, EC 103/2019.** Até que entre em vigor lei complementar que discipline o § 22 do art. 40 da Constituição Federal, aplicam-se aos regimes próprios de previdência social o disposto na Lei nº 9.717, de 27 de novembro de 1998, e o disposto neste artigo.

§ 1º O equilíbrio financeiro e atuarial do regime próprio de previdência social deverá ser comprovado por meio de garantia de equivalência, a valor presente, entre o fluxo das receitas estimadas e das despesas projetadas, apuradas atuarialmente, que, juntamente com os bens, direitos e ativos vinculados, comparados às obrigações assumidas, evidenciem a solvência e a liquidez do plano de benefícios.

§ 2º O rol de benefícios dos regimes próprios de previdência social fica limitado às aposentadorias e à pensão por morte.

§ 3º Os afastamentos por incapacidade temporária para o trabalho e o salário-maternidade serão pagos diretamente pelo ente federativo e não correrão à conta do regime próprio de previdência social ao qual o servidor se vincula.

§ 4º Os Estados, o Distrito Federal e os Municípios não poderão estabelecer alíquota inferior à da contribuição dos servidores da União, exceto se demonstrado que o respectivo regime próprio de previdência social não possui deficit atuarial a ser equacionado, hipótese em que a alíquota não poderá ser inferior às alíquotas aplicáveis ao Regime Geral de Previdência Social.

§ 5º Para fins do disposto no § 4º, não será considerada como ausência de deficit a implementação de segregação da massa de segurados ou a previsão em lei de plano de equacionamento de deficit.

§ 6º A instituição do regime de previdência complementar na forma dos §§ 14 a 16 do art. 40 da Constituição Federal e a adequação do órgão ou entidade gestora do regime próprio de previdência social ao § 20 do art. 40 da Constituição Federal deverão ocorrer no prazo máximo de 2 (dois) anos da data de entrada em vigor desta Emenda Constitucional.

§ 7º Os recursos de regime próprio de previdência social poderão ser aplicados na concessão de empréstimos a seus segurados, na modalidade de consignados, observada regulamentação específica estabelecida pelo Conselho Monetário Nacional.

§ 8º Por meio de lei, poderá ser instituída contribuição extraordinária pelo prazo máximo de 20 (vinte) anos, nos termos dos §§ 1º-B e 1º-C do art. 149 da Constituição Federal.

§ 9º O parcelamento ou a moratória de débitos dos entes federativos com seus regimes próprios de previdência social fica limitado ao prazo a que se refere o § 11 do art. 195 da Constituição."

O conteúdo do art. 9º da EC 103/2019 será melhor estudado em tópicos específicos deste livro.

1.2.1. Competência para legislar sobre a previdência dos militares estaduais

Um detalhe muito importante relacionado com a competência legislativa para tratar da previdência dos agentes públicos diz respeito ao regime previdenciário dos militares, mais precisamente, dos militares estaduais.

Em relação ao regime de previdência dos militares, é necessário, antes de tudo, saber que ele é, preponderantemente legal, ao contrário do que ocorre com a previdência dos servidores civis, que é preponderantemente constitucional.

Como assim?

É que as regras de regime próprio de previdência amplamente tratadas na Constituição Federal, mais precisamente, no seu art. 40, dizem respeito aos servidores civis, não abrangendo os militares. O regime de previdência dos militares deve ser disciplinado por lei, ou seja, no âmbito infraconstitucional.

Isso decorre do art. 142, § 3º, X, da CF/88, que prevê que a **lei** deve disciplinar o regime de inatividades dos militares da União (que são os integrantes das Forças Armadas), e do art. 42, § 1º, da CF/88, segundo o qual, aplica-se aos militares dos Estados e do Distrito Federal o art. 142, § 3º, X, da CF/88.

Portanto, tanto a previdência dos militares federais quanto a dos militares estaduais e do Distrito Federal devem ser disciplinadas no âmbito infraconstitucional. Apenas se aplicam a eles as regras previdenciárias previstas na Constituição Federal quando isso for estabelecido expressamente em norma constitucional, como é o caso do § 9º do art. 40 da CF/88, pois o art. 42, § 1º, da CF/88, determina a sua aplicação aos militares dos Estados e do Distrito Federal (que são os policiais militares e os bombeiros militares).

Veja o teor desses dispositivos:

> "**Art. 142, § 3º, CF/88.** Os membros das Forças Armadas são denominados militares, aplicando-se-lhes, além das que vierem a ser fixadas em lei, as seguintes disposições:
>
> (...)
>
> X - a **lei disporá sobre** o ingresso nas Forças Armadas, os limites de idade, a estabilidade e outras condições de **transferência do militar**

> **para a inatividade**, os direitos, os deveres, a remuneração, as prerrogativas e outras situações especiais dos militares, consideradas as peculiaridades de suas atividades, inclusive aquelas cumpridas por força de compromissos internacionais e de guerra."
>
> "**Art. 42, § 1º, CF/88. Aplicam-se aos militares dos Estados, do Distrito Federal e dos Territórios**, além do que vier a ser fixado em lei, as disposições do art. 14, § 8º; do **art. 40, § 9º**; e do **art. 142, §§ 2º e 3º**, cabendo a **lei estadual específica dispor sobre as matérias do art. 142, § 3º, inciso X**, sendo as patentes dos oficiais conferidas pelos respectivos governadores."

A regras constitucionais sobre o regime de previdência dos militares ainda serão abordadas em tópico específico deste livro.

O que é necessário registrar aqui é que a EC 103/2019 alterou o art. 22, XXI, da CF/88, o qual, a partir dessa alteração, passou a prever ser da **competência legislativa privativa da União** o estabelecimento de **normas gerais** sobre a previdência dos militares dos Estados e do DF. Antes da EC 103/2019, não havia essa previsão na CF/88.

Confira a atual redação do dispositivo:

> "**Art. 22, CF/88.** Compete privativamente à União legislar sobre:
>
> (...)
>
> XXI - **normas gerais** de organização, efetivos, material bélico, garantias, convocação, mobilização, **inatividades e pensões** das polícias militares e dos corpos de bombeiros militares;" ***(Redação dada pela EC 103/2019)***

Portanto, desde a EC 103/2019, a competência para editar normas gerais sobre o regime de previdência dos militares dos Estados e do Distrito Federal deixou de ser concorrente e passou a ser privativa da União. Isso possui uma repercussão prática muito relevante: agora, se a União se omitir na criação dessas normas, os Estados e o Distrito Federal não mais poderão suprir a omissão, já que se trata de uma competência privativa da União.

Exercendo a competência para legislar sobre normas gerais de militares estaduais, a União editou a Lei nº 13.954/2019, alterando o Decreto-Lei 667/69. Essa lei teve a sua constitucionalidade questionada no Supremo Tribunal Federal.

Por qual motivo alegaram a inconstitucionalidade da norma?

Conforme já vimos, nos termos dos arts. 42, § 1º, e 142, § 3º, X, da CF/88, cada ente federado deve, por lei própria, disciplinar a previdência dos seus militares.

Some-se a isso o fato de que a EC 103/2019 alterou, como acabamos de ver, a redação do inciso XXI do art. 22 da CF/88, e, a partir disso, passou a ser da competência privativa da União legislar sobre normas gerais de inatividades e pensões dos militares estaduais (de modo que, agora, a competência dos Estados nesse tema se restringe à criação de normas específicas). Essa competência foi exercida pela União com a edição da Lei Federal 13.954/2019, que, dentre outras disposições, estabeleceu a aplicação aos militares dos Estados e do Distrito Federal das mesmas alíquotas de contribuição previdenciária previstas para os militares federais (que são os integrantes das Forças Armadas). Essa determinação foi inserida pela Lei no art. 24-C do Decreto-Lei 667/69, que recebeu a seguinte redação:

> "**Art. 24-C, Decreto-Lei 667/69.** Incide contribuição **sobre a totalidade da remuneração** dos militares dos Estados, do Distrito Federal e dos Territórios, ativos ou inativos, e de seus pensionistas, **com alíquota igual à aplicável às Forças Armadas**, cuja receita é destinada ao custeio das pensões militares e da inatividade dos militares.
>
> **§ 1º** Compete ao ente federativo a cobertura de eventuais insuficiências financeiras decorrentes do pagamento das pensões militares e da remuneração da inatividade, que não tem natureza contributiva.
>
> **§ 2º** Somente a partir de 1º de janeiro de 2025 os entes federativos poderão alterar, por lei ordinária, as alíquotas da contribuição de que trata este artigo, nos termos e limites definidos em lei federal."

A questão que surgiu a partir disso foi a seguinte: **a definição das alíquotas das contribuições previdenciárias consubstancia norma geral (que, no tema da previdência dos militares, passou a ser de competência privativa da União)?**

Isso foi respondido pelo STF nos seguintes casos: **ACO 3396** (j. 05/10/2020), **ACO 3350** (j. 11/10/2021) e **RE 1.338.750** (Tema de Repercussão Geral nº 1177, j. 21/10/2021).

Nesses precedentes, o que se debateu foi a possibilidade ou não de os Estados deixarem de aplicar as alíquotas fixadas pela legislação federal e aplicarem as suas próprias alíquotas na cobrança das contribuições previdenciárias pagas pelos seus militares. Ao decidir os casos, o STF, seguindo a sua atual tendência descentralizadora do poder na Federação (e, portanto, fortalecedora do pacto federativo), entendeu que a competência para legislar sobre normas gerais de inatividades dos militares estaduais (que, como vimos, agora é privativa da União) não engloba a definição das alíquotas das contribuições previdenciárias cobradas nas previdências dos militares dos

Estados, de modo que cada Estado continua competente para disciplinar essa questão.

Na ACO 3396, por exemplo, a Corte afirmou que *"(...) a Lei Federal 13.954/2019, ao definir a alíquota de contribuição previdenciária a ser aplicada aos militares estaduais, extrapolou a competência para a edição de normas gerais, prevista no art. 22, XI, da Constituição, sobre 'inatividades e pensões das polícias militares e dos corpos de bombeiros militares' (...)".*

E, no **Tema de Repercussão Geral 1177** (RE 1.338.750), a tese fixada estabeleceu que *"a competência privativa da União para a edição de normas gerais sobre inatividades e pensões das polícias militares e dos corpos de bombeiros militares (artigo 22, XXI, da Constituição, na redação da Emenda Constitucional 103/2019)* ***não exclui a competência legislativa dos Estados para a fixação das alíquotas da contribuição previdenciária incidente sobre os proventos de seus próprios militares inativos e pensionistas****, tendo a Lei Federal 13.954/2019, no ponto, incorrido em inconstitucionalidade".*

Nesse precedente, inclusive, o relator Min. Luiz Fux esclareceu no seu voto que o objeto de questionamento no caso era a *"constitucionalidade da alíquota* ***e da base de cálculo*** *para a contribuição previdenciária de policiais e bombeiros militares estaduais inativos e pensionistas estabelecidas pela Lei Federal 13.954/2019, ante a competência privativa da União para legislar sobre normas gerais de inatividades e pensões das polícias militares e dos corpos de bombeiros militares (artigo 22, XXI, da Constituição)".*

Essa passagem deixa claro que, embora a tese de repercussão geral fixada pelo STF, ao afirmar a inconstitucionalidade da legislação federal, tenha se referido apenas à fixação da alíquota da contribuição previdenciária dos militares estaduais, essa inconstitucionalidade **também alcança a definição da base de cálculo dessa contribuição**, pois esse aspecto também diz respeito a normas específicas sobre a matéria, não se encontrando inserido no campo das normas gerais.

Portanto, mesmo após a EC 103/2019, lei federal não pode estabelecer alíquotas e/ou bases de cálculo de contribuições previdenciárias pagas pelos militares estaduais.

Esse tema já foi cobrado em prova, como ocorreu na segunda etapa do concurso para o cargo de Procurador do Estado de Goiás realizado pela Fundação Carlos Chagas em 2021.

2. SEGURADOS DO REGIME PRÓPRIO DE PREVIDÊNCIA

2.1. Segurados do regime próprio de previdência antes da EC 103/2019

Os servidores que são vinculados ao regime próprio de previdência social (isto é, os segurados desse regime) estão previstos no *caput* do art. 40 da CF/88. Segundo esse dispositivo (na redação anterior à EC 103/2019), são segurados do RPPS apenas os **servidores ocupantes de cargos públicos efetivos.**

Inclusive, segundo o Supremo Tribunal Federal, o servidor efetivo que é segurado do regime próprio de previdência é somente aquele que ingressou no serviço público mediante aprovação em concurso público (ainda que se trate de um servidor que inicialmente teve vínculo regido pela CLT e, posteriormente, foi transformado em servidor efetivo). Logo, os servidores que ingressaram no serviço público antes da CF/88 e que receberam a estabilidade excepcional do art. 19 do ADCT, segundo o STF, não podem ser vinculados ao RPPS, pois esses servidores, por não terem sido admitidos por concurso público, não possuem vínculo efetivo com o Poder Público.

Isso foi decidido na **ADPF 573** (j. 06/03/2023), na qual o Supremo Tribunal Federal esclareceu que *"a jurisprudência do STF é no sentido de que os beneficiados pela estabilidade excepcional prevista no art. 19 do ADCT não são detentores das vantagens privativas dos servidores ocupantes de cargo efetivo, o que afasta a possibilidade de participação no regime próprio de previdência social. A partir da EC nº 20/1998, o regime próprio é exclusivo para os detentores de cargo efetivo, os quais foram aprovados em concurso público"*.

E, seguindo a mesma linha de raciocínio, o STF reafirmou esse entendimento no **Tema de Repercussão Geral nº 1254** (RE 1.426.306, j. 12/06/2023), no qual decidiu que o servidor estabilizado pelo art. 19 do ADCT e que se aposentou pelo RGPS não possui direito de converter sua aposentadoria para o RPPS, ainda que, durante sua vida funcional, tenha contribuído por algum período para o regime próprio de previdência.

Esse caso envolvia a situação de uma servidora que era originalmente vinculada ao Estado de Goiás e que, em virtude da criação do Estado do Tocantins pela CF/88 (mais precisamente, pelo art. 13 do ADCT), foi transferida para os quadros deste último, o que se deu no ano de 1989. Essa transferência ocorreu porque o Estado do Tocantins se originou de um desmembramento do território do Estado de Goiás.

A servidora em questão não foi admitida mediante aprovação em concurso público, tendo sido estabilizada no serviço público por força do art. 19 do ADCT.

No ano de 2001, essa servidora, em virtude da edição de uma lei pelo Estado do Tocantins, foi retirada do regime próprio de previdência e passou a contribuir para o RGPS. Após se aposentar, no entanto, pretendeu retornar ao RPPS, convertendo sua aposentadoria para os moldes do regime próprio de previdência, inclusive com as benesses asseguradas por esse regime, tais quais a paridade e a integralidade de proventos.

O Supremo Tribunal Federal, porém, decidiu pela impossibilidade do ingresso (ou reingresso) da servidora no RPPS, pois ela não havia sido admitida por concurso público e, portanto, não era uma servidora efetiva, tendo sido tão somente estabilizada no serviço público pelo art. 19 do ADCT.

Nos termos da tese de repercussão geral fixada pelo STF, nesse caso, "*somente os servidores públicos civis detentores de cargo efetivo (art. 40, CF, na redação dada pela EC 20/98) são vinculados ao regime próprio de previdência social, a excluir os estáveis nos termos do art. 19 do ADCT e os demais servidores admitidos sem concurso público*".

E, conforme constou da ementa do julgamento, "*os beneficiados pela estabilidade excepcional prevista no art. 19 do ADCT não são detentores das vantagens privativas dos servidores ocupantes de cargo efetivo, o que afasta a possibilidade de participação no regime próprio de previdência social, exclusivo dos titulares de cargos efetivos aprovados em concurso público*".

A propósito, veja o teor do *caput* do art. 19 do ADCT, para compreender a questão de forma completa:

> "**Art. 19, CF/88.** Os servidores públicos civis da União, dos Estados, do Distrito Federal e dos Municípios, da administração direta, autárquica e das fundações públicas, **em exercício na data da promulgação da Constituição, há pelo menos cinco anos continuados, e que não tenham sido admitidos na forma regulada no art. 37, da Constituição**, são considerados **estáveis** no serviço público."

Além disso, embora o art. 40 da CF/88 não seja expresso nesse sentido, os **servidores ocupantes de cargos vitalícios (que são os magistrados, os membros do Ministério Público e os membros dos Tribunais de Contas) também são vinculados ao regime próprio de previdência social**, mesmo porque a própria Constituição Federal, no art. 93, VI (com a redação atual, dada pela EC 20/98), determina a aplicação do art. 40 aos magistrados, e, no art. 129, § 4º, manda aplicar ao Ministério Público, no que couber, o art. 93. Quanto aos membros dos Tribunais de Contas, a sua sujeição ao RPPS dos servidores públicos em geral é determinada pelo art. 73, § 3º, da CF/88, que prevê a aplicação do art. 40 da CF/88 aos Ministros do TCU, e pelo art. 75, "caput", da CF/88, que manda aplicar aos Conselheiros dos TCEs, no que couber, as normas constitucionais dirigidas ao TCU.

Veja o teor desses dispositivos:

> "**Art. 93, CF/88.** Lei complementar, de iniciativa do Supremo Tribunal Federal, disporá sobre o Estatuto da Magistratura, observados os seguintes princípios:
>
> (...)
>
> VI - a aposentadoria dos magistrados e a pensão de seus dependentes observarão o disposto no art. 40; ***(Redação dada pela EC 20/98)***
>
> (...)"
>
> "**Art. 129, § 4º, CF/88.** Aplica-se ao Ministério Público, no que couber, o disposto no art. 93."
>
> "**Art. 73, § 3º, CF/88.** Os Ministros do Tribunal de Contas da União terão as mesmas garantias, prerrogativas, impedimentos, vencimentos e vantagens dos Ministros do Superior Tribunal de Justiça, aplicando-se-lhes, quanto à aposentadoria e pensão, as normas constantes do art. 40." ***(Redação dada pela EC 20/98)***
>
> "**Art. 75, CF/88.** As normas estabelecidas nesta seção aplicam-se, no que couber, à organização, composição e fiscalização dos Tribunais de Contas dos Estados e do Distrito Federal, bem como dos Tribunais e Conselhos de Contas dos Municípios.
>
> **Parágrafo único.** As Constituições estaduais disporão sobre os Tribunais de Contas respectivos, que serão integrados por sete Conselheiros."

Isso, inclusive, já foi afirmado expressamente pelo Supremo Tribunal Federal, o que ocorreu na **AO 1800 AgR** (j. 18/10/2022), na qual a Corte estabeleceu que o art. 40 da CF/88 (que é o dispositivo que disciplina as bases do regime próprio de previdência dos servidores públicos) **se aplica normalmente aos ocupantes de cargos vitalícios** (no caso desse precedente, o questionamento envolvia especificamente os magistrados, mas, por conta do art. 129, § 4º, da CF/88, a conclusão se aplica igualmente aos membros do Ministério Público, conforme vimos acima).

Logo, os magistrados (e os membros do Ministério Público) devem se aposentar de acordo com as mesmas regras aplicáveis aos demais servidores públicos (que ocupam cargos efetivos), mesmo porque a CF/88, como regra, não admite a existência de regimes e regras especiais de aposentadoria no serviço público. Como consequência disso, são incompatíveis com a Constituição Federal normas infraconstitucionais que assegurem aos magistrados (e aos membros do Ministério Público) um regime de previdência diferenciado paralelo ao dos servidores ocupantes de cargo efetivo.

No entanto, como também ficou registrado nesse precedente, antes da EC 20/98, os magistrados podiam ter regras próprias de aposentadoria diversas das regras gerais do art. 40 da CF/88 (ou seja, eles podiam ser aposentados de acordo com regras não aplicáveis aos servidores efetivos), pois, até a entrada em vigor dessa emenda, o art. 93, VI, da CF/88 previa regras de aposentadoria diferenciadas para a magistratura.

Perceba o seguinte: o que determinou a aplicação das regras gerais do regime próprio de previdência (isto é, das regras previstas no art. 40 da CF/88) aos magistrados (bem como aos membros do Ministério Público e dos Tribunais de Contas) foi a EC 20/98, que alterou o inciso VI do art. 93 da CF/88 e nele passou a estabelecer que o art. 40 da CF/88 se aplica normalmente à magistratura. Inclusive, o STF já decidiu (**ADIs 3308, 3363, 3998, 4802 e 4803**, j. 15/05/2023) que a alteração da Constituição pela EC 20/98 para incluir os magistrados (e os membros do MP e dos Tribunais de Contas) no RPPS dos servidores públicos em geral foi plenamente válida (isto é, foi constitucional), não tendo havido violação às prerrogativas da magistratura nem à iniciativa legislativa do Poder Judiciário prevista no art. 93 da CF/88, pois o que esse dispositivo assegura é a iniciativa privativa do STF para a lei complementar nacional disciplinadora do Estatuto da Magistratura, a qual diz respeito a temas relacionados à organização da magistratura e ao exercício da jurisdição, o que não é o caso de uma reforma geral do regime de previdência dos servidores públicos (que foi o que fez a EC 20/98). Logo, não há impedimento a que uma emenda constitucional realize alterações no regime previdenciário do serviço público alcançando, inclusive, a magistratura (lembrando que, nos termos do art. 60 da CF/88, o Poder Judiciário não possui iniciativa para propostas de emenda à Constituição e que a EC 20/98 foi de iniciativa do Presidente da República).

Antes da EC 20/98, o art. 93, VI, da CF/88 trazia regras diferenciadas para os magistrados se aposentarem, e, por isso, a Lei Orgânica da Magistratura Nacional (a LOMAN, que é a LC 35/79) podia prever (como efetivamente previa, nos seus arts. 74 a 77) regras especiais de aposentadoria para os magistrados.

A existência de um regime especial de aposentadoria para os magistrados, porém, passou a ser proibida a partir da EC 20/98, pois, como vimos, essa emenda determinou que a magistratura se submetesse normalmente às regras gerais de previdência previstas no art. 40 da CF/88. E isso também se aplica aos membros do Ministério Público, tendo em vista que o art. 129, § 4º, da CF/88 manda aplicar ao MP (no que couber) as disposições do art. 93 da CF/88.

Tudo isso foi dito pelo STF na AO 1800 AgR.

Para ilustrar bem o que foi decidido pelo Supremo Tribunal Federal, veja a ementa desse julgado:

> "(...) 1. Ação coletiva proposta com o objetivo de ver declarada a recepção dos arts. 74 a 77 da Lei Orgânica da Magistratura Nacional pela Constituição de 1988, a fim de que os magistrados federais possam se aposentar de forma diferenciada, sem submissão às regras gerais previstas no artigo 40 do texto constitucional. 2. A Emenda Constitucional nº 20/1998 alterou o regime de aposentadoria dos magistrados, ao conferir nova redação ao art. 93, VI, CF/88, determinando a **aplicação, aos juízes, das normas gerais do regime próprio, incidentes sobre os servidores ocupantes de cargos efetivos (CF/88, art. 40)**. 3. A magistratura não constitui atividade inerentemente perigosa, consoante entendimento firmado pelo Plenário do Supremo Tribunal Federal no julgamento da AO 2.330, Rel. Min. Gilmar Mendes, havendo somente direito à aposentadoria especial nos casos em que a periculosidade for inequivocamente inerente à atividade profissional. Precedentes. (...)" **(AO 1800 AgR, Primeira Turma, Rel. Min. ROBERTO BARROSO, j. 18/10/2022)**

Após esse precedente, houve, inclusive, um caso envolvendo especificamente os membros do Ministério Público em que o Supremo Tribunal Federal afirmou expressamente que a CF/88 impõe que eles sejam submetidos ao regime próprio de previdência dos demais servidores públicos, não podendo haver um regime previdenciário em separado que os contemple.

Isso foi decidido pelo STF na **ADI 4824** (j. 13/03/2023), na qual a Corte esclareceu que o fato de o Ministério Público ser um órgão dotado de autonomia assegurada pelo texto constitucional não faz com que ele possa manter um regime previdenciário para seus membros e servidores separadamente do regime próprio de previdência dos demais servidores do respectivo ente federado, mesmo porque o art. 40, § 20, da CF/88 determina que o regime previdenciário dos servidores públicos seja único e tenha gestão única em cada entidade federativa. Além disso, como vimos acima, os arts. 93, VI, e 129, § 4º, da CF/88 estabelecem que aos magistrados e aos membros do MP aplica-se o art. 40 da CF/88, que é o dispositivo constitucional que disciplina a previdência dos servidores públicos.

Além disso, ao julgar essa ação, o Supremo Tribunal Federal decidiu outra coisa muito importante: o Poder Executivo, ao repassar ao Ministério Público (assim como a qualquer órgão dotado de autonomia) os recursos orçamentários que lhe cabem, não pode reter, no momento desse repasse, as contribuições previdenciárias devidas pelo próprio órgão (a chamada "contribuição patronal") e pelos seus membros e servidores, pois isso viola a autonomia que lhe é assegurada pela Constituição, já que retira dele (do Ministério Público) a prerrogativa de administrar os seus recursos financeiros.

Como assim?

É que os órgãos autônomos (como é o caso do Ministério Público e do Poder Judiciário) têm, dentre as suas autonomias, a capacidade de elaborar a sua própria proposta orçamentária e de ter e administrar os seus próprios recursos financeiros (os quais, a princípio, correspondem ao que está previsto no seu orçamento). Acontece que esses recursos financeiros precisam vir de algum lugar, e esse lugar é o Poder Executivo, que é quem realiza a arrecadação de recursos na estrutura estatal.

O Poder Executivo repassa esses recursos aos órgãos autônomos mensalmente (até o dia 20 de cada mês), em uma parcela denominada **duodécimo** (que recebe esse nome porque são 12 parcelas anuais, já que o ano é composto por 12 meses), conforme prevê o art. 168 da CF/88. Veja:

> "**Art. 168, CF/88.** Os recursos correspondentes às dotações orçamentárias, compreendidos os créditos suplementares e especiais, destinados aos órgãos dos Poderes Legislativo e Judiciário, do Ministério Público e da Defensoria Pública, **ser-lhes-ão entregues até o dia 20 de cada mês, em duodécimos**, na forma da lei complementar a que se refere o art. 165, § 9º."

Segundo decidiu o STF na ADI 4824, o Poder Executivo, ao repassar os duodécimos ao Ministério Público (assim como, naturalmente, aos demais órgãos autônomos), não pode reter "na fonte" os valores correspondentes às contribuições previdenciárias devidas por esse órgão e pelos seus membros e servidores, pois isso viola a autonomia que o texto constitucional assegura ao MP, já que retira dele a prerrogativa de administrar os seus recursos financeiros.

Portanto, é o próprio Ministério Público que deve realizar os descontos das contribuições previdenciárias devidas por ele (a "contribuição patronal") e pelos seus membros e servidores e repassá-las ao regime próprio de previdência do respectivo ente federado, não podendo haver a retenção desses valores pelo Poder Executivo no momento do pagamento do duodécimo.

Veja a tese que foi fixada pelo STF nesse julgamento:

> "1. É constitucional norma de lei estadual que imponha ao Ministério Público (i) a vinculação ao regime próprio de previdência social do respectivo ente federado; e (ii) a participação, juntamente com os poderes e demais órgãos autônomos, do custeio previdenciário.
>
> 2. É inconstitucional norma de lei estadual que autorize a Secretaria de Estado de Fazenda a reter o valor correspondente às contribuições previdenciárias devidas pelo Ministério Público, seus membros e servidores."

Esse entendimento também já foi expressamente adotado pelo STF em relação ao Poder Judiciário, o que ocorreu na **ADI 4859** (j. 13/03/2023), na qual foi fixada a seguinte tese:

> "1. É constitucional norma de lei estadual que imponha ao Poder Judiciário (i) participar, juntamente com os demais poderes e órgãos autônomos, da cobertura de déficit e do custeio do regime próprio de previdência social e (ii) realizar o pagamento do abono de permanência dos seus membros e servidores.
>
> 2. É inconstitucional norma de lei estadual que autorize a Secretaria de Estado de Fazenda a reter o valor correspondente às contribuições previdenciárias devidas pelo Poder Judiciário, seus membros e servidores."

E quanto aos servidores comissionados, temporários e celetistas? Eles são segurados do RPPS?

Segundo o art. 40, § 13, da CF/88 (na redação anterior à EC 103/2019), o servidor comissionado apenas será segurado do regime próprio de previdência se ele, além do cargo em comissão, também for titular de um cargo efetivo (ou vitalício). Por outro lado, caso se trate do chamado "comissionado puro" (que é o servidor que ocupa apenas cargo em comissão, não tendo vínculo efetivo ou vitalício com o Poder Público), o seu regime previdenciário será o RGPS (que é gerido pelo INSS), e não o RPPS.

Portanto, em relação ao servidor comissionado, o art. 40, § 13, da CF/88 determina o seguinte: se ele for ocupante de cargo efeito e se encontrar no exercício de um cargo em comissão, será segurado do regime próprio do respectivo ente federado. No entanto, se ele exercer o cargo em comissão sem possuir um vínculo efetivo (ou vitalício), será vinculado ao RGPS.

Da mesma forma, o § 13 do art. 40 da CF/88 prevê que **os servidores temporários e os celetistas não são segurados do regime próprio de previdência**, mas sim do RGPS.

Confira o teor dos dispositivos mencionados acima:

> "**Art. 40, CF/88.** Aos servidores titulares de **cargos efetivos** da União, dos Estados, do Distrito Federal e dos Municípios, incluídas suas autarquias e fundações, é assegurado regime de previdência de caráter contributivo e solidário, mediante contribuição do respectivo ente público, dos servidores ativos e inativos e dos pensionistas, observados critérios que preservem o equilíbrio financeiro e atuarial e o disposto neste artigo.
>
> (...)
>
> **§ 13** - Ao servidor ocupante, **exclusivamente, de cargo em comissão** declarado em lei de livre nomeação e exoneração bem como de outro **cargo temporário** ou de **emprego público**, aplica-se o regime geral de previdência social.
>
> (...)"

2.1.1. Regime de previdência dos titulares de mandato eletivo antes da EC 103/2019

Vimos acima quais são os segurados do regime próprio de previdência, e, a partir disso, surge o seguinte questionamento: **qual é o regime previdenciário dos titulares de cargo eletivo?**

O *caput* e o § 13 do art. 40 (na redação anterior à EC 103/2019) não se referem aos detentores de mandato eletivo quando indicam os segurados do regime próprio de previdência. Na verdade, o § 13 desse artigo diz que o servidor ocupante de "cargo temporário" é vinculado ao regime de previdência, e, na categoria dos servidores temporários mencionada nesse dispositivo, podem ser incluídos os ocupantes de cargo eletivo, já que eles exercem mandato com duração determinada.

Tudo isso parece mostrar que, pelo menos a princípio, os exercentes de mandato eletivo são vinculados ao Regime Geral de Previdência Social (RGPS). Porém, essa afirmação pura e simples não é suficiente para esclarecer integralmente a questão.

Como assim?

Na sua redação original, o § 2º do art. 40 da CF/88 previa que *"a lei disporá sobre a aposentadoria em cargos ou empregos temporários"*. Essa disposição constitucional era um permissivo para que fossem instituídos regimes de previdência especiais para os detentores de mandato eletivo, já que, conforme explicado acima, os cargos por eles ocupados têm caráter temporário.

E assim foi feito: diferentes entes federados instituíram regimes próprios de previdência diferenciados para detentores de mandato eletivo. No âmbito da União, por exemplo, foi criado para os membros do Congresso Nacional o Instituto de Previdência dos Congressistas (IPC), que posteriormente foi extinto pela Lei 9.506/97, que, em substituição ao IPC, criou outro regime especial de previdência para os Parlamentares Federais, qual seja, o Plano de Seguridade Social dos Congressistas (PSSC).

A Lei 9.506/97 também cuidou de alterar as Leis 8.212/91 e 8.213/91 (que tratam do RGPS), as quais, a partir dessa alteração, passaram a estabelecer, respectivamente, nos seus arts. 12, I, "h", e 11, I, "h", que os detentores de mandato eletivo seriam vinculados ao regime geral de previdência, desde que não fossem segurados de um regime próprio de previdência (caso este existisse).

Veja o teor dos dispositivos:

> "**Art. 12, Lei 8.212/91.** São segurados obrigatórios da Previdência Social as seguintes pessoas físicas:
>
> I - como empregado:
>
> (...)
>
> h) o exercente de mandato eletivo federal, estadual ou municipal, desde que não vinculado a regime próprio de previdência social;
>
> (...)"
>
> "**Art. 11, Lei 8.213/91.** São segurados obrigatórios da Previdência Social as seguintes pessoas físicas:
>
> I - como empregado:
>
> (...)
>
> h) o exercente de **mandato eletivo federal, estadual ou municipal**, desde que **não vinculado a regime próprio** de previdência social;
>
> (...)"

Perceba o seguinte: esse regime previdenciário próprio dos detentores de mandato eletivo a que se referem os arts. 12, I, "h", da Lei 8.212/91 e 11, I, "h", da Lei 8.213/91 não é o regime próprio de previdência disciplinado na Constituição Federal para os servidores públicos em geral. Trata-se, na verdade, de diferentes regimes previdenciários especiais instituídos para os ocupantes de cargos eletivos, como é o caso do regime de previdência dos membros do Congresso Nacional, atualmente disciplinado pela Lei 9.506/97.

Ocorre que, no **RE 351.717**, julgado em 08/10/2003, o Supremo Tribunal Federal considerou inconstitucional a inclusão dos detentores de mandato eletivo dentre os segurados do RGPS, em virtude de o art. 195, II, da CF/88, na sua redação original (antes de ser alterada pela EC 20/98), prever, dentre os financiadores da seguridade social, os **trabalhadores**, o que indicaria que, para ser vinculado ao RGPS, o indivíduo deveria estar sujeito ao regime celetista (isto é, à legislação trabalhista), o que não é o caso dos ocupantes de cargos eletivos.

Nesse precedente, a Corte não se pronunciou sobre o art. 11, I, "h", da Lei 8.213/91, mas apenas sobre o art. 12, I, "h", da Lei 8.212/91 (que foi o objeto do debate travado no caso), e esse dispositivo teve sua eficácia suspensa pelo Senado Federal (no exercício da sua competência prevista no art. 52, X, da CF/88), por meio da Resolução nº 26/2005.

Portanto, antes da EC 20/98, embora os ocupantes de cargo eletivo não pudessem, segundo o STF, ser vinculados ao RGPS, eles poderiam, ao menos em tese, ter um regime próprio especial de previdência.

Ocorre que, após a inclusão, nas Leis 8.212/91 e 8.213/91, da previsão dos detentores de mandato eletivo dentre os segurados do RGPS (o que, como vimos, foi feito pela Lei 9.506/97), houve outra mudança normativa que repercutiu nesse tema: a EC 20/98 alterou o art. 40 da CF/88 e, no *caput* desse dispositivo, inseriu a previsão expressa de que o regime próprio de previdência se aplica apenas a servidores **efetivos** (além de também englobar, como vimos, os vitalícios). Além disso, essa emenda incluiu no art. 40 da CF/88 o § 13, prevendo que servidores ocupantes de cargos temporários (categoria na qual podem ser incluídos os ocupantes de cargos eletivos, já que eles exercem mandato com prazo determinado) são necessariamente vinculados ao RGPS.

Nessa linha de raciocínio (especialmente tendo em vista que a EC 20/98 expressamente restringiu o regime próprio de previdência aos servidores efetivos e vitalícios), a Lei 10.887/04 incluiu uma alínea "j" no inciso I do art. 12 da Lei 8.212/91 e no inciso I do art. 11 da Lei 8.213/91, prevendo o que já havia sido previsto na alínea "h" desses mesmos dispositivos: os detentores de mandato eletivo, quando não vinculados a regime próprio de previdência, são segurados do RGPS.

Confira:

> "**Art. 12, Lei 8.212/91.** São segurados obrigatórios da Previdência Social as seguintes pessoas físicas:
>
> I - como empregado:
>
> (...)
>
> j) o exercente de mandato eletivo federal, estadual ou municipal, desde que não vinculado a regime próprio de previdência social; ***(Incluído pela Lei nº 10.887/04)***

(...)"

"**Art. 11, Lei 8.213/91.** São segurados obrigatórios da Previdência Social as seguintes pessoas físicas:

I - como empregado:

(...)

j) o exercente de mandato eletivo federal, estadual ou municipal, desde que não vinculado a regime próprio de previdência social; ***(Incluído pela Lei nº 10.887/04)***

(...)"

Portanto, com a edição da Lei 10.887/04, foi criada nova previsão legal de vinculação dos ocupantes de cargo eletivo ao regime geral de previdência. E essa nova previsão foi introduzida no ordenamento jurídico sob a proteção do § 13 do art. 40 da CF/88 (incluído pela EC 20/98), que prevê que os detentores de cargos temporários são segurados do RGPS. Porém, foi mantida a ressalva anteriormente existente na lei: quando o detentor de mantado eletivo for segurado de regime próprio de previdência, ele não será vinculado ao RGPS (mais à frente veremos como essa ressalva deve ser interpretada agora).

É importante perceber o seguinte: a referência a "cargo temporário" no § 13 do art. 40 da CF/88 não se confunde com os agentes públicos contratados temporariamente nos termos do art. 37, IX, da CF/88 (*"Art. 37, IX, CF/88 - a lei estabelecerá os casos de contratação por tempo determinado para atender a necessidade temporária de excepcional interesse público;"*).

Para fins previdenciários, o "cargo temporário" a que se refere o art. 40, § 13, da CF/88 tem um significado mais amplo do que a contratação temporária do art. 37, IX, da CF/88. Na verdade, a expressão "cargo temporário" contida no art. 40, § 13, da CF/88 engloba tanto o servidor temporário do art. 37, IX, da CF/88 quanto outros agentes públicos que tenham vínculo temporário com o Poder Público, como é o caso dos detentores de mandato eletivo.

Mas o que importa ter em mente para compreender a questão do regime previdenciário dos ocupantes de cargo eletivo é o seguinte: desde a EC 20/98, o regime próprio de previdência é exclusivo dos servidores efetivos e vitalícios. Isso porque, antes dessa emenda, o *caput* do art. 40 da CF/88 se referia apenas a "servidor" (ele dizia simplesmente *"o servidor será aposentado"*) e, após essa emenda, a redação desse dispositivo passou a se referir expressamente a *"servidores titulares de cargos efetivos"*.

Em razão disso, o Supremo Tribunal Federal passou a considerar inconstitucionais todas as normas que incluíssem no regime próprio de previdência agentes públicos que não fossem ocupantes de cargo efetivo (ou vitalício). Isso ocorreu, por exemplo, nas **ADIs 4639 e 4641** (ambas julgadas em 11/03/2015), nas quais a Corte declarou a inconstitucionalidade da criação de regime previdenciário próprio especial para cartorários extrajudiciais (ADI 4639), bem como da inclusão desses agentes no regime próprio de previdência dos servidores públicos do ente federado (ADI 4641).

E esse entendimento foi aplicado pelo STF também para os detentores de cargo eletivo. Isso ocorreu na **ADPF 446**, julgada em 04/10/2019, na qual foram impugnadas diversas leis do Estado de Mato Grosso que disciplinavam o regime previdenciário especial dos Parlamentares Estaduais. Algumas dessas leis eram anteriores à EC 20/98 e outras eram posteriores a ela. Como o paradigma de controle era o texto constitucional (mais precisamente, as disposições do art. 40 da CF/88) na redação dada pela EC 20/98, as normas anteriores a ela foram declaradas não recepcionadas e as posteriores foram declaradas inconstitucionais.

Portanto, segundo decidiu o Supremo Tribunal Federal na ADPF 446, a CF/88, desde a EC 20/98, não permite a existência de regimes próprios especiais de previdência para os detentores de mandato eletivo, pois, de acordo com o art. 40, *caput*, da Constituição Federal, apenas servidores efetivos (e vitalícios) podem ser vinculados a regime próprio de previdência, e, de acordo com o § 13 do mesmo artigo, os agentes públicos com vínculo temporário devem ser segurados do RGPS.

Inclusive, o relator do caso, Min. Alexandre de Moraes, esclareceu em seu voto que a referência a detentores de cargos temporários contida no § 13 do art. 40 da CF/88 não se restringe aos servidores temporários contratados nos termos do art. 37, IX, da CF/88.

Nas palavras do Ministro, *"é possível afirmar que, após a edição da Emenda Constitucional 20/1998 e da Lei Federal 10.887/2004, **os agentes políticos exercentes de mandato eletivo, por se enquadrarem na categoria de ocupantes de cargo temporário, passaram a se submeter à filiação obrigatória ao Regime Geral de Previdência Social**.*

Como se sabe, a Constituição Federal, em seu art. 37, inciso IX, prevê a figura dos servidores temporários, pessoal contratado por tempo determinado para atender a necessidade temporária de excepcional interesse público. No entanto, essa categoria não se confunde com aquela do cargo temporário, mencionada no art. 40, § 13, da CF.

É que a expressão 'cargo temporário' tem maior abrangência do que servidor temporário. ***Os ocupantes de cargo temporário incluem não somente os servidores temporários, mas também os agentes políticos titulares de mandato.*** *Isso porque os agentes políticos não possuem vínculo efetivo com a Administração Pública, tendo em conta que o mandato, pela sua própria definição, é exercício necessariamente limitado no tempo".*

Além disso, o STF explicou que a instituição de um regime especial de previdência em benefício de detentores de mandato eletivo, com regras especiais (e mais benéficas) relativas à concessão de benefícios e aos seus beneficiários representa um abuso do poder de legislar, já que, no caso, Parlamentares criaram leis em benefício próprio, tendo em vista que instituíram em seu favor um regime previdenciário especial distinto do regime de previdência a que estão sujeitas as demais pessoas, o que viola os princípios republicano (consagrado no art. 1º da CF/88), da igualdade, da moralidade, da razoabilidade e da impessoalidade.

A ementa desse caso ficou redigida nos seguintes termos:

> "(...) 2. A Emenda Constitucional 20/98 **limitou a filiação aos regimes próprios de previdência apenas a servidores titulares de cargo efetivo**, bem como vedou a criação de regimes previdenciários alternativos, em benefício de categorias determinadas. 3. Os agentes políticos, no exercício de mandato, desempenham cargos públicos temporários, de modo que se submetem à filiação obrigatória ao Regime Geral de Previdência Social, a teor do disposto no art. 40, §13, da Constituição Federal, incluído pela EC 20/18. 4. A existência de regime previdenciário específico para os deputados estaduais de Mato Grosso, com condições mais vantajosas que aquelas definidas no RGPS, importa violação aos princípios republicano, da igualdade, da moralidade, da razoabilidade e da impessoalidade. (...)" **(ADPF 446, Pleno, Rel. Min. ALEXANDRE DE MORAES, j. 04/10/2019)**

Tendo tudo isso em vista, como deve ser interpretada a ressalva contida na alínea "j" do inciso I dos arts. 12 e 11, respectivamente, das Leis 8.212/91 e 8.213/91?

Conforme vimos, segundo esses dispositivos, que foram incluídos pela Lei 10.887/04, o detentor de mandato eletivo é segurado do RGPS, desde que não seja vinculado a regime próprio. Isso significa que a Lei 10.887/04 alterou as Leis 8.212/91 e 8.213/91 para voltar a permitir a criação de regimes próprios especiais de previdência em benefício de ocupantes de cargos eletivos? **Não, não significa isso.**

Na verdade, quando as Leis 8.212/91 e 8.213/91 preveem que os detentores de mandato eletivo podem ser vinculados a regime próprio de previdência e que, nesse caso, eles não serão segurados do RGPS, elas (as Leis 8.212/91 e 8.213/91) querem dizer o seguinte: quando o ocupante de cargo eletivo era, antes de iniciar o mandato, detentor de cargo efetivo (o qual, como vimos, é vinculado a regime próprio de previdência), ele, ao se licenciar do cargo de origem para exercer o mandato eletivo, permanecerá vinculado ao regime (próprio) de origem e não será segurado do RGPS.

Isso, inclusive, foi esclarecido pelo Min. Alexandre de Moraes na ADPF 446, ao registrar no seu voto que a Lei 10.887/04 *"incluiu os exercentes de mandatos eletivos, em qualquer nível federativo, como segurados obrigatórios do Regime Geral de Previdência Social, salvo se já vinculado a Regime Próprio de Previdência,* ***na condição de servidor público licenciado para o cumprimento de mandato****"*.

Portanto, segundo o STF, a ressalva contida no art. 12, I, "j", da Lei 8.212/91 e no art. 11, I, "j", da Lei 8.213/91 no sentido de que o detentor de mantado eletivo pode ser segurado de regime próprio (hipótese em que ele fica excluído do RGPS) refere-se aos casos em que o ocupante de cargo eletivo também ocupa cargo efetivo e dele se licencia para exercer o mandato para o qual foi eleito. A ressalva, portanto, não deve ser interpretada como um permissivo para a existência de regimes especiais de previdência para os agentes públicos que exercem mandato eletivo.

Inclusive, seguindo essa linha de raciocínio adotada pelo STF, a EC 103/2019, conforme ainda estudaremos, alterou a redação do inciso V do art. 38 da CF/88, passando a prever nesse dispositivo que, caso um servidor público efetivo seja eleito para mandato eletivo, ele permanecerá vinculado ao seu regime próprio de previdência, não se tornando segurado do RGPS.

Veja o teor desse dispositivo:

> "**Art. 38, CF/88.** Ao servidor público da administração direta, autárquica e fundacional, no exercício de mandato eletivo, aplicam-se as seguintes disposições:
>
> (...)
>
> V - na hipótese de ser segurado de regime próprio de previdência social, **permanecerá filiado a esse regime**, no ente federativo de origem." ***(Redação dada pela EC 103/2019)***

Por fim, é importante registrar que, apesar de o Supremo Tribunal Federal ter firmado entendimento no sentido de que os regimes especiais de previdência instituídos em benefício de detentores de mandato eletivo não são compatíveis com a Constituição Federal, o regime de previdência dos membros do Congresso Nacional, disciplinado pela Lei 9.506/97, continua existente até hoje e, conforme estudaremos no próximo tópico, foi até mesmo objeto de tratamento na EC 103/2019.

2.2. Segurados do regime próprio de previdência após a EC 103/2019

Com a entrada em vigor da EC 103/2019, os segurados do regime próprio de previdência social continuam sendo os **servidores titulares de cargo efetivo** (admitidos por concurso público, o que exclui os que foram estabilizados pelo art. 19 do ADCT), estando englobados também os **agentes públicos titulares de cargo vitalício**. Em relação a essa questão, houve alteração na redação do texto constitucional (art. 40, *caput*), mas não foi modificado o conteúdo da norma. Veja:

> "**Art. 40, CF/88.** O regime próprio de previdência social dos servidores titulares de cargos efetivos terá caráter contributivo e solidário, mediante contribuição do respectivo ente federativo, de servidores ativos, de aposentados e de pensionistas, observados critérios que preservem o equilíbrio financeiro e atuarial." ***(Redação dada pela EC 103/2019)***

Inclusive, após a entrada em vigor da EC 103/2019, o Supremo Tribunal Federal já confirmou que apenas servidores efetivos (e vitalícios) podem ser vinculados ao RPPS, devendo os demais servidores se submeter ao RGPS. Isso ocorreu na **ADI 7198** (j. 03/11/2022), na qual foi impugnada uma lei do Estado do Pará que permitia que servidores não efetivos fossem cobertos pelo regime próprio estadual, tendo o STF decidido pela inconstitucionalidade dessa lei.

Nas palavras da Corte, *"aos Estados e ao Distrito Federal compete legislar sobre previdência social dos seus respectivos servidores, no âmbito de suas respectivas competências e especificamente para os servidores titulares de cargo efetivo, sempre em observância às normas gerais editadas pela União. (...)* ***O regime próprio de previdência social aplica-se aos servidores titulares de cargos efetivos (art. 40, caput, CF).*** *Aos agentes públicos não titulares de cargos efetivos, por sua vez, aplica-se o regime geral de previdência social (art. 40, §13, CF)".*

É interessante registrar, inclusive, que a lei impugnada nessa ação contemplava apenas servidores (não efetivos) que houvessem ingressado no serviço público antes da EC 20/98 e que tivessem cumprido os requisitos para a aposentadoria até a entrada em vigor da própria lei (o que ocorreu em dezembro de 2019). Em relação a isso, o STF esclareceu que, mesmo que antes da EC 20/98 o texto constitucional não previsse que o regime próprio de previdência era exclusivo de servidores efetivos, a norma impugnada é inconstitucional, porque, embora ela tenha contemplado apenas servidores (não efetivos) que ingressaram no serviço público antes da referida emenda, o período considerado para assegurar benefícios previdenciários a esses servidores, segundo previsto na própria lei, podia ser posterior à Emenda. Ou seja, com base em período aquisitivo no qual a CF/88 já vedava que servidores não efetivos fossem segurados de regime próprio de previdência, a lei impugnada assegurava a esses servidores benefícios previdenciários pagos pelo respectivo RPPS.

No que diz respeito aos servidores ocupantes exclusivamente de cargo em comissão (os chamados "comissionados puros"), aos temporários e aos celetistas, eles continuam vinculados ao RGPS, tal qual ocorria antes da EC 103/2019, conforme disposto no § 13 do art. 40 da CF/88. Porém, esse dispositivo (art. 40, § 13, CF/88) foi alterado (pela EC 103/2019) para passar a prever de forma expressa e específica que os agentes públicos **titulares de cargo eletivo** são segurados do RGPS.

Confira:

> "**Art. 40, § 13, CF/88.** Aplica-se ao agente público ocupante, exclusivamente, de cargo em comissão declarado em lei de livre nomeação e exoneração, de outro cargo temporário, **inclusive mandato eletivo**, ou de emprego público, o Regime Geral de Previdência Social." ***(Redação dada pela EC 103/2019)***

2.2.1. *Regime de previdência dos titulares de mandato eletivo após a EC 103/2019*

Vimos que a EC 103/2019 passou a prever de forma expressa e específica que os agentes públicos titulares de mandato eletivo são vinculados ao RGPS, e não ao RPPS.

Vimos também que, antes da EC 103/2019, foram criados, em diferentes entes federados, regimes próprios especiais de previdência para detentores de mandato eletivo, o que, por conta da EC 20/98, o STF considerou incompatível com a Constituição Federal. Apesar disso, nem todos os regimes previdenciários especiais dos ocupantes de cargo eletivo foram extintos, a exemplo da previdência dos membros do Congresso Nacional, regida pela Lei 9.506/97, que continua existente até hoje.

E o que a EC 103/2019 fez a respeito desses regimes especiais?

A EC 103/2019 realizou uma espécie de convalidação (embora não tenha dito isso com esses termos) dos regimes previdenciários especiais criados antes dela para detentores de mandato eletivo.

Isso porque, segundo o art. 14 da EC 103/2019, embora tenha passado a ser proibida a criação de novos regimes especiais e mesmo a realização de novas adesões aos regimes desse tipo que já fossem existentes anteriormente, os ocupantes de cargo eletivo que, antes da Emenda, já estivessem vinculados a regime próprio especial de previdência foram autorizados a manter essa vinculação. Em outras palavras: a EC 103/2019 estabeleceu a possibilidade de os regimes especiais instituídos em benefício de detentores de mandato eletivo continuarem existindo, apesar de o STF, antes da Emenda, ter decidido expressamente que esses regimes eram inconstitucionais.

Inclusive, após a EC 103/2019, o Supremo Tribunal Federal já se manifestou sobre os regimes previdenciários especiais dos detentores de mandato eletivo e reconheceu expressamente que a EC 103/2019, de fato, possibilitou que esses regimes, desde que já existentes antes dela, continuassem existindo.

O STF, aliás, chegou a decidir que, como o art. 14 da EC 103/2019 permitiu a permanência de regimes previdenciários especiais de detentores de mandato eletivo, é inconstitucional o estabelecimento de vedações à filiação de detentores de mandato eletivo a esses regimes especiais se eles já eram segurados deles antes da EC 103/2019.

Esse entendimento foi adotado na **ADPF 853** (j. 09/09/2024), na qual foram impugnados atos da Secretaria da Previdência do Ministério da Economia que impediam que membros do Congresso Nacional que já eram Parlamentares antes da EC 103/2019 permanecessem filiados ao regime previdenciário especial dos congressistas se também fossem servidores efetivos (licenciados do cargo para o exercício do mandato eletivo) vinculados a regime próprio de previdência.

O STF decidiu que os atos impugnados violavam a isonomia, pois estabeleciam um tratamento discriminatório a Parlamentares pelo simples fato de eles serem servidores públicos efetivos (licenciados). Além disso, os atos questionados feriam a separação dos Poderes (já que eram atos do Poder Executivo se intrometendo no Poder Legislativo) e o próprio pacto federativo (pois pretendiam que os Parlamentares pagassem contribuição ao regime previdenciário de origem, em outro ente federado, embora eles fossem agentes públicos de âmbito federal).

Além de tudo isso, os atos impugnados violavam o próprio art. 14 da EC 103/2019, que, como vimos, expressamente permite que os detentores de mandato eletivo que já eram segurados de regime previdenciário especial desde antes da EC 103/2019 continuem vinculados a esses regimes.

Mas há um detalhe importante: embora os regimes especiais criados antes da EC 103/2019 tenham sido "convalidados" por ela, os seus segurados passaram a ter a possibilidade de se retirar deles (no prazo de 180 dias a partir da entrada em vigor da Emenda) e migrar para o RGPS ou para um regime próprio ao qual eventualmente fossem vinculados anteriormente (art. 14, *caput*, EC 103/2019).

Essa retirada dos regimes especiais dos detentores de mandato eletivo, na verdade, foi estimulada pela EC 103/2019, pois o § 1º do seu art. 14 estabeleceu regras de transição (mais gravosas) para que os segurados do regime especial dos Parlamentares **federais**, caso decidam permanecer nele, possam se aposentar. Segundo esse dispositivo, os membros do Congresso Nacional que não queiram se retirar do seu regime especial de previdência, "*deverão cumprir* ***período adicional correspondente a 30% (trinta por cento)*** *do tempo de contribuição que faltaria para aquisição do direito à aposentadoria na data de entrada em vigor desta Emenda Constitucional e somente poderão aposentar-se a partir dos* ***62 (sessenta e dois) anos de idade, se mulher, e 65 (sessenta e cinco) anos de idade, se homem***".

Além disso, o § 5º do mesmo artigo impôs aos Estados, Distrito Federal e Municípios a obrigação de criar, por lei específica, regras de transição nesses mesmos termos a serem aplicadas em seus âmbitos para os segurados dos regimes especiais de detentores de cargo eletivo que queiram permanecer vinculados a esses regimes.

É importante registrar também que, conforme prevê o art. 14, § 2º, da EC 103/2019, caso o detentor de mandato eletivo resolva se retirar do regime especial, ela levará consigo, em contagem recíproca, o tempo de contribuição acumulado até então, o qual será computado no regime de previdência para o qual migrar.

Além disso, a EC 103/2019 assegurou o **respeito ao direito adquirido** dos segurados dos regimes especiais de detentores de mandato eletivo, pois, nos termos do seu art. 14, § 3º, as aposentadorias e pensões cujos requisitos de concessão já houvessem sido preenchidos antes da entrada em vigor da Emenda serão concedidos nos termos da legislação vigente na época da aquisição do direito, não se aplicando as novas normas trazidas pela EC 103/2019.

Por fim, o § 4º do art. 14 da EC 103/2019 prevê que, nos regimes previdenciários especiais dos ocupantes de cargo eletivo, também se aplica a contagem recíproca de tempo de contribuição oriundo de outro regime de previdência (abrangidos o RPPS, o RGPS e a previdência dos militares). Portanto, quem é vinculado a regime especial de detentor de mandato eletivo pode se aposentar nesse regime utilizando, em contagem recíproca, tempo de contribuição de outro regime de previdência. Nessa hipótese, naturalmente, o tempo utilizado para a obtenção de algum benefício previdenciário não pode ser reutilizado em outro regime.

Confira o teor do art. 14 da EC 103/2019:

> "**Art. 14, EC 103/2019.** Vedadas a adesão de novos segurados e a instituição de novos regimes dessa natureza, os atuais segurados de regime de previdência aplicável a titulares de mandato eletivo da União, dos Estados, do Distrito Federal e dos Municípios poderão, por meio de opção expressa formalizada no prazo de 180 (cento e oitenta) dias, contado da data de entrada em vigor desta Emenda Constitucional, retirar-se dos regimes previdenciários aos quais se encontrem vinculados.
>
> **§ 1º** Os segurados, atuais e anteriores, do regime de previdência de que trata a Lei nº 9.506, de 30 de outubro de 1997, que fizerem a opção de permanecer nesse regime previdenciário deverão cumprir período adicional correspondente a 30% (trinta por cento) do tempo de contribuição que faltaria para aquisição do direito à aposentadoria na data de entrada em vigor desta Emenda Constitucional e somente poderão aposentar-se a partir dos 62 (sessenta e dois) anos de idade, se mulher, e 65 (sessenta e cinco) anos de idade, se homem.
>
> **§ 2º** Se for exercida a opção prevista no caput, será assegurada a contagem do tempo de contribuição vertido para o regime de previdência ao qual o segurado se encontrava vinculado, nos termos do disposto no § 9º do art. 201 da Constituição Federal.
>
> **§ 3º** A concessão de aposentadoria aos titulares de mandato eletivo e de pensão por morte aos dependentes de titular de mandato eletivo falecido será assegurada, a qualquer tempo, desde que cumpridos os requisitos para obtenção desses benefícios até a data de entrada em vigor desta Emenda Constitucional, observados os critérios da legislação vigente na data em que foram atendidos os requisitos para a concessão da aposentadoria ou da pensão por morte.
>
> **§ 4º** Observado o disposto nos §§ 9º e 9º-A do art. 201 da Constituição Federal, o tempo de contribuição a regime próprio de previdência social e ao Regime Geral de Previdência Social, assim como

> o tempo de contribuição decorrente das atividades militares de que tratam os arts. 42 e 142 da Constituição Federal, que tenha sido considerado para a concessão de benefício pelos regimes a que se refere o caput não poderá ser utilizado para obtenção de benefício naqueles regimes.
>
> **§ 5º** Lei específica do Estado, do Distrito Federal ou do Município deverá disciplinar a regra de transição a ser aplicada aos segurados que, na forma do caput, fizerem a opção de permanecer no regime previdenciário de que trata este artigo."

Em resumo, no que diz respeito aos detentores de mandato eletivo, a EC 103/2019 determinou que:

I) Eles são vinculados ao RGPS (art. 40, § 13, CF/88).

II) É proibida a criação de novos regimes especiais de previdência em benefício desses agentes, assim como a admissão de novos segurados a regimes desse tipo que tenham sido criados antes da EC 103/2019 (art. 14, *caput*, EC 103/2019).

III) É permitido que os regimes especiais de ocupantes de cargo eletivo criados antes da EC 103/2019 continuem a existir depois dela, mas os seus segurados podem, caso assim desejem, retirar-se desses regimes (no prazo de 180 dias a partir da entrada em vigor da EC 103/2019), levando consigo, para outro regime de previdência, o tempo de contribuição que houver acumulado (art. 14, *caput* c/c § 2º, EC 103/2019).

IV) Os segurados dos regimes especiais de ocupantes de cargo eletivo que optarem por permanecer nesses regimes após a EC 103/2019 devem cumprir requisitos estabelecidos em regras de transição para que possam se aposentar. Para os membros do Congresso Nacional, esses requisitos foram estabelecidos na própria EC 103/2019 (art. 14, § 1º, EC 103/2019), mas, para os ocupantes de cargo eletivo dos demais entes federados, eles (os requisitos "de transição") devem ser estabelecidos em lei específica própria (art. 14, § 5º, EC 103/2019).

V) As regras de transição a serem cumpridas pelos segurados que permanecerem nos regimes especiais não se aplicam quando o direito à aposentadoria ou pensão foi adquirido antes da EC 103/2019. Nesse caso, os benefícios serão concedidos nos termos das normas vigentes antes da Emenda (art. 14, § 3º, EC 103/2019).

VI) A contagem recíproca do tempo de contribuição se aplica aos regimes especiais dos detentores de mandato eletivo (art. 14, § 4º, EC 103/2019).

2.3. A situação dos servidores efetivos dos entes federados que não possuem regime próprio de previdência (antes e após a EC 103/2019)

Primeiramente, é necessário registrar que o que veremos neste tópico se aplica tanto antes quanto após a EC 103/2019, pois essa emenda não trouxe nenhuma disposição que tenha alterado a disciplina jurídica do tema.

Vamos agora o que interessa.

Como vimos, apenas os servidores titulares de cargo efetivo (e de cargo vitalício) são segurados do RPPS.

Ocorre que há, no Brasil, diversos entes federados que não possuem regime próprio de previdência.

Como assim?

Embora a União e todos os Estados possuam regime próprio de previdência, existem vários Municípios que nunca instituíram o RPPS em seus âmbitos, de modo que se torna necessário saber como ocorre a cobertura previdenciária dos servidores efetivos desses entes federados.

Antigamente, era bastante comum que os Municípios que não possuíam regime próprio de previdência para os seus servidores efetivos celebrassem convênio com o Estado no qual se encontravam inseridos para que o RPPS estadual assegurasse cobertura aos servidores efetivos municipais. Nessa situação, portanto, os servidores municipais se tornavam segurados do regime próprio estadual.

Isso aconteceu, por exemplo, no Município do Recife/PE, onde não houve a instituição de um regime próprio de previdência e os seus servidores se tornaram segurados do regime próprio de previdência do Estado de Pernambuco, conforme ficou previsto na Lei Estadual nº 7.551/77.

Porém, a possibilidade de os servidores de um ente federado serem segurados do RPPS de outro ente federado foi extinta pela Lei Federal 9.717/98, que, como vimos, é uma lei que veicula normas gerais sobre regime próprio de previdência e que continua aplicável mesmo após a EC 103/2019, enquanto não for editada uma lei complementar federal tratando das normas gerais de RPPS.

O fim da possibilidade de o regime próprio de previdência de um ente federado dar cobertura a servidores de outro ente federado foi estabelecido no art. 1º, V, da Lei 9.717/98, que determinou expressamente que o RPPS de uma entidade da Federação somente pode dar cobertura aos servidores dessa mesma entidade federativa e que não é admitida a celebração de convênios (ou consórcios) entre diferentes entes federativos para viabilizar o pagamento de benefícios previdenciários (a finalidade desses convênios seria permitir o pagamento de benefícios previdenciários, por uma entidade federada, a servidores de outra entidade federada).

Veja o teor desse dispositivo:

> "**Art. 1º, Lei 9.717/98.** Os regimes próprios de previdência social dos servidores públicos da União, dos Estados, do Distrito Federal e dos Municípios, dos militares dos Estados e do Distrito Federal deverão ser organizados, baseados em normas gerais de contabilidade e atuária, de modo a garantir o seu equilíbrio financeiro e atuarial, observados os seguintes critérios:
>
> (...)
>
> V - **cobertura exclusiva** a servidores públicos titulares de cargos efetivos e a militares, e a seus respectivos dependentes, **de cada ente estatal, vedado o pagamento de benefícios, mediante convênios ou consórcios** entre Estados, entre Estados e Municípios e entre Municípios;
>
> (...)"

Portanto, desde a Lei 9.717/98, é proibido que o RPPS de um ente federado dê cobertura a servidores de outro ente federado.

O que aconteceu, então, com os servidores dos entes federados que não possuem RPPS e que, a partir da Lei 9.717/98, não mais puderam ser segurados do regime próprio de outra entidade federativa?

Esses servidores passaram a ser obrigatoriamente segurados do RGPS, pois a Lei 8.213/91 prevê, no seu art. 12, que os servidores efetivos não vinculados a regime próprio de previdência vinculam-se ao regime geral. Nos termos desse dispositivo, os servidores efetivos são, a princípio, excluídos do RGPS, mas essa exclusão apenas ocorre se esses servidores forem cobertos por um regime próprio de previdência, o que deixa claro que, quando não há RPPS no ente federado, os seus servidores efetivos ficam vinculados ao RGPS.

Veja:

> "**Art. 12, Lei 8.213/91.** O servidor civil ocupante de cargo efetivo ou o militar da União, dos Estados, do Distrito Federal ou dos Municípios, bem como o das respectivas autarquias e fundações, **são excluídos do Regime Geral de Previdência Social consubstanciado nesta Lei, desde que amparados por regime próprio de previdência social**."

Portanto, no ente federado em que não há regime próprio de previdência, os respectivos servidores efetivos são segurados do RGPS.

E, com a EC 103/2019, isso ganhou um "tempero" extra, pois essa emenda incluiu o § 22 no art. 40 da CF/88 e nele estabeleceu que é proibido criar novos regimes próprios de previdência. A consequência disso é que os servidores efetivos dos entes federados em que não foi criado regime próprio de previdência antes da EC 103/2019 terão de continuar sempre vinculados ao RGPS, pois esses entes federativos não terão mais a possibilidade de instituir o RPPS em seus âmbitos.

Veja o teor do art. 40, § 22, da CF/88:

> "**Art. 40, CF/88.**
>
> (...)
>
> **§22 Vedada a instituição de novos regimes próprios de previdência social**, lei complementar federal estabelecerá, para os que já existam, normas gerais de organização, de funcionamento e de responsabilidade em sua gestão, dispondo, entre outros aspectos, sobre: ***(Incluído pela EC 103/2019)***
>
> (...)"

3. UNICIDADE DO REGIME E DA UNIDADE GESTORA

3.1. Unicidade do regime e da unidade gestora antes da EC 103/2019

Nos termos do art. 40, § 20, da CF/88, só pode haver um único regime próprio de previdência em cada entidade da Federação e é vedado que cada órgão integrante do ente federado gerencie o regime de previdência de forma específica para os servidores que lhe sejam vinculados (por exemplo, não é permitido que, em um determinado Estado, haja um regime de previdência para os professores gerido pela Secretaria de Educação, outro para os Policiais Civis gerido pela Secretaria de Segurança Pública etc.).

Portanto, cada entidade federativa deve possuir um único regime de previdência para os seus servidores, bem como uma única unidade gestora desse regime.

Dessa forma, em vez de se permitir a pulverização da previdência do funcionalismo público (como ocorreria no exemplo dado acima, em que os diversos órgãos do Estado gerenciariam diferentes regimes de previdência para os servidores a eles vinculados), **o regime próprio de previdência social, além de ter que ser único, deve ser administrado por uma única unidade.**

Em cada ente federado, a unidade gestora do respectivo regime próprio de previdência pode ser um órgão da Administração direta ou uma entidade da Administração indireta, a depender do tratamento dado pelas leis da entidade federativa. Em outras palavras: a unidade gestora pode ter personalidade jurídica própria ou não. Ela terá personalidade jurídica própria se for prevista em lei como uma entidade (notadamente, como uma autarquia), mas não terá personalidade jurídica própria se for prevista em lei como um órgão.

Confira o teor do art. 40, § 20, da CF/88 (na redação anterior à EC 103/2019):

> "**Art. 40, § 20, CF/88.** Fica vedada a existência de mais de um regime próprio de previdência social para os servidores titulares de cargos efetivos, e de mais de uma unidade gestora do respectivo regime em cada ente estatal, ressalvado o disposto no art. 142, § 3º, X."

É importante registrar que, segundo o Supremo Tribunal Federal, mesmo os servidores e os membros dos órgãos dotados de autonomia (como é o caso do Ministério Público e do Poder Judiciário) devem ficar vinculados ao regime próprio de previdência do respectivo ente federado (que deve ser o mesmo para todos os servidores desse ente), de modo que eles também ficam submetidos à mesma unidade gestora.

Ou seja, os órgãos autônomos (como o Ministério Público e o Poder Judiciário) não podem ter um regime de previdência específico para eles, assim como não podem manter uma unidade gestora da previdência dos seus membros e servidores separadamente da gestão do regime previdenciário dos servidores públicos do respectivo ente federado.

Além disso, o fato de o órgão ser dotado de autonomia não pode ser alegado como um motivo para que ele deixe de contribuir (por exemplo, por meio da chamada "contribuição patronal") para o custeio do regime de previdência, pois o texto constitucional não faz ressalva alguma nesse sentido.

Isso foi decidido pelo STF nas **ADIs 4824 e 4859**, ambas julgadas em 13/03/2023, a primeira envolvendo o Ministério Público e a segunda, o Poder Judiciário. Veja as ementas desses precedentes, que são muito semelhantes:

> "(...) 3. **Inclusão dos servidores e membros do Ministério Público estadual no regime próprio de previdência social do Estado do Piauí.** Ausência de ofensa à separação de Poderes e à independência do Ministério Público. Tal providência, longe de afrontar a Constituição, é, em realidade, uma imposição constitucional. **O art. 40, § 20, da CF, inserido pela EC nº 41/2003, estabeleceu a unicidade de regime**

previdenciário e de unidade gestora em cada ente federativo, vedando, portanto, a existência de leis que privilegiem determinadas categorias do serviço público. Tal unicidade atende aos princípios constitucionais da isonomia, solidariedade e eficiência administrativa. 4. Destinação de verbas orçamentárias do Ministério Público ao fundo de previdência, cômputo de certos gastos previdenciários como despesa com pessoal e a imposição de recolhimento de contribuição. Ausência de afronta à independência do órgão. A ótica contributiva e solidária do regime de repartição simples (CF, art. 40, caput) impõe não só que uns segurados financiem as prestações de outros, mas também que o Estado, responsável pelo gerenciamento de todo o sistema, responda por eventuais insuficiências. E, **ao falar-se em Estado, não há por que se considerar apenas o Poder Executivo se o regime próprio de previdência social é único para todo o ente federado, compreendendo não só os servidores titulares de cargo efetivo daquele poder, mas também os servidores e membros dos Poderes Legislativo e Judiciário, Ministério Público e Tribunal de Contas**. (...)" **(ADI 4824, Pleno, Rel. Min. ROBERTO BARROSO, j. 13/03/2023)**

"(...)1. Ação direta contra dispositivos das Leis Complementares nºs 39/2004 e 40/2004, do Estado do Piauí, que, entre outras providências, (i) preveem como fonte de recursos do fundo de previdência o aporte de capital financeiro e a cobertura de déficit do regime próprio de previdência social por todos os poderes e órgãos autônomos do Estado, (ii) permitem à Secretaria de Fazenda do Estado reter na fonte as contribuições previdenciárias, inclusive as dos servidores e membros do Poder Judiciário e (iii) impõem a esse poder o custeio do abono de permanência dos seus membros e servidores. Alegação de afronta à autonomia financeira do Judiciário (CF, art. 99, § 1º). 2. A questão em debate é relevante. A independência do Poder Judiciário é um elemento essencial do Estado democrático de Direito. O controle recíproco entre as esferas de poder, que evita que alguma delas assuma um viés autoritário, somente se mostra efetivo quando exercido por órgãos independentes, livres de qualquer pressão externa. 3. Cobertura de déficit do regime previdenciário pelo Judiciário. Ausência de ofensa à sua independência. **A cobertura de déficit, no regime de repartição simples (CF, art. 40, caput), é dever do Estado. A ótica contributiva e solidária desse regime impõe não só que uns segurados financiem as prestações de outros, mas também que o Estado, responsável pelo gerenciamento de todo o sistema, responda por eventuais insuficiências. E, ao falar-se em Estado, não há por que se considerar apenas o Poder Executivo se o regime próprio de previdência social é único para todo o ente federado, compreendendo não só os servidores titulares de cargo efetivo daquele poder, mas também os servidores e membros dos Poderes Legislativo e Judiciário, Ministério Público e Tribunal de Contas (art. 40, § 20, da CF).** (...)" **(ADI 4859, Pleno, Rel. Min. ROBERTO BARROSO, j. 13/03/2023)**

3.1.1. Exceção à unicidade: a previdência dos militares

Há **uma exceção** à regra da unicidade do regime e da unidade gestora da previdência dos servidores públicos: a possibilidade de existência de um regime previdenciário específico para os **militares (tanto em âmbito federal quanto em âmbito estadual)**, regime esse, inclusive, que não é disciplinado pelo art. 40 da CF/88, mas sim por lei editada por cada entidade federativa. Isso é o que decorre da parte final do § 20 do art. 40 e dos arts. 42, § 1º, e 142, § 3º, X, todos da CF/88.

> "**Art. 42, § 1º, CF/88.** Aplicam-se aos militares dos Estados, do Distrito Federal e dos Territórios, além do que vier a ser fixado em lei, as disposições do art. 14, § 8º; do art. 40, § 9º; e do art. 142, §§ 2º e 3º, **cabendo a lei estadual específica dispor sobre as matérias do art. 142, § 3º, inciso X**, sendo as patentes dos oficiais conferidas pelos respectivos governadores."
>
> "**Art. 142, § 3º, CF/88.** Os membros das Forças Armadas são denominados militares, aplicando-se-lhes, além das que vierem a ser fixadas em lei, as seguintes disposições:
>
> (...)
>
> **X** - A **lei disporá** sobre o ingresso nas Forças Armadas, os limites de idade, a estabilidade e outras **condições de transferência do militar para a inatividade**, os direitos, os deveres, a remuneração, as prerrogativas e outras situações especiais dos militares, consideradas as peculiaridades de suas atividades, inclusive aquelas cumpridas por força de compromissos internacionais e de guerra."

Inclusive, no **RE 596701** (j. 20/04/2020), o Supremo Tribunal Federal reconheceu expressamente que a Constituição prevê a existência de regimes próprios de previdência distintos para os servidores civis e para os militares.

Nas exatas palavras da Corte, *"há sensíveis distinções entre os servidores públicos civis e os militares, estes classificados como agentes públicos cuja atribuição é a defesa da Pátria, dos poderes constituídos e da ordem pública, a justificar a existência de um tratamento específico quanto à previdência social, em razão da sua natureza jurídica e dos serviços que prestam à Nação, seja no que toca aos direitos, seja em relação aos deveres. Por tal razão, é necessária a existência de um Regime de Previdência Social dos Militares (RPSM) distinto dos Regimes Próprios de Previdência Social (RPPS), sendo autorizado constitucionalmente o tratamento da disciplina previdenciária dos militares por meio de lei específica"*.

Nessa linha de raciocínio e esclarecendo que a previdência dos militares é disciplinada por lei (portanto, é matéria primordialmente infraconstitucional), e não pelo art. 40 da CF/88 (que disciplina o regime previdenciário dos servidores civis), o STF reconheceu, nesse precedente, a possibilidade da cobrança de contribuição previdenciária dos militares inativos e pensionistas no período compreendido entre a EC 20/98 e a EC 41/03 (desde que prevista em lei do ente federado, evidentemente), o que não é possível em relação aos servidores civis, pois, no que diz respeito aos civis, a cobrança de contribuição previdenciária de inativos e pensionistas apenas passou a ser possível com a EC 41/03, que alterou o art. 40 da CF/88 e permitiu a exigência da contribuição.

A tese fixada no caso (**Tema de Repercussão Geral nº 160**) estabeleceu que *"é constitucional a cobrança de contribuições sobre os proventos dos militares inativos, aqui compreendidos os Policiais Militares e o Corpo de Bombeiros dos Estados e do Distrito Federal e os integrantes das Forças Armadas, entre o período de vigência da Emenda Constitucional 20/98 e da Emenda Constitucional 41/03, por serem titulares de regimes jurídicos distintos dos servidores públicos civis e porque a eles não se estende a interpretação integrativa dos textos dos artigos 40, §§ 8º e 12, e artigo 195, II, da Constituição da República"*.

Por fim, é necessário esclarecer que, segundo o Supremo Tribunal Federal, embora o art. 42, § 1º, da CF/88 exija lei **ESPECÍFICA** para tratar do regime de previdência dos militares estaduais, isso não significa que seja indispensável que a lei que disciplina essa matéria cuide exclusivamente dela, pois lei específica não é a mesma coisa que lei exclusiva.

O STF esclareceu que, quando a Constituição Federal quer que determinada matéria seja tratada com exclusividade por uma lei (de modo que essa lei não possa tratar de nenhum outro tema), ela faz isso de forma expressa, sendo possível citar como exemplo o art. 150, § 6º, da CF/88, que, ao se referir a benefícios tributários, estabelece que *"qualquer subsídio ou isenção, redução de base de cálculo, concessão de crédito presumido, anistia ou remissão, relativos a impostos, taxas ou contribuições, só poderá ser concedido mediante lei específica, federal, estadual ou municipal,* ***que regule exclusivamente*** *as matérias acima enumeradas ou o correspondente tributo ou contribuição"*. E o texto constitucional não faz esse tipo de exigência quanto à lei que disciplina o regime previdenciário dos militares.

Consequentemente, nada impede que uma mesma lei trate tanto do regime de previdência dos militares quanto do regime de previdência dos servidores civis, sendo possível, até mesmo, que ela (a lei) contenha disposições de caráter geral dirigidas igualmente a servidores civis e a militares, já que não há exigência constitucional de exclusividade de tema nessa lei.

Isso foi decidido pelo STF na **ADI 5154**, julgada em 12/09/2023, que recebeu a seguinte ementa:

> "(...) 2. Regime de Previdência dos Militares e Servidores do Estado do Pará. Lei Complementar 39, de 2002, do Estado do Pará. 3. Alegação de violação ao disposto no artigo 42, § 1º, que exige lei específica para tratar do regime de previdência do servidor militar, nos termos do art. 142, § 3º, inciso X, da Constituição Federal. Inocorrência. **4. A inclusão em um mesmo diploma normativo de regra geral, comum a servidores civis e militares, não ofende a exigência constitucional de lei específica para tratar da inatividade dos militares.** (...)" **(ADI 5154, Pleno, Rel. Min. LUIZ FUX, Redator do acórdão Min. GILMAR MENDES, j. 12/09/2023)**

3.2. Unicidade do regime e da unidade gestora após a EC 103/2019

A EC 103/2019 **manteve a imposição de haver um único regime próprio de previdência e uma única unidade gestora desse regime em cada entidade da Federação**, continuando vedado, portanto, que cada órgão do ente federado gerencie um regime previdenciário específico para os servidores que lhe sejam vinculados.

Essa determinação continua prevista no § 20 do art. 40 da CF/88, que sofreu algumas alterações na sua redação, mas manteve o conteúdo relativo à unicidade do regime e da sua unidade gestora. Veja:

> "**Art. 40, § 20, CF/88.** É vedada a existência de mais de um regime próprio de previdência social e de mais de um órgão ou entidade gestora desse regime em cada ente federativo, abrangidos todos os poderes, órgãos e entidades autárquicas e fundacionais, que serão responsáveis pelo seu financiamento, observados os critérios, os parâmetros e a natureza jurídica definidos na lei complementar de que trata o § 22." ***(Redação dada pela EC 103/2019)***

Perceba que a alteração que a EC 103/2019 promoveu na redação do art. 40, § 20, da CF/88 teve como objetivo deixar claro que todos os órgãos e entidades do ente federado (abrangidos os órgãos autônomos, como o Ministério Público, o Poder Judiciário e o Poder Legislativo) submetem-se ao mesmo e único regime próprio de previdência e à mesma e única unidade gestora desse regime, devendo, inclusive, contribuir para o financiamento dele. Agora, portanto, não há mais espaço algum para qualquer interpretação que tente possibilitar a criação de um regime previdenciário específico para os órgãos autônomos e, com isso, retirá-los do RPPS dos servidores efetivos em geral.

E há um detalhe muito importante relacionado a isso na EC 103/2019: o art. 9º, § 6º, dessa emenda fixou um prazo para os entes federados se adequarem à exigência de unicidade da unidade gestora do regime próprio de previdência. Esse prazo foi de 02 (dois) anos a partir do início da vigência da Emenda.

Portanto, a partir da entrada em vigor da EC 103/2019, os entes federados tiveram o **prazo de 02 (dois) anos** para implementar o comando do art. 40, § 20, da CF/88 que exige que, em cada entidade federativa, o regime próprio de previdência tenha uma única unidade gestora.

Veja o teor do art. 9º, § 6º, da EC 103/2019:

> "**Art. 9º, § 6º, EC 103/2019.** A instituição do regime de previdência complementar na forma dos §§ 14 a 16 do art. 40 da Constituição Federal e **a adequação do órgão ou entidade gestora do regime próprio de previdência social ao § 20 do art. 40 da Constituição Federal** deverão ocorrer no **prazo máximo de 2 (dois) anos** da data de entrada em vigor desta Emenda Constitucional."

Quanto aos militares, eles continuam possuindo uma previdência própria (podendo ter gestão própria, conforme, inclusive, já decidiu o STF, como vimos anteriormente) disciplinada por lei própria de cada entidade federativa, nos termos do art. 42, § 1º, c/c o art. 142, § 3º, X, da CF/88.

A novidade trazida pela EC 103/2019 em relação a isso foi a alteração da parte final do art. 22, XXI, da CF/88, que expressamente passou a prever como **competência legislativa privativa da União a edição de normas gerais sobre *"inatividades e pensões das polícias militares e dos corpos de bombeiros militares"***. Essa questão foi estudada mais detalhadamente nos tópicos sobre a competência legislativa para tratar de previdência.

> "**Art. 22, CF/88.** Compete privativamente à União legislar sobre:
>
> (...)
>
> **XXI** - normas gerais de organização, efetivos, material bélico, garantias, convocação, mobilização, **inatividades e pensões** das polícias militares e dos corpos de bombeiros militares; ***(Redação dada pela EC 103/2019)***
>
> (...)"

Inclusive, confirmando, após a EC 103/2019, que os militares devem possuir regime de previdência separado do regime previdenciário dos servidores civis, o Supremo Tribunal Federal, na **ADI 6917** (j. 21/03/2022), decidiu que é inconstitucional norma estadual (seja ela prevista na Constituição do Estado ou em âmbito infraconstitucional) que inclui os militares no regime de previdência dos servidores civis.

Isso porque, como vimos, a Constituição Federal exige que a previdência dos militares seja tratada em lei própria específica de cada ente federado.

Ademais, o STF registrou que, a partir da EC 103/2019, a competência legislativa para editar normas gerais sobre inatividades e pensões dos militares estaduais passou a ser privativa da União (art. 22, XXI, CF/88), e a União já criou uma lei estabelecendo essas normas gerais. Trata-se da Lei nº 13.954/2019, que alterou o Decreto nº 667/1969 e estabeleceu que os Estados, ao disciplinarem o regime de previdência dos seus militares, não podem aplicar a eles (aos militares) as normas do regime previdenciário dos servidores civis (art. 24-E, parágrafo único, Decreto 667/69). Veja:

> "**Art. 24-E, Decreto 667/69.** O Sistema de Proteção Social dos Militares dos Estados, do Distrito Federal e dos Territórios deve ser regulado por lei específica do ente federativo, que estabelecerá seu modelo de gestão e poderá prever outros direitos, como saúde e assistência, e sua forma de custeio.
>
> **Parágrafo único.** Não se aplica ao Sistema de Proteção Social dos Militares dos Estados, do Distrito Federal e dos Territórios a legislação dos regimes próprios de previdência social dos servidores públicos."

Nesse mesmo precedente, o Supremo Tribunal Federal também deixou claro que, como os militares não se submetem ao mesmo regime de previdência dos servidores civis, uma norma estadual não pode prever que a eles (aos militares) se aplicam as aposentadorias especiais, as quais são previstas no art. 40, §§ 4º-A, 4º-B, 4º-C e 5º, da CF/88 para categoriais específicas de servidores públicos civis. Na verdade, justamente porque o art. 40 da CF/88 prevê aposentadoria especial somente para categorias específicas de servidores civis, uma norma estadual (ou mesmo uma norma infraconstitucional federal), segundo o STF, não pode assegurar essa modalidade de aposentadoria a nenhum servidor que não faça parte de uma dessas categorias, ainda que se trate de um servidor civil.

Para que a questão fique ainda mais clara, confira a ementa desse julgado:

> "(...) 1. A competência estatuída no art. 22, XXI, da Constituição Federal, consoante a reforma promovida pela EC 103/2019, **outorga à União a prerrogativa de conceber normas gerais sobre inatividades e pensões das polícias militares**. 2. No exercício dessa competência legiferante, foi editada a Lei Federal 13.954/2019, que reconheceu aos Estados-Membros a competência para disciplinarem o Sistema de Proteção

Social dos seus respectivos militares, **desde que não lhes sejam aplicadas as normas do regime próprio dos servidores civis.** 3. O art. 140-A, § 2º, IV, da Constituição do Estado de Mato Grosso, ao prever que uma lei complementar estadual relacionada ao regime próprio de previdência social fixará, entre outros requisitos, condições para a aposentadoria dos policiais militares, revela-se incompatível com a Constituição Federal, por violar normas gerais fixadas em âmbito federal. 4. **O regime constitucional da aposentadoria especial, com as significativas modificações promovidas pela EC 103/2019, admite uma relevante margem de conformação ao Legislador Estadual, a quem cabe assentar, em lei complementar, os critérios diferenciados para a concessão de benefícios previdenciários, desde que circunscritos às categorias de servidores mencionados no art. 40, § 4º-B, da Constituição Federal.** 5. Inconstitucionalidade do art. 140-A, § 2º, IV, da Constituição do Estado de Mato Grosso, no ponto em que admite a fixação de critérios diferenciados para a aposentadoria "de oficial de justiça/avaliador" e de "policial militar", bem como do art. 8º da Emenda Constitucional estadual nº 92/2020, quando assegura às carreiras da Perícia Oficial de Identificação Técnica estadual (POLITEC-MT) regras transitórias específicas de aposentação, na medida em que tais normas contemplam servidores não mencionados no rol taxativo preconizado pelo art. 40, § 4º-B, da CF. (...)" **(ADI 6917, Pleno, Rel. Min. ALEXANDRE DE MORAES, j. 21/03/2022)**

4. CARACTERÍSTICAS DO REGIME PRÓPRIO DE PREVIDÊNCIA SOCIAL

4.1. Características do regime antes da EC 103/2019

O regime próprio de previdência social possui duas características basilares, que são as seguintes:

I) Contributividade; e

II) Solidariedade.

O sistema de previdência dos servidores públicos, portanto, possui caráter **contributivo** e **solidário**. E por que é importante saber disso? Porque essas características nem sempre estiveram previstas no texto da CF/88, tendo sido trazidas por alterações promovidas por emendas constitucionais.

A característica da **contributividade** foi introduzida pela EC 20/98, que alterou o *caput* do art. 40 da CF/88, passando esse dispositivo a estabelecer, expressamente, que o sistema é contributivo.

Por conta da contributividade, passou a ser vedada (também de forma expressa) a contagem de tempo de contribuição fictício no regime próprio de previdência (art. 40, § 10, CF/88), de modo que passou a não ser mais admitida, por exemplo, a prática (muito comum e admitida pelas legislações de diversos entes federados) de contar em dobro, para fins de aposentadoria, períodos de licenças não gozadas pelo servidor na atividade. Isso porque, em um sistema contributivo, não se pode admitir a concessão de benefícios que não tenham lastro em prévia contribuição.

> "**Art. 40, § 10, CF/88.** A lei não poderá estabelecer qualquer forma de contagem de tempo de contribuição fictício." ***(Incluído pela EC 20/98)***

Já a **solidariedade** foi uma característica introduzida pela EC 41/03, tendo sido ela um dos fundamentos utilizados pelo Supremo Tribunal Federal para considerar constitucional a cobrança de contribuição previdenciária dos servidores inativos e dos pensionistas (cobrança essa também introduzida pela EC 41/03), ao julgar as **ADIs 3105 e 3128**.

Isso porque a solidariedade significa que os segurados do regime contribuem para manter o regime, e não para custear os seus próprios benefícios. Em outras palavras: por conta da solidariedade, quem paga contribuição previdenciária faz isso não para lhe assegurar benefícios no futuro, mas sim para que os demais segurados recebam os seus benefícios no presente.

Nessa mesma linha de raciocínio, como a solidariedade faz com que o segurado contribua para sustentar o sistema (e não para custear seus próprios benefícios), não há como alegar que os servidores aposentados (ou mesmo os pensionistas) têm direito adquirido a não pagar contribuição. Isso porque, como a contribuição existe para manter o sistema, e não para garantir que quem a paga receba seus benefícios no futuro, não há logica em alegar que, uma vez pagas as contribuições durante a vida funcional, o servidor que se aposenta passa a ter direito a não mais pagá-las.

Além disso, segundo o STF, não há direito adquirido a não ser tributado (ADIs 3105 e 3128), o que reforça a validade da cobrança da contribuição previdenciária dos inativos e dos pensionistas no RPPS.

4.2. Características do regime após a EC 103/2019

A EC 103/2019 manteve expressamente (art. 40, *caput*, CF/88) o caráter contributivo e solidário do regime de previdência dos servidores públicos, bem como, naturalmente, a previsão de pagamento de contribuição previdenciária por servidores inativos e por pensionistas (além, claro, dos servidores ativos).

> "**Art. 40, CF/88.** O regime próprio de previdência social dos servidores titulares de cargos efetivos terá caráter contributivo e solidário, mediante contribuição do respectivo ente federativo, de servidores ativos, de aposentados e de pensionistas, observados critérios que preservem o equilíbrio financeiro e atuarial." ***(Redação dada pela EC 103/2019)***

Além disso, a reforma de 2019 manteve como regra a previsão trazida pela EC 41/03 de que a contribuição previdenciária paga por inativos e pensionistas apenas incide sobre a parcela do benefício que supera o limite máximo dos benefícios pagos pelo RGPS.

5. COMPLEMENTAÇÃO DE APOSENTADORIA E DE PENSÃO

A complementação de aposentadoria nada mais é do que um valor pago pela Administração Pública ao servidor que se aposenta com proventos inferiores à remuneração que ele recebia na atividade, tendo ela (a complementação de aposentadoria) o objetivo de fazer com que o valor total recebido pelo servidor na sua inatividade (considerando o valor da aposentadoria somado ao da complementação) seja equivalente ao montante da remuneração recebida antes da aposentação.

Esse benefício é mais comumente pago aos servidores celetistas, pois eles são segurados do RGPS (e não do RPPS), o que, no caso dos servidores com remunerações mais elevadas, faz com que as suas aposentadorias tenham valor inferior ao da remuneração recebida na atividade, já que o RGPS sempre teve como "teto" (ou limite máximo) dos seus benefícios um valor não muito alto.

Veja o seguinte exemplo para ajudar a compreender melhor a questão: Fulano é servidor celetista de uma autarquia do Estado de São Paulo e recebe salário mensal de 15 (quinze) mil reais. Como ele é segurado do RGPS, ao se aposentar, o valor dos seus proventos ficará limitado ao "teto do RGPS". Assim, supondo que o "teto" do regime geral de previdência seja de 8 (oito) mil reais, a aposentadoria recebida por Fulano será desse valor, de modo que ele terá um decréscimo "remuneratório" de 7 (sete) mil reais. A complementação de aposentadoria tem como finalidade preservar o padrão "remuneratório" do servidor durante a sua inatividade, de modo que, no caso de Fulano, se essa vantagem for paga pela Administração, ela corresponderá a aproximadamente 7 (sete) mil reais, valor que Fulano "perdeu" ao se aposentar.

É importante registrar que a complementação de aposentadoria **não é um benefício previdenciário**, mas sim um benefício funcional de caráter estatutário previsto em lei do respectivo ente federado e custeado pelos cofres do Tesouro desse mesmo ente federado (e não pelos cofres do seu regime de previdência). A peculiaridade é que, embora seja uma vantagem de caráter funcional (e não previdenciária), ela é paga ao servidor que já se encontra aposentado, e não ao servidor que está em atividade.

A complementação de pensão, por sua vez, é semelhante à complementação de aposentadoria, mas, em vez de ter como finalidade complementar o valor da aposentadoria do servidor para que ela atinja o mesmo patamar da remuneração por ele recebida na atividade, ela (a complementação de pensão) se presta a complementar o valor da pensão por morte deixada pelo servidor que teria direito à complementação de aposentadoria, de modo que o benefício de pensão somado à complementação paga pela Administração Pública atinja a mesma faixa de valor que teria se a pensão fosse calculada a partir da remuneração total do servidor falecido.

5.1. Complementação de aposentadoria e de pensão antes da EC 103/2019

Antes da EC 103/2019, a CF/88 não dispunha sobre complementação de aposentadoria nem sobre complementação de pensão.

Nesse cenário, os diversos entes federados tinham liberdade para decidir, de acordo com seus próprios juízos de conveniência política, se queriam ou não instituir, em favor de seus servidores e respectivos dependentes, a vantagem da complementação de aposentadoria e de pensão. Houve, inclusive, ente federado que chegou a instituir esse benefício, mas o extinguiu antes mesmo de ser aprovada a EC 103/2019.

De forma geral, **nos entes federados em que a complementação de aposentadoria e de pensão foi instituída, os servidores contemplados por ela foram os celetistas (e os seus dependentes)**, pois os servidores efetivos, por serem vinculados ao regime próprio de previdência, não sofriam a limitação do "teto do RGPS" no cálculo e pagamento da sua aposentadoria (exceto no caso dos servidores submetidos ao regime de previdência complementar, mas esse regime apenas se tornou realidade após as reformas previdenciárias mais recentes, conforme estudaremos em capítulo específico deste livro). Como os servidores efetivos não se sujeitavam ao "teto do RGPS", não haveria sentido em lhes assegurar uma complementação dos proventos de aposentadoria (ou de pensão), tendo em vista que esses proventos já seriam calculados a partir da remuneração total do servidor, respeitando-se sempre, claro, o "teto remuneratório" do art. 37, XI, da CF/88.

Seja como for, caso o ente federado decidisse criar, no seu âmbito, a complementação de aposentadoria e de pensão, deveria, evidentemente, fazer isso por meio de lei, tendo em vista o princípio da legalidade (previsto no art. 37, *caput*, da CF/88), por força do qual, a Administração Pública só pode fazer o que a lei permite que ela faça.

Um bom exemplo de ente federado em que houve a instituição (e a posterior extinção) da complementação de aposentadoria e de pensão é o Estado de São Paulo.

Em São Paulo, houve a criação do benefício da complementação de aposentadoria e de pensão para os servidores celetistas (e seus dependentes) da Administração direta e indireta. Isso ocorreu por meio da Lei Estadual nº 1.386/51.

Em momento posterior, a Lei Estadual nº 4.819/58 trouxe novas disposições sobre o tema, criando o Fundo de Assistência Social do Estado para custear as complementações de aposentadoria e de pensão pagas aos servidores celetistas (e seus dependentes) das autarquias, das sociedades anônimas em que houvesse ações de propriedade do Estado de São Paulo e dos serviços industriais de propriedade e administração do Estado de São Paulo.

Essas duas leis foram, depois, revogadas pela Lei Estadual nº 200/74, a qual extinguiu, no âmbito do Estado de São Paulo, a complementação de aposentadoria e de pensão. Essa lei, no entanto, assegurou o pagamento desse benefício a quem já se encontrava no gozo dele na data da sua entrada em vigor, bem como aos servidores (celetistas) que haviam ingressado na Administração estadual até essa mesma data.

Apenas para ilustrar, confira o teor dos seguintes dispositivos dessas leis nos quais houve a previsão da complementação de aposentadoria e de pensão no Estado de São Paulo:

LEI ESTADUAL Nº 1.386/51

"**Art. 1º** O pessoal dos serviços ou repartições criados, mantidos ou administrados pelo Estado, associado obrigatório de Institutos ou Caixas de Aposentadorias e Pensões, **quando aposentado terá direito ao provento assegurado aos demais funcionários ou servidores do Estado**, de acôrdo com a legislação que vigorar.

Parágrafo único. A diferença entre o provento pago pelo Instituto ou Caixa respectiva e aquêle a que tiver direito o servidor na forma desta lei, **correrá por conta do serviço ou repartição**.

Art. 2º Ao servidor aposentado de acôrdo com o disposto no artigo anterior, é assegurado o aumento dos seus proventos no caso de majoração geral dos salários dos ativos da categoria e funções iguais as respectivamente que pertencia, bem como no caso de aumento geral de salários concedido sob a forma de promoções que abranjam uma ou mais categorias de servidores do serviço ou repartição.

Parágrafo único. Neste caso os proventos serão proporcionalmente, ajustados aos novos salários, na conformidade das leis que regulam a aposentadoria dos funcionários públicos.

(...)

Art. 9º Fica assegurado aos **beneficiários do servidor falecido** a direito de perceber do serviço ou repartição, a que pertencia o servidor falecido, uma diferença entre a importância que lhe for paga a título de pensão, pelo Instituto ou Caixa de Aposentadoria em que estiverem inscritos, e a importância correspondente a 80% (oitenta por cento) da aposentadoria a que teria direito o servidor pela soma da quota do Instituto ou Caixa com a quota estadual prevista nesta lei.

(...)"

LEI ESTADUAL Nº 4.819/58

"**Art. 1º** Fica criado o "Fundo de Assistência Social do Estado" com a finalidade de conceder aos servidores das autarquias, das sociedades anônimas em que o Estado seja detentor da maioria das ações e dos serviços industriais de propriedade e administração estadual, as seguintes vantagens, já concedidas aos demais servidores públicos:

(...)

II - **complementação das aposentadorias e concessão de pensões** nos termos das Leis ns. 1.386, de 19 de dezembro de 1951, e 1974, de 18 de dezembro de 1952;

(...)"

LEI ESTADUAL Nº 200/74

"**Art. 1º** Ficam **revogadas** as Leis n. 999, de 1º de maio de 1951, 1.386, de 19 de dezembro de 1951, e 4.819, de 26 de agosto de 1958, bem assim **todas as disposições, gerais ou especiais, que concedem complementação, pelo Estado, de aposentadorias, pensões e outras vantagens**, de qualquer natureza, aos empregados sob o regime da legislação trabalhista, da Administração direta e de entidades, públicas ou privadas, da Administração descentralizada.

Parágrafo único. Os atuais beneficiários e os empregados admitidos até a data da vigência desta lei, **ficam com seus direitos ressalvados**, continuando a fazer jus aos benefícios decorrentes da legislação ora revogada."

5.2. Complementação de aposentadoria e de pensão após a EC 103/2019 (e a possibilidade de extinção de regimes próprios de previdência)

Como vimos acima, até a EC 103/2019, em virtude de a CF/88 não dispor sobre a complementação de aposentadoria e de pensão, os entes federados tinham liberdade para, de acordo com seus próprios juízos de conveniência, instituir ou não esse benefício para os seus servidores.

Esse cenário mudou com a entrada em vigor da referida emenda.

Isso porque a EC 103/2019 incluiu o § 15 no art. 37 da CF/88 e nele estabeleceu expressamente que passou a ser proibida a instituição, pelos entes federados, de complementação de aposentadoria e de pensão.

Portanto, atualmente, os entes federados não mais possuem liberdade para decidir se querem ou não instituir a complementação de aposentadoria e de pensão para os seus servidores (e respectivos dependentes), pois, desde a EC 103/2019, a CF/88 proíbe a criação desse benefício.

Veja o teor do art. 37, § 15, da CF/88:

> "**Art. 37, CF/88.**
>
> (...)
>
> **§ 15 É vedada a complementação de aposentadorias de servidores públicos e de pensões por morte a seus dependentes** que não seja decorrente do disposto nos §§ 14 a 16 do art. 40 ou que não seja prevista em lei que extinga regime próprio de previdência social. ***(Incluído pela EC 103/2019)***
>
> (...)"

Alguns detalhes desse dispositivo merecem atenção.

O primeiro deles é que a vedação de pagamento de complementação de aposentadoria e de pensão aos servidores públicos não impede (evidentemente) o pagamento dos benefícios devidos pelo regime de previdência complementar aos servidores (e seus dependentes) que tenham aderido a um plano de previdência oferecido por esse regime. Isso é dito expressamente pelo art. 37, § 15, da CF/88 no trecho em que ele estabelece que a complementação de aposentadoria e de pensão não é vedada quando ela for *"decorrente do disposto nos §§ 14 a 16 do art. 40"* (os §§ 14 a 16 do art. 40 da CF/88 são os dispositivos que tratam da previdência complementar dos servidores vinculados ao RPPS).

Aqui é importante registrar que, conforme ainda estudaremos, no ente federado em que há previdência complementar para os servidores públicos, o valor das aposentadorias e pensões pagas pelo respectivo RPPS fica limitado ao "teto do RGPS", e tudo que superar esse "teto" deve ser pago pelo regime de previdência complementar de acordo com o plano ao qual o servidor tenha aderido e as contribuições que ele houver pago.

O segundo detalhe que merece destaque é a parte final do art. 37, § 15, da CF/88. Essa parte final estabelece que a complementação de aposentadoria e de pensão também não é vedada quando ela estiver *"prevista em lei que extinga regime próprio de previdência social"*.

Como assim?

É que a EC 103/2019, além de proibir que novos regimes próprios de previdência sejam criados (conforme consta do § 22 do art. 40 da CF/88, que estudamos anteriormente), estimula a extinção dos regimes próprios já existentes, para que os segurados desses regimes migrem para o RGPS (já que, conforme estudamos, a Lei 8.213/91 prevê que os servidores efetivos não cobertos por regime próprio de previdência são segurados do regime geral de previdência).

Essa intenção da EC 103/2019 de estimular a extinção de regimes próprios de previdência criados antes da sua entrada em vigor fica clara em diversas de suas passagens, em especial, nas seguintes:

I) O **art. 40, §§ 22, da CF/88**, que foi incluído no texto constitucional pela EC 103/2019, prevê, em seu *caput*, que é proibida a criação de novos regimes próprios de previdência, além de estabelecer, em seu inciso I, que a lei complementar federal sobre as normas gerais do RPPS deve fixar os requisitos a serem observados para extinguir regimes próprios já existentes e, com isso, fazer com que os respectivos segurados migrem para o RGPS.

II) O **art. 34 da EC 103/2019** é inteiramente dedicado a fixar regras que devem ser observadas no caso de extinção de um regime próprio de previdência. Segundo esse dispositivo, caso um regime próprio de previdência seja extinto, os seus segurados deverão migrar para o RGPS e, se eles tiverem contribuído para o regime próprio (agora extinto) em valor superior ao do "teto o RGPS", o respectivo ente federado deverá estabelecer, na lei de extinção do seu RPPS, algum mecanismo de ressarcimento das contribuições pagas acima desse limite máximo ou a complementação dos benefícios que os servidores receberão no RGPS **(e essa complementação de pensão não é vedada pelo art. 37, § 15, da CF/88)**.

Portanto, segundo o art. 34 da EC 103/2019, é possível a extinção de regimes próprios de previdência que já existiam antes da entrada em vigor dessa emenda, e essa extinção deve ocorrer sempre por meio de lei do respectivo ente federado.

O desejo da EC 103/2019 de extinguir regimes próprios de previdência é tão grande que, no parágrafo único do seu art. 34, ela estabelece que, mesmo que o regime próprio de previdência seja superavitário (isto é, mesmo que ele tenha mais recursos do que despesas), ele poderá ser extinto e, com isso, os seus segurados serão transferidos para o RGPS.

Então, caso ocorra a extinção de um regime próprio de previdência, os seus segurados passarão a ser segurados do RGPS (isso está previsto expressamente no art. 34 da EC 103/2019, mas já decorria da Lei 8.213/91, conforme estudamos anteriormente).

Além disso, a lei que realiza essa extinção (que é uma lei do próprio ente federado cujo regime próprio está sendo extinto) deverá, enquanto não houver uma lei geral federal disciplinando o tema, observar as seguintes **exigências impostas pelo art. 34 da EC 103/2019**:

I) A extinção de regime próprio de previdência deve ocorrer sempre por meio de lei do respectivo ente federado;

II) Os benefícios que foram concedidos durante a existência do regime próprio agora extinto deverão continuar sendo suportados pelo respectivo ente federado;

III) Os benefícios cujos requisitos para concessão tenham sido cumpridos antes da extinção do regime próprio deverão ser suportados pelo próprio ente federado respectivo;

IV) Se os segurados do regime próprio extinto tiverem pago contribuições em patamar superior ao do "teto do RGPS", deverá haver a criação de um mecanismo para ressarcir os valores pagos acima desse limite máximo ou de uma complementação dos benefícios que esses segurados receberão no RGPS;

V) Se, no momento da sua extinção, o regime próprio possuir saldo positivo de recursos em caixa, somente poderá utilizar esses recursos para **(I)** pagar os benefícios previdenciários que continuarão sendo de responsabilidade do respectivo ente federado, **(II)** ressarcir as contribuições pagas pelos seus segurados acima do "teto do RGPS" ou pagar **complementação** dos benefícios que eles receberão no RGPS e **(III)** compensar financeiramente o RGPS pelos benefícios que passarão a ser de sua responsabilidade.

Tudo isso está expressamente previsto no art. 34 da EC 103/2019. Veja:

> "**Art. 34, EC 103/2019.** Na hipótese de **extinção por lei de regime previdenciário e migração dos respectivos segurados para o Regime Geral de Previdência Social**, serão observados, **até que lei federal disponha sobre a matéria**, os seguintes requisitos pelo ente federativo:
>
> I - assunção integral da **responsabilidade pelo pagamento dos benefícios concedidos durante a vigência do regime extinto, bem como daqueles cujos requisitos já tenham sido implementados** antes da sua extinção;
>
> II - previsão de **mecanismo de ressarcimento ou de complementação de benefícios** aos que tenham contribuído acima do limite máximo do Regime Geral de Previdência Social;
>
> III - vinculação das **reservas existentes no momento da extinção**, exclusivamente:
>
> a) ao **pagamento dos benefícios concedidos e a conceder**, ao **ressarcimento de contribuições** ou à **complementação de benefícios**, na forma dos incisos I e II; e
>
> b) à **compensação financeira** com o Regime Geral de Previdência Social.
>
> **Parágrafo único.** A existência de **superavit atuarial não constitui óbice a extinção de regime próprio de previdência social** e à consequente migração para o Regime Geral de Previdência Social."

6. TRANSFERÊNCIA DE RECURSOS ENTRE FUNDOS DO MESMO REGIME PRÓPRIO DE PREVIDÊNCIA

Todo regime de previdência deve estabelecer qual é o seu regime financeiro. O regime financeiro, por sua vez, nada mais é do que o método que será utilizado para gerir os recursos do regime previdenciário e cumprir as suas obrigações, em especial, as obrigações relativas ao pagamento dos benefícios devidos aos respectivos segurados e seus dependentes.

Cada ente federado tem autonomia para estabelecer o regime financeiro adotado no seu RPPS, e essa autonomia é assegurada pelo art. 249 da CF/88, que diz que a União, os Estados, o DF e os Municípios editarão leis para criar fundos de custeio dos benefícios previdenciários, devendo essas leis estabelecer a natureza e as regras de administração desses fundos.

Veja o teor desse dispositivo:

> "**Art. 249, CF/88.** Com o objetivo de assegurar recursos para o pagamento de proventos de aposentadoria e pensões concedidas aos respectivos servidores e seus dependentes, em adição aos recursos dos respectivos tesouros, **a União, os Estados, o Distrito Federal e os Municípios poderão constituir fundos** integrados pelos recursos provenientes de

> contribuições e por bens, direitos e ativos de qualquer natureza, **mediante lei que disporá sobre a natureza e administração desses fundos**."

Portanto, os entes federados têm autonomia para criar fundos (que nada mais são do que contas compostas de recursos de diferentes pessoas) nos seus regimes próprios de previdência para custear o pagamento dos benefícios devidos aos respectivos segurados e seus dependentes.

Por conta dessa autonomia, é comum que haja, no RPPS dos diversos entes federados, a coexistência de diferentes fundos submetidos a diferentes regimes financeiros, notadamente, os regimes de **repartição simples** e de **capitalização**.

Na repartição, os recursos são simplesmente depositados em uma conta (que é o fundo) e, a partir disso, são distribuídos entre os beneficiários para pagar os benefícios devidos. Já na capitalização, os recursos arrecadados são aplicados no mercado financeiro, para que gerem rendimentos, e, a partir disso, os benefícios devidos são pagos aos beneficiários.

Sobre esse tema, o seguinte questionamento chegou ao STF: se um ente federado, no exercício da autonomia conferida pelo art. 249 da CF/88, cria no seu RPPS diferentes fundos submetidos a diferentes regimes financeiros, pode esse ente criar uma lei permitindo que haja transferência de recursos entre esses fundos?

Na **ADI 6568** (j. 01/03/2023), o Supremo Tribunal Federal decidiu que os entes federados podem editar leis autorizando a transferência de recursos entre diferentes fundos do seu RPPS sujeitos a regimes financeiros distintos, pois não existe proibição a isso na CF/88.

O que o texto constitucional veda em relação aos recursos do RPPS é tão somente a utilização deles para finalidades que não sejam o pagamento de benefícios ou a manutenção dos respectivos fundos (vedação essa prevista no art. 167, XII, da CF/88), não havendo impedimento ao remanejamento desses valores entre diferentes fundos do regime próprio de previdência do mesmo ente federado.

Veja o teor do art. 167, XII, da CF/88, mencionado acima:

> "**Art. 167, CF/88.** São vedados:
>
> (...)
>
> XII - na forma estabelecida na lei complementar de que trata o § 22 do art. 40, **a utilização de recursos de regime próprio de previdência social**, incluídos os valores integrantes dos fundos previstos no art. 249, **para a realização de despesas distintas do pagamento dos benefícios previdenciários** do respectivo fundo vinculado àquele regime **e das despesas**

> **necessárias à sua organização e ao seu funcionamento**; ***(Incluído pela EC 103/2019)***
>
> (...)"

Portanto, nada impede, por exemplo, que um ente federado, ao disciplinar o seu RPPS, crie um fundo de capitalização e um fundo de repartição simples, prevendo que os benefícios de um grupo de segurados serão custeados pelo primeiro fundo, enquanto os benefícios de outro grupo de segurados serão custeados pelo segundo fundo. Além disso, de acordo com o STF, é perfeitamente possível que esse mesmo ente federado crie uma lei prevendo ser possível a transferência de recursos entre esses dois fundos, com o objetivo de assegurar o pagamento dos benefícios devidos por um deles.

Por fim, é importante notar que **o que vimos neste tópico se aplica igualmente tanto antes quanto depois da EC 103/2019**, pois essa emenda não realizou nenhuma alteração na CF/88 que possa repercutir no que foi decidido pelo STF na ADI 6568. É verdade que o inciso XII do art. 167 da CF/88 foi incluído no texto constitucional pela EC 103/2019, mas, como vimos, esse dispositivo não criou nenhuma vedação que interfira na transferência de recursos entre diferentes fundos existentes em um mesmo regime próprio de previdência, o que mostra que o tema que acabamos de analisar não foi impactado pela referida emenda.

7. BENEFÍCIOS ESPECIAIS PAGOS A AGENTES PÚBLICOS E SEUS DEPENDENTES

Primeiramente, é necessário registrar que o que veremos neste tópico se aplica igualmente tanto antes quanto após a entrada em vigor da EC 103/2019.

Agora vamos ao tema.

É bastante comum, nos diversos entes federados, a edição de alguma norma (geralmente, uma lei) prevendo o pagamento de aposentadorias e pensões especiais, geralmente vitalícias, a ex-ocupantes de cargos eletivos e seus dependentes.

Nesses casos, por exemplo, ex-Prefeitos e seus dependentes (ou ex-Governadores e seus dependentes) passam a receber, após o término do mandato, pagamentos mensais vitalícios, tendo esses benefícios o rótulo de "aposentadorias" ou "pensões" de caráter especial.

Perceba que esses benefícios não se confundem com as aposentadorias e pensões por morte pagas aos servidores efetivos (e vitalícios) e aos seus dependentes no âmbito do regime próprio de previdência. Isso porque os benefícios pagos no RPPS dependem do atendimento, pelos seus beneficiários, de requisitos previstos na Constituição e nas leis, requisitos esses que devem ser atendidos igualmente por todos que desejem receber tais pagamentos.

Dentre as exigências existentes no RPPS para o pagamento de benefícios, é possível citar, por exemplo, idade e tempo de contribuição mínimos, que são requisitos que se prestam a manter o equilíbrio financeiro e atuarial do regime previdenciário, além de, evidentemente, assegurar um tratamento isonômico entre os respectivos segurados, já que todos eles devem atender igualmente essas exigências para receberem os benefícios.

Já as "aposentadorias" e "pensões" especiais pagas a determinados ex-ocupantes de cargos públicos (notadamente, a ex-ocupantes de mandatos eletivos) e seus dependentes não exigem, dos seus beneficiários, o atendimento das exigências existentes no RPPS. Esses benefícios, portanto, são pagos em virtude do simples fato de o indivíduo ter exercido determinado cargo.

Diante desse cenário, chegou ao Supremo Tribunal Federal, em diferentes casos, o questionamento sobre a constitucionalidade ou não desses benefícios especiais.

Decidindo a questão, o STF consolidou sua jurisprudência no sentido de que as "aposentadorias" e "pensões" especiais pagas a ex-ocupantes de mandato eletivo (e a seus dependentes) são inconstitucionais, por representarem um privilégio incompatível com o nosso regime constitucional. Segundo a Corte, **esses benefícios violam os princípios republicano, democrático, da razoabilidade, da moralidade, da impessoalidade e da isonomia** (pois tratam de forma privilegiada e sem justificativa um determinado e seleto grupo de pessoas), **além de não se compatibilizarem com a sistemática previdenciária estabelecida no texto constitucional** (a qual, como vimos, exige o atendimento de requisitos específicos para o pagamento de benefícios).

O STF aplicou esse entendimento, por exemplo, nos seguintes precedentes:

a) Na **ADPF 912** (j. 28/03/2022), foram declaradas incompatíveis com a CF/88 normas do Estado do Pará que assegurava o pagamento de pensões vitalícias a familiares de ex-ocupantes de cargos eletivos e de ex-sindicalistas. Nessas normas, os cargos eletivos contemplados não eram apenas estaduais, mas das diversas esferas federativas, alcançando familiares de Prefeitos, Deputados Federais, Deputados Estaduais e Vereadores. Nos termos da ementa do julgamento, *"**a instituição de pensão especial em benefício de familiares de ex-detentores de mandato político e de pessoas públicas não encontra respaldo no modelo constitucional político-previdenciário.** (...) O princípio republicano deve conformar a atuação do Poder Público e daqueles que corporificam a longa manus do Estado"*.

b) Na **ADPF 975** (j. 10/10/2022), foram declaradas incompatíveis com a CF/88 normas municipais (do Município de Caucaia/CE) que asseguravam o pagamento de pensões especiais vitalícias a viúvas de ex-Prefeitos. Nos termos da ementa desse julgamento, *"os cargos políticos de chefia do Poder Executivo são de ocupação transitória pelo mandato de seus ocupantes. (...) Precedentes do Supremo Tribunal **sobre inexistência de direito ao recebimento de pensão vitalícia por ex-chefe do Poder Executivo estadual e municipal e respectivos dependentes: ofensa aos princípios republicano, democrático, da moralidade, da impessoalidade, da igualdade.** (...) Ofendem preceitos fundamentais da Constituição da República, normas municipais pelas quais se concedem pensões e benefícios análogos a viúvas de ex-prefeitos, pelo mero exercício de cargo eletivo e à margem do Regime Geral de Previdência Social"*.

c) Na **ADPF 783** (j. 06/03/2023), foram declaradas incompatíveis com a CF/88 normas municipais (do Município de Mucurici/ES) que asseguravam o pagamento de pensões especiais vitalícias a dependentes de Prefeitos e Vice-Prefeitos que falecessem no curso do mandato. Nesse julgamento, foi fixada a tese segundo a qual *"**são incompatíveis com a Constituição Federal de 1988** a concessão e, ainda, a continuidade do pagamento **de pensões mensais vitalícias não decorrentes do RGPS** a dependentes de prefeitos e vice-prefeitos, **em razão do mero exercício do mandato eletivo**"*.

Portanto, segundo a jurisprudência tranquila do STF, são inconstitucionais benefícios especiais concedidos a ex-ocupantes de determinados cargos públicos (e seus familiares) pelo simples fato de terem eles exercido esses cargos, pois tais benefícios violam os princípios republicano, democrático, da razoabilidade, da moralidade, da impessoalidade e da isonomia, além de inobservarem toda a sistemática previdenciária estabelecida no texto constitucional.

Inclusive, seguindo essa linha de pensamento e utilizando os mesmos fundamentos, o Supremo Tribunal Federal considera inconstitucionais até mesmo outros tipos de benefícios vitalícios diversos das "aposentadorias" e "pensões" assegurados a ex-detentores de mandato eletivo.

Por exemplo, na **ADI 6579** (j. 04/11/2021), o STF julgou inconstitucional norma estadual que assegurava o serviço de apoio e segurança pessoal de forma vitalícia a ex-Governadores. No entanto, a Corte deixou claro que nada impede que, após o término do mandato, tais serviços sejam assegurados ao ex-Chefe do Executivo, desde que por um prazo limitado que não viole a razoabilidade.

Veja a ementa desse julgamento:

> "(...) AÇÃO DIRETA DE INCONSTITUCIONALIDADE. **LEI Nº 4.733/2018 DO ESTADO DO AMAZONAS, QUE PREVÊ A DISPONIBILIZAÇÃO DE SERVIÇOS DE SEGURANÇA E APOIO A EX-GOVERNADORES.** (...) 3. O Supremo Tribunal Federal definiu interpretação jurídica, na formação de precedentes, no sentido de que **a instituição de prestação pecuniária mensal e vitalícia a ex-ocupantes de cargos eletivos ou seus dependentes, designada "subsídio" ou "pensão", corresponde à concessão de benesse que não se compatibiliza com a Constituição Federal** (notadamente com o princípio republicano e o princípio da igualdade, consectário daquele), por configurar tratamento diferenciado e privilegiado sem fundamento jurídico razoável, em favor de quem não exerce função pública ou presta qualquer serviço à administração. (...) 4. Em específico, **esta Suprema Corte reconheceu, na ADI 5346/BA (...), a inconstitucionalidade do caráter vitalício da disponibilização de serviços de segurança e motorista** estabelecida pela Constituição do Estado da Bahia, por **violação dos princípios republicano, da isonomia e da moralidade administrativa**, e conferiu interpretação conforme, para estabelecer que **a prestação dos serviços fica limitada ao final do mandato subsequente, enquanto não regulamentada a norma.** 5. Aplicação do precedente formado na ADI 5346/BA, para conferir, ao caput do art. 1º da lei impugnada, interpretação conforme à Constituição, nos mesmos termos. (...)" **(ADI 6579, Pleno, Rel. Min. ROSA WEBER, j. 04/11/2021)**

7.1. A situação dos benefícios especiais que se consolidaram no tempo

Conforme vimos acima, a jurisprudência do Supremo Tribunal Federal é firme no sentido de que as "aposentadorias" e "pensões" especiais pagas a ex-ocupantes de mandato eletivo (e a seus dependentes) são inconstitucionais.

No entanto, isso não significa que todos os benefícios especiais que foram concedidos ao longo do tempo sejam inválidos e devam deixar de ser pagos, mesmo que as leis que autorizaram os seus pagamentos tenham sido declaradas inconstitucionais pelo Supremo Tribunal Federal.

Essa questão foi enfrentada pela Corte na **ADPF 745**, julgada em 21/11/2023.

Nessa ação, o STF decidiu que, embora sejam inconstitucionais as normas que criem benefícios especiais a ex-agentes públicos (notadamente, a ex-ocupantes de mandato eletivo) e a seus dependentes, a declaração de inconstitucionalidade dessas normas não autoriza a imediata invalidação dos atos administrativos que, em cada caso concreto, concederam tais benefícios.

Isso porque, apesar de os benefícios em questão violarem a Constituição Federal, é necessário proteger a segurança jurídica e o princípio da confiança legítima, que são valores igualmente assegurados pelo texto constitucional.

Logo, os benefícios concedidos há longos períodos de tempo e recebidos de boa-fé (boa-fé essa que decorre do fato de os respectivos atos concessivos terem sido praticados com base em normas editadas pelo próprio Poder Público, o que lhes dava aparência de legitimidade), devem ser preservados, não podendo ser extintos por decorrência simples e direta da declaração de inconstitucionalidade das leis que os criaram.

Nesse precedente, o STF deixou claro que é necessário diferenciar a norma abstrata que criou o benefício especial e foi declarada inconstitucional dos atos administrativos que, em cada caso concreto, concederam o benefício a diferentes pessoas. Segundo a Corte, após a declaração de inconstitucionalidade da norma criadora do benefício, cada ato concreto concessivo desse benefício deve ser analisado singularmente e só pode ser revisto (e eventualmente retirado da ordem jurídica) se ainda houver prazo para isso (isto é, se ainda não houver ocorrido a "preclusão"). Caso não haja mais prazo, o pagamento do benefício deve ser mantido, por conta da proteção à segurança jurídica e à confiança legítima.

Houve, no entanto, um problema nessa decisão: o STF não deixou claro quais prazos devem ser considerados para fins de verificação da ocorrência ou não de preclusão para rever o ato concessivo do benefício inconstitucional. Esse prazo seria um prazo prescricional? Seria o prazo decadencial previsto na lei de processo administrativo do respectivo ente federado? Isso não ficou claro. O que ficou claro, no entanto, é que, segundo o Supremo Tribunal Federal, benefícios especiais que se consolidaram ao longo do tempo, embora conflitem com valores constitucionais (notadamente, com o princípio republicano), devem ser preservados, e isso se deve ao fato de que a

Constituição Federal, embora consagre regras e princípios que impedem o pagamento desses benefícios, também assegura segurança jurídica e proteção à confiança legítima.

Por fim, é importante registrar que, segundo a decisão do STF, o entendimento mencionado acima, no sentido de que os atos administrativos que concederam benefícios especiais há bastante tempo devem ser preservados, também se aplica a leis que, há longos períodos de tempo, concederam tais benefícios a pessoas específicas (é o caso, por exemplo, de uma lei estadual que dispõe que "fica concedida pensão especial à Sra. FULANA DE TAL, viúva do Governador FULANO DE TAL, falecido no curso do mandato").

Isso porque as leis que têm destinatários específicos são leis de efeitos concretos, que, na sua substância (isto é, no seu conteúdo), nada mais são do que verdadeiros atos administrativos (elas são leis em sentido formal, mas, do ponto de vista material, são atos administrativos), de modo que, caso tenham sido editadas há bastante tempo, não podem ser invalidadas, apesar de concederem benefícios incompatíveis com a Constituição Federal. Isso também se deve à garantia constitucional da segurança jurídica e da proteção à confiança legítima.

3

CONTRIBUIÇÃO PREVIDENCIÁRIA

A contribuição previdenciária é um **tributo** pago com o objetivo de ajudar no custeio do regime de previdência.

Conforme vimos, o regime próprio de previdência tem como características básicas a contributividade e a solidariedade. E, por conta da solidariedade (dentre outros fundamentos), o Supremo Tribunal Federal, ao julgar as ADIs 3105 e 3128, considerou constitucional a cobrança de contribuição previdenciária dos servidores inativos e dos pensionistas (cobrança essa que, assim como a característica da solidariedade do RPPS, foi introduzida na CF/88 pela EC 41/03).

A partir de agora, veremos a disciplina constitucional da contribuição previdenciária no RPPS.

1. CONTRIBUIÇÃO PREVIDENCIÁRIA ANTES DA EC 103/2019

1.1. Contribuição previdenciária dos servidores ativos

Antes da EC 103/2019, o texto constitucional não trazia uma disciplina muito extensa sobre a contribuição previdenciária paga pelos servidores em atividade. A CF/88 se limitava a prever que os segurados ativos do RPPS de todas as esferas federativas deveriam pagar contribuição previdenciária (art. 40, *caput*, CF/88) e que a alíquota da contribuição cobrada pelos Estados, Distrito Federal e Municípios não poderia ser inferior à cobrada pela União (art. 149, § 1º, CF/88).

Veja:

> "**Art. 40, CF/88.** Aos servidores titulares de cargos efetivos da União, dos Estados, do Distrito Federal e dos Municípios, incluídas suas autarquias e fundações, é assegurado regime de previdência de caráter contributivo e solidário, **mediante contribuição** do respectivo ente público, **dos servidores ativos** e inativos e dos pensionistas, observados critérios que preservem o equilíbrio financeiro e atuarial e o disposto neste artigo." ***(Redação dada pela EC 41/03)***
>
> "**Art. 149, § 1º, CF/88.** Os Estados, o Distrito Federal e os Municípios instituirão contribuição, cobrada de seus servidores, para o custeio, em benefício destes, do regime previdenciário de que trata o art. 40, cuja **alíquota não será inferior** à da contribuição dos servidores titulares de cargos efetivos da União." ***(Redação dada pela EC 41/03)***

Em relação ao que temos na jurisprudência, é necessário registrar que, segundo o entendimento firmado pelo Supremo Tribunal Federal no **Tema de Repercussão Geral nº 163** (RE 593068, j. 11/10/2018), a contribuição previdenciária (seja ela paga por ativos, inativos ou pensionistas) apenas pode incidir sobre parcelas da remuneração que sejam incorporáveis aos proventos de aposentadoria e pensão. Esse entendimento, inclusive, é uma decorrência do caráter contributivo do sistema (que estudamos anteriormente), já que, se o regime é contributivo (exigindo, portanto, o efetivo pagamento de contribuições para que o segurado receba benefícios), não se pode admitir que a contribuição seja calculada sobre parcelas que não podem ser revertidas em favor do segurado.

É por isso que, por exemplo, não pode incidir contribuição previdenciária sobre o terço de férias recebido pelo servidor público, já que essa parcela não se incorpora aos proventos de aposentadoria, tendo em vista que (obviamente) aposentado não tira férias.

Nos exatos termos da tese fixada pelo STF nesse julgamento (Tema de Repercussão Geral nº 163), *"não incide contribuição previdenciária sobre verba não incorporável aos proventos de aposentadoria do servidor público, tais como terço de férias, serviços extraordinários, adicional noturno e adicional de insalubridade"*.

Confira a ementa do julgado:

> "(...) Regime próprio dos Servidores públicos. **Não incidência de contribuições previdenciárias sobre parcelas não incorporáveis à aposentadoria.** 1. O regime previdenciário próprio, aplicável aos servidores públicos, rege-se pelas normas expressas do art. 40 da

> Constituição, e por dois vetores sistêmicos: (a) o **caráter contributivo**; e (b) o princípio da solidariedade. 2. A leitura dos §§ 3º e 12 do art. 40, c/c o § 11 do art. 201 da CF, deixa claro que **somente devem figurar como base de cálculo da contribuição previdenciária as remunerações/ganhos habituais que tenham "repercussão em benefícios". Como consequência, ficam excluídas as verbas que não se incorporam à aposentadoria.** 3. Ademais, a dimensão contributiva do sistema é incompatível com a cobrança de contribuição previdenciária sem que se confira ao segurado qualquer benefício, efetivo ou potencial. 4. Por fim, não é possível invocar o princípio da solidariedade para inovar no tocante à regra que estabelece a base econômica do tributo. 5. À luz das premissas estabelecidas, é fixada em repercussão geral a seguinte tese: **"Não incide contribuição previdenciária sobre verba não incorporável aos proventos de aposentadoria do servidor público, tais como 'terço de férias', 'serviços extraordinários', 'adicional noturno' e 'adicional de insalubridade."** (...)
>
> **(RE 593068, Tema de Repercussão Geral nº 163, Rel. Min. ROBERTO BARROSO, j. 11/10/2018, Pleno)**

Além disso, o Supremo Tribunal Federal já estabeleceu que a contribuição previdenciária (assim como o imposto de renda) devida pelos servidores públicos apenas incide sobre o valor da remuneração que é obtido **após a aplicação do teto remuneratório constitucional** (que tem previsão no art. 37, XI, da CF/88).

Esse entendimento tem especial relevância para os servidores que recebem remunerações mais elevadas, especialmente, para aqueles que, ao longo da vida funcional, incorporaram diversas parcelas remuneratórias e, por conta disso, passaram a ter remuneração superior ao teto constitucional, sofrendo mensalmente um abatimento na sua remuneração para que ela não ultrapasse o limite permitido pela Constituição Federal (esse abatimento é popularmente conhecido como "abate-teto").

Segundo o STF, portanto, quando o servidor público tem remuneração total superior ao teto constitucional, a contribuição previdenciária (assim como o imposto de renda) por ele devida somente pode incidir sobre o valor da remuneração obtido após a aplicação do limite remuneratório da Constituição Federal, não sendo possível essa incidência ocorrer sobre o montante remuneratório global do servidor. Em outras palavras: os valores remuneratórios que excedem o teto constitucional não podem ser considerados para fins de cálculo da contribuição previdenciária (ou do imposto de renda) devida pelos servidores públicos.

Esse entendimento foi firmado pelo Supremo Tribunal Federal no **Tema de Repercussão Geral nº 639** (RE 675978, Pleno, Rel. Min. CÁRMEN LÚCIA, j. 15/04/2015), no qual foi fixada a tese segundo a qual, *"subtraído o montante que exceder o teto e o subteto previsto no art. 37, inciso XI, da Constituição, tem-se o valor para base de cálculo para a incidência do imposto de renda e da contribuição previdenciária"*.

1.2. Contribuição previdenciária dos inativos e pensionistas

Conforme vimos anteriormente, a EC 41/03 introduziu a previsão de pagamento de contribuição previdenciária por inativos e pensionistas. Há, no entanto, alguns detalhes que merecem atenção.

Primeiramente, é importante registrar que a contribuição paga por aposentados e pensionistas, prevista no art. 40, § 18, da CF/88, não incide sobre o valor total do benefício recebido, mas apenas sobre a sua parcela que ultrapassa o "teto do RGPS", isto é, o limite máximo dos benefícios pagos pelo INSS. Logo, se o valor do benefício for inferior a esse teto, o aposentado ou pensionista não pagará contribuição previdenciária alguma.

Veja o teor do dispositivo mencionado:

> "**Art. 40, § 18, CF/88.** Incidirá contribuição sobre os proventos de aposentadorias e pensões concedidas pelo regime de que trata este artigo que superem o limite máximo estabelecido para os benefícios do regime geral de previdência social de que trata o art. 201, com percentual igual ao estabelecido para os servidores titulares de cargos efetivos." ***(Incluído pela EC 41/03)***

Além disso, posteriormente (por força da EC 47/05), foi introduzida na CF/88, em favor dos aposentados e pensionistas, uma **imunidade parcial à incidência da contribuição previdenciária**.

Essa imunidade foi prevista no § 21 do art. 40 da CF/88. Segundo esse dispositivo, quando, na forma da lei, o aposentado ou pensionista for **portador de doença incapacitante**, a contribuição previdenciária por ele devida será calculada apenas sobre a parcela do seu benefício que **ultrapassar o dobro do "teto do RGPS"**.

Veja:

> "**Art. 40, § 21, CF/88.** A contribuição prevista no § 18 deste artigo incidirá apenas sobre as parcelas de proventos de aposentadoria e de

> pensão que superem o dobro do limite máximo estabelecido para os benefícios do regime geral de previdência social de que trata o art. 201 desta Constituição, quando o beneficiário, na forma da lei, for portador de doença incapacitante." ***(Incluído pela EC 47/05)***

Perceba que esse dispositivo estabelece que essa imunidade (parcial) deverá ser gozada "na forma da lei", o que deixa claro se tratar de uma **norma constitucional de eficácia limitada**, que é aquela que depende de regulamentação infraconstitucional para ser aplicada no caso concreto.

Isso, inclusive, foi afirmado pelo Supremo Tribunal Federal no **Tema de Repercussão Geral nº 317** (RE 630137, j. 01/03/2021). No julgamento desse caso, que ocorreu quando a EC 103/2019 já se encontrava em vigor, a Corte fixou a tese segundo a qual *"o art. 40, § 21, da Constituição Federal, enquanto esteve em vigor,* ***era norma de eficácia limitada*** *e seus efeitos estavam condicionados à edição de lei complementar federal ou lei regulamentar específica dos entes federados no âmbito dos respectivos regimes próprios de previdência social"*.

Como consequência desse entendimento, os aposentados e pensionistas dos regimes próprios de previdência dos diversos entes federados, ainda que fossem portadores de doença incapacitante, não poderiam exigir a aplicação da imunidade em questão sem que houvesse prévia lei que a assegurasse.

Inclusive, o STF, no próprio julgamento do Tema de Repercussão Geral nº 317, esclareceu que o Poder Judiciário não poderia, ainda que com fundamento no princípio da isonomia, suprir eventual omissão na regulamentação dessa imunidade e determinar, como forma de assegurar a benesse, a aplicação por analogia de leis que tratassem de situações semelhantes (porém, diversas) e previssem uma desoneração tributária. Segundo a Corte, portanto, seria necessário aguardar que o Poder Legislativo tratasse da matéria.

No entanto, quando esse caso (Tema de RG 317) foi julgado, vários aposentados e pensionistas portadores de doença incapacitante vinculados aos regimes próprios de previdência de diferentes entes federados que não haviam regulamentado a imunidade em questão vinham gozando dessa imunidade por força de decisões judiciais. Em relação a esses casos, por razões de segurança jurídica, o Supremo Tribunal Federal decidiu modular os efeitos da sua decisão, de modo que não seriam devidas as contribuições que deixaram de ser pagas até a data de publicação da ata desse julgamento. A partir desse momento, os entes federados poderiam passar a cobrar novamente a contribuição de forma regular.

Confira a ementa do caso:

> "(...) Contribuição previdenciária. Não incidência. Portadores de doenças incapacitantes. **Norma de eficácia limitada.** 1. Repercussão geral reconhecida para determinação do alcance da não incidência prevista no § 21, do art. 40, da Constituição, acrescentado pela EC nº 47/2005. O referido dispositivo previa a não incidência de contribuição previdenciária sobre a parcela dos proventos de aposentadoria e pensão que não superasse o dobro do limite máximo do regime geral de previdência social, quando o beneficiário, na forma da lei, fosse portador de doença incapacitante. O presente recurso envolve a análise de dois aspectos: (i) a autoaplicabilidade do dispositivo; e (ii) se o Poder Judiciário, na ausência de lei regulamentar, pode utilizar norma que dispõe sobre situação análoga para disciplinar a matéria. No caso concreto, o Tribunal de origem considerou a norma autoaplicável e determinou a restituição dos valores retidos a partir da publicação da EC nº 47/2005. 2. **Há acórdãos do Plenário desta Corte que consideram o art. 40, § 21, da Constituição Federal norma de eficácia limitada, cujos efeitos estão condicionados à edição de legislação infraconstitucional para regulamentar as doenças incapacitantes aptas a conferir ao servidor o direito à referida não incidência.** Alinho-me a esses precedentes, aplicando-os ao presente caso a fim de conferir efeitos vinculantes à tese jurídica neles firmada. 3. Além disso, a jurisprudência do Tribunal é pacífica no sentido de ser **inviável a extensão pelo Poder Judiciário de norma de desoneração tributária a título de isonomia**. Dessa forma, **incabível a utilização, por analogia, de leis que regem situação diversa da presente hipótese**. 4. Recurso extraordinário provido. **Modulação dos efeitos do presente acórdão**, a fim de que os servidores e pensionistas que, por decisão judicial, vinham deixando de pagar as contribuições **não as tenham que restituir**. Nesses casos, o acórdão terá **eficácia somente a partir da publicação da ata de julgamento**, momento em que os entes que não tenham editado lei regulamentando o dispositivo poderão voltar a reter as contribuições previdenciárias. 5. Fixação da seguinte tese em sede de repercussão geral: **"O art. 40, § 21, da Constituição Federal, enquanto esteve em vigor, era norma de eficácia limitada e seus efeitos estavam condicionados à edição de lei complementar federal ou lei regulamentar específica dos entes federados no âmbito dos respectivos regimes próprios de previdência social"**."
>
> **(RE 630137, Tema de Repercussão Geral nº 317, Rel. Min. ROBERTO BARROSO, j. 01/03/2021, Pleno)**

A esse respeito, o seguinte questionamento pode surgir: **a regra do art. 40, § 21, da CF/88 (que assegura uma imunidade parcial à contribuição previdenciária) é aplicável aos militares?**

Diversas ações judiciais foram propostas por militares (em especial, no âmbito dos Estados), pleiteando a aplicação dessa imunidade a eles, e, em muitos casos, os juízes e os tribunais de segundo grau acolheram o pedido.

Porém, essa não parece ser a solução correta para a questão.

O motivo disso é simples: conforme já vimos, o art. 40 da CF/88 se aplica apenas aos servidores civis, não englobando os militares, e isso já foi decidido pelo Supremo Tribunal Federal, o que ocorreu no **RE 596701** (Tema de Repercussão Geral nº 160, j. 20/04/2020).

Nesse precedente, o STF deixou claro que somente se aplicam aos militares as regras do art. 40 da CF/88 que a própria CF/88 expressamente estabelecer que se estendem a eles. Caso contrário, os militares não se submetem às disposições contidas nesse artigo. E a única regra do art. 40 que a CF/88 manda aplicar aos militares é o seu § 9º, segundo o qual, o tempo de contribuição perante todas as esferas federativas deve ser aproveitado para fins de aposentadoria e o tempo de serviço, para fins de disponibilidade. A extensão dessa regra aos militares está prevista no art. 42, § 1º, da CF/88. Veja:

> "**Art. 42, § 1º, CF/88.** Aplicam-se aos militares dos Estados, do Distrito Federal e dos Territórios, além do que vier a ser fixado em lei, as disposições do art. 14, § 8º; do **art. 40, § 9º**; e do art. 142, §§ 2º e 3º, cabendo a lei estadual específica dispor sobre as matérias do art. 142, § 3º, inciso X, sendo as patentes dos oficiais conferidas pelos respectivos governadores."
>
> "**Art. 40, § 9º, CF/88.** O tempo de contribuição federal, estadual ou municipal será contado para efeito de aposentadoria e o tempo de serviço correspondente para efeito de disponibilidade." ***(Redação anterior à EC 103/2019)***

Logo, seguindo a lógica da jurisprudência do Supremo Tribunal Federal (Tema de Repercussão Geral nº 160), **a imunidade parcial à contribuição previdenciária prevista no § 21 do art. 40 da CF/88 não pode ser aplicada aos militares**, pois o texto constitucional não prevê a aplicação desse dispositivo a esses agentes públicos.

Por fim, ainda em relação à cobrança de contribuição previdenciária de inativos e pensionistas, é relevante registar que a EC 41/03 fez uma diferenciação entre aqueles que já se encontravam no gozo de aposentadoria ou pensão no momento da sua entrada em vigor e os que ainda não se encontravam no gozo do benefício nessa data.

Para os aposentados e pensionistas que já se encontravam no gozo dos seus benefícios no momento da entrada em vigor da EC 41/03 (bem como para os servidores que, nessa data, já haviam completado todos os requisitos para a aposentadoria), as regras trazidas por essa emenda impuseram tratamento distinto e mais gravoso, pois estabeleceram que, em relação a eles, a contribuição previdenciária incidiria sobre base de cálculo sensivelmente maior.

Além disso, entre os próprios aposentados e pensionistas que já se encontravam em gozo de benefício no momento da entrada em vigor da EC 41/03 também houve diferenciação estabelecida pela Emenda. Essa diferenciação foi a seguinte: os aposentados e pensionistas dos Estados, Distrito Federal e Municípios deveriam pagar contribuição previdenciária sobre o valor do benefício que ultrapassasse 50% (cinquenta por cento) do "teto do RGPS", enquanto os aposentados e pensionistas da União pagariam a contribuição apenas sobre o que superasse 60% (sessenta por cento) desse teto.

Portanto, duas discriminações diferentes foram estabelecidas pela EC 41/03:

I) Houve distinção entre os aposentados e pensionistas que passaram a gozar seus benefícios após a entrada em vigor da Emenda e os aposentados e pensionistas que já se encontravam no gozo dos seus benefícios (ou que já possuíam direito adquirido a eles) nessa data. Estes últimos pagariam contribuição previdenciária sobre o valor dos proventos que superasse 50% ou 60% do "teto do RGPS" (o percentual aplicável dependeria do ente federado a que fossem vinculados), enquanto aqueles pagariam contribuição previdenciária somente sobre o montante do benefício que ultrapassasse o "teto do RGPS".

II) Dentro do grupo de aposentados e pensionistas que já se encontravam no gozo do benefício no momento da entrada em vigor da EC 41/03, houve distinção entre os que eram vinculados aos Estados, Distrito Federal e Municípios e os que eram vinculados à União. Estes últimos pagariam contribuição previdenciária sobre a parcela do benefício que superasse 60% (sessenta por cento) do "teto do RGPS", enquanto aqueles pagariam a contribuição sobre o que superasse 50% (cinquenta por cento) desse teto.

Essa distinção de tratamento foi prevista no parágrafo único do art. 4º da EC 41/03. Confira o teor desse dispositivo:

> "**Art. 3º, EC 41/03.** É assegurada a concessão, a qualquer tempo, de aposentadoria aos servidores públicos, bem como pensão aos seus dependentes, que, até a data de publicação desta Emenda, tenham cumprido todos os requisitos para obtenção desses benefícios, com base nos critérios da legislação então vigente."
>
> "**Art. 4º, EC 41/03.** Os servidores inativos e os pensionistas da União, dos Estados, do Distrito Federal e dos Municípios, incluídas suas autarquias e fundações, em gozo de benefícios na data de publicação desta

> Emenda, bem como os alcançados pelo disposto no seu art. 3º, contribuirão para o custeio do regime de que trata o art. 40 da Constituição Federal com percentual igual ao estabelecido para os servidores titulares de cargos efetivos.
>
> **Parágrafo único.** A contribuição previdenciária a que se refere o caput incidirá apenas sobre a parcela dos proventos e das pensões que supere:
>
> **I** - cinqüenta por cento do limite máximo estabelecido para os benefícios do regime geral de previdência social de que trata o art. 201 da Constituição Federal, para os servidores inativos e os pensionistas dos Estados, do Distrito Federal e dos Municípios;
>
> **II** - sessenta por cento do limite máximo estabelecido para os benefícios do regime geral de previdência social de que trata o art. 201 da Constituição Federal, para os servidores inativos e os pensionistas da União."

Assim, nos termos dos incisos do parágrafo único do art. 4º da EC 41/03, os servidores inativos e os pensionistas que já se encontravam no gozo dos seus benefícios no momento da entrada em vigor dessa emenda, bem como os servidores que nessa data já possuíam direito adquirido a se aposentar, pagariam contribuição previdenciária calculada sobre a parcela do benefício que ultrapassasse metade do "teto do RGPS" (no caso dos aposentados e pensionistas dos Estados, do Distrito Federal e dos Municípios) ou sobre a parcela que ultrapassasse 60% do "teto do RGPS" (no caso dos aposentados e pensionistas da União). A contribuição previdenciária devida nessas hipóteses seria, portanto, maior do que aquela paga pelos inativos e pensionistas que passassem a ter direito de gozar os seus benefícios somente após a EC 41/03.

Esse tratamento discriminatório trazido pela EC 41/03 foi analisado pelo Supremo Tribunal Federal, que o julgou inconstitucional (**ADI 3105**), por violar a isonomia, já que não havia nenhuma justificativa legítima para a distinção em questão. Assim, a Suprema Corte determinou que, para os aposentados e pensionistas de todos os entes da Federação deveria ser aplicada a regra do § 18 do art. 40 da CF/88, estivessem eles no gozo do benefício ou não no momento da entrada em vigor da EC 41/03.

Em outras palavras: por força da decisão do STF na ADI 3105, os aposentados e pensionistas de todos os entes federados, independentemente da data de início do gozo dos seus benefícios, passaram a pagar contribuição previdenciária de forma igual, qual seja, apenas sobre a parcela do benefício que superasse o "teto do RGPS". Deixou de haver, portanto, discriminação estabelecida com base no ente federado ao qual o servidor fosse vinculado ou com base na data de início do gozo do benefício.

2. CONTRIBUIÇÃO PREVIDENCIÁRIA APÓS A EC 103/2019

Em relação à contribuição previdenciária, a EC 103/2019 trouxe diversas novidades.

Uma das principais inovações da EC 103/2019 é a possibilidade de que, agora, a contribuição previdenciária no RPPS seja **progressiva**, seguindo um regime semelhante ao do imposto de renda (incidência de diferentes alíquotas progressivas sobre diferentes faixas remuneratórias). Essa possibilidade se aplica a todos os entes federados (União, Estados, DF e Municípios), e está prevista no art. 149, § 1º, da CF/88.

Portanto, atualmente, **cada ente federado pode escolher se a contribuição previdenciária cobrada no âmbito do seu RPPS terá alíquota fixa** (isto é, uma alíquota única que incide sobre o valor total da base de cálculo da contribuição) **ou alíquotas progressivas** (isto é, diferentes alíquotas que incidem sobre diferentes faixas de valor da base de cálculo da contribuição e que aumentam conforme a faixa de valor que sofre a sua incidência também for mais elevada).

A esse respeito, é importante registrar que, **antes da EC 103/2019**, o Supremo Tribunal Federal havia consolidado sua jurisprudência no sentido de que a contribuição previdenciária no regime próprio de previdência não poderia ser progressiva. Segundo a Corte, a progressividade de alíquotas da contribuição previdenciária dos servidores públicos caracterizaria confisco, violando, portanto, a vedação constitucional ao uso de tributos de forma confiscatória, proibição essa prevista no art. 150, IV, da CF/88. Veja o teor desse dispositivo:

> "**Art. 150, CF/88.** Sem prejuízo de outras garantias asseguradas ao contribuinte, **é vedado à União, aos Estados, ao Distrito Federal e aos Municípios**:
>
> (...)
>
> IV - utilizar tributo com efeito de **confisco**;
>
> (...)"

O STF esclareceu, ainda, que **a progressividade de alíquotas apenas pode ser utilizada quando há autorização na Constituição Federal**, o que, antes da EC 103/2019, não ocorria em relação à contribuição previdenciária dos servidores públicos.

Esse entendimento foi estabelecido pelo Supremo Tribunal Federal na decisão cautelar proferida na **ADI 2010** (em 30/09/1999) e, posteriormente, foi reafirmado em outros casos, como ocorreu no **RE 414915 AgR** (j. 21/03/2006) e no **RE 346197 AgR** (j. 16/10/2012).

Confira a ementa do julgamento da cautelar da ADI 2010, na qual ficou registrado tudo que vimos acima e é muito esclarecedora sobre o tema:

> "(...) **O REGIME CONTRIBUTIVO É, POR ESSÊNCIA, UM REGIME DE CARÁTER EMINENTEMENTE RETRIBUTIVO.** A QUESTÃO DO EQUILÍBRIO ATUARIAL (CF, ART. 195, § 5º). CONTRIBUIÇÃO DE SEGURIDADE SOCIAL SOBRE PENSÕES E PROVENTOS: AUSÊNCIA DE CAUSA SUFICIENTE. - Sem causa suficiente, não se justifica a instituição (ou a majoração) da contribuição de seguridade social, pois, no regime de previdência de caráter contributivo, deve haver, necessariamente, correlação entre custo e benefício. A existência de estrita vinculação causal entre contribuição e benefício põe em evidência a **correção da fórmula segundo a qual não pode haver contribuição sem benefício, nem benefício sem contribuição**. (...) A CONTRIBUIÇÃO DE SEGURIDADE SOCIAL DOS SERVIDORES PÚBLICOS EM ATIVIDADE CONSTITUI **MODALIDADE DE TRIBUTO VINCULADO**. - A contribuição de seguridade social, devida por servidores públicos em atividade, configura modalidade de contribuição social, qualificando-se como espécie tributária de caráter vinculado, **constitucionalmente destinada ao custeio e ao financiamento do regime de previdência dos servidores públicos titulares de cargo efetivo.** (...) A GARANTIA DA IRREDUTIBILIDADE DA REMUNERAÇÃO NÃO É OPONÍVEL À INSTITUIÇÃO/MAJORAÇÃO DA CONTRIBUIÇÃO DE SEGURIDADE SOCIAL RELATIVAMENTE AOS SERVIDORES EM ATIVIDADE. - **A contribuição de seguridade social, como qualquer outro tributo, é passível de majoração**, desde que o aumento dessa exação tributária observe padrões de razoabilidade e seja estabelecido em bases moderadas. Não assiste ao contribuinte o direito de opor, ao Poder Público, pretensão que vise a obstar o aumento dos tributos - a cujo conceito se subsumem as contribuições de seguridade social (...) -, **desde que respeitadas, pelo Estado, as diretrizes constitucionais que regem, formal e materialmente, o exercício da competência impositiva**. Assiste, ao contribuinte, quando transgredidas as limitações constitucionais ao poder de tributar, o direito de contestar, judicialmente, a tributação que tenha sentido discriminatório ou que revele caráter confiscatório. A garantia constitucional da irredutibilidade da remuneração devida aos servidores públicos em atividade não se reveste de caráter absoluto. Expõe-se, por isso mesmo, às derrogações instituídas pela própria Constituição da República, que prevê, relativamente ao subsídio e aos vencimentos dos ocupantes de cargos e empregos públicos - (CF, art. 37, XV), a incidência de tributos, legitimando-se, desse modo, quanto aos servidores públicos ativos, a exigibilidade da contribuição de seguridade social, mesmo porque, em tema de tributação, há que se ter presente o que dispõe o art. 150, II, da Carta Política. (...) CONTRIBUIÇÃO DE SEGURIDADE SOCIAL - SERVIDORES EM ATIVIDADE - ESTRUTURA PROGRESSIVA DAS ALÍQUOTAS: **A PROGRESSIVIDADE EM MATÉRIA TRIBUTÁRIA SUPÕE EXPRESSA AUTORIZAÇÃO CONSTITUCIONAL.** RELEVO JURÍDICO DA TESE. - Relevo jurídico da tese segundo a qual o legislador

comum, fora das hipóteses taxativamente indicadas no texto da Carta Política, não pode valer-se da progressividade na definição das alíquotas pertinentes à contribuição de seguridade social devida por servidores públicos em atividade. Tratando-se de matéria sujeita a estrita previsão constitucional - CF, art. 153, § 2º, I; art. 153, § 4º; art. 156, § 1º; art. 182, § 4º, II; art. 195, § 9º (contribuição social devida pelo empregador) - **inexiste espaço de liberdade decisória para o Congresso Nacional, em tema de progressividade tributária, instituir alíquotas progressivas em situações não autorizadas pelo texto da Constituição**. Inaplicabilidade, aos servidores estatais, da norma inscrita no art. 195, § 9º, da Constituição, introduzida pela EC nº 20/98. (...). **A TRIBUTAÇÃO CONFISCATÓRIA É VEDADA PELA CONSTITUIÇÃO DA REPÚBLICA.** - A jurisprudência do Supremo Tribunal Federal entende cabível, em sede de controle normativo abstrato, a possibilidade de a Corte examinar se determinado tributo ofende, ou não, o princípio constitucional da não-confiscatoriedade consagrado no art. 150, IV, da Constituição. (...). - A proibição constitucional do confisco em matéria tributária nada mais representa senão a interdição, pela Carta Política, de qualquer pretensão governamental que possa conduzir, no campo da fiscalidade, à injusta apropriação estatal, no todo ou em parte, do patrimônio ou dos rendimentos dos contribuintes, comprometendo-lhes, pela insuportabilidade da carga tributária, o exercício do direito a uma existência digna, ou a prática de atividade profissional lícita ou, ainda, a regular satisfação de suas necessidades vitais (educação, saúde e habitação, por exemplo). **A identificação do efeito confiscatório deve ser feita em função da totalidade da carga tributária**, mediante verificação da capacidade de que dispõe o contribuinte - considerado o montante de sua riqueza (renda e capital) - para suportar e sofrer a incidência de todos os tributos que ele deverá pagar, dentro de determinado período, à mesma pessoa política que os houver instituído (a União Federal, no caso), condicionando-se, ainda, a aferição do grau de insuportabilidade econômico-financeira, à observância, pelo legislador, de padrões de razoabilidade destinados a neutralizar excessos de ordem fiscal eventualmente praticados pelo Poder Público. Resulta configurado o caráter confiscatório de determinado tributo, sempre que o efeito cumulativo - resultante das múltiplas incidências tributárias estabelecidas pela mesma entidade estatal - afetar, substancialmente, de maneira irrazoável, o patrimônio e/ou os rendimentos do contribuinte. - O Poder Público, especialmente em sede de tributação (as contribuições de seguridade social revestem-se de caráter tributário), não pode agir imoderadamente, pois a atividade estatal acha-se essencialmente condicionada pelo princípio da razoabilidade. A CONTRIBUIÇÃO DE SEGURIDADE SOCIAL POSSUI DESTINAÇÃO CONSTITUCIONAL ESPECÍFICA. - A contribuição de seguridade social não só se qualifica como modalidade autônoma de tributo (...), como também representa espécie tributária essencialmente vinculada ao financiamento da seguridade social, em função de específica destinação constitucional. A vigência temporária das alíquotas progressivas (art. 2º da Lei nº 9.783/99), além de não implicar concessão adicional de outras vantagens, benefícios ou serviços - rompendo, em conseqüência, a necessária

> vinculação causal que deve existir entre contribuições e benefícios (...) - constitui **expressiva evidência de que se buscou, unicamente, com a arrecadação desse plus, o aumento da receita da União**, em ordem a viabilizar o pagamento de encargos (despesas de pessoal) cuja satisfação deve resultar, ordinariamente, da arrecadação de impostos. (...)" **(ADI 2010 MC, Pleno, Rel. Min. CELSO DE MELLO, j. 30/09/1999)**

A partir da EC 103/2019, no entanto, pelo menos a princípio, **esse entendimento não se aplica mais**, pois o texto constitucional, como vimos, passou a prever expressamente a possibilidade de os entes federados estabelecerem alíquotas progressivas para as contribuições previdenciárias cobradas dos seus servidores.

Inclusive, há, no próprio Supremo Tribunal Federal, decisões nesse sentido, como ocorreu nas **ADIs 6254, 6255, 6258, 6271 e 6367**.

Nessas ações, em decisão de 14/05/2020, foi indeferido pelo relator, Min. Luís Roberto Barroso, o pedido cautelar de suspensão do art. 149, § 1º, da CF/88 na redação dada pela EC 103/2019, mais especificamente, na parte em que autoriza a instituição de alíquotas progressivas na cobrança da contribuição previdenciária no RPPS. Em outras palavras: foi mantida como válida a progressividade de alíquotas da contribuição previdenciária dos servidores públicos criada pela EC 103/2019.

Portanto, a progressividade da contribuição previdenciária no RPPS após a EC 103/2019 foi mantida como válida pelo STF (pelo menos por enquanto).

As alíquotas da contribuição previdenciária, porém, devem ser fixadas por cada ente federado por lei própria (e cada ente federado, ao editar a sua lei a esse respeito, decidirá se quer adotar a progressividade ou não na cobrança da contribuição previdenciária). Essa lei, a propósito, é uma **lei ordinária**, pois a CF/88 não exige lei complementar para disciplinar a contribuição previdenciária cobrada nos regimes próprios de previdência dos entes federados. E, como não há necessidade de lei complementar nesse caso, é possível, segundo o Supremo Tribunal Federal, que cada entidade da federação fixe (ou aumente) a contribuição previdenciária cobrada no seu RPPS **por meio de medida provisória**, desde que, evidentemente, estejam presentes os requisitos de relevância e urgência (que, nos termos do art. 62 da CF/88, são requisitos inafastáveis para a edição de qualquer medida provisória).

O STF adotou esse entendimento na **ADI 6534**, julgada em 05/06/2024.

É importante registrar que, embora o art. 149, § 1º, da CF/88, estabeleça que cada ente federado deve fixar a contribuição previdenciária cobrada no âmbito do seu RPPS por meio de lei própria, especificamente para a União, a própria EC 103/2019 já estabeleceu as alíquotas aplicáveis enquanto não for editada a nova lei disciplinando a questão.

Com a EC 103/2019, a alíquota "básica" da contribuição previdenciária no âmbito federal passou a ser de 14% (quatorze por cento), **variando para mais ou para menos** de acordo com o valor dos vencimentos ou proventos (art. 11, EC 103/2019).

Confira os dispositivos que tratam da questão:

> "**Art. 149, CF/88.** Compete exclusivamente à União instituir contribuições sociais, de intervenção no domínio econômico e de interesse das categorias profissionais ou econômicas, como instrumento de sua atuação nas respectivas áreas, observado o disposto nos arts. 146, III, e 150, I e III, e sem prejuízo do previsto no art. 195, § 6º, relativamente às contribuições a que alude o dispositivo.
>
> **§ 1º** A União, os Estados, o Distrito Federal e os Municípios instituirão, por meio de lei, contribuições para custeio de regime próprio de previdência social, cobradas dos servidores ativos, dos aposentados e dos pensionistas, que **poderão ter alíquotas progressivas** de acordo com o valor da base de contribuição ou dos proventos de aposentadoria e de pensões. ***(Redação dada pela EC 103/2019)***
>
> (...)"
>
> "**Art. 11, EC 103/2019.** Até que entre em vigor lei que altere a alíquota da contribuição previdenciária de que tratam os arts. 4º, 5º e 6º da Lei nº 10.887, de 18 de junho de 2004, esta será de 14 (quatorze por cento).
>
> **§ 1º** A alíquota prevista no caput **será reduzida ou majorada**, considerado o valor da base de contribuição ou do benefício recebido, de acordo com os seguintes parâmetros:
>
> I - até 1 (um) salário-mínimo, redução de seis inteiros e cinco décimos pontos percentuais;
>
> II - acima de 1 (um) salário-mínimo até R$ 2.000,00 (dois mil reais), redução de cinco pontos percentuais;
>
> III - de R$ 2.000,01 (dois mil reais e um centavo) até R$ 3.000,00 (três mil reais), redução de dois pontos percentuais;
>
> IV - de R$ 3.000,01 (três mil reais e um centavo) até R$ 5.839,45 (cinco mil, oitocentos e trinta e nove reais e quarenta e cinco centavos), sem redução ou acréscimo;
>
> V - de R$ 5.839,46 (cinco mil, oitocentos e trinta e nove reais e quarenta e seis centavos) até R$ 10.000,00 (dez mil reais), acréscimo de meio ponto percentual;

> VI - de R$ 10.000,01 (dez mil reais e um centavo) até R$ 20.000,00 (vinte mil reais), acréscimo de dois inteiros e cinco décimos pontos percentuais;
>
> VII - de R$ 20.000,01 (vinte mil reais e um centavo) até R$ 39.000,00 (trinta e nove mil reais), acréscimo de cinco pontos percentuais; e
>
> VIII - acima de R$ 39.000,00 (trinta e nove mil reais), acréscimo de oito pontos percentuais.
>
> **§ 2º** A alíquota, reduzida ou majorada nos termos do disposto no § 1º, será aplicada de forma progressiva sobre a base de contribuição do servidor ativo, incidindo cada alíquota sobre a faixa de valores compreendida nos respectivos limites.
>
> **§ 3º** Os valores previstos no § 1º serão reajustados, a partir da data de entrada em vigor desta Emenda Constitucional, na mesma data e com o mesmo índice em que se der o reajuste dos benefícios do Regime Geral de Previdência Social, ressalvados aqueles vinculados ao salário-mínimo, aos quais se aplica a legislação específica.
>
> **§ 4º** A alíquota de contribuição de que trata o caput, com a redução ou a majoração decorrentes do disposto no § 1º, será devida pelos aposentados e pensionistas de quaisquer dos Poderes da União, incluídas suas entidades autárquicas e suas fundações, e incidirá sobre o valor da parcela dos proventos de aposentadoria e de pensões que supere o limite máximo estabelecido para os benefícios do Regime Geral de Previdência Social, hipótese em que será considerada a totalidade do valor do benefício para fins de definição das alíquotas aplicáveis."

É importante reiterar que as alíquotas estabelecidas no art. 11 da EC 103/2019 se aplicam **apenas no âmbito da União**, pois o *caput* desse artigo diz expressamente que está se referindo à contribuição previdenciária disciplinada pelos arts. 4º, 5º e 6º da Lei nº 10.887/04, que são os dispositivos que cuidavam, antes da EC 103/2019, da contribuição cobrada no RPPS federal. Já os demais entes da Federação devem, cada um deles, editar leis próprias estabelecendo suas novas alíquotas de contribuição previdenciária, bem como se elas serão progressivas ou não, conforme permite o § 1º do art. 149 da CF/88, transcrito acima.

O que a EC 103/2019 determinou expressamente em relação à contribuição previdenciária cobrada pelos Estados, Distrito Federal e Municípios foi que, em regra, ela **não pode ser inferior à cobrada pela União**, ou seja, como regra, não pode ter alíquota inferior a 14% (esse limite mínimo de 14%, no entanto, apenas se aplica se o ente subnacional adotar alíquota fixa para a sua contribuição previdenciária, pois, se forem adotadas alíquotas progressivas, haverá vários limites mínimos a serem observados, de modo que cada faixa de alíquota dos entes subnacionais não seja inferior à faixa de alíquota correspondente no âmbito federal). Porém, como exceção, a EC 103/2019 permitiu (e isso é uma novidade trazida por ela) que os Estados, o Distrito Federal e os Municípios cobrem contribuições previdenciárias com **alíquotas inferiores à da União, se seus regimes próprios de previdência forem superavitários**, mas, nessa hipótese, as alíquotas não poderão ser inferiores às do RGPS.

Em relação a isso, porém, é necessário registrar o seguinte: o regime previdenciário dos entes subnacionais (Estados, Distrito Federal e Municípios) apenas será considerado superavitário se ele **efetivamente não possuir déficit atuarial**, isto é, apenas se a sua ausência de déficit não for resultado de algum artifício utilizado para "maquiar" suas contas negativas.

Por isso, a EC 103/2019 estabeleceu que **a simples existência de uma lei no âmbito do ente federado prevendo um plano para equacionar o seu déficit previdenciário não é suficiente para afirmar que o seu regime de previdência é superavitário** (isto é, que inexiste déficit nele). Da mesma forma, a utilização da estratégia chamada **"segregação de massas"** (que consiste em dividir os segurados em grupos distintos de acordo com a data de ingresso no regime, para que um desses grupos se torne não deficitário, enquanto o outro permanece em desequilíbrio) **não é admitida para enquadrar o regime previdenciário como superavitário** com a finalidade de permitir a fixação da alíquota da contribuição em patamar inferior ao da União.

Tudo isso está previsto no art. 9º, §§ 4º e 5º, da EC 103/2019. Veja:

> "**Art. 9º, EC 103/2019.**
>
> (...)
>
> **§ 4º** Os Estados, o Distrito Federal e os Municípios **não poderão estabelecer alíquota inferior à da contribuição dos servidores da União, exceto se demonstrado que o respectivo regime próprio de previdência social não possui deficit atuarial a ser equacionado**, hipótese em que a alíquota não poderá ser inferior às alíquotas aplicáveis ao Regime Geral de Previdência Social.
>
> **§ 5º** Para fins do disposto no § 4º, não será considerada como ausência de deficit a implementação de segregação da massa de segurados ou a previsão em lei de plano de equacionamento de deficit."

Além disso, com as alterações promovidas pela EC 103/2019, a CF/88 passou a prever, no seu art. 149, § 1º-A (incluído pela Emenda), que **a contribuição previdenciária ordinária cobrada especificamente dos inativos e pensionistas**, embora continue, em regra, tendo como base de cálculo apenas a parcela do benefício que ultrapasse o "teto do RGPS", **poderá ter sua base de cálculo**

majorada quando isso for necessário para solucionar eventual déficit atuarial. Nesse caso, **a base de cálculo passará a ser a fração dos proventos de aposentadoria ou pensão que seja superior ao valor do salário-mínimo.**

Essa medida pode ser adotada por qualquer ente federado (União, Estados, DF e Municípios), pois está prevista de forma geral no texto constitucional, sem ser uma exclusividade de uma esfera federativa específica. Veja:

> "**Art. 149, § 1º-A, CF/88.** Quando houver deficit atuarial, a contribuição ordinária dos aposentados e pensionistas poderá incidir sobre o valor dos proventos de aposentadoria e de pensões que supere o salário-mínimo."

Outra novidade de grande relevância trazida pela EC 103/2019 é a chamada **contribuição previdenciária extraordinária.**

O que é essa contribuição?

Resumidamente, a contribuição previdenciária que estudamos acima é a **contribuição ordinária**, que é aquela cobrada ordinariamente, ou seja, em um cenário de normalidade (é a contribuição que já era paga pelos servidores ativos e inativos e pelos pensionistas). Já **a contribuição extraordinária é uma inovação da EC 103/2019**, e consiste na contribuição que **é cobrada com a finalidade de equacionar o déficit do regime de previdência do ente federativo**.

Há alguns detalhes importantes sobre a contribuição extraordinária.

O primeiro deles é que, caso essa contribuição seja instituída, ela deve, segundo a CF/88, ser sempre **temporária**.

O segundo detalhe é que, no texto da CF/88, a previsão da possibilidade de instituição da contribuição extraordinária se refere unicamente à União (conforme consta do art. 149, § 1º-B, da CF/88). Ou seja, a princípio, apenas a União poderia cobrar esse tributo.

Porém, no texto da EC 103/2019 (isto é, no texto que não foi incorporado à CF/88), há previsão, no art. 9º, § 8º, no sentido de que, enquanto não for editada a lei complementar nacional de normas gerais sobre o RPPS (lei essa que, conforme estudamos, é exigida pelo art. 40, § 22, da CF/88), a contribuição extraordinária pode ser implementada e cobrada por todos os entes federados (União, Estados, DF e Municípios), mediante lei de cada um deles. Esse dispositivo prevê, ainda, que, caso essa contribuição seja instituída, ela **não poderá ter duração superior a 20 (vinte) anos.**

O terceiro detalhe é que, para que a contribuição extraordinária seja instituída (sempre por lei, evidentemente), **a EC 103/2019 exige que, antes da sua instituição, seja adotada a medida de aumentar a base de cálculo da contribuição ordinária paga por aposentados e pensionistas**, de modo que ela incida sobre a parcela do benefício que supere o salário-mínimo, em vez de incidir apenas sobre o montante que supera o "teto do RGPS". Apenas se essa medida se mostrar insuficiente é que poderá ser instituída a contribuição extraordinária.

Além disso, a contribuição extraordinária não pode ser utilizada pelo ente federativo como a sua única medida para solucionar o déficit dos cofres do seu regime próprio de previdência. A EC 103/2019 estabelece que, conjuntamente à criação dessa contribuição, devem ser adotadas outras medidas tendentes a equacionar os problemas atuariais.

Por fim, é importante reiterar que a contribuição extraordinária e as demais medidas que devem acompanhá-la são **temporárias**. Caso sejam adotadas com fundamento no art. 9º, § 8º, da EC 103/2019 (ou seja, enquanto não for editada a lei complementar nacional de normas gerais sobre o RPPS exigida pelo art. 40, § 22, da CF/88), essas medidas têm prazo de duração pré-estabelecido, ficando **limitadas a 20 (vinte) anos**. Esse limite temporal vintenário foi previsto especificamente para a contribuição extraordinária, mas como a EC 103/2019 determinou que ela seja acompanhada por outras medidas saneadoras, é possível concluir que essas medidas "acessórias" também ficam limitadas a 20 (vinte) anos.

Tudo isso consta dos §§ 1º-A, 1º-B e 1º-C do art. 149 da CF/88 (que foram incluídos no texto constitucional pela EC 103/2019) e do § 8º do art. 9º da EC 103/2019. Veja:

> "**Art. 149, CF/88.**
>
> (...)
>
> **§ 1º-A.** Quando houver deficit atuarial, a contribuição ordinária dos aposentados e pensionistas poderá incidir sobre o valor dos proventos de aposentadoria e de pensões que supere o salário-mínimo. ***(Incluído pela EC 103/2019)***
>
> **§ 1º-B.** Demonstrada a insuficiência da medida prevista no § 1º-A para equacionar o deficit atuarial, é facultada a instituição de contribuição extraordinária, **no âmbito da União**, dos servidores públicos ativos, dos aposentados e dos pensionistas. ***(Incluído pela EC 103/2019)***
>
> **§ 1º-C.** A contribuição extraordinária de que trata o § 1º-B deverá ser instituída simultaneamente com outras medidas para equacionamento do deficit e vigorará por período determinado, contado da data de sua instituição. ***(Incluído pela EC 103/2019)***

> (...)"
>
> "**Art. 9º, § 8º, EC 103/2019.** Por meio de lei, poderá ser instituída contribuição extraordinária pelo prazo máximo de 20 (vinte) anos, nos termos dos §§ 1º-B e 1º-C do art. 149 da Constituição Federal."

É necessário registrar, no entanto, que se encontram em curso no Supremo Tribunal Federal algumas ações diretas de inconstitucionalidade (como as **ADIs 6254, 6255, 6258, 6271 e 6367**) nas quais, em 20/06/2024, os Ministros da Corte formaram maioria para declarar a inconstitucionalidade das regras trazidas pela EC 103/2019 que permitem a majoração da base de cálculo da contribuição dos inativos e pensionistas (como vimos, nesse caso, a base de cálculo da contribuição pode ser o valor dos proventos que supere um salário-mínimo) e que autorizam os entes federados a criar a contribuição extraordinária.

O julgamento dessas ações, no entanto, ainda não foi concluído (o que fez com que os dispositivos neles impugnados permaneçam válidos), pois houve pedido de vista do Min. Gilmar Mendes. Mas o cenário que temos até o presente momento mostra que, muito provavelmente, o STF concluirá a discussão no sentido da inconstitucionalidade das regras que permitem a majoração da base de cálculo da contribuição dos inativos e pensionistas e que autorizam a criação da contribuição extraordinária.

Há outra novidade muito importante trazida pela EC 103/2019: o art. 40, § 21, da CF/88, que previa a imunidade parcial de contribuição previdenciária para os inativos e pensionistas portadores de doença incapacitante (os quais apenas pagariam contribuição previdenciária sobre a parcela dos proventos que superasse **o dobro do "teto do RGPS"**) foi **expressamente revogado pela EC 103/2019**, de modo que a imunidade em questão não existe mais.

Essa revogação, porém, apenas foi imediata (isto é, com efeitos a partir do início da vigência da EC 103/2019) no âmbito da União. Para a sua aplicação nas esferas estadual, distrital e municipal, é necessário que haja a sua ratificação (ou seja, a confirmação da revogação da imunidade) por cada entidade federativa em lei de iniciativa do Chefe do Poder Executivo. Em outras palavras: no ente subnacional (Estado, DF ou Município) em que a revogação do art. 40, § 21, da CF/88 não for confirmada por lei própria, a imunidade prevista nesse dispositivo continuará aplicável.

Tudo isso consta dos arts. 35 e 36, II, da EC 103/2019. Veja:

> "**Art. 35, EC 103/2019.** Revogam-se:
>
> I - os seguintes dispositivos da Constituição Federal:
>
> a) o § 21 do art. 40;
>
> (...)"
>
> "**Art. 36, EC 103/2019.** Esta Emenda Constitucional entra em vigor:
>
> I - no primeiro dia do quarto mês subsequente ao da data de publicação desta Emenda Constitucional, quanto ao disposto nos arts. 11, 28 e 32;
>
> II - para os regimes próprios de previdência social dos Estados, do Distrito Federal e dos Municípios, quanto à alteração promovida pelo art. 1º desta Emenda Constitucional no art. 149 da Constituição Federal e às revogações previstas na **alínea "a" do inciso I** e nos incisos III e IV **do art. 35**, na **data de publicação de lei de iniciativa privativa do respectivo Poder Executivo que as referende integralmente**;
>
> III - nos demais casos, na data de sua publicação.
>
> **Parágrafo único.** A lei de que trata o inciso II do caput não produzirá efeitos anteriores à data de sua publicação."

Por fim, é importante registrar que, apesar das novidades trazidas pela EC 103/2019 que vimos acima, continua aplicável, após a entrada em vigor da Emenda, o entendimento firmado pelo Supremo Tribunal Federal no sentido de que a contribuição previdenciária apenas pode incidir sobre as parcelas recebidas pelo servidor público que sejam incorporáveis aos proventos de aposentadoria (Tema de Repercussão Geral nº 163).

Mas por qual razão é importante registrar isso? Por conta da disposição contida no § 9º do art. 39 da CF/88, que foi incluído no texto constitucional pela EC 103/2019.

Esse dispositivo tem mais relação com direito administrativo e regime jurídico de servidor público do que com direito previdenciário, mas o fato é que ele tem repercussões práticas e jurídicas na incidência da contribuição previdenciária e no cálculo dos proventos de aposentadoria no RPPS. Por isso, é necessário abordá-lo aqui.

Nos termos do art. 39, § 9º, da CF/88, *"é vedada a incorporação de vantagens de caráter temporário ou vinculadas ao exercício de função de confiança ou de cargo em comissão à remuneração do cargo efetivo"*.

A EC 103/2019 incluiu esse dispositivo na CF/88 com o propósito de colocar um fim na prática (muito comum nos diversos entes federados) de assegurar aos servidores públicos a incorporação gradativa de vantagens de caráter transitório geralmente pagas em virtude do exercício de alguma função específica. Era o que ocorria, por exemplo, quando a legislação de pessoal da entidade federativa assegurava ao servidor o direito de incorporar à sua remuneração 1% (um por cento) de determinada gratificação a cada ano de exercício da função em virtude da qual ela era paga.

Essa incorporação definitiva de vantagens transitórias passou, então, a ser proibida a partir da EC 103/2019.

No entanto, a Emenda, respeitando o direito adquirido, estabeleceu, no seu art. 13, que as incorporações que ocorreram antes da sua entrada em vigor devem permanecer sendo pagas normalmente. Veja:

> "**Art. 13, EC 103/2019.** Não se aplica o disposto no § 9º do art. 39 da Constituição Federal a parcelas remuneratórias decorrentes de incorporação de vantagens de caráter temporário ou vinculadas ao exercício de função de confiança ou de cargo em comissão efetivada até a data de entrada em vigor desta Emenda Constitucional."

Mas qual é a relação do art. 39, § 9º, da CF/88 com a contribuição previdenciária e com o cálculo da aposentadoria no regime próprio de previdência?

A relação desse dispositivo com a contribuição previdenciária no RPPS tem a ver com o Tema de Repercussão Geral nº 163. Nesse tema, como vimos, o Supremo Tribunal Federal fixou o entendimento no sentido de que apenas vantagens incorporáveis podem ser base de cálculo de contribuição previdenciária (Tema de Repercussão Geral nº 163). Como consequência disso, e considerando que desde a EC 103/2019 vantagens de caráter transitório não podem ser incorporadas à remuneração do servidor efetivo, essas parcelas não podem mais sofrer incidência de contribuição previdenciária no RPPS.

Já a relação do art. 39, § 9º, da CF/88 com o cálculo da aposentadoria é a seguinte: considerando que, a partir da EC 103/2019, vantagens de caráter transitório não podem mais ser incorporadas à remuneração do servidor, elas, naturalmente, também não podem ser incorporadas aos respectivos proventos de aposentadoria. Logo, os proventos recebidos pelo servidor na inatividade não podem mais considerar essas parcelas no seu cálculo.

Isso, aliás, também é uma consequência natural do fato de que as vantagens transitórias não podem mais sofrer incidência de contribuição previdenciária (conforme vimos acima), pois, como o RPPS tem caráter contributivo, os benefícios concedidos no seu âmbito devem sempre ter lastro em contribuições efetivamente pagas, de modo que parcelas que não sofrem incidência de contribuição previdenciária não podem ser consideradas no cálculo dos benefícios.

2.1. Contribuição previdenciária patronal no RPPS

O que veremos neste tópico se aplica tanto antes quanto depois da EC 103/2019.

No RPPS, além da contribuição previdenciária paga pelos servidores ativos e inativos e pelos pensionistas (que é a contribuição que estudamos no tópico anterior), existe a contribuição previdenciária paga pelo respectivo ente federativo para ajudar a custear o regime de previdência. Essa é chamada contribuição previdenciária **patronal**.

A contribuição patronal no âmbito do RPPS tem previsão expressa no *caput* do art. 40 da CF/88, que, como já vimos, diz que *"o regime próprio de previdência social dos servidores titulares de cargos efetivos terá caráter contributivo e solidário,* ***mediante contribuição do respectivo ente federativo****, de servidores ativos, de aposentados e de pensionistas"*.

Portanto, não são apenas os servidores e os pensionistas que pagam contribuição para sustentar o regime próprio de previdência. O ente federado respectivo também paga.

E qual é o valor da contribuição previdência paga pelo ente federado para ajudar a custear o seu RPPS? Isso é definido em lei do próprio ente federado, assim como ocorre em relação à contribuição paga pelos segurados.

No entanto, a Lei 9.717/98 (que, como já estudamos, é a norma geral em matéria de regime próprio de previdência, pelo menos enquanto não for editada a lei complementar nacional exigida pelo art. 40, § 22, da CF/88) estabelece limites que devem ser observados pelos entes federados na fixação da contribuição previdenciária patronal devida no âmbito do RPPS.

Nos termos do art. 2º da Lei 9.717/98, a contribuição previdenciária devida pelo ente federado ao seu RPPS (que deve ser definida em lei do próprio ente federado) não pode ser inferior à contribuição paga ao regime pelo servidor ativo nem superior ao dobro dela.

Veja o teor desse dispositivo:

> "**Art. 2º, Lei 9.717/98.** A contribuição da União, dos Estados, do Distrito Federal e dos Municípios, incluídas suas autarquias e fundações, aos regimes próprios de previdência social a que estejam vinculados seus

> servidores **não poderá ser inferior ao valor da contribuição do servidor ativo, nem superior ao dobro desta contribuição.**"

Portanto, desde antes da EC 103/2019 (e assim continua após a Emenda), a contribuição patronal no âmbito do RPPS deve ser definida em lei do respectivo ente federado, mas, por for do art. 2º da Lei 9.717/98, não pode ser menor do que a contribuição devida pelo segurado servidor ativo nem superior ao dobro dessa contribuição.

Esse tema, inclusive, já foi cobrado em prova, como ocorreu na fase objetiva do concurso para o cargo de Procurador do Estado do Paraná realizado pelo CESPE em 2024, na qual foi considerada **correta** a assertiva segundo a qual "*a contribuição da União, dos estados, do Distrito Federal e dos municípios, incluídas suas autarquias e fundações, aos RPPS a que estejam vinculados seus servidores não poderá ser inferior ao valor da contribuição do servidor ativo nem superior ao dobro dessa contribuição*".

Como você pode perceber, a questão acima se limitou a reproduzir a literalidade do art. 2º da Lei 9.717/98, o que mostra a importância não só de conhecer o tema, mas também de conhecer o exato teor do texto legal.

3. AUMENTO DA CONTRIBUIÇÃO PREVIDENCIÁRIA SEM PRÉVIO ESTUDO ATUARIAL

A primeira observação que deve ser feita aqui é a seguinte: o que veremos neste tópico se aplica igualmente tanto antes quanto depois da EC 103/2019.

Agora vamos à análise do tema.

O art. 40, *caput*, da CF/88, tanto na versão anterior à EC 103/2019 quanto na versão posterior à Emenda, determina que o regime próprio de previdência deve ser organizado de uma forma que seja preservado o seu equilíbrio financeiro e atuarial. Ou seja, as normas que regem o RPPS devem ter sempre a preocupação de manter o regime saudável do ponto de vista dos seus recursos financeiros e dos riscos aos quais ele se encontra sujeito (em especial, os riscos relativos aos benefícios que terão de ser pagos).

A partir disso, é possível perceber que as disposições legais e constitucionais que fixam a disciplina do custeio do RPPS (como as contribuições a serem pagas) e os requisitos para o gozo dos benefícios são essenciais para assegurar maior ou menor saúde financeira e atuarial ao regime.

Veja o teor do art. 40, *caput*, da CF/88 nas versões anterior e posterior à EC 103/2019:

> "**Art. 40, CF/88.** Aos servidores titulares de cargos efetivos da União, dos Estados, do Distrito Federal e dos Municípios, incluídas suas autarquias e fundações, é assegurado regime de previdência de caráter contributivo e solidário, mediante contribuição do respectivo ente público, dos servidores ativos e inativos e dos pensionistas, **observados critérios que preservem o equilíbrio financeiro e atuarial** e o disposto neste artigo. ***(Redação anterior à EC 103/2019, dada pela EC 41/03)***
>
> (...)"
>
> "**Art. 40, CF/88.** O regime próprio de previdência social dos servidores titulares de cargos efetivos terá caráter contributivo e solidário, mediante contribuição do respectivo ente federativo, de servidores ativos, de aposentados e de pensionistas, **observados critérios que preservem o equilíbrio financeiro e atuarial. *(Redação dada pela EC 103/2019)***
>
> (...)"

No que diz respeito às regras que regem a contribuição previdenciária no RPPS, vimos que **ela deve ser fixada por lei de cada ente federado** e que, **nos Estados, Distrito Federal e Municípios, ela não pode ser inferior à cobrada no âmbito da União.**

Isso era assim antes da EC 103/2019 e continuou assim após a Emenda.

A novidade trazida pela EC 103/2019 em relação a essa questão é que, agora, a contribuição cobrada no RPPS dos Estados, Distrito Federal e Municípios poderá, excepcionalmente, ser inferior à cobrada no âmbito da União, desde que inexista, no regime previdenciário dos entes subnacionais, déficit atuarial. Mas, nessa hipótese, a contribuição previdenciária, embora possa ser inferior à do RPPS federal, não poderá ser inferior à cobrada no RGPS (que é o regime de previdência gerido pelo INSS).

Isso, como já estudamos, está previsto no art. 9º, §§ 4º e 5º, da EC 103/2019. Veja:

> "**Art. 9º, EC 103/2019.**
>
> (...)
>
> **§ 4º** Os Estados, o Distrito Federal e os Municípios **não poderão estabelecer alíquota inferior à da contribuição dos servidores da União, exceto se demonstrado que o respectivo regime próprio de previdência social não possui deficit atuarial a ser equacionado**, hipótese em que a alíquota não poderá ser inferior às alíquotas aplicáveis ao Regime Geral de Previdência Social.

> **§ 5º** Para fins do disposto no § 4º, não será considerada como ausência de deficit a implementação de segregação da massa de segurados ou a previsão em lei de plano de equacionamento de deficit."

Portanto, no RPPS dos Estados, Distrito Federal e Municípios, a contribuição previdenciária, em regra, não pode ser inferior à cobrada no RPPS da União.

Nada impede, porém, que, no âmbito dos Estados, Distrito Federal e Municípios, a contribuição previdenciária seja maior do que a cobrada na União, podendo, inclusive, ser majorada por lei caso a sua alíquota seja igual à da federal.

Seja como for, o fato é que cada ente federado (inclusive a União) é competente para fixar, por meio de lei própria, a alíquota da contribuição previdenciária cobrada no seu RPPS, sendo possível, inclusive, que, nessa lei, a alíquota seja majorada em relação ao que era antes.

Inclusive, o Supremo Tribunal Federal já considerou constitucional, por exemplo, uma lei estadual que majorou de 10% para 14% a alíquota da contribuição previdenciária cobrada dos servidores civis ativos e inativos, dos pensionistas e dos militares. Segundo a Corte, esse aumento se mostra razoável e proporcional (e, portanto, não possui caráter confiscatório), tendo em vista, especialmente, o cenário deficitário do regime de previdência do ente federado envolvido (que, no caso, era o Estado de Pernambuco). Isso ocorreu na **ADI 2521**, julgada em 25/09/2023.

Adotando a mesma linha de raciocínio, na **ADI 5944** (j. 25/09/2023), o STF considerou constitucional lei do Estado do Ceará que realizou um aumento escalonado (isto é, um pouco a cada ano) da contribuição previdenciária cobrada dos servidores civis ativos e inativos, dos pensionistas e dos militares, passando a alíquota de 11% para 14% (com o aumento de um ponto percentual por ano).

A partir de tudo que vimos acima, surge o seguinte questionamento: para que seja aprovada uma lei aumentando a contribuição previdenciária no RPPS de um determinado ente federado, é necessário que seja realizado um prévio estudo atuarial que demonstre de forma específica a necessidade desse aumento e que ele é adequado para promover o equilíbrio financeiro e atuarial do regime?

Esse questionamento chegou, inclusive, ao Supremo Tribunal Federal.

Por exemplo, no **Tema de Repercussão Geral nº 933** (ARE 875958, j. 19/10/2021), o STF analisou a constitucionalidade de uma lei do Estado de Goiás que majorou de 11% para 13,25% a alíquota da contribuição previdenciária cobrada no respectivo RPPS. Essa lei não havia sido precedida de um estudo atuarial específico para o aumento da contribuição, mas somente de uma justificativa da necessidade dessa majoração para solucionar o déficit financeiro e atuarial que havia no regime previdenciário.

O STF decidiu que a falta de estudo atuarial específico elaborado com a finalidade de demonstrar a necessidade da majoração da contribuição previdenciária não gera a inconstitucionalidade da lei que realiza essa majoração, mas uma mera irregularidade que é sanável pela apresentação de uma justificativa que mostre que o aumento do tributo é necessário em virtude da existência de déficit no regime de previdência (e, no caso, essa justificativa havia sido apresentada no processo legislativo que resultou na lei questionada).

Isso porque não há no texto constitucional (em especial, no art. 40 da CF/88) disposição que exija o cumprimento da formalidade consistente na elaboração de um estudo atuarial para que possa ser aprovada uma lei elevando a alíquota da contribuição previdenciária no RPPS.

Além disso, o STF considerou razoável e não confiscatória a majoração da alíquota de 11% para 13,25%.

A **tese de repercussão geral** fixada no caso foi a seguinte:

> "1. A ausência de estudo atuarial específico e prévio à edição de lei que aumente a contribuição previdenciária dos servidores públicos **não implica vício de inconstitucionalidade, mas mera irregularidade** que pode ser sanada pela demonstração do déficit financeiro ou atuarial que justificava a medida.
>
> 2. A majoração da alíquota da contribuição previdenciária do servidor público para 13,25% **não afronta os princípios da razoabilidade e da vedação ao confisco**."

Posteriormente, o mesmo debate foi objeto da **ADI 6122** (j. 28/11/2022), na qual foi impugnada uma lei do Estado da Bahia que, sem prévio estudo atuarial específico, majorou de 12% para 14% a alíquota da contribuição previdenciária cobrada no respectivo RPPS.

O Supremo Tribunal Federal, ao julgar essa ação, reiterou o entendimento que adotou no Tema de Repercussão Geral nº 933. Ou seja, a Corte decidiu que a falta de prévio estudo atuarial específico não gera a inconstitucionalidade da lei que aumenta a contribuição previdenciária no RPPS, mas mera irregularidade que pode ser sanada pela apresentação de justificativa que demonstre a necessidade da majoração do tributo por conta da existência de déficit financeiro e atuarial no regime (e, no caso, assim como ocorreu no Tema de Repercussão Geral nº 933, essa justificativa havia sido apresentada no processo legislativo que resultou na lei impugnada).

Além disso, o STF considerou razoável e não confiscatório o aumento da alíquota da contribuição previdenciária de 12% para 14%, de forma semelhante ao que ocorreu no Tema de Repercussão Geral nº 933, no qual a Corte considerou razoável e não confiscatório o aumento da alíquota de 11% para 13,25%.

Esse mesmo entendimento foi reiterado pela Corte no ano 2023, na **ADI 5944** (j. 25/09/2023), na qual foi considerada constitucional lei do Estado do Ceará que, sem prévio estudo atuarial, aumentou de 11% para 14% a contribuição previdenciária cobrada dos servidores ativos e inativos, dos pensionistas e dos militares.

Para finalizar, é importante registrar que houve um detalhe interessante no debate travado na ADI 6122: houve a alegação de que o aumento da contribuição previdenciária violaria a garantia constitucional da irredutibilidade remuneratória dos servidores públicos (prevista no art. 37, XV, da CF/88), já que reduziria o montante final (líquido) do salário que efetivamente seria pago a eles.

O STF se manifestou sobre essa alegação e decidiu que o aumento da contribuição previdenciária não viola a garantia da irredutibilidade remuneratória, pois essa garantia se refere apenas ao valor da remuneração diretamente considerado, e não ao montante recebido pelo servidor após a incidência dos tributos devidos por ele.

4

FORMA DE CÁLCULO DOS PROVENTOS DE APOSENTADORIA NO REGIME PRÓPRIO DE PREVIDÊNCIA SOCIAL

1. FORMA DE CÁLCULO DOS PROVENTOS DE APOSENTADORIA ANTES DA EC 103/2019

Antes de iniciarmos o estudo sobre as regras de cálculo dos proventos de aposentadoria no RPPS, é necessário deixar registrado que o Supremo Tribunal Federal firmou sua jurisprudência no sentido de que os requisitos para a concessão de aposentadoria e a forma de cálculo dos proventos desse benefício devem seguir as normas que se encontrarem em vigor no momento em que o segurado cumprir as exigências para se aposentar, pouco importando as alterações legislativas ocorridas posteriormente.

O principal fundamento desse entendimento é a **garantia constitucional do direito adquirido** (que é um direito fundamental), prevista no art. 5º, XXXVI, da CF/88, segundo o qual, *"a lei não prejudicará o direito adquirido, o ato jurídico perfeito e a coisa julgada"*. Inclusive, é justamente por conta da necessidade imposta pela CF/88 de se respeitar o direito adquirido que as diversas reformas previdenciárias ocorridas no ordenamento jurídico brasileiro sempre determinam expressamente que, para os segurados e seus dependentes que tenham cumprido as exigências para se aposentar ou receber pensão antes das alterações legislativas, fica assegurada a concessão do benefício nos termos definidos nas normas vigentes no momento do preenchimento dos seus requisitos.

Em outras palavras: por conta da garantia constitucional do direito adquirido, uma vez preenchidos os requisitos para o gozo de um benefício previdenciário (notadamente, aposentadoria ou pensão), as alterações legislativas posteriores não podem prejudicar o segurado ou seu dependente. E perceba que a proteção do direito adquirido incide tanto quando a modificação normativa é feita por lei quanto quando ela é feita por emenda constitucional, pois as emendas à Constituição também devem respeitar o direito adquirido, já que ele (o direito adquirido) é um direito fundamental individual, sendo, portanto, uma cláusula pétrea, como estabelece o art. 60, § 4º, IV, da CF/88 (*"Art. 60, § 4º, CF/88. Não será objeto de deliberação a proposta de emenda tendente a abolir: (...) IV - os direitos e garantias individuais."*).

Isso foi estabelecido pelo Supremo Tribunal Federal no **Tema de Repercussão Geral nº 334** (RE 630501, j. 21/02/2013), no qual foi fixada a tese segundo a qual, *"para o cálculo da renda mensal inicial, cumpre observar o quadro mais favorável ao beneficiário, pouco importando o decesso remuneratório ocorrido em data posterior ao implemento das condições legais para a aposentadoria, respeitadas a decadência do direito à revisão e a prescrição quanto às prestações vencidas"*. Como se pode perceber, nesse caso, o STF decidiu que, em virtude da garantia constitucional do direito adquirido, uma vez preenchidos os requisitos para a aposentadoria de valor mais vantajoso, é esse valor que deve nortear o cálculo do benefício, sendo irrelevantes eventuais alterações fáticas e jurídicas supervenientes, ainda que essas alterações façam com que, antes da concessão da aposentadoria, a remuneração do segurado sofra alguma redução.

Além disso, a **Súmula 359 do STF** é no mesmo sentido, estabelecendo que, *"ressalvada a revisão prevista em lei, os proventos da inatividade regulam-se pela lei vigente ao tempo em que o militar, ou o servidor civil, reuniu os requisitos necessários"*.

Note que esse entendimento é aplicável tanto no âmbito do RPPS quanto no âmbito do RGPS, pois o seu fundamento (que é a garantia constitucional do direito adquirido) não é exclusividade de nenhum desses regimes previdenciários. Além disso, a entrada em vigor da EC 103/2019 também não afasta a incidência desse entendimento, pois a garantia do direito adquirido continua existindo em nosso ordenamento jurídico (mesmo porque ela é uma cláusula pétrea e, como tal, não pode ser extinta por emenda constitucional, conforme prevê o art. 60, § 4º, IV, da CF/88).

Passemos agora ao estudo do cálculo dos proventos de aposentadoria no RPPS.

Segundo o art. 40 da CF/88 (na redação anterior à EC 103/2019), os proventos de aposentadoria podem ser integrais ou proporcionais.

Os proventos proporcionais nada mais são do que uma parcela dos proventos integrais que guarda uma relação direta com o tempo de contribuição do servidor. Por exemplo, se o servidor contribuiu por todo o período necessário para obter proventos integrais, ele receberá 100% do benefício de aposentadoria (pois os seus proventos serão integrais), mas, se ele contribuiu apenas por metade desse período, ele receberá 50% do benefício de aposentadoria (pois os seus proventos serão proporcionais à metade do tempo de contribuição que era necessário para obter aposentadoria integral).

Por isso, na prática (assim como na teoria), o mais importante é identificar como os proventos integrais são calculados, já que, para se chegar ao valor dos proventos proporcionais, basta aplicar uma proporção sobre o valor que corresponderia aos proventos integrais do servidor caso ele tivesse direito ao pagamento integral.

Em outras palavras: para se saber o valor dos proventos proporcionais, é necessário, antes, saber o valor dos proventos integrais.

E o que são proventos integrais? São os proventos equivalentes à remuneração que o servidor recebia imediatamente antes de se aposentar?

Para compreender adequadamente essa questão, é necessário analisar a evolução história do tratamento do tema na Constituição Federal.

Quando a CF/88 foi promulgada, os proventos integrais de aposentadoria correspondiam à remuneração que o servidor recebia imediatamente antes de se aposentar (excetuadas eventuais parcelas não incorporáveis, evidentemente). A isso se deu o nome de **integralidade**, expressão nunca utilizada pela Constituição, mas adotada tanto pela doutrina quanto pela jurisprudência.

Portanto, saiba disso: quando se fala em integralidade, significa que os proventos são integrais correspondentes à totalidade da remuneração do servidor.

Ocorre que **a EC 41/03 deu fim à integralidade e estabeleceu outra forma de calcular os proventos integrais dos servidores inativos**, determinando que esse cálculo deveria ser feito na forma da lei. Assim, com a redação dada pela EC 41/03, o § 3º do art. 40 da CF/88 passou a dispor que, *"para o cálculo dos proventos de aposentadoria, por ocasião da sua concessão, serão consideradas as remunerações utilizadas como base para as contribuições do servidor aos regimes de previdência de que tratam este artigo e o art. 201, na forma da lei."*

Essa lei exigida pelo art. 40, § 3º, da CF/88 na redação dada pela EC 41/03 foi editada. Trata-se da Lei 10.887/04, que estabeleceu, em seu art. 1º, que os proventos de aposentadoria do servidor passariam a corresponder à média aritmética das 80% maiores bases de cálculo das contribuições pagas pelo servidor durante a sua vida contributiva. Esse dispositivo estabeleceu também que, para os fins desse cálculo, só seria considerado o período contributivo de julho de 1994 para frente, de modo que as bases de cálculo das contribuições pagas pelos servidores antes desse mês foram desconsideradas.

Veja:

> "**Art. 1º, Lei 10.887/04.** No cálculo dos proventos de aposentadoria dos servidores titulares de cargo efetivo de qualquer dos Poderes da União, dos Estados, do Distrito Federal e dos Municípios, incluídas suas autarquias e fundações, previsto no § 3º do art. 40 da Constituição Federa l e no art. 2º da Emenda Constitucional nº 41, de 19 de dezembro de 2003, será considerada a média aritmética simples das maiores remunerações, utilizadas como base para as contribuições do servidor aos regimes de previdência a que esteve vinculado, correspondentes a 80% (oitenta por cento) de todo o período contributivo desde a competência julho de 1994 ou desde a do início da contribuição, se posterior àquela competência."

Então, a partir da EC 41/03, os proventos integrais deixaram de corresponder ao que se convencionou chamar de integralidade e passaram a corresponder à média aritmética calculada nos termos do art. 1º da Lei 10.887/04. Essa foi a forma de cálculo do valor inicial do benefício de aposentadoria (com proventos integrais) no regime próprio de previdência estabelecida pela EC 41/03.

Inclusive, o fato de que a EC 41/03 alterou o significado de proventos integrais (determinando que eles não mais corresponderiam à integralidade da remuneração do servidor) chegou a ser expressamente reconhecido pelo Supremo Tribunal Federal. Isso ocorreu, por exemplo, no **RE 924456** (Tema de Repercussão Geral nº 754, j. 05/04/2017), no qual a Corte, ao se referir aos proventos integrais na aposentadoria por invalidez, afirmou que *"os proventos de aposentadoria por invalidez decorrente de doença grave ou acidente de trabalho (art. 40, § 1º, I, da Constituição Federal)* ***correspondiam***

à integralidade da remuneração percebida pelo servidor no momento da aposentação, até o advento da EC 41/2003*, a partir de quando o conceito de proventos integrais deixou de ter correspondência com a remuneração recebida em atividade e foi definida pela Lei 10.887/2004 como a média aritmética de 80% da melhores contribuições revertidas pelo servidor ao regime previdenciário".*

Perceba que, no trecho que vimos acima, o STF afirmou que, após a EC 41/03, os proventos integrais passaram a corresponder à média aritmética das 80% maiores contribuições pagas pelo servidor. Porém, houve aí um erro material no texto publicado pela Corte, pois, como vimos, essa média aritmética não é das 80% maiores contribuições, mas sim das 80% maiores **bases de cálculo das contribuições** que foram pagas pelo servidor durante a sua vida contributiva.

Além da forma de cálculo do valor inicial dos proventos de aposentadoria, há outra questão de extrema importância: uma vez concedido o benefício, **como deve ele ser reajustado com o passar dos anos?** Isso também foi objeto de alteração pela EC 41/03.

Quando a CF/88 entrou em vigor, os proventos de aposentadoria tinham de ser reajustados sempre, na mesma data e de acordo com os mesmos índices, que houvesse reajuste da remuneração do pessoal da ativa. Assim, se um servidor em atividade recebesse um reajuste de 20% (vinte por cento) do seu salário, quem se encontrasse aposentado no mesmo cargo teria o direito de ter os seus proventos de aposentadoria reajustados, na mesma data, também em 20% (vinte por cento). Isso era o que se chamava de **paridade**.

Ocorre que a EC 41/03 também deu fim à paridade, e a substituiu por uma regra segundo a qual os proventos dos servidores aposentados deveriam ser reajustados de acordo com algum índice estabelecido em lei. Essa previsão foi inserida no § 8º do art. 40 da CF/88, nos seguintes termos:

> "**Art. 40, § 8º, CF/88.** É assegurado o reajustamento dos benefícios para preservar-lhes, em caráter permanente, o valor real, **conforme critérios estabelecidos em lei**." ***(Redação dada pela EC 41/03)***

Portanto, **com a EC 41/03, a paridade foi substituída por reajustes realizados de acordo com critérios previstos em lei**. E a Lei 10.887/04 estabeleceu, no seu art. 15, o índice que deveria ser utilizado: o mesmo aplicado no RGPS (ou seja, no INSS) para a atualização dos benefícios pagos aos seus segurados.

Veja:

> "**Art. 15, Lei 10.887/04.** Os proventos de aposentadoria e as pensões de que tratam os arts. 1º e 2º desta Lei serão reajustados, a partir de janeiro de 2008, na mesma data e índice em que se der o reajuste dos benefícios do regime geral de previdência social, ressalvados os beneficiados pela garantia de paridade de revisão de proventos de aposentadoria e pensões de acordo com a legislação vigente."

Como se pode perceber, esse dispositivo legal estabeleceu de forma ampla (abrangendo os proventos pagos pelos regimes próprios de previdência de todas as esferas federativas) o índice de reajuste a ser aplicado.

E, a partir daí, surgiu um questionamento que foi enfrentado pelo Supremo Tribunal Federal: o índice de reajuste dos proventos de aposentadoria (e de pensão) previsto em lei federal (no caso, a Lei 10.887/04) pode ser imposto aos Estados e aos Municípios, de modo que eles sejam obrigados a aplicá-lo nos seus regimes próprios de previdência?

Segundo decidiu o STF na **ADI 4582** (j. 03/11/2022), **não**, pois isso violaria a autonomia dos entes federativos, devendo cada Estado e cada Município estabelecer o índice de reajuste que julgar mais apropriado.

Ademais, conforme já estudamos, a competência legislativa no tocante à previdência social é concorrente, de modo que as questões específicas devem ser disciplinadas pelos Estados e Distrito Federal (bem como pelos Municípios, no exercício da sua competência para legislar sobre temas de interesse local), restando à União apenas a normatização das questões gerais. E o critério de reajuste dos proventos de aposentadoria dos servidores não é uma questão relacionada com normas gerais, já que os valores pagos ao pessoal do serviço público ativo são definidos, autonomamente, por cada entidade federativa, de modo que a definição dos valores dos proventos dos inativos deve seguir a mesma linha.

Isso porque retirar da competência local a definição dos índices de revisão dos proventos de inatividade deixaria o sistema "capenga" e, portanto, seria ilógico, já que, em um cenário como esse, o ente federado teria competência para definir o reajuste dos servidores em atividade, mas não teria competência para definir o reajuste dos servidores inativos.

Nesse precedente, então, o Supremo Tribunal Federal estabeleceu que a lei federal pode, sem problema algum, determinar o reajuste dos proventos do regime próprio de previdência da União pelos mesmos índices aplicados no RGPS, pois o RGPS também se encontra inserido na esfera federal. No entanto, não pode uma norma federal obrigar os Estados, o Distrito Federal e os Municípios a adotarem, nos reajustes dos proventos pagos pelos seus regimes próprios de previdência, os mesmos índices do RGPS, pois isso violaria a autonomia dos entes subnacionais, os quais devem disciplinar a questão por lei própria.

A ementa desse julgamento ficou redigida assim:

> "(...) 1. A questão jurídica controvertida posta nesta ação direta de inconstitucionalidade consiste em saber se é constitucional lei federal que determina a todos os entes federados mantenedores de regimes próprios da previdência social a realização de reajustes dos proventos, na mesma data e índice em que se der o reacerto dos benefícios do regime geral, excetuados os beneficiados pela garantia da paridade. 2. **Por afrontar a autonomia constitucional de Estado-membro e a repartição constitucional de competências legislativas, é formalmente inconstitucional lei federal que determina a todos os entes federados mantenedores de regimes próprios da previdência social a realização de reajustes, na mesma data e índice em que se der o reacerto dos benefícios do regime geral**, ressalvado os casos de beneficiários agraciados pela paridade. 3. Na esteira da técnica decisória da interpretação conforme à Constituição, **não há inconstitucionalidade no objeto, por vício formal, caso se considere que a lei impugnada dirige-se unicamente à União, havendo, assim, uma vinculação entre o RGPS e o regime próprio de previdência social em nível federal**. 4. Não viola o princípio da igualdade ou a garantia fundamental à revisão geral anual de vencimentos, porque o objeto atacado almeja salvaguardar situações constituídas, excetuando do programa normativo os beneficiados pela garantia de paridade na revisão de proventos e pensões, nos termos da legislação regente. (...)"
>
> **(ADI 4582, Pleno, Rel. Min. ANDRÉ MENDONÇA, j. 03/11/2022)**

Perceba, no entanto, que a previsão contida no art. 15 da Lei 10.887/04, de aplicação dos índices do RGPS para os reajustes dos proventos de aposentadorias e pensões do RPPS (previsão essa que, como vimos acima, apenas pode ser aplicada no âmbito federal), só passou a existir com a edição da Medida Provisória nº 431/2008, que foi convertida na Lei nº 11.784/2008.

Antes disso, quais índices eram aplicados para reajustar os proventos de aposentadorias e pensões no RPPS federal?

Eram os próprios índices do RGPS, porém, nessa época, a aplicação desses índices era decorrência de previsão em ato normativo infralegal, mais precisamente, na Orientação Normativa nº 3/2004 do Ministério da Previdência Social (MPS), cujo art. 65 recebeu a seguinte redação (com destaque para o seu parágrafo único):

> "**Art. 65, ON nº 3/2004 MPS.** Os benefícios de aposentadoria e pensão, de que tratam os art. 47,48, 49, 50, 51, 54 e 55 serão reajustados para preservar-lhes, em caráter permanente, o valor real, na mesma data em que se der o reajuste dos benefícios do RGPS, de acordo com a variação do índice definido em lei pelo ente federativo.
>
> **Parágrafo único.** Na ausência de definição do índice de reajustamento pelo ente, **os benefícios serão corrigidos pelos mesmos índices aplicados aos benefícios do RGPS.**"

Essa mesma previsão foi repetida, posteriormente, na Orientação Normativa nº 01/2007 do Ministério da Previdência Social, mais precisamente, no seu art. 73.

O questionamento que surgiu nesse cenário foi o seguinte: pode uma norma infralegal (e não uma lei) estabelecer os índices de reajuste de benefícios previdenciários pagos no âmbito do RPPS? **O STF entendeu que sim.**

Segundo decidiu o Supremo Tribunal Federal no **Tema de Repercussão Geral nº 1224** (RE 1372723, Pleno, Rel. Min. DIAS TOFFOLI, j. 02/10/2023), a Lei 9.717/98, em seu art. 9º, I, permite a edição de atos normativos infralegais pelo Ministério da Previdência Social (que, entre os anos 2019 e 2021, ficou incorporado ao Ministério da Economia) para dispor sobre regime próprio de previdência (*"**Art. 9º, Lei 9.717/98.** Compete à União, por intermédio da Secretaria Especial de Previdência e Trabalho do Ministério da Economia, **em relação aos regimes próprios de previdência social** e aos seus fundos previdenciários: **I** - a orientação, a supervisão, a fiscalização e o acompanhamento;"*).

Nos termos da tese fixada pela Corte nesse julgamento, *"é constitucional o reajuste de proventos e pensões concedidos a servidores públicos federais e seus dependentes não beneficiados pela garantia de paridade de revisão pelo mesmo índice de reajuste do regime geral de previdência social (RGPS), previsto em normativo do Ministério da Previdência Social, no período anterior à Lei 11.784/2008"*.

Por fim, é necessário mencionar uma regra bastante importante que foi inserida na CF/88 pela EC 20/98.

Trata-se do § 2º do art. 40 da CF/88, que estabeleceu que, independentemente da forma de cálculo aplicada (com integralidade ou não, com paridade ou não), **o valor dos proventos de aposentadoria no RPPS nunca pode ser superior ao valor da remuneração que o servidor recebia imediatamente antes de se aposentar** (e essa mesma regra também se aplica às pensões por morte concedidas aos dependentes dos servidores).

Logo, por força dessa regra, desde a EC 20/98 passou a ser vedada a prática, muito comum em diversos entes federados, de conceder promoções (ou assegurar outros tipos de adicionais remuneratórios) aos servidores públicos no ato da aposentadoria para que eles tivessem proventos de inatividade superiores aos seus salários.

Veja o teor do art. 40, § 2º, da CF/88 (na redação dada pela EC 20/98):

> "**Art. 40, CF/88.**
>
> (...)
>
> **§ 2º** Os proventos de aposentadoria e as pensões, por ocasião de sua concessão, **não poderão exceder a remuneração do respectivo servidor**, no cargo efetivo em que se deu a aposentadoria ou que serviu de referência para a concessão da pensão. ***(Redação dada pela EC 20/98)***
>
> (...)"

A propósito, aplicando a vedação contida no art. 40, § 2º, da CF/88, que vimos acima, o Supremo Tribunal Federal já decidiu, por exemplo, ser **inconstitucional o pagamento de adicional remuneratório de 20% a membros do Ministério Público que se aposentassem no último nível da carreira.**

Isso aconteceu na **ADI 3834** (j. 21/11/2023), na qual o Min. Luís Roberto Barroso, relator do caso, registrou expressamente em seu voto que *"o art. 40, § 2º, CF, com a redação conferida pela EC nº 20/1998, estabeleceu que os proventos de aposentadoria, por ocasião de sua concessão,* ***não podem exceder a remuneração do respectivo servidor no cargo efetivo em que se deu a aposentadoria****, até porque sobre tal acréscimo não houve recolhimento da correspondente contribuição previdenciária"*.

E, seguindo essa linha de raciocínio, o STF julgou inconstitucional o adicional que era pago aos membros do Ministério Público na aposentadoria.

1.1. Manutenção da integralidade e da paridade nas "regras de transição" das ECs 41/03, 47/05 e 70/12

Conforme vimos, a EC 41/03 extinguiu a integralidade e a paridade no regime próprio de previdência social. Isso significa que, a partir da entrada em vigor da referida emenda, nenhum servidor pode se aposentar com integralidade e paridade de proventos? **Não.**

Na verdade, em virtude da EC 41/03, qualquer servidor que ingressar no serviço público após a sua entrada em vigor terá de se aposentar sem integralidade e sem paridade, sendo seus proventos calculados de acordo com a média aritmética da Lei 10.887/04 e reajustados conforme critérios estabelecidos na lei do respectivo ente federativo.

Além desses servidores, há aqueles que, no momento da entrada em vigor da EC 41/03, já haviam preenchido todos os requisitos para a aposentadoria. Esses servidores, por disposição contida na própria EC 41/03, terão direito à manutenção do regime jurídico anterior, isto é, com integralidade e paridade de proventos. E nem poderia ser diferente, pois esses servidores, por terem preenchido os requisitos para a aposentadoria antes das alterações trazidas pela EC 41/03, passaram a ter direito adquirido à aplicação das regras anteriores a essa emenda. Por conta disso, a EC 41/03 não poderia eliminar esse direito, já que o direito adquirido é previsto no art. 5º, XXXVI, da CF/88 como um direito fundamental individual, e, nos termos do art. 60, § 4º, IV, da CF/88 **os direitos e garantias individuais são cláusulas pétreas**, não podendo ser suprimidos por emenda constitucional. Veja:

> "**Art. 5º, XXXVI, CF/88** - a lei não prejudicará o direito adquirido, o ato jurídico perfeito e a coisa julgada;"
>
> "**Art. 60, § 4º, CF/88.** Não será objeto de deliberação a proposta de emenda tendente a abolir:
>
> I - a forma federativa de Estado;
>
> II - o voto direto, secreto, universal e periódico;
>
> III - a separação dos Poderes;
>
> **IV - os direitos e garantias individuais.**"

Há, ainda, um terceiro grupo que deve ser considerado: os servidores que ingressaram no serviço público antes da EC 41/03, mas apenas preencheram os requisitos para a aposentadoria após a entrada em vigor dessa emenda. Qual é a solução nesse caso?

Para esse grupo de servidores, a **EC 41/03** (e, posteriormente, a **EC 47/05**) trouxe **"regras de transição"** que asseguraram o pagamento de proventos de aposentadoria com integralidade e paridade. Trata-se de regras que exigiram o cumprimento de requisitos um pouco mais "gravosos" do que os que foram cumpridos pelos servidores que já haviam se aposentado ou adquirido direito de se aposentar. Como contrapartida pelo cumprimento desses requisitos mais gravosos, essas regras de transição asseguraram o pagamento de proventos com paridade e integralidade a quem já era servidor antes das alterações trazidas pela EC 41/03, mas que ainda não havia atendido todas as condições para se aposentar até a entrada em vigor dessa emenda.

Essas regras de transição foram inseridas nos arts. 6º e 7º da EC 41/03 e nos arts. 2º e 3º da EC 47/05. Veja:

> "**Art. 6º, EC 41/03.** Ressalvado o direito de opção à aposentadoria pelas normas estabelecidas pelo art. 40 da Constituição Federal ou pelas regras estabelecidas pelo art. 2º desta Emenda, o servidor da União, dos Estados, do Distrito Federal e dos Municípios, incluídas suas autarquias e fundações, que tenha ingressado no serviço público até a data de publicação desta Emenda poderá aposentar-se com proventos integrais, que corresponderão à totalidade da remuneração do servidor no cargo efetivo em que se der a aposentadoria, na forma da lei, quando, observadas as reduções de idade e tempo de contribuição contidas no § 5º do art. 40 da Constituição Federal, vier a preencher, cumulativamente, as seguintes condições:
>
> **I** - sessenta anos de idade, se homem, e cinqüenta e cinco anos de idade, se mulher;
>
> **II** - trinta e cinco anos de contribuição, se homem, e trinta anos de contribuição, se mulher;
>
> **III** - vinte anos de efetivo exercício no serviço público; e
>
> **IV** - dez anos de carreira e cinco anos de efetivo exercício no cargo em que se der a aposentadoria."
>
> "**Art. 7º, EC 41/03.** Observado o disposto no art. 37, XI, da Constituição Federal, os proventos de aposentadoria dos servidores públicos titulares de cargo efetivo e as pensões dos seus dependentes pagos pela União, Estados, Distrito Federal e Municípios, incluídas suas autarquias e fundações, em fruição na data de publicação desta Emenda, bem como os proventos de aposentadoria dos servidores e as pensões dos dependentes abrangidos pelo art. 3º desta Emenda, serão revistos na mesma proporção e na mesma data, sempre que se modificar a remuneração dos servidores em atividade, sendo também estendidos aos aposentados e pensionistas quaisquer benefícios ou vantagens posteriormente concedidos aos servidores em atividade, inclusive quando decorrentes da transformação ou reclassificação do cargo ou função em que se deu a aposentadoria ou que serviu de referência para a concessão da pensão, na forma da lei."
>
> "**Art. 2º, EC 47/05.** Aplica-se aos proventos de aposentadorias dos servidores públicos que se aposentarem na forma do caput do art. 6º da Emenda Constitucional nº 41, de 2003, o disposto no art. 7º da mesma Emenda."
>
> "**Art. 3º, EC 47/05.** Ressalvado o direito de opção à aposentadoria pelas normas estabelecidas pelo art. 40 da Constituição Federal ou pelas regras estabelecidas pelos arts. 2º e 6º da Emenda Constitucional nº 41, de 2003, o servidor da União, dos Estados, do Distrito Federal e dos Municípios, incluídas suas autarquias e fundações, que tenha ingressado no serviço público até 16 de dezembro de 1998 poderá aposentar-se com proventos integrais, desde que preencha, cumulativamente, as seguintes condições:

> **I** - trinta e cinco anos de contribuição, se homem, e trinta anos de contribuição, se mulher;
>
> **II** - vinte e cinco anos de efetivo exercício no serviço público, quinze anos de carreira e cinco anos no cargo em que se der a aposentadoria;
>
> **III** - idade mínima resultante da redução, relativamente aos limites do art. 40, § 1º, inciso III, alínea "a", da Constituição Federal, de um ano de idade para cada ano de contribuição que exceder a condição prevista no inciso I do caput deste artigo.
>
> **Parágrafo único.** Aplica-se ao valor dos proventos de aposentadorias concedidas com base neste artigo o disposto no art. 7º da Emenda Constitucional nº 41, de 2003, observando-se igual critério de revisão às pensões derivadas dos proventos de servidores falecidos que tenham se aposentado em conformidade com este artigo."

Como se pode perceber, nas ECs 41/03 e 47/05, temos dois grupos de regras de transição criadas com o objetivo de assegurar o pagamento de proventos com integralidade e paridade aos servidores que ingressaram no serviço público antes da EC 41/03 (e nele permaneceram sem interrupção do vínculo), mas que ainda não haviam preenchido os requisitos para a aposentadoria antes da entrada em vigor dessa emenda.

Perceba que as regras de transição da EC 41/03 são diferentes das regras de transição da EC 47/05, mas a principal diferença entre elas é que a EC 41/03 se dirige aos servidores que ingressaram no serviço público antes da sua entrada em vigor (o que ocorreu na data da sua publicação, em 31/12/2003), enquanto a EC 47/05 se dirige a servidores um pouco mais antigos, mais precisamente, aos que ingressaram no serviço público antes da EC 20/98 (o que ocorreu na data da sua publicação, em 16/12/1998).

Resumidamente, os requisitos exigidos pelas regras de transição de cada uma dessas emendas para que o servidor que ingressou no serviço público antes da EC 41/03 tenha direito a proventos pagos com integralidade e paridade são os seguintes:

I) Requisitos exigidos pela **EC 41/03 (arts. 6º e 7º da EC 41/03 c/c art. 2º da EC 47/05):**

   a. **Idade de 60 (sessenta) anos** para o segurado homem e **55 (cinquenta e cinco) anos** para a segurada mulher;

   b. **Contribuição por 35 (trinta e cinco) anos** para o segurado homem e **por 30 (trinta) anos** para a segurada se mulher;

c. Efetivo exercício no **serviço público por 20 (vinte) anos, tanto para homem quanto para mulher**;

d. Permanência por **10 (dez) anos na carreira** em que se aposentar, **tanto para homem quanto para mulher**; e

e. Efetivo exercício por **5 (cinco) anos no cargo** em que ocorrer a aposentadoria, **tanto para homem quanto para mulher.**

II) Requisitos exigidos pela **EC 47/05 (art. 3º, EC 47/05)**:

a. **Contribuição por 35 (trinta e cinco) anos** para o segurado homem e **por 30 (trinta) anos** para a segurada mulher;

b. Efetivo exercício no **serviço público por 25 (vinte e cinco) anos, tanto para homem quanto para mulher**;

c. Permanência por **15 (quinze) anos na carreira** em que se aposentar, **tanto para homem quanto para mulher**;

d. Permanência por **5 (cinco) anos no cargo** em que se der a aposentadoria, **tanto para homem quanto para mulher**;

e. Tanto homem quanto mulher deve ter **a idade mínima exigida pelas regras gerais da aposentadoria voluntária por tempo de contribuição** (prevista no art. 40, § 1º, III, "a", da CF/88), mas **a idade em que efetivamente ocorrer a aposentadoria pode ser inferior a essa idade mínima**, da seguinte forma: se o servidor (tanto homem quanto mulher) tiver tempo de contribuição superior ao mínimo exigido pelas "regras de transição" da EC 47/05, **a idade mínima exigida será reduzida em um ano para cada ano de contribuição sobressalente.** Para os fins desse cálculo de compensação entre idade e tempo de contribuição, é importante lembrar que a idade exigida para a aposentadoria voluntária por tempo de contribuição (art. 40, § 1º, III, "a", CF/88) é de 60 (sessenta anos) para homem e 55 (cinquenta e cinco) anos para mulher.

Sobre as regras de transição trazidas pelas ECs 41/03 e 47/05 (que vimos acima), é importante conhecer um entendimento do Supremo Tribunal Federal que diz respeito à interpretação dos requisitos, estabelecidos nessas regras, de tempo de carreira e tempo de cargo.

Como vimos, as regras de transição da EC 41/03 exigem **10 (dez) anos de carreira e 5 (cinco) anos no cargo** em que se der a aposentadoria, enquanto as regras de transição da EC 47/05 exigem **15 (quinze) anos de carreira e 5 (cinco) anos no cargo** em que o servidor se aposentar.

A partir disso, a Administração Pública de diversos entes federados passou a adotar a interpretação de que, como essas emendas exigem, cumulativamente, tempo de carreira e tempo no cargo, a expressão "cargo" significa, na verdade, o nível funcional ocupado pelo servidor dentro da carreira que ele integra. Caso não fosse essa a interpretação, o que haveria seria uma contradição interna nos dispositivos das ECs 41/03 e 47/05, pois, se a expressão "cargo" fosse compreendida realmente como cargo (e não como nível funcional), isso significaria que a exigência de tempo de carreira ficaria dispensada, pois não seria possível exigir do servidor a permanência mínima na carreira pelo período de 10 anos (no caso da EC 41/03) ou de 15 anos (no caso da EC 47/05) caso o simples atendimento do requisito de 5 anos no cargo fosse apto a lhe assegurar proventos com paridade e integralidade.

Isso porque "carreira" nada mais é do que uma forma de estruturação dos cargos públicos. Se o cargo é estruturado (pela lei que o criou) com diversos níveis funcionais nos quais os servidores vão progredindo ao longo do tempo, esse cargo é **estruturado em carreira**. Por outro lado, se o cargo não é estruturado com diferentes níveis funcionais, trata-se do que se chama de **cargo isolado**.

É por isso que, quando o servidor possui, por exemplo, 5 (cinco) anos no cargo, ele também possui esse mesmo tempo na carreira e vice-versa. Em outras palavras: o tempo no cargo sempre é igual ao tempo na carreira, já que carreira nada mais é do um cargo estruturado em diferentes níveis funcionais.

Em virtude disso, segundo a interpretação que foi dada pela Administração Pública de diversos entes federados, quando as ECs 41/03 e 47/05 exigem, nas suas regras de transição, tempo de carreira, esse tempo de carreira já engloba o tempo no cargo (pois, como vimos, carreira nada mais é do que uma forma de estruturação do cargo público). Como consequência disso, a exigência de tempo no cargo prevista nessas emendas teria de ser compreendida como tempo no nível funcional que integra a carreira da qual o servidor faz parte.

Se assim não fosse, o que se teria, em última análise, seria o (indesejado) reconhecimento da existência de "palavras inúteis" e de disposições mutuamente excludentes nas ECs 41/03 e 47/05.

O Supremo Tribunal Federal, no entanto, **não concordou com essa interpretação realizada pela Administração Pública.**

No **Tema de Repercussão Geral nº 1207** (RE 1322195, j. 31/03/2022), o STF decidiu que não é possível interpretar a expressão "cargo" contida nas regras de transição das ECs 41/03 e 47/05 como nível funcional integrante da carreira. Segundo a Corte, o requisito de 5 (cinco) anos no cargo previsto nessas emendas deve ser compreendido simplesmente como 5 (cinco) anos no cargo, independentemente de o servidor ter ou não permanecido pelo mínimo de 5 (cinco) anos no nível funcional por ele ocupado no momento da aposentadoria.

Logo, se o servidor público pretende se aposentar com integralidade e paridade de proventos valendo-se da regras de transição das ECs 41/03 e 47/05, caso ele se encontre há pelo menos 5 (cinco) anos no cargo (e, evidentemente, preencha os demais requisitos dessas regras de transição), ele terá direito a proventos de aposentadoria no mesmo valor da sua última remuneração da ativa, ainda que conte com menos do que 5 (cinco) anos no nível funcional ocupado no momento da passagem para a inatividade.

Isso porque, segundo decidiu o Supremo Tribunal Federal no Tema de Repercussão Geral 1027, a expressão "cargo" contida nas regras de transição das ECs 41/03 e 47/05 significa realmente cargo (exatamente como está escrito no texto das Emendas), e não nível funcional.

Nos termos da tese fixada pelo STF nesse julgamento, *"a promoção por acesso de servidor a classe distinta na carreira não representa ascensão a cargo diverso daquele em que já estava efetivado, de modo que, para fins de aposentadoria, o prazo mínimo de cinco anos no cargo efetivo, exigido pelo artigo 40, § 1º, inciso III, da Constituição Federal, na redação da Emenda Constitucional 20/1998, e pelos artigos 6º da Emenda Constitucional 41/2003 e 3º da Emenda Constitucional 47/2005, não recomeça a contar pela alteração de classe"*.

Além das regras de transição que vimos acima, após as ECs 41/03 e 47/05, foi editada a **EC 70/12**, que inseriu o art. 6º-A no texto da EC 41/03, prevendo nesse dispositivo uma **regra de transição aplicável especificamente aos servidores aposentados por invalidez**, assegurando a eles **integralidade e paridade de proventos, desde que tenham ingressado no serviço público antes da EC 41/03**.

Veja:

> "**Art. 6º-A, EC 41/03.** O servidor da União, dos Estados, do Distrito Federal e dos Municípios, incluídas suas autarquias e fundações, que tenha ingressado no serviço público até a data de publicação desta Emenda Constitucional e que tenha se aposentado ou venha a se aposentar por invalidez permanente, com fundamento no inciso I do § 1º do art. 40 da Constituição Federal, tem direito a proventos de aposentadoria

> calculados com base na remuneração do cargo efetivo em que se der a aposentadoria, na forma da lei, não sendo aplicáveis as disposições constantes dos §§ 3º, 8º e 17 do art. 40 da Constituição Federal.
>
> **Parágrafo único.** Aplica-se ao valor dos proventos de aposentadorias concedidas com base no caput o disposto no art. 7º desta Emenda Constitucional, observando-se igual critério de revisão às pensões derivadas dos proventos desses servidores."

Resumindo: a partir da entrada em vigor da EC 41/03, apenas os servidores que ingressaram no serviço público antes dessa data podem ser aposentados com integralidade e paridade de proventos. E, dentre esses servidores contemplados com a garantia de aplicação do regime anterior, encontram-se aqueles que já haviam preenchido os requisitos para se aposentar antes da EC 41/03 (e que, portanto, passaram a ter direito adquirido às regras anteriores a essa emenda) e aqueles que, sem terem solução de continuidade com o serviço público, preencheram os requisitos das "regras de transição" da EC 41/03 (inclusive, os aposentados por invalidez nos termos do art. 6º-A dessa emenda) ou da EC 47/05. Fora dessas hipóteses, ficou vedada, após a EC 41/03, a concessão de aposentadoria com integralidade e paridade de proventos no regime próprio de previdência social.

Isso, inclusive, foi afirmado pelo Supremo Tribunal Federal no **Tema de Repercussão Geral nº 139** (RE 590.260, j. 24/06/2009). Nesse julgamento, o STF fixou a tese segundo a qual *"os servidores que ingressaram no serviço público antes da EC 41/2003, mas que se aposentaram após a referida emenda, possuem direito à paridade remuneratória e à integralidade no cálculo de seus proventos, desde que observadas as regras de transição especificadas nos arts. 2º e 3º da EC 47/2005"*.

Nesse precedente, o STF também deixou claro que os servidores inativos que se aposentaram com paridade de proventos possuem direito a receberem, na sua aposentadoria, as gratificações que sejam criadas com caráter genérico e sejam pagas indistintamente a todos os servidores da mesma categoria que se encontrem em atividade. Isso porque uma gratificação com essas características representa, na verdade, um aumento remuneratório disfarçado, e, em se tratando de aumento de remuneração, ele deve ser estendido aos inativos que tenham direito à paridade no reajuste dos proventos.

Nas exatas palavras da Corte, *"estende-se aos servidores inativos a gratificação extensiva, em caráter genérico, a todos os servidores em atividade, independentemente da natureza da função exercida ou do local onde o serviço é prestado (art. 40, § 8º, da Constituição)"*.

Esse mesmo entendimento também foi adotado pelo STF no **Tema de Repercussão Geral nº 156** (RE 596962, j. 21/08/2014), no qual foi novamente afirmado pela Corte que as aposentadorias concedidas após a EC 41/03 só podem ser pagas com integralidade e paridade se atenderem as regras de transição das ECs 41/03 ou 47/05. **A tese fixada nesse julgamento foi a seguinte:**

> "**I** - As vantagens remuneratórias legítimas e de caráter geral conferidas a determinada categoria, carreira ou, indistintamente, a servidores públicos, **por serem vantagens genéricas, são extensíveis aos servidores inativos e pensionistas**;
>
> **II** - Nesses casos, a extensão alcança os servidores que tenham ingressado no serviço público antes da publicação das Emendas Constitucionais 20/1998 e 41/2003 e **se aposentado ou adquirido o direito à aposentadoria antes da EC 41/2003**;
>
> **III** - Com relação àqueles servidores que se aposentaram após a EC 41/2003, deverão ser observados os **requisitos estabelecidos na regra de transição contida no seu art. 7º**, em virtude da extinção da paridade integral entre ativos e inativos contida no art. 40, § 8º, da CF para os servidores que ingressaram no serviço público após a publicação da referida emenda;
>
> **IV** - Por fim, com relação aos servidores que ingressaram no serviço público antes da EC 41/2003 e se aposentaram ou adquiriram o direito à aposentadoria após a sua edição, é necessário observar a **incidência das regras de transição fixadas pela EC 47/2005**, a qual estabeleceu efeitos retroativos à data de vigência da EC 41/2003, conforme decidido nos autos do RE 590.260/SP, Plenário, Rel. MIN. RICARDO LEWANDOWSKI, julgado em 24/6/2009."

1.2. Servidor aposentado com paridade e reestruturação da carreira

Imagine o caso de um servidor que se aposentou (antes ou depois da EC 41/03) com direito à paridade de reajustes dos proventos e, quando já aposentado, sua carreira foi reestruturada, ganhando novas classes, às quais foram atribuídos novos padrões remuneratórios. O que acontece com esse servidor aposentado? Deve ser automaticamente remanejado de acordo com a nova estrutura da carreira?

Sabemos que, se o servidor foi aposentado sem paridade (e sem integralidade), a reestruturação da carreira é irrelevante, pois seus proventos serão reajustados de acordo com algum índice previsto na lei do respectivo ente federativo.

Porém, a situação muda no caso do servidor aposentado com paridade (e integralidade), pois os seus proventos correspondem à própria remuneração do cargo no qual se aposentou, sendo eles reajustados sempre que os vencimentos do cargo sofrerem modificação, de modo que há, para ele, grande interesse em eventual reestruturação da carreira.

Em relação a essa questão, primeiramente é importante notar que o servidor aposentado, tenha ele direito à paridade ou não, não pode se opor a eventuais reestruturações da sua carreira, pois, segundo a jurisprudência pacificada do Supremo Tribunal Federal, servidor público não possui direito adquirido a regime jurídico (isto é, ele não possui direito a que as normas do seu estatuto que estavam em vigor no momento do seu ingresso na carreira se mantenham inalteradas). Ele tem direito, tão somente, à irredutibilidade do montante global da sua remuneração (direito esse assegurado pelo art. 37, XV, da CF/88, que prevê a irredutibilidade remuneratória dos servidores públicos). Assim, desde que não haja redução do valor total da remuneração do servidor (ativo ou aposentado, com paridade ou não), a lei pode alterar o regime jurídico da carreira, modificando o escalonamento de classes, a composição da remuneração etc. Existem diversos precedentes do STF nesse sentido, sendo possível citar como exemplo a **ADPF 495 AgR**, julgada em 09/05/2023.

Ocorre, porém, que, quando uma carreira é reestruturada e ganha novo escalonamento de classes, os servidores que se encontram em atividade são reenquadrados em alguma dessas novas classes de acordo com critérios definidos na lei que reestruturou a carreira. E é fato que os servidores aposentados (assim como os ainda em atividade) não podem se opor a essas alterações, porém, se tiverem sido aposentados com paridade, eles têm direito ao mesmo reenquadramento (e à consequente alteração do valor dos seus proventos) aplicado aos servidores que se encontram em atividade, de acordo com as mesmas regras aplicáveis a estes últimos.

Mas, considerando que os servidores inativos não mais se encontram em atividade, como deve ser verificado o atendimento, por eles, dos requisitos legais para o reenquadramento nas novas classes da carreira?

Esses requisitos devem ser verificados a partir da consideração da vida funcional do servidor até o momento da sua aposentadoria. Em outras palavras: deve-se analisar quais **condições objetivas** o servidor aposentado reuniu até o momento em que se aposentou e, a partir disso, realizar o seu reenquadramento de acordo com os requisitos (de caráter objetivo) que a nova lei estabeleceu para realocar os servidores ativos nas diferentes classes da carreira.

Para que a questão fique melhor compreendida, considere o seguinte exemplo: um determinado servidor que possuía o título de mestre em direito aposentou-se com direito à paridade no último nível da sua carreira. Após a sua aposentadoria, uma lei reestruturou a carreira, criando dois novos níveis e reservando o último nível apenas para os servidores que fossem pós-graduados. Considerando que esse servidor, ao se aposentar, já era mestre em direito, ele deverá ser reenquadrado no último nível da nova carreira. Esse reenquadramento, porém, não ocorreria se o seu mestrado tivesse sido concluído após a sua passagem para a inatividade.

Inclusive, a jurisprudência do Supremo Tribunal Federal se firmou exatamente nesse sentido, como é possível perceber nos seguintes precedentes:

> "(...) **Servidor público aposentado antes do advento da EC 41/03**, a qual modificou a redação do art. 40, § 8º, da CF/88. **Reestruturação da carreira.** Reclassificação. **Observância dos critérios objetivos aplicados aos servidores em atividade.** Precedentes. 1. É pacífica a jurisprudência da Corte de que **não há direito adquirido a regime jurídico, desde que mantida a irredutibilidade dos vencimentos.** Dessa forma, **o servidor aposentado na última classe não tem o direito subjetivo de ser reenquadrado na última classe da nova carreira reestruturada por lei superveniente.** 2. O Plenário da Corte, no julgamento do RE nº 606.199/PR-RG, Relator o Ministro Teori Zavascki, embora tenha reafirmado esse entendimento, **ressalvou a situação daqueles servidores que passaram à inatividade antes do advento da EC 41/03, uma vez que a eles foi garantida a regra da paridade, de modo que, na reclassificação, lhes sejam aplicadas as regras objetivas dirigidas aos servidores em atividade.** (...)"
>
> **(RE 900759 AgR, Segunda Turma, Rel. Min. DIAS TOFFOLI, j. 15/03/2016)**
>
> "(...) EXTENSÃO, A SERVIDORES APOSENTADOS, DE VANTAGENS CONCEDIDAS A SERVIDORES ATIVOS. **REESTRUTURAÇÃO DE CARREIRA.** ARTIGO 40, § 8º, DA CONSTITUIÇÃO (REDAÇÃO ANTERIOR À EC 41/03). **INEXISTÊNCIA DE DIREITO ADQUIRIDO A REGIME JURÍDICO.** PECULIARIDADES DA REESTRUTURAÇÃO DA CARREIRA DECORRENTE DA LEI 13.666/02 DO ESTADO DO PARANÁ. RECURSO EXTRAORDINÁRIO PARCIALMENTE PROVIDO. 1. Segundo a jurisprudência firmada em ambas as Turmas do STF, **não há direito adquirido a regime jurídico. Assim, desde que mantida a irredutibilidade, não tem o servidor inativo, embora aposentado na última classe da carreira anterior, o direito de perceber proventos correspondentes aos da última classe da nova carreira, reestruturada por lei superveniente.** Precedentes. 2. Todavia, relativamente à reestruturação da carreira disciplinada pela Lei 13.666/02, do Estado do Paraná, **assegura-se aos servidores inativos, com base no artigo 40, § 8º, da Constituição Federal (redação anterior à da EC 41/03), o direito de ter seus proventos ajustados, em condições semelhantes aos servidores da ativa, com base nos requisitos objetivos decorrentes do tempo de serviço e da titulação, aferíveis até a data da inativação.** (...)"
>
> **(RE 606199, Tema de Repercussão Geral 439, Pleno, Rel. Min. TEORI ZAVASCKI, j. 09/10/2013)**

É importante registrar que a linha de raciocínio que vimos acima também se aplica para situações de transposição e de transformação de cargos, não se limitando unicamente a cenários de reestruturação de carreira.

Como assim?

Imagine que um determinado cargo da Administração Pública seja substituído por outro cargo com atribuições semelhantes e que esse novo cargo seja integrante de uma nova carreira. Nesse caso, o que acontece com os servidores que já se encontravam aposentados COM PARIDADE no cargo "extinto"?

O Supremo Tribunal Federal já se manifestou sobre esse tema e decidiu que, se o servidor se aposentou com direito à paridade e, depois da sua aposentadoria, foi aprovada uma lei prevendo a transposição do seu cargo para outro cargo e até mesmo a transformação do seu cargo em um novo cargo, esse servidor (aposentado com paridade) tem direito à transposição e/ou à transformação para o novo cargo, desde que preencha os requisitos exigidos pela lei que estabeleceu a transposição e/ou transformação.

Isso aconteceu no **Tema de Repercussão Geral nº 553 (RE 682934, j. 27/11/2023).**

O contexto fático desse julgamento foi o seguinte: no âmbito federal, a Lei 9.028/95 realizou a transposição dos cargos de assistente jurídico da Administração Direta (da União) para a carreira de assistente jurídico da Advocacia-Geral da União. Isso porque, antes da criação da AGU, diversas funções de advocacia pública eram exercidas pelos assistentes jurídicos espalhados pelos diversos órgãos da Administração federal e, com a criação da AGU, essas funções passaram a se concentrar nela (na AGU), de modo que foi feita a opção política de, por meio da Lei 9.028/95, transpor os cargos (espalhados) de assistente jurídico da Administração Direta para a carreira de assistente jurídico da AGU.

Essa transposição foi prevista nos **arts. 19 e 19-A da Lei 9.028/95**, que estabeleceram respectivamente que *"são transpostos para as carreiras da Advocacia-Geral da União os atuais cargos efetivos de Subprocurador-Geral da Fazenda Nacional e Procurador da Fazenda Nacional, como os de Assistente Jurídico da Administração Federal direta"* **(art. 19)** e que *"são transpostos, para a Carreira de Assistente Jurídico da Advocacia-Geral da União, os atuais cargos efetivos da Administração Federal direta, privativos de bacharel em Direito, cujas atribuições, fixadas em ato normativo hábil, tenham conteúdo* *eminentemente jurídico e correspondam àquelas de assistência fixadas aos cargos da referida Carreira, ou as abranjam"* **(art. 19-A)**.

Posteriormente, **a Lei 10.549/02 transformou o cargo de assistente jurídico da AGU no cargo de Advogado da União**. Isso foi determinado pelo art. 19 dessa lei, segundo o qual *"são transformados em cargos de Advogado da União, da respectiva Carreira da Advocacia-Geral da União, os cargos efetivos, vagos e ocupados, da Carreira de Assistente Jurídico, da Advocacia-Geral da União"*.

Portanto, no cenário tratado no Tema de Repercussão Geral nº 553, o que houve foi a transposição do cargo de assistente jurídico da Administração Direta federal para o cargo de assistente jurídico da AGU e a posterior transformação deste último cargo no cargo de Advogado da União.

E o que se discutiu nesse julgamento foi se o servidor aposentado com paridade no cargo de assistente jurídico da Administração Direta federal teria direito à transposição para o cargo de assistente jurídico da AGU e à transformação no cargo de Advogado da União.

O Supremo Tribunal Federal decidiu que sim, isto é, que o servidor que se aposentou com paridade no cargo de assistente jurídico da Administração Direta antes de ocorrerem a transposição para o cargo de assistente jurídico da AGU e a transformação para o cargo de Advogado da União tem direito a ser enquadrado como Advogado da União, desde que ele preencha os requisitos estabelecidos nas leis que realizaram as referidas transposição e transformação.

Nos exatos termos da **tese de repercussão geral** fixada pelo STF, *"desde que preenchidos os requisitos legais,* ***os servidores aposentados em cargo de Assistente Jurídico da Administração Direta antes do advento da Lei nº 9.028/95 possuem o direito à transposição ao cargo de Assistente Jurídico do quadro da Advocacia-Geral da União, transformado no cargo de Advogado da União pela Lei nº 10.549/02,*** *com o apostilamento dessa denominação ao título de inatividade"*.

2. FORMA DE CÁLCULO DOS PROVENTOS DE APOSENTADORIA APÓS A EC 103/2019

A EC 103/2019, ao menos como regra, manteve a extinção da paridade e da integralidade realizada pela EC 41/03, mas **trouxe uma nova forma de calcular os proventos.** Ou seja, a forma de cálculo dos proventos de aposentadoria estabelecida pela EC 41/03 não mais se aplica como regra após a EC 103/2019.

Vimos que, a partir da EC 41/03, os proventos integrais deixaram de corresponder à integralidade da remuneração que o servidor recebia antes de se aposentar e passaram a ser calculados pela média aritmética das 80% maiores bases de cálculo das contribuições pagas pelo servidor ao longo da sua vida contributiva. Os proventos proporcionais, por sua vez, nada mais eram do que uma parcela (proporcional ao tempo de contribuição do servidor) desses proventos integrais.

Isso mudou com a EC 103/2019. Hoje, a Constituição Federal não mais fala em proventos integrais e proventos proporcionais.

A partir da EC 103/2019, cada ente federado (isto é, cada Estado, cada Município, o Distrito Federal e a União) deve editar lei própria disciplinando a nova forma de calcular os proventos de aposentadoria. Isso é o que determina o § 3º do art. 40 da CF/88 com a redação dada pela EC 103/2019. Veja:

> "**Art. 40, § 3º, CF/88.** As regras para cálculo de proventos de aposentadoria serão disciplinadas em **lei do respectivo ente federativo**."

Mas o que ocorre se o ente federado não editar a nova lei estabelecendo a nova forma de calcular as aposentadorias dos seus servidores?

Em se tratando de Estado, do Distrito Federal ou de Município, enquanto não for editada a nova lei sobre a forma de cálculo das aposentadorias, continuarão sendo aplicadas as normas que disciplinavam a questão antes da EC 103/2019, conforme estabelece a própria Emenda, no seu art. 10, § 7º, que tem o seguinte teor:

> "**Art. 10, § 7º, EC 103/2019.** Aplicam-se às aposentadorias dos servidores dos Estados, do Distrito Federal e dos Municípios **as normas constitucionais e infraconstitucionais anteriores à data de entrada em vigor desta Emenda Constitucional**, enquanto não promovidas alterações na legislação interna relacionada ao respectivo regime próprio de previdência social."

Por outro lado, se a omissão em editar a lei disciplinando a nova forma de cálculo dos proventos de aposentadoria no RPPS for da União, a solução para isso não será aplicar as normas que eram aplicáveis antes da EC 103/2019.

Isso porque, especificamente em relação à União, a própria EC 103/2019 já estabeleceu as regras que devem ser aplicadas para disciplinar o cálculo dos proventos de aposentadoria dos servidores públicos enquanto não for editada a nova lei tratando da questão.

Isso foi estabelecido no art. 26 da EC 103/2019. Segundo esse dispositivo, enquanto não for editada uma nova lei sobre o tema no âmbito da União, os proventos de aposentadoria serão calculados a partir da **média**

aritmética de todas as bases de cálculo das contribuições pagas pelo servidor durante a sua vida contributiva, excluindo-se desse cálculo apenas os períodos anteriores a julho de 1994.

Note que, segundo o art. 26 da EC 103/2019, os proventos serão calculados "a partir da média aritmética", o que não significa que eles necessariamente corresponderão a essa média (como veremos abaixo). Além disso, perceba que agora a média aritmética não é mais apurada considerando apenas as 80% maiores bases de cálculo das contribuições pagas ao longo da vida contributiva do servidor (como ocorria antes da EC 103/2019, conforme estudamos), mas sim considerando todas as bases de cálculo das contribuições que foram pagas por ele.

Com a EC 103/2019, portanto, os proventos no âmbito do regime próprio de previdência da União passaram a ser calculados a partir da média aritmética das bases de cálculo de todas as contribuições pagas pelo servidor ao longo da sua vida contributiva. Mas, como vimos acima, isso não significa que o valor dos proventos de aposentadoria será necessariamente o valor dessa média.

Na verdade, o valor dos proventos corresponderá ao percentual da média aritmética ao qual o servidor tiver direito de acordo com as regras estabelecidas na EC 103/2019.

É que a EC 103/2019 estabeleceu, no seu art. 26, uma gradação, partindo de 60% (sessenta por cento) da média aritmética apurada nos termos que vimos acima, podendo chegar ao máximo de 100% (cem por cento) dessa média. O que definirá se o valor dos proventos corresponderá ao mínimo (60% da média) ou a mais do que isso será o tempo de contribuição do servidor.

Se o servidor contribuiu tão somente por 20 anos ou menos, os seus proventos corresponderão tão somente a 60% da média aritmética das bases de cálculo das contribuições pagas por ele. E, a partir desse patamar mínimo, acrescentam-se dois pontos percentuais a cada ano de contribuição que supere 20 (vinte) anos, até atingir o máximo de 100% da média aritmética, o que ocorre aos 40 (quarenta) anos de contribuição.

Como se pode perceber, o valor dos proventos de aposentadoria não será inferior a 60% (sessenta por cento) da média aritmética do servidor, mas, para ser superior a esse patamar (isto é, para superar os 60% da média aritmética), é necessário que o servidor tenha mais de 20 (vinte) anos de contribuição.

E, nos termos do § 6º do art. 26 da EC 103/2019, o servidor poderá excluir do cálculo dos seus proventos de aposentadoria as bases de cálculo das contribuições que acarretarem uma média aritmética menor do que aquela que seria obtida sem elas, desde que seja observado o tempo mínimo de contribuição exigido. Mas esse tempo excluído do cálculo não poderá ser utilizado para nenhuma outra finalidade, nem mesmo para fins de contagem recíproca de tempo de contribuição no RGPS ou na previdência militar. Enfim, é uma regra que dá preferência ao cálculo mais favorável ao servidor, mas que não permite que o tempo de contribuição descartado seja utilizado para obter outras vantagens.

Essas regras que vimos acima são aplicáveis aos servidores (federais) que se aposentam pela modalidade aposentadoria voluntária (que é a aposentadoria "comum"). Logo, se eles possuírem 40 (quarenta) anos de contribuição (além da idade exigida), receberão a totalidade da média aritmética obtida, mas, se possuírem menos de 40 (quarenta) e mais de 20 (vinte) anos de contribuição, receberão um valor inferior à totalidade da média aritmética obtida, mas, no mínimo, 60% (sessenta por cento) dela.

Se utilizarmos a nomenclatura que era empregada pela CF/88 antes da EC 103/2019, podemos dizer que, a partir dessa emenda, o servidor (federal) que se aposenta voluntariamente com menos de 40 (quarenta) anos de contribuição recebe proventos "proporcionais" (pois inferiores a 100% da média aritmética), enquanto o que se aposenta com 40 (quarenta) anos de contribuição (ou mais) recebe proventos "integrais" (já que correspondentes a 100% da média aritmética).

Note que, nos termos do art. 26, § 2º, da EC 103/2019, essa gradação de 60% a 100% da média aritmética se aplica aos servidores (federais) que se aposentarem voluntariamente e não forem contemplados com alguma "regra de transição" que lhes assegure proventos mais benéficos, bem como aos que se aposentarem por invalidez sem direito a proventos "integrais".

Em relação aos servidores que se aposentarem por invalidez com direito a proventos "integrais", os seus proventos corresponderão à totalidade da média aritmética obtida (art. 26, § 3º, EC 103/2019). Isso será melhor estudado no tópico sobre essa espécie de aposentadoria.

Já os servidores (federais) aposentados compulsoriamente possuem uma regra própria de cálculo dos proventos, a qual está prevista no § 4º do art. 26 da EC 103/2019.

Segundo esse dispositivo, para se apurar o valor dos proventos do servidor (federal) aposentado compulsoriamente, será calculada a sua média aritmética e será apurado se o servidor tem direito a 60% ou mais dessa média (ou seja, se ele contribuiu por mais de 20 anos ou não). O valor obtido nessa operação deve ser multiplicado por um coeficiente, o qual, por sua vez, é obtido pela divisão do tempo de contribuição do servidor por 20 (vinte), e não pode ser superior a 01 (um).

Portanto, a fórmula para calcular os proventos na aposentadoria compulsória nada mais é do que a multiplicação do valor dos proventos a que o servidor teria direito se fosse se aposentar voluntariamente pelo coeficiente resultante da divisão do seu tempo de contribuição por 20 (coeficiente esse que – repita-se – não pode ser superior a um).

Veja alguns exemplos para compreender melhor:

a) **Exemplo 1**: um servidor, ao atingir a idade limite para a aposentadoria compulsória, possui 15 anos de contribuição. Nesse caso, o seu coeficiente será 0,75, pois esse é o resultado da divisão de 15 por 20. Como ele não possui mais de 20 anos de contribuição, os seus proventos, caso se aposentasse voluntariamente, corresponderiam a 60% da média aritmética das bases de cálculo das suas contribuições. Multiplicando-se esse valor pelo coeficiente de 0,75, chega-se ao valor final dos proventos devidos: 45% da média aritmética das bases de cálculo das contribuições pagas pelo servidor.

b) **Exemplo 2**: um servidor, ao atingir a idade limite para a aposentadoria compulsória, possui 20 anos de contribuição. Nesse caso, o seu coeficiente será 1,00 (um), pois esse é o resultado da divisão de 20 por 20. Como ele não possui mais de 20 anos de contribuição, os seus proventos, caso se aposentasse voluntariamente, corresponderiam a 60% da média aritmética das bases de cálculo das suas contribuições. Multiplicando-se esse valor pelo coeficiente 1,00 (um), chega-se ao valor final dos proventos devidos: 60% da média aritmética das bases de cálculo das contribuições pagas pelo servidor.

c) **Exemplo 3**: um servidor, ao atingir a idade limite para a aposentadoria compulsória, possui 23 anos de contribuição. Nesse caso, o seu coeficiente será 1,00 (um), pois a divisão de 23 por 20 resulta em um número superior a 1,00 (um), mas 1,00 (um) é o valor máximo permitido pela EC 103/19. Como o servidor nesse caso possui 03 (três) anos acima de 20 anos de contribuição, os seus proventos, caso se aposentasse voluntariamente, corresponderiam a 66% da média aritmética das bases de cálculo das suas contribuições. Multiplicando-se esse valor pelo coeficiente 1,00 (um), chega-se ao valor final dos proventos devidos: 66% da média aritmética das bases de cálculo das contribuições pagas pelo servidor.

Como se pode perceber, se o servidor (federal) for aposentado compulsoriamente e houver contribuído por menos de 20 (vinte) anos, receberá proventos inferiores aos proventos "proporcionais" a que teria direito se pudesse se aposentar voluntariamente. Porém, a própria EC 103/2019, no art. 26, § 4º, permite que o servidor, em vez de ser aposentado compulsoriamente, opte pela aposentadoria voluntária, se esta última lhe for mais favorável e ele preencher os requisitos necessários para obtê-la.

É necessário, ainda, fazer uma observação importante: nos termos do art. 26, § 1º, da EC 103/2019, caso o servidor (federal) tenha ingressado no serviço público após a instituição do regime de previdência complementar (que foi criado no âmbito da União pela Lei nº 12.618/2012) ou, mesmo havendo ingressado antes dessa data, tenha optado por se vincular a esse novo regime previdenciário, a média aritmética das bases de cálculo das suas contribuições fica limitada ao "teto do RGPS". Essa regra é bastante lógica, pois, quando o ente federativo institui regime de previdência complementar para os seus servidores, o valor das aposentadorias pagas por ele fica limitado o valor máximo dos benefícios pagos pelo RGPS (isso será melhor estudado em tópico específico).

Confira agora o teor do art. 26 da EC 103/2019, que estabelece (para o âmbito federal) as regras de cálculo dos proventos de aposentadoria que vimos acima:

> "**Art. 26, EC 103/2019.** Até que lei discipline o cálculo dos benefícios do regime próprio de previdência social da União e do Regime Geral de Previdência Social, será utilizada a média aritmética simples dos salários de contribuição e das remunerações adotados como base para contribuições a regime próprio de previdência social e ao Regime Geral de Previdência Social, ou como base para contribuições decorrentes das atividades militares de que tratam os arts. 42 e 142 da Constituição Federal, atualizados monetariamente, correspondentes a 100% (cem por cento) do período contributivo desde a competência julho de 1994 ou desde o início da contribuição, se posterior àquela competência.
>
> **§ 1º** A média a que se refere o caput será limitada ao valor máximo do salário de contribuição do Regime Geral de Previdência Social para os segurados desse regime e para o servidor que ingressou no serviço público em cargo efetivo após a implantação do regime de previdência complementar ou que tenha exercido a opção correspondente, nos termos do disposto nos §§ 14 a 16 do art. 40 da Constituição Federal.
>
> **§ 2º** O valor do benefício de aposentadoria corresponderá a 60% (sessenta por cento) da média aritmética definida na forma prevista no caput e no § 1º, com acréscimo de 2 (dois) pontos percentuais para cada ano de contribuição que exceder o tempo de 20 (vinte) anos de contribuição nos casos:
>
> I - do inciso II do § 6º do art. 4º, do § 4º do art. 15, do § 3º do art. 16 e do § 2º do art. 18;
>
> II - do § 4º do art. 10, ressalvado o disposto no inciso II do § 3º e no § 4º deste artigo;

> III - de aposentadoria por incapacidade permanente aos segurados do Regime Geral de Previdência Social, ressalvado o disposto no inciso II do § 3º deste artigo; e
>
> IV - do § 2º do art. 19 e do § 2º do art. 21, ressalvado o disposto no § 5º deste artigo.
>
> **§ 3º** O valor do benefício de aposentadoria corresponderá a 100% (cem por cento) da média aritmética definida na forma prevista no caput e no § 1º:
>
> I - no caso do inciso II do § 2º do art. 20;
>
> II - no caso de aposentadoria por incapacidade permanente, quando decorrer de acidente de trabalho, de doença profissional e de doença do trabalho.
>
> **§ 4º** O valor do benefício da aposentadoria de que trata o inciso III do § 1º do art. 10 corresponderá ao resultado do tempo de contribuição dividido por 20 (vinte) anos, limitado a um inteiro, multiplicado pelo valor apurado na forma do caput do § 2º deste artigo, ressalvado o caso de cumprimento de critérios de acesso para aposentadoria voluntária que resulte em situação mais favorável.
>
> **§ 5º** O acréscimo a que se refere o caput do § 2º será aplicado para cada ano que exceder 15 (quinze) anos de tempo de contribuição para os segurados de que tratam a alínea "a" do inciso I do § 1º do art. 19 e o inciso I do art. 21 e para as mulheres filiadas ao Regime Geral de Previdência Social.
>
> **§ 6º** Poderão ser excluídas da média as contribuições que resultem em redução do valor do benefício, desde que mantido o tempo mínimo de contribuição exigido, vedada a utilização do tempo excluído para qualquer finalidade, inclusive para o acréscimo a que se referem os §§ 2º e 5º, para a averbação em outro regime previdenciário ou para a obtenção dos proventos de inatividade das atividades de que tratam os arts. 42 e 142 da Constituição Federal.
>
> **§ 7º** Os benefícios calculados nos termos do disposto neste artigo serão reajustados nos termos estabelecidos para o Regime Geral de Previdência Social."

Por fim, é necessário abordar o § 2º do art. 40 da CF/88 na redação dada pela EC 103/2019.

Como vimos, esse dispositivo, na versão estabelecida pela EC 20/98, determinava que o valor dos proventos de aposentadoria (e de pensão) no RPPS não poderia ser superior ao valor da remuneração recebida pelo servidor imediatamente antes de se aposentar.

Agora, com a EC 103/2019, o art. 40, § 2º, da CF/88 teve a sua redação alterada e passou a conter disposições ligeiramente distintas das contidas na versão anterior do dispositivo.

Agora, o art. 40, § 2º, da CF/88 estabelece que os proventos de aposentadoria (e de pensão) no RPPS:

I) Não podem ser inferiores ao salário mínimo (na verdade, o art. 40, § 2º, da CF/88 determina que os proventos de aposentadoria não podem ser inferiores ao valor mencionado no art. 201, § 2º, da CF/88, mas este último dispositivo prevê que, no RGPS, os benefícios que substituem a remuneração não podem ser inferiores ao salário mínimo); e

II) Não podem ser superiores ao valor máximo dos benefícios pagos pelo RGPS (o chamado "teto do RGPS").

Portanto, desde a EC 103/2019, os proventos de aposentadoria no RPPS não podem ter valor menor do que o salário mínimo nem maior do que o "teto do RGPS".

Veja o teor do art. 40, § 2º, da CF/88 (na redação dada pela EC 103/2019):

> "**Art. 40, CF/88.**
>
> (...)
>
> **§ 2º** Os proventos de aposentadoria **não poderão ser inferiores ao valor mínimo a que se refere o § 2º do art. 201 ou superiores ao limite máximo estabelecido para o Regime Geral de Previdência Social**, observado o disposto nos §§ 14 a 16. ***(Redação dada pela EC 103/19)***
>
> (...)"
>
> "**Art. 201, § 2º, CF/88.** Nenhum benefício que substitua o salário de contribuição ou o rendimento do trabalho do segurado terá valor mensal inferior ao salário mínimo."

Mas perceba o seguinte: o motivo de a EC 103/2019 ter alterado o art. 40, § 2º, da CF/88 para nele estabelecer o "teto do RGPS" como o limite máximo do valor das aposentadorias (e pensões) no RPPS é o fato de que essa emenda determinou que a instituição do regime de previdência complementar em todos os entes federados passou a ser obrigatória (conforme estudaremos no capítulo sobre previdência complementar dos servidores públicos).

Assim, considerando que, quando há regime de previdência complementar no ente federado, os benefícios pagos pelo RPPS ficam limitados ao máximo pago pelo RGPS, é natural que, com a EC 103/2019, o art. 40, § 2º, da CF/88 tenha passado a prever que os proventos de aposentadoria (e de pensão) no regime próprio de previdência não podem ultrapassar o "teto do RGPS".

No entanto, mesmo após a EC 103/2019, ainda há servidores que se aposentarão de acordo com as regras anteriores a essa emenda, seja porque já possuíam direito adquirido a se aposentar antes dela, seja porque conseguiram se enquadrar em alguma "regra de transição" que assegurou o cálculo dos proventos pelas regras anteriores. Para esses servidores, a conclusão que parece ser a mais acertada é a de que continua aplicável a redação do art. 40, § 2º, da CF/88 anterior à EC 103/2019, de modo que os seus proventos iniciais de aposentadoria ficam limitados ao valor da remuneração que recebiam logo antes de se aposentar (e não ao teto do RGPS). Isso porque, nesses casos, a aposentadoria é concedida nos termos das regras anteriores à EC 103/2019, e uma dessas regras é justamente a que limita o valor do benefício ao montante da remuneração paga ao servidor no momento da sua passagem para a inatividade.

Essa é a situação dos servidores que, após a EC 103/2019, serão aposentados pelas normas anteriores à Emenda.

E quanto aos servidores que se aposentarão nos termos das normas trazidas pela EC 103/2019? Considerando a atual redação do art. 40, § 2º, da CF/88, podem esses servidores receber aposentadoria de valor inicial superior ao da remuneração que recebiam antes da passagem para a inatividade?

Como vimos, a partir da EC 103/2019, o art. 40, § 2º, da CF/88 deixou de limitar o valor inicial da aposentadoria ao valor da remuneração que o servidor recebia antes de se aposentar. Atualmente, esse dispositivo limita o valor inicial dos proventos de aposentadoria no RPPS tão somente ao teto do RGPS, e, como vimos, isso se deve ao fato de que passou a ser obrigação dos entes federados instituir regime de previdência complementar para os seus servidores.

Porém, imaginemos a situação de um servidor que é submetido ao regime de previdência complementar, que se aposentará nos termos das regras trazidas pela EC 103/2019 e que possui remuneração inferior ao teto do RGPS. Poderia ele receber aposentadoria de valor inicial superior ao da sua última remuneração, desde que não supere o teto do RGPS?

Da mesma forma, um servidor que venha a se aposentar também nos termos das regras trazidas pela EC 103/2019, mas sem estar submetido a regime de previdência complementar (em virtude de ter ingressado no serviço público antes da instituição desse regime pelo ente federado), pode receber aposentadoria de valor inicial superior ao teto do RGPS e, além disso, superior à própria remuneração que lhe era paga antes de se aposentar?

Para as duas perguntas, a resposta parece ser positiva, embora ainda não tenha havido manifestação do STJ ou do STF sobre o tema.

Isso porque, com a EC 103/2019, a CF/88 (em seu art. 40, § 2º) deixou de prever que a última remuneração do servidor funciona, no RPPS, como limitador máximo do valor inicial da aposentadoria. Logo, não mais existe, desde a referida emenda, impedimento a que o servidor, ao se aposentar, receba aposentadoria com valor inicial superior ao da sua última remuneração, desde que, evidentemente, respeitado o teto do RGPS quando o servidor é submetido a regime de previdência complementar.

Esse entendimento é defendido, por exemplo, por Frederico Amado, além de ser adotado no âmbito do RPPS da União, encontrando-se previsto expressamente em norma federal (editada pelo então existente Ministério da Economia), mais precisamente, na **Portaria SGP/SEDGG/ME nº 10.360, de 6 de dezembro 2022.**

Nos termos do art. 72, § 16, dessa portaria, *"o valor dos proventos iniciais calculados conforme este artigo* ***pode ser superior à remuneração ou subsídio do cargo efetivo em que se der a aposentadoria****, ressalvado o servidor submetido ao Regime de Previdência Complementar de que trata a Lei nº 12.618, de 30 de abril de 2012".*

Portanto, esse parece ser o entendimento mais acertado sobre a questão, pelo menos até que haja manifestação dos tribunais (notadamente, do STJ e do STF) a seu respeito.

2.1. Regras de transição da EC 103/2019 (arts. 3º e 4º)

As regras vistas acima se aplicam aos servidores que ingressaram no serviço público após a vigência da EC 103/2019. Por outro lado, aqueles que tiveram seu vínculo iniciado antes da EC 103/2019 foram contemplados com "regras de transição", que são regras diferenciadas (e que trazem requisitos mais "gravosos" do que os exigidos no regime anterior à reforma) que, caso preenchidas, permitem que o segurado se aposente de acordo com as normas anteriores.

Primeiramente, note que, mais uma vez, essas regras de transição se aplicam apenas no âmbito federal, pois os Estados, o Distrito Federal e os Municípios deverão editar leis próprias para disciplinar a questão (e, assim, estabelecer as suas próprias "regras de transição"). Enquanto essas leis não forem editadas, continuam aplicáveis aos servidores e pensionistas desses entes federados as normas constitucionais e infraconstitucionais vigentes antes da EC 103/2019, conforme expressamente prevê o art. 4º, § 9º, dessa emenda.

Em relação às regras de transição aplicáveis aos servidores (federais) que ingressaram no serviço público antes da EC 103/2019, mas se aposentarão após essa emenda, elas contemplam **duas situações diferentes** (art. 4º, §§ 6º e 7º, EC 103/2019):

I) A dos **servidores que ingressaram no serviço público antes da EC 41/03**, os quais, caso preencham os requisitos dessas regras de transição, terão **direito à integralidade e à paridade** (art. 4º, § 6º, I, c/c § 7º, I, EC 103/2019).

II) A dos **servidores que ingressaram no serviço público após a EC 41/03 e antes da EC 103/2019**, os quais, caso preenchidos os requisitos dessas regras de transição, terão **proventos calculados "nos termos da lei" e reajustados pelos mesmos índices aplicáveis aos reajustes de benefícios pagos pelo RGPS** (art. 4º, § 6º, II, c/c § 7º, II, EC 103/2019). Embora a EC 103/2019 não deixe claro que lei é essa, trata-se, ao que tudo indica (e a menos que haja a edição de uma nova norma), da Lei 10.887/2004, que estabeleceu o cálculo pela média aritmética das 80% maiores bases de cálculo das contribuições pagas pelo servidor, conforme já estudamos.

Por fim, note que, nos termos do art. 3º da EC 103/2019, **essas regras de transição respeitam o direito adquirido**, pois elas estabelecem que os servidores que, quando da entrada em vigor da Emenda, já haviam preenchido os requisitos para se aposentar terão os seus proventos calculados de acordo com as regras então vigentes (ficando inclusive preservado o direito à integralidade e à paridade de proventos, caso preenchidos os requisitos respectivos).

Confira abaixo os dispositivos que trazem essas regras de transição (arts. 3º e 4º, EC 103/2019):

> "**Art. 3º, EC 103/2019.** A concessão de aposentadoria ao **servidor público federal** vinculado a regime próprio de previdência social e ao segurado do Regime Geral de Previdência Social e de pensão por morte aos respectivos dependentes será assegurada, a qualquer tempo, desde que tenham sido **cumpridos os requisitos para obtenção desses benefícios até a data de entrada em vigor desta Emenda Constitucional**, observados os critérios da legislação vigente na data em que foram atendidos os requisitos para a concessão da aposentadoria ou da pensão por morte.
>
> **§ 1º** Os proventos de aposentadoria devidos ao servidor público a que se refere o caput e as pensões por morte devidas aos seus dependentes serão calculados e reajustados de acordo com a legislação em vigor à época em que foram atendidos os requisitos nela estabelecidos para a concessão desses benefícios.
>
> **§ 2º** Os proventos de aposentadoria devidos ao segurado a que se refere o caput e as pensões por morte devidas aos seus dependentes serão apurados de acordo com a legislação em vigor à época em que foram atendidos os requisitos nela estabelecidos para a concessão desses benefícios.
>
> **§ 3º** Até que entre em vigor lei federal de que trata o § 19 do art. 40 da Constituição Federal, o servidor de que trata o caput que tenha cumprido

os requisitos para aposentadoria voluntária com base no disposto na alínea "a" do inciso III do § 1º do art. 40 da Constituição Federal, na redação vigente até a data de entrada em vigor desta Emenda Constitucional, no art. 2º, no § 1º do art. 3º ou no art. 6º da Emenda Constitucional nº 41, de 19 de dezembro de 2003, ou no art. 3º da Emenda Constitucional nº 47, de 5 de julho de 2005, que optar por permanecer em atividade fará jus a um abono de permanência equivalente ao valor da sua contribuição previdenciária, até completar a idade para aposentadoria compulsória.

Art. 4º, EC 103/2019. O **servidor público federal** que tenha ingressado no serviço público em cargo efetivo **até a data de entrada em vigor desta Emenda Constitucional** poderá aposentar-se voluntariamente quando preencher, cumulativamente, os seguintes requisitos:

I - 56 (cinquenta e seis) anos de idade, se mulher, e 61 (sessenta e um) anos de idade, se homem, observado o disposto no § 1º;

II - 30 (trinta) anos de contribuição, se mulher, e 35 (trinta e cinco) anos de contribuição, se homem;

III - 20 (vinte) anos de efetivo exercício no serviço público;

IV - 5 (cinco) anos no cargo efetivo em que se der a aposentadoria; e

V - somatório da idade e do tempo de contribuição, incluídas as frações, equivalente a 86 (oitenta e seis) pontos, se mulher, e 96 (noventa e seis) pontos, se homem, observado o disposto nos §§ 2º e 3º.

§ 1º A partir de 1º de janeiro de 2022, a idade mínima a que se refere o inciso I do caput será de 57 (cinquenta e sete) anos de idade, se mulher, e 62 (sessenta e dois) anos de idade, se homem.

§ 2º A partir de 1º de janeiro de 2020, a pontuação a que se refere o inciso V do caput será acrescida a cada ano de 1 (um) ponto, até atingir o limite de 100 (cem) pontos, se mulher, e de 105 (cento e cinco) pontos, se homem.

§ 3º A idade e o tempo de contribuição serão apurados em dias para o cálculo do somatório de pontos a que se referem o inciso V do caput e o § 2º.

§ 4º Para o titular do cargo de professor que comprovar exclusivamente tempo de efetivo exercício das funções de magistério na educação infantil e no ensino fundamental e médio, os requisitos de idade e de tempo de contribuição de que tratam os incisos I e II do caput serão:

I - 51 (cinquenta e um) anos de idade, se mulher, e 56 (cinquenta e seis) anos de idade, se homem;

II - 25 (vinte e cinco) anos de contribuição, se mulher, e 30 (trinta) anos de contribuição, se homem; e

III - 52 (cinquenta e dois) anos de idade, se mulher, e 57 (cinquenta e sete) anos de idade, se homem, a partir de 1º de janeiro de 2022.

§ 5º O somatório da idade e do tempo de contribuição de que trata o inciso V do caput para as pessoas a que se refere o § 4º, incluídas as frações, será de 81 (oitenta e um) pontos, se mulher, e 91 (noventa e um)

pontos, se homem, aos quais serão acrescidos, a partir de 1º de janeiro de 2020, 1 (um) ponto a cada ano, até atingir o limite de 92 (noventa e dois) pontos, se mulher, e de 100 (cem) pontos, se homem.

§ 6º Os proventos das aposentadorias concedidas nos termos do disposto neste artigo corresponderão:

I - à totalidade da remuneração do servidor público no cargo efetivo em que se der a aposentadoria, observado o disposto no § 8º, para o servidor público que tenha ingressado no serviço público em cargo efetivo até 31 de dezembro de 2003 e que não tenha feito a opção de que trata o § 16 do art. 40 da Constituição Federal, desde que tenha, no mínimo, 62 (sessenta e dois) anos de idade, se mulher, e 65 (sessenta e cinco) anos de idade, se homem, ou, para os titulares do cargo de professor de que trata o § 4º, 57 (cinquenta e sete) anos de idade, se mulher, e 60 (sessenta) anos de idade, se homem;

II - ao valor apurado na forma da lei, para o servidor público não contemplado no inciso I.

§ 7º Os proventos das aposentadorias concedidas nos termos do disposto neste artigo não serão inferiores ao valor a que se refere o § 2º do art. 201 da Constituição Federal e serão reajustados:

I - de acordo com o disposto no art. 7º da Emenda Constitucional nº 41, de 19 de dezembro de 2003, se cumpridos os requisitos previstos no inciso I do § 6º; ou

II - nos termos estabelecidos para o Regime Geral de Previdência Social, na hipótese prevista no inciso II do § 6º.

§ 8º Considera-se remuneração do servidor público no cargo efetivo, para fins de cálculo dos proventos de aposentadoria com fundamento no disposto no inciso I do § 6º ou no inciso I do § 2º do art. 20, o valor constituído pelo subsídio, pelo vencimento e pelas vantagens pecuniárias permanentes do cargo, estabelecidos em lei, acrescidos dos adicionais de caráter individual e das vantagens pessoais permanentes, observados os seguintes critérios:

I - se o cargo estiver sujeito a variações na carga horária, o valor das rubricas que refletem essa variação integrará o cálculo do valor da remuneração do servidor público no cargo efetivo em que se deu a aposentadoria, considerando-se a média aritmética simples dessa carga horária proporcional ao número de anos completos de recebimento e contribuição, contínuos ou intercalados, em relação ao tempo total exigido para a aposentadoria;

II - se as vantagens pecuniárias permanentes forem variáveis por estarem vinculadas a indicadores de desempenho, produtividade ou situação similar, o valor dessas vantagens integrará o cálculo da remuneração do servidor público no cargo efetivo mediante a aplicação, sobre o valor atual de referência das vantagens pecuniárias permanentes variáveis, da média aritmética simples do indicador, proporcional ao número de anos completos de recebimento e de respectiva contribuição, contínuos ou intercalados, em relação ao tempo total exigido para a aposentadoria ou, se inferior, ao tempo total de percepção da vantagem.

§ 9º Aplicam-se às aposentadorias dos **servidores dos Estados, do Distrito Federal e dos Municípios** as normas constitucionais e infraconstitucionais **anteriores à data de entrada em vigor desta Emenda Constitucional**, enquanto não promovidas alterações na legislação interna relacionada ao respectivo regime próprio de previdência social.

§ 10. Estende-se o disposto no § 9º às normas sobre aposentadoria de servidores públicos incompatíveis com a redação atribuída por esta Emenda Constitucional aos §§ 4º, 4º-A, 4º-B e 4º-C do art. 40 da Constituição Federal."

5

APOSENTADORIAS NO REGIME PRÓPRIO DE PREVIDÊNCIA SOCIAL

1. APOSENTADORIAS ANTES DA EC 103/2019

Na previdência do funcionalismo público, há 4 (quatro) espécies de aposentadoria, todas previstas no art. 40 da CF/88, que é a norma central do regime próprio de previdência social:

I) Aposentadoria voluntária;

II) Aposentadoria compulsória;

III) Aposentadoria por invalidez;

IV) Aposentadoria especial.

Vamos analisar, nos tópicos a seguir, cada uma delas.

1.1. Aposentadoria voluntária

A aposentadoria voluntária é aquela que é concedida mediante pedido formulado pelo servidor e está prevista no **art. 40, § 1º, III, "a", da CF/88**, podendo ser de dois tipos:

a) Com **proventos integrais**; ou

b) Com **proventos proporcionais**.

A aposentadoria voluntária com **proventos integrais** é também chamada de aposentadoria **por tempo de contribuição**, pois ela exige um tempo mínimo de contribuição do servidor (além de exigir uma idade mínima). Por outro lado, a aposentadoria voluntária com **proventos proporcionais** é conhecida como **aposentadoria por idade**, pois não exige do servidor um tempo mínimo de contribuição, mas exige uma idade mínima. Na aposentadoria voluntária com proventos proporcionais, portanto, a norma permite que o servidor, desde que já tenha uma determinada idade, aposente-se sem ter atingido o tempo de contribuição necessário para ter aposentadoria integral, sendo o benefício calculado proporcionalmente, levando-se em conta quanto o servidor conseguiu contribuir.

É importante lembrar que, conforme já estudamos, para os servidores que ingressaram no serviço público após a EC 41/03, os proventos integrais correspondem à média aritmética das 80% maiores bases de cálculo das contribuições previdenciárias pagas ao longo da vida contributiva, enquanto os proventos proporcionais correspondem a uma parcela (proporcional ao tempo de contribuição) dessa média aritmética.

Veja a previsão dessa modalidade de aposentadoria no texto constitucional (na redação anterior à EC 103/2019):

> "**Art. 40, § 1º, CF/88.** Os servidores abrangidos pelo regime de previdência de que trata este artigo serão aposentados, calculados os seus proventos a partir dos valores fixados na forma dos §§ 3º e 17:
>
> I - por invalidez permanente, sendo os proventos proporcionais ao tempo de contribuição, exceto se decorrente de acidente em serviço, moléstia profissional ou doença grave, contagiosa ou incurável, na forma da lei;
>
> II - compulsoriamente, com proventos proporcionais ao tempo de contribuição, aos 70 (setenta) anos de idade, ou aos 75 (setenta e cinco) anos de idade, na forma de lei complementar;
>
> III - voluntariamente, desde que cumprido tempo mínimo de dez anos de efetivo exercício no serviço público e cinco anos no cargo efetivo em que se dará a aposentadoria, observadas as seguintes condições:
>
> a) sessenta anos de idade e trinta e cinco de contribuição, se homem, e cinqüenta e cinco anos de idade e trinta de contribuição, se mulher;
>
> b) sessenta e cinco anos de idade, se homem, e sessenta anos de idade, se mulher, com proventos proporcionais ao tempo de contribuição."

Como se pode perceber, segundo o art. 40, § 1º, III, "a", da CF/88, os **requisitos para o servidor obter aposentadoria voluntária** (no regime anterior à EC 103/2019) são:

I) Com **proventos integrais**:

a. Efetivo exercício no **serviço público pelo mínimo de 10 (dez) anos** (tanto para homem quanto para mulher);

b. **Permanência no cargo** em que ocorrer a aposentadoria pelo período **mínimo de 5 (cinco) anos** (tanto para homem quanto para mulher), podendo esses 5 (cinco) anos ser ininterruptos ou não, segundo o STF (RE 591467 AgR, j. 10/04/2012);

c. **Idade mínima de 60 (sessenta) anos** para o segurado homem **e de 55 (cinquenta e cinco) anos** para a segurada mulher; e

d. **Tempo mínimo de contribuição de 35 (trinta e cinco) anos** para o segurado homem **e de 30 (trinta) anos** para a segurada mulher.

II) Com **proventos proporcionais**:

a. Efetivo exercício no **serviço público pelo mínimo de 10 (dez) anos** (tanto para homem quanto para mulher);

b. **Permanência no cargo** em que ocorrer a aposentadoria pelo período **mínimo de 5 (cinco) anos** (tanto para homem quanto para mulher), podendo esses 5 (cinco) anos ser ininterruptos ou não, segundo o STF (RE 591467 AgR, j. 10/04/2012);

c. **Idade mínima de 65 (sessenta e cinco) anos** para o segurado homem **e de 60 (sessenta) anos** para a segurada mulher; e

d. **Não há tempo mínimo de contribuição exigido** (tanto para homem quanto para mulher).

Para facilitar a visualização e memorização dos **requisitos da aposentadoria voluntária no RPPS** (antes da EC 103/2019), confira a tabela abaixo:

COM PROVENTOS INTEGRAIS (MÉDIA ARITMÉTICA)	COM PROVENTOS PROPORCIONAIS AO TEMPO DE CONTRIBUIÇÃO
IDADE MÍNIMA: - 60 anos (homem); e - 55 anos (mulher)	**IDADE MÍNIMA:** - 65 anos (homem); e - 60 anos (mulher)
TEMPO DE CONTRIBUIÇÃO: - 35 anos (homem); e - 30 anos (mulher)	**NÃO EXIGE TEMPO MÍNIMO DE CONTRIBUIÇÃO**

REQUISITOS COMUNS AOS DOIS TIPOS DE APOSENTADORIA VOLUNTÁRIA:
- **10 anos** de efetivo exercício no serviço público (homem e mulher); e
- **5 anos** (ininterruptos ou não, segundo o STF) no cargo em que se der a aposentadoria (homem e mulher)

Por fim, é necessário registrar um importante entendimento do Supremo Tribunal Federal envolvendo a aposentadoria voluntária dos servidores públicos e a existência de processo administrativo disciplinar contra servidor que pretende se aposentar voluntariamente.

Segundo decidiu o STF (**ADI 6591**, j. 03/05/2023), é constitucional norma legal que impede a aposentadoria voluntária (ou o pedido de exoneração) de servidor que responde a processo administrativo disciplinar. Ou seja, segundo a Corte, não há inconstitucionalidade alguma na disposição legal que determina a suspensão do processo administrativo de aposentadoria voluntária do servidor público quando ele é alvo de processo administrativo disciplinar.

A Corte estabeleceu, no entanto, que, quando há demora irrazoável causada pela própria Administração na conclusão do processo disciplinar, a concessão da aposentadoria requerida pelo servidor não pode ficar impedida, devendo o benefício ser concedido. E, segundo o STF, a razoabilidade ou não da demora na conclusão do processo disciplinar deve ser verificada casuisticamente, pois é possível que, a depender das circunstâncias do caso concreto, a Administração não tenha culpa no prolongamento do procedimento (por exemplo, quando a demora se deve a eventual abuso do direito de defesa pelo próprio servidor investigado ou quando ela decorre da complexidade do caso apurado, não é possível falar em demora irrazoável e, como consequência, o impedimento à concessão da aposentadoria ao servidor permanece válido).

Esse entendimento, inclusive, segue a mesma linha de pensamento que já vinha sendo adotada pelo STF em casos anteriores nos quais a Corte decidiu que, apesar do caráter contributivo do regime próprio de previdência:

I) Não existe direito subjetivo à aposentadoria quando o servidor responde a processo disciplinar **(ARE 1092355 AgR, Segunda Turma, Rel. Min. EDSON FACHIN, j. 17/05/2019)**;

II) É válida a aplicação da penalidade de cassação de aposentadoria ao servidor aposentado em virtude de infração punível com demissão praticada enquanto no serviço ativo, devendo-se preservar tão somente o seu direito à contagem recíproca do tempo de contribuição, o que permite que busque outro benefício previdenciário, em regra, em outro regime de previdência **(RMS 34499 AgR, Primeira Turma, Rel. Min. ROBERTO BARROSO, j. 11/09/2017**, entendimento esse que também é adotado pela **Turma Nacional de Uniformização** (TNU), que no seu **Tema 233** fixou a tese segundo a qual *"o servidor público aposentado no RPPS e que sofrer pena de cassação de sua aposentadoria* ***pode utilizar o respectivo período contributivo para requerer aposentadoria no RGPS****, devidamente comprovado por meio de Certidão de Tempo de Contribuição fornecida pelo órgão público competente"*;

III) O servidor que é demitido e perde o vínculo com o serviço público não tem direito adquirido a, depois da demissão, obter aposentadoria, mesmo porque, nos termos do art. 40, "caput", da CF/88, o segurado do RPPS é o servidor público, e quem sofre pena de demissão deixa de ser servidor público **(ARE 1.153.485-AgR, Primeira Turma, Rel. Min. ROBERTO BARROSO, j. 29/04/2019)**.

1.1.1. Aposentadoria especial de professor

Os requisitos de idade e tempo de contribuição da aposentadoria voluntária sofrem uma redução de 05 (cinco) anos quando o servidor, durante toda a sua vida contributiva, ocupou o cargo de professor e exerceu **funções de magistério em estabelecimento de educação básica** (aqui é importante lembrar que, nos termos da Lei de Diretrizes e Bases da Educação Nacional - Lei 9.394/96 -, a educação básica compreende a educação infantil, o ensino fundamental e o ensino médio).

Essa redução nos requisitos de idade e tempo de contribuição para o servidor ocupante do cargo de professor caracteriza a chamada **aposentadoria especial de professor (ou aposentadoria especial docente)**, prevista no art. 40, § 5º, da CF/88. Veja o teor desse dispositivo:

> "**Art. 40, § 5º, CF/88.** Os requisitos de idade e de tempo de contribuição serão reduzidos em cinco anos, em relação ao disposto no § 1º, III, "a", para o **professor que comprove exclusivamente tempo de efetivo exercício das funções de magistério na educação infantil e no ensino fundamental e médio.**"

Como se pode extrair do art. 40, § 5º, da CF/88, a exigência constitucional para que um servidor faça jus à aposentadoria especial de professor é que ele, durante sua vida contributiva, tenha exclusivamente sido **titular de cargo efetivo de professor** e exercido funções de magistério na educação básica (que, como vimos, compreende a educação infantil, o ensino fundamental e o ensino médio).

É importante registrar que, segundo a LDB – Lei de Diretrizes e Bases da Educação Nacional (Lei nº 9.394/96), as funções de magistério para fins de aposentadoria especial de professor são apenas as que possuem caráter educativo e são exercidas dentro de estabelecimento de ensino de educação básica, de modo que, se o professor desempenhou funções meramente técnicas e/ou administrativas, ele não tem direito a se aposentar pelas regras especiais da categoria.

Isso consta do art. 67, § 2º, da LDB, que tem o seguinte teor:

> "**Art. 67, § 2º, Lei 9.394/96.** Para os efeitos do disposto no § 5º do art. 40 e no § 8º do art. 201 da Constituição Federal, são consideradas funções de magistério as exercidas por professores e especialistas em educação **no desempenho de atividades educativas, quando exercidas em estabelecimento de educação básica** em seus diversos níveis e modalidades, incluídas, além do exercício da docência, as de direção de unidade escolar e as de coordenação e assessoramento pedagógico."

Mas é importante notar que, apesar de a LDB prever que as funções de magistério podem ser exercidas por profissionais da categoria chamada especialistas em educação (que não se confunde com a categoria dos professores), o art. 40, § 5º, da CF/88 estabelece expressamente que a aposentadoria especial nele prevista se aplica apenas aos servidores ocupantes do cargo de professor.

E, justamente por isso, segundo o Supremo Tribunal Federal, os servidores que, embora façam parte do magistério, não sejam professores (isto é, não ocupem cargo efetivo de professor), mas sim integrantes da categoria denominada especialistas em educação, não têm direito à aposentadoria especial de professor.

No entanto, não é indispensável que o servidor professor, para ser contemplado com a redução nos requisitos de idade e tempo de contribuição, tenha trabalhado sempre dentro de sala de aula (ministrando aulas). A aposentadoria especial docente é assegurada também aos titulares de cargo efetivo de professor que tenham exercido outras funções de magistério fora de sala de aula (como direção de escola, coordenação e assessoramento pedagógico), desde que, em qualquer desses casos, **as funções tenham sido exercidas dentro de um estabelecimento de educação básica** (em outras palavras, dentro dos muros da escola).

Isso foi afirmado pelo Supremo Tribunal Federal em mais de uma oportunidade, tendo a Corte decidido nesse sentido tanto no controle concentrado de constitucionalidade **(ADI 3772)** quanto no controle difuso **(Tema de Repercussão Geral nº 965)**. Veja:

> "(...) CARREIRA DE MAGISTÉRIO. APOSENTADORIA ESPECIAL PARA OS EXERCENTES DE FUNÇÕES DE DIREÇÃO, COORDENAÇÃO E ASSESSORAMENTO PEDAGÓGICO. ALEGADA OFENSA AOS ARTS. 40, § 5º, E 201, § 8º, DA CONSTITUIÇÃO FEDERAL. INOCORRÊNCIA. (...) I - A função de magistério não se circunscreve apenas ao trabalho em sala de aula, abrangendo também a preparação de aulas, a correção de provas, o atendimento aos pais e alunos, a coordenação e o assessoramento pedagógico e, ainda, a direção de unidade escolar. **II - As funções de direção, coordenação e assessoramento pedagógico integram a carreira do magistério, desde que exercidos, em estabelecimentos de ensino básico, por professores de carreira, excluídos os especialistas em educação, fazendo jus aqueles que as desempenham ao regime especial de aposentadoria estabelecido nos arts. 40, § 5º, e 201, § 8º, da Constituição Federal.** (...)"
>
> **(ADI 3772, Rel. Min. CARLOS BRITTO, Redator do Acórdão Min. RICARDO LEWANDOWSKI, j. 29/10/2008, Pleno)**
>
> "(...) **APOSENTADORIA ESPECIAL DOS PROFESSORES** (CONSTITUIÇÃO, ART. 40, § 5º). CONTAGEM DE TEMPO EXERCIDO **DENTRO DA ESCOLA, MAS FORA DA SALA DE AULA**. (...) 2. Reafirma-se a jurisprudência dominante desta Corte nos termos da seguinte tese de repercussão geral: **Para a concessão da aposentadoria especial de que trata o art. 40, § 5º, da Constituição, conta-se o tempo de efetivo exercício, pelo professor, da docência e das atividades de direção de unidade escolar e de coordenação e assessoramento pedagógico, desde que em estabelecimentos de educação infantil ou de ensino fundamental e médio.** (...)"
>
> **(RE 1.039.644, Tema de Repercussão Geral 965, Rel. Min. ALEXANDRE DE MORAES; j. 13/10/2017, Pleno)**

Posteriormente, esse entendimento foi novamente reiterado pelo STF, como ocorreu no **RE 1.445.264 AgR** (julgado pela Segunda Turma da Corte em 25/09/2023), no qual ficou decidido que **o servidor ocupante do cargo efetivo de diretor de escola** (portanto, não ocupante do cargo efetivo de professor) não tem direito à aposentadoria especial docente, justamente porque essa aposentadoria apenas é assegurada ao servidor que ocupe o cargo efetivo de professor (ainda que, eventualmente, exerça funções de direção, coordenação ou assessoramento pedagógico).

Tempos depois, em mais um caso envolvendo servidor ocupante do cargo efetivo de diretor de escola, esse entendimento foi reafirmado no STF, dessa vez pela Primeira Turma da Corte. Isso ocorreu no **RE 1432396 AgR**, julgado em 11/19/2024.

Nos exatos termos do julgamento, *"para fins de aposentadoria especial, **é necessário que o tempo de serviço seja exercido necessariamente no cargo*** *efetivo de professor, estendendo-se, tão somente, aos professores de carreira que exerçam as funções de direção de unidade escolar e de coordenação e assessoramento pedagógico".*

Portanto, ambas as turmas do Supremo Tribunal Federal (que, juntas, equivalem, em última análise, ao Plenário da Corte) possuem entendimento no sentido de que a aposentadoria especial de professor somente pode ser concedida a servidores que ocupem o cargo efetivo de professor, não podendo ser assegurada a outros servidores da educação, ainda que atuem em escolas.

Em outras palavras: segundo o STF, para ter direito à aposentadoria especial de professor, o servidor público deve ocupar o cargo efetivo de professor no qual tenha sido investido após aprovação em concurso público destinado ao provimento desse cargo. Caso o servidor integre o quadro de pessoal do magistério, mas ocupando outro cargo efetivo (que não o de professor), ele não terá direito à aposentadoria especial de professor.

Ter essa diferenciação em mente tem grande importância em entes federativos que possuem, no quadro de pessoal do magistério da educação básica, não apenas o cargo efetivo de professor, mas também outros cargos, a exemplo dos cargos efetivos de diretor de escola e de supervisor de ensino (nos quais a investidura depende de prévia aprovação em concurso público próprio).

Esse cenário existe, por exemplo, no Estado de São Paulo, onde o magistério possui, em seu quadro de pessoal, os cargos efetivos de professor, de diretor de escola e de supervisor de ensino, dentre os quais, segundo decidido pelo STF (conforme vimos acima), apenas o cargo de professor tem direito à aposentadoria especial docente.

E perceba o seguinte: é possível que o servidor ocupante do cargo efetivo de professor exerça, temporariamente, a função de diretor de escola ou de supervisor de ensino, e isso não fará com que ele perca o direito à aposentadoria especial, desde atue sempre em estabelecimento de ensino de educação básica (conforme decidido pelo STF na ADI 3772 e no Tema de Repercussão Geral nº 965). Por outro lado, o fato de ser possível que um professor efetivo exerça, temporariamente, a função de diretor de escola ou de supervisor de ensino não faz com que os servidores ocupantes dos cargos efetivos de diretor de escola e de supervisor de ensino (servidores esses que não são professores efetivos) tenham direito à aposentadoria especial de professor, já que, como vimos repetidamente, essa aposentadoria apenas é devida ao servidor que ocupe o cargo efetivo de professor.

No entanto, para que o servidor tenha direito à aposentadoria especial de professor, embora seja necessário que ele ocupe um CARGO EFETIVO DE PROFESSOR, não é indispensável que esse cargo tenha o RÓTULO DE PROFESSOR. Em outras palavras: desde que o cargo efetivo tenha atribuições de professor (como ministrar aulas, realizar avaliações dos alunos etc.), o servidor que o ocupa terá direito à aposentadoria especial de professor, ainda que o nome do cargo não seja "professor".

Isso foi decidido pela Primeira Turma do STF, por exemplo, no **MS 33976 AgR** (j. 24/11/2017).

Nesse caso, um servidor efetivo ocupante de um cargo chamado "Auxiliar de Ensino" pediu o reconhecimento do direito à aposentadoria especial de professor, direito esse que havia sido negado pelo respectivo Tribunal de Contas em virtude de o cargo não ser de "professor".

O STF, analisando a situação, verificou que as atribuições do cargo em questão eram típicas de um professor (pois elas envolviam ministrar aulas, avaliar alunos etc.) e que, inclusive, o servidor ocupante desse cargo, após a sua progressão funcional, chegaria, segundo a respectiva lei de regência, à posição rotulada como "professor".

Tendo isso em vista, a Corte decidiu que, na verdade, o cargo ocupado pelo servidor era, de fato, um cargo de professor, porém com um rótulo diferente, e que, por isso, esse servidor tinha direito à aposentadoria especial de professor.

Nos exatos termos da ementa desse julgamento, "***restou comprovado, inequivocamente, que o trabalho desenvolvido pelo agravado, quando exercia a atribuição de Auxiliar de Ensino, em nada se distancia das funções conferidas a quem exerce o cargo de Professor*** *– mormente por ter ministrado aulas, conforme declarações constantes dos autos – e, portanto, se enquadra nos critérios utilizados pela EC 20/98 para conferir especial proteção àqueles que dedicaram-se, exclusivamente, ao ofício do magistério*".

Portanto, segundo o Supremo Tribunal Federal, o direito à aposentadoria especial de professor depende sim de o servidor ocupar o cargo efetivo de professor, mas não é necessário que o cargo ocupado tenha o nome de "professor", bastando que as suas atribuições sejam típicas de professor. Ou seja, o que se exige é que o cargo seja materialmente um cargo de professor, não sendo indispensável que ele seja formalmente previsto na lei com o rótulo de "professor".

Mas **CUIDADO** com uma coisa: essa decisão da Primeira Turma do STF (no MS 33976 AgR) não significa, em hipótese alguma, que o Supremo Tribunal Federal assegurou de forma geral o direito à aposentadoria especial de professor aos cargos rotulados como "Auxiliar de Ensino". Na verdade, o que essa decisão estabeleceu foi que o que é relevante para a concessão da aposentadoria especial de professor é que o servidor ocupe um cargo EFETIVO e que esse cargo efetivo seja, na sua substância, um cargo de professor, ainda que ele tenha um rótulo que não seja "professor" (é o que acontece no caso de um cargo efetivo chamado "auxiliar de ensino" que tem atribuições típicas de professor).

É necessário registrar, também, que o Supremo Tribunal Federal decidiu, na **ADI 856** (j. 04/09/2023), que é inconstitucional norma local (no caso, tratava-se de uma lei estadual) que inclui atividades não educativas (como as de caráter administrativo, técnico e até mesmo sindical) dentre as funções que dão direito à aposentadoria especial de professor.

Isso porque, como vimos acima, segundo o art. 40, § 5º, da CF/88, apenas funções de magistério dão direito à aposentadoria especial em questão, e a LDB define, em seu art. 67, § 2º, o que são funções de magistério para fins dessa modalidade de aposentadoria.

Dessa forma, considerando que é da competência legislativa privativa da União estabelecer normas sobre diretrizes e bases da educação (art. 22, XXIV, CF/88), não pode uma norma local invadir esse campo de atuação e definir o que devem ser consideradas funções de magistério.

Ademais, previdência social é um tema inserido no âmbito da competência legislativa concorrente, em que as normas gerais devem ser definidas pela União, só podendo os Estados e o Distrito Federal (bem como os Municípios, com base no art. 30, I, da CF/88) atuar na definição dessas normas gerais em caso de omissão da União (art. 24, §§ 1º a 4º, CF/88). Assim, como a disciplina legal do que são consideradas atividades de magistério para fins de aposentadoria especial de professor já foi objeto de norma geral editada pela União (norma essa que é a LDB), não pode uma norma local dispor de forma diversa, sob pena de invadir a competência legislativa da União.

Além de tudo isso, com o objetivo de tornar a análise desse precedente mais completa, é interessante registrar que a lei impugnada no caso foi de iniciativa parlamentar, e, por isso, o Supremo Tribunal Federal reconheceu sua inconstitucionalidade também em relação a esse aspecto, pois, por se tratar de uma norma que envolve regime jurídico de servidor público, a iniciativa para a matéria é exclusiva do Chefe do Executivo (nos termos do art. 61, § 1º, II, "c", CF/88), não podendo a proposição legislativa ser apresentada por um Parlamentar.

Confira a ementa desse julgamento:

> "(...) APOSENTADORIA ESPECIAL. **FUNÇÕES DE MAGISTÉRIO. DEFINIÇÃO.** (...) INCOMPETÊNCIA DE ESTADOS-MEMBROS E MUNICÍPIOS PARA REGULAMENTAR A MATÉRIA. ART. 67, § 2º, DA LEI N.º 9.394/96 (LEI DE DIRETRIZES E BASES DA EDUCAÇÃO). CONSTITUCIONALIDADE. PRECEDENTES DO PLENÁRIO. **IMPOSSIBILIDADE DE CARACTERIZAÇÃO DE ATIVIDADES MERAMENTE ADMINISTRATIVAS COMO DE MAGISTÉRIO.** (...) 2. O Chefe do Executivo possui a iniciativa privativa de leis que disponham sobre servidores públicos da União e Territórios, seu regime jurídico, provimento de cargos, estabilidade e aposentadoria de civis, reforma e transferência de militares para a inatividade, bem como sobre criação, estruturação e atribuições dos Ministérios e órgãos da administração pública, *ex vi* do art. 61, II, alíneas c e e, da Carta Magna. 3. A lei resultante de projeto de iniciativa parlamentar que promove alterações no sistema estadual de ensino, define funções de magistério e impacta a aposentadoria de servidores é formalmente inconstitucional por vício de iniciativa. Precedentes: (...) 4. O art. 40, III, b, da Constituição, na sua redação original, da mesma forma que o texto atual do parágrafo quinto do mesmo artigo, consagra redução no tempo de serviço necessário à aposentadoria do professor que comprove exclusivamente tempo de efetivo exercício das funções de magistério, sendo certo que a fixação de requisitos para a concessão de aposentadoria especial é matéria de competência legislativa da União, consoante os artigos 22, XXIII e XXIV, e 24, XII e § 1º, da Constituição. 5. A eficácia do direito à aposentadoria especial objeto do art. 40, § 4º, da Constituição Federal, exige regulamentação mediante lei complementar de iniciativa privativa do Presidente da República, sendo vedado a Estados e Municípios legislar sobre a matéria, na medida em que vinculados ao teor da Súmula Vinculante n.º 33 até que editada lei complementar específica. Precedentes: (...) 6. O legislador federal editou norma regulamentadora do art. 40, § 5º, da Constituição, de modo a definir quais funções se enquadram como de magistério para fins de concessão da aposentadoria especial, dispondo o art. 67, § 2º, da Lei n.º 9.394/96, a Lei de Diretrizes e Bases da Educação Nacional, *in verbis*: Para os efeitos do disposto no § 5º do art. 40 e no § 8º do art. 201 da Constituição Federal, são consideradas funções de magistério as exercidas por professores e especialistas em educação no desempenho de atividades educativas, quando exercidas em estabelecimento de educação básica em seus diversos níveis e modalidades, incluídas, além do exercício da docência, as de direção de unidade escolar e as de coordenação e assessoramento pedagógico. 7. O art. 67, § 2º, da Lei n.º 9.394/96 já foi declarado constitucional pelo Plenário deste Supremo Tribunal Federal em decisões com efeitos vinculantes e erga omnes: ADI 3772, Relator(a): Min. CARLOS BRITTO, Redator(a) p/ Acórdão: Min. RICARDO LEWANDOWSKI, Tribunal Pleno, julgado em 29/10/2008;

RE 1039644 RG, Relator(a): Min. ALEXANDRE DE MORAES, julgado em 12/10/2017. 8. **As atividades meramente administrativas não podem ser consideradas como magistério**, sob pena de ofensa à autoridade da decisão proferida na ADI 3.772/DF (Rcl 17426 AgR, Relator(a): Min. ROBERTO BARROSO, Primeira Turma, julgado em 09/08/2016). 9. In casu, a lei estadual impugnada estende a aposentadoria especial para atividades administrativas, técnico-pedagógicas e outras específicas que não propriamente a de professor, inclusive a de representação sindical, por isso que, além dos vícios de iniciativa e de competência, a norma também padece de inconstitucionalidade material, por ofender o núcleo da disposição constitucional que restringe a aposentadoria especial a funções de magistério. (...)" (ADI 856, Pleno, Rel. Min. LUIZ FUX, j. 04/09/2023)

Note que a aposentadoria especial do professor, segundo o texto constitucional (art. 40, § 5º, CF/88), nada mais é do que uma variação da aposentadoria voluntária com proventos integrais, mais precisamente, uma variação na qual ocorre uma redução nos requisitos idade e tempo de contribuição.

Inclusive, o § 5º do art. 40 da CF/88, ao afirmar que está se referindo ao § 1º, III, "a", desse mesmo artigo, deixa bastante claro que a redução de 5 anos na idade e no tempo de contribuição se aplica específica e exclusivamente à aposentadoria voluntária com proventos integrais (já que o art. 40, § 1º, III, "a", da CF/88 é o dispositivo que prevê a aposentadoria voluntária com proventos integrais), ficando de fora a aposentadoria voluntária com proventos proporcionais. Consequentemente, segundo a literalidade do texto constitucional, o servidor público professor que se aposentasse proporcionalmente não teria direito a essa redução.

No entanto, rejeitando essa linha interpretativa, o STF pacificou sua jurisprudência no sentido de que a redução de 05 (cinco) anos nos requisitos idade e tempo de contribuição **também deve ser aplicada quando o professor se aposenta com proventos proporcionais**, de modo que o cálculo do valor da aposentadoria (que continua não sendo integral) se torna mais benéfico para o servidor.

Para facilitar a compreensão, considere o seguinte exemplo: um servidor homem ocupante de um cargo que não é o de professor e que se aposenta proporcionalmente após contribuir por 20 (vinte) anos tem os proventos correspondentes a 20/35 avos da média aritmética calculada nos termos do art. 1º da Lei 10.887/04 (que é a média aritmética das 80% maiores bases de cálculo das contribuições pagas pelo servidor). Porém, se esse servidor for titular de cargo de professor e houver exercido suas funções exclusivamente no magistério em estabelecimento de educação básica (preenchendo, portanto, os requisitos para a aposentadoria especial docente), a fração utilizada no cálculo do seu benefício será de 20/30 (e não de 20/35), de modo que a sua aposentadoria corresponderá a 20/30 avos da média aritmética calculada nos termos do art. 1º da Lei 10.887/04. Isso ocorre porque, como vimos, segundo o STF, deve ser aplicada a redução de cinco anos no tempo de contribuição também quando o professor se aposenta com proventos proporcionais.

Para ilustrar, veja o seguinte precedente do Supremo Tribunal Federal nesse sentido:

> "(...) APOSENTADORIA PROPORCIONAL DE PROFESSORES PÚBLICOS. FUNÇÃO EXCLUSIVA DE MAGISTÉRIO. CONSIDERAÇÃO DO TEMPO EXIGIDO PARA A APOSENTADORIA COM PROVENTOS INTEGRAIS DOS PROFESSORES. (...) I - A jurisprudência desta Corte é pacífica no sentido de que, **na aposentadoria proporcional de professores públicos que exerçam função exclusiva de magistério, os proventos deverão ser calculados com base no tempo exigido para a aposentadoria com proventos integrais dos professores**. Precedentes. (...)"
> **(RE 717701 ED, Rel. Min. RICARDO LEWANDOWSKI, j. 26/02/2013, Segunda Turma)**

Por fim, é necessário mencionar o entendimento do STF no sentido de que não é possível converter o tempo de contribuição nas funções de professor em tempo de contribuição comum para somar esses dois tempos e, assim, obter aposentadoria comum no regime próprio de previdência.

Portanto, se o servidor público, ocupando cargo efetivo de professor, desempenhou funções de magistério na educação básica durante, por exemplo, 12 anos (de modo que não atingiu o tempo mínimo para obter aposentadoria especial de professor), ele não pode converter esses 12 (doze) anos em tempo comum (para que eles passem a valer como 14 anos) e então somar esse tempo ao tempo de contribuição que ele eventualmente possua em outro cargo com o objetivo de, a partir disso, obter aposentadoria comum.

Isso porque a Constituição Federal (no art. 40, § 5º) assegura a aposentadoria especial de professor apenas ao ocupante de cargo efetivo de professor que cumpriu todo o tempo de contribuição em atividades de magistério, não podendo o servidor público se beneficiar das regras dessa aposentadoria especial se tiver cumprido os seus requisitos apenas parcialmente.

O Supremo Tribunal Federal decidiu nesse sentido na **ADI 178** (j. 22/02/1996), na qual foi considerada inconstitucional norma de Constituição Estadual que permitia que o servidor público se aposentasse valendo-se parcialmente de tempo de contribuição em cargo de professor (com a conversão desse tempo em tempo comum) e parcialmente de tempo de contribuição em outro cargo, somando esses tempos.

É interessante notar que, quando essa decisão foi proferida, o art. 40 da CF/88 ainda possuía sua redação original (pois o julgamento ocorreu antes da EC 20/98, que foi a primeira reforma da previdência sofrida pela CF/88), e, por isso, o STF, ao decidir o caso, adotou como paradigma o art. 40, III, "b", da CF/88, que era o dispositivo que, na época, previa a aposentadoria especial de professor.

Nas exatas palavras da Corte, *"a expressão "efetivo exercício em funções de magistério" (CF, art. 40, III, "b") contém a exigência de que* ***o direito à aposentadoria especial dos professores só se aperfeiçoa quando cumprido totalmente este especial requisito temporal no exercício das específicas funções de magistério****, excluída qualquer outra. (...)* ***Não é permitido ao constituinte estadual fundir normas que regem a contagem do tempo de serviço para as aposentadorias normal e especial****, contando proporcionalmente o tempo de serviço exercido em funções diversas".*

1.2. Aposentadoria compulsória

A aposentadoria compulsória é aquela que ocorre automaticamente, por força "da lei" (no caso, por força da Constituição), quando o servidor atinge uma determinada idade, que é de **75 (setenta e cinco) anos**, conforme prevê o art. 40, § 1º, II, da CF/88.

> "**Art. 40, § 1º, CF/88.** Os servidores abrangidos pelo regime de previdência de que trata este artigo serão aposentados, calculados os seus proventos a partir dos valores fixados na forma dos §§ 3º e 17:
>
> (...)
>
> **II** - compulsoriamente, com proventos proporcionais ao tempo de contribuição, aos 70 (setenta) anos de idade, ou **aos 75 (setenta e cinco) anos de idade, na forma de lei complementar**;
>
> (...)"

A redação do inciso II do § 1º do art. 40 da CF/88 transcrita acima foi conferida pela EC 88/15, antes da qual, a aposentadoria compulsória ocorria aos 70 (setenta) anos de idade.

Mas veja que a EC 88/15 ampliou a idade da aposentadoria compulsória para os 75 (setenta e cinco) anos apenas em relação aos Ministros do STF, dos Tribunais Superiores e do Tribunal de Contas de União. Quanto aos demais agentes públicos, determinou que seria necessária a edição de lei complementar para regulamentar a elevação da idade limite para esse novo patamar.

Essa lei complementar foi editada no próprio ano 2015, tratando-se da **LC 152/15**, por força da qual, todos os servidores públicos passaram a se aposentar compulsoriamente aos 75 (setenta e cinco) anos de idade, excetuada uma única categoria: os servidores do Serviço Exterior Brasileiro, para os quais foi criada uma regra de aumento paulatino do limite máximo de permanência no serviço público.

Em relação aos servidores do Serviço Exterior Brasileiro, a idade limite da aposentadoria compulsória passou a sofrer o aumento de 01 (um) ano a cada dois anos de vigência da LC 152/15, que, por sua vez, entrou em vigor no dia 04/12/2015. Ou seja, para esses servidores, a idade da aposentadoria compulsória só atingirá o limite máximo de 75 (setenta e cinco) anos em 04/12/2025. Veja:

> "**Art. 2º, LC 152/15.** Serão aposentados compulsoriamente, com proventos proporcionais ao tempo de contribuição, aos 75 (setenta e cinco) anos de idade:
>
> **I** - os servidores titulares de cargos efetivos da União, dos Estados, do Distrito Federal e dos Municípios, incluídas suas autarquias e fundações;
>
> **II** - os membros do Poder Judiciário;
>
> **III** - os membros do Ministério Público;
>
> **IV** - os membros das Defensorias Públicas;
>
> **V** - os membros dos Tribunais e dos Conselhos de Contas.
>
> **Parágrafo único.** Aos **servidores do Serviço Exterior Brasileiro**, regidos pela Lei nº 11.440, de 29 de dezembro de 2006, o disposto neste artigo será aplicado progressivamente à razão de **1 (um) ano adicional de limite para aposentadoria compulsória ao fim de cada 2 (dois) anos, a partir da vigência desta Lei Complementar, até o limite de 75 (setenta e cinco) anos** previsto no caput."

É importante registrar que, segundo o Supremo Tribunal Federal, os Estados, Distrito Federal e Municípios não podiam, no período compreendido entre a EC 88/15 e a LC 152/15, suprir a atuação do Congresso Nacional e editar norma própria determinando a aplicação da idade de 75 (setenta e cinco) anos para a aposentadoria compulsória dos seus servidores.

Isso porque a fixação da idade da aposentadoria compulsória é uma norma de reprodução obrigatória, devendo esse limite etário ser o mesmo em todo o território nacional. Logo, **a competência legislativa nessa questão**

é privativa da União, não sendo os entes subnacionais competentes para a matéria.

Isso foi decidido pelo STF na **ADI 5378**, julgada em 17/12/2022.

Além disso, também segundo o Supremo Tribunal Federal (**ADI 5490**, julgada em 20/11/2019, e **ADI 5430**, julgada em 22/05/2023), a lei complementar responsável por fixar a idade limite da aposentadoria compulsória para todo o serviço público (que veio a ser a LC 152/15) não era de iniciativa reservada de nenhum órgão, Poder ou autoridade, submetendo-se ela, portanto, à iniciativa legislativa geral. Como consequência disso, nunca houve nenhum impedimento a que essa lei fosse de iniciativa parlamentar (como, de fato, acabou sendo).

Segundo o STF, a Constituição Federal, após a alteração promovida pela EC 88/15, passou a estabelecer que a elevação da idade da aposentadoria compulsória para todos os servidores públicos dependeria de regulamentação por lei complementar sem, no entanto, estabelecer qualquer reserva de iniciativa legislativa.

A Corte esclareceu ainda que, como a aposentaria compulsória é um instituto previamente existente no texto constitucional e a sua idade limite também foi predefinida na CF/88 (ficando pendente de regulamentação infraconstitucional tão somente a sua extensão a todos os servidores públicos), não há espaço para se alegar a incidência de qualquer regra de reserva de iniciativa legislativa no caso.

Por esses motivos, órgãos que, segundo a Constituição Federal, possuem iniciativa legislativa privativa para leis que tratem de sua organização e funcionamento e das prerrogativas de seus membros submetem-se normalmente à idade limite de aposentadoria compulsória estabelecida pela LC 152/15, ainda que essa lei tenha sido de iniciativa parlamentar.

Foi por isso que o STF decidiu, na ADI 5490, que a idade de 75 (setenta e cinco) anos estabelecida na LC 152/15 para a aposentadoria compulsória se aplica normalmente aos membros do Ministério Público e, na ADI 5430, que esse limite etário também se aplica aos magistrados.

A esse respeito, é importante lembrar que, nos termos do art. 93 da CF/88, o regime jurídico dos magistrados deve ser veiculado em uma lei complementar (federal) de iniciativa do STF, lei essa chamada pela própria CF/88 de Estatuto da Magistratura. O art. 129, § 4º, da CF/88 prevê, por sua vez, que esse art. 93 se aplica no que couber ao Ministério Público. Além disso, o art. 128, § 5º, também da CF/88 estabelece que o MP possui, tanto no âmbito da União quanto no âmbito dos Estados, iniciativa legislativa para leis complementares que tratem de sua organização, funcionamento e garantias.

Veja o teor desses dispositivos:

> "**Art. 93, CF/88.** Lei complementar, **de iniciativa do Supremo Tribunal Federal**, disporá sobre o Estatuto da Magistratura, observados os seguintes princípios:
>
> (...)"
>
> "**Art. 128, § 5º, CF/88.** Leis complementares da União e dos Estados, **cuja iniciativa é facultada aos respectivos Procuradores-Gerais**, estabelecerão a organização, as atribuições e o estatuto de cada Ministério Público, observadas, relativamente a seus membros:
>
> (...)"
>
> "**Art. 129, § 4º, CF/88.** Aplica-se ao Ministério Público, no que couber, **o disposto no art. 93.**"

Segundo o Supremo Tribunal Federal, como a regulamentação da idade limite da aposentadoria compulsória não se submete a reserva de iniciativa legislativa, esse tema não precisa ser veiculado em lei de iniciativa do Ministério Público ou no Estatuto da Magistratura (cuja função atualmente é desempenhada pela Lei Orgânica da Magistratura Nacional, a LOMAN). Logo, para que o limite etário de 75 (setenta e cinco) anos seja aplicado aos membros do MP e aos magistrados, não é necessário que ele tenha sido estabelecido em leis de iniciativa do Ministério Público e do Poder Judiciário.

Além disso, o STF explicou que, caso se reconhecesse que a regulamentação da idade da aposentadoria compulsória deveria ocorrer por lei de iniciativa de cada órgão dotado da prerrogativa constitucional de propor as leis sobre sua organização e funcionamento, haveria uma **violação à isonomia**, pois existiriam, no País, diversas regras diferentes sobre o limite etário da aposentadoria compulsória, uma para cada categoria profissional.

Seguindo toda essa linha de raciocínio, ao julgar a ADI 5430, a Corte fixou a tese segundo a qual *"não se submete a reserva de iniciativa a lei complementar nacional que, regulamentando a EC nº 88/2015, fixa em 75 (setenta e cinco) anos a idade de aposentadoria compulsória para todos os agentes públicos titulares de cargos efetivos ou vitalícios"*.

E é importante lembrar que esse entendimento já havia sido adotado pelo Supremo Tribunal Federal antes mesmo do julgamento dessas ADIs. Isso ocorreu em sessão administrativa da Corte, e não em julgamento de processo judicial, como bem lembrou, na ADI 5490, a Min. Cármen Lúcia, relatora do caso.

Nos termos do voto da Ministra, "*na Sessão Administrativa de 8.10.2015, o Supremo Tribunal Federal, para evitar eventuais problemas institucionais em Tribunais locais decorrentes de divergências sobre a alteração da aposentadoria compulsória pela Emenda Constitucional n. 88/2015, apreciou o Projeto de Lei n. 274/2015, que deu origem à Lei Complementar n. 152/2015, quanto a eventual vício formal de iniciativa (...).*

Este Supremo Tribunal assentou, em entendimento majoritário*, com ressalvas feitas pelo Ministro Luiz Fux,* ***não haver vício formal de iniciativa*** *no Projeto de Lei n. 274/2015, que deu origem à lei impugnada nesta ação,* ***dispensando-se a necessidade de observância de estrita iniciativa legislativa do Supremo Tribunal Federal*** *para regulamentar a aposentadoria de magistrados, por decorrência do sistema normativo constitucional que rege a matéria.*

Na referida sessão administrativa, o Ministro Roberto Barroso assentou desnecessário insistir na tese de prerrogativa de iniciativa, pois ***a regulamentação já aprovada pelo Congresso Nacional consiste em expressa norma de aplicação geral*** *(...)*".

Apenas para ilustrar e reforçar a compreensão do tema, veja o teor das ementas desses julgamentos:

> "(...) **APOSENTADORIA COMPULSÓRIA.** EMENDA CONSTITUCIONAL N. 88/2015. INC. III DO ART. 2º DA LEI COMPLEMENTAR N. 152/2015. **ALEGADO VÍCIO FORMAL DE INICIATIVA PARA EDITAR NORMAS REFERENTES À APOSENTADORIA DOS MEMBROS DO MINISTÉRIO PÚBLICO.** (...) 1. O inc. II do § 1º do art. 40 da Constituição da República, alterado pela Emenda Constitucional n. 88, de 7.5.2015, possibilita aos servidores públicos a aposentadoria compulsória, com proventos proporcionais ao tempo de contribuição, aos setenta anos de idade ou aos setenta e cinco anos de idade, na forma da lei complementar. 2. A Lei Complementar n. 152/2015 regulamentou o inc. II do § 1º do art. 40 da Constituição e dispôs sobre a aposentadoria compulsória por idade dos servidores públicos ocupantes de cargos efetivos de todos os entes federativos, dos membros do Poder Judiciário, do Ministério Público, da Defensoria Pública e dos Tribunais e dos Conselhos de Contas. **3. Não há reserva de iniciativa para a deflagração do processo legislativo sobre aposentadoria compulsória por idade dos membros do Ministério Público (§ 4º do art. 129 e do inc. VI do art. 93 da Constituição da República).** 4. O Supremo Tribunal Federal decidiu, em sessão administrativa, não haver vício formal de iniciativa no Projeto de Lei n. 274/2015, pelo qual originou a Lei Complementar n. 152/2015, por regulamentar norma constitucional com definição

> preexistente e regramento geral ao regime previdenciário próprio. (...)" **(ADI 5490, Pleno, Rel. Min. CÁRMEN LÚCIA, j. 20/11/2019)**
>
> "(...) **Aposentadoria compulsória de magistrados. Lei de iniciativa parlamentar.** (...) 3. (...) Na ADI 5.490 (Relª. Minª. Cármen Lúcia), por unanimidade, esta Corte decidiu que **não há, na hipótese, reserva de iniciativa para a deflagração do processo legislativo sobre aposentadoria compulsória por idade**. Isso porque a lei complementar nacional se limita a regulamentar a EC nº 88/2015, da qual se extrai **definição preexistente do corte etário para inatividade**, e traz um regramento genérico necessário ao funcionamento do regime previdenciário próprio. 4. **Não há previsão específica de reserva de iniciativa nas normas trazidas pela EC nº 88/2015, de modo que prevalece a regra geral constante do art. 61, caput, da CF/1988**, que autoriza a propositura do projeto de lei complementar por qualquer membro do Congresso Nacional. 5. O regime previdenciário dos agentes públicos deve trazer regras uniformes entre as diferentes carreiras para permitir a previsibilidade e o equilíbrio das contas públicas. Nesse ponto, **a magistratura se submete às normas gerais do art. 40 da CF/1988**, nos termos do art. 93, VI, da CF/1988, com redação dada pela EC nº 20/1998. Não há, portanto, qualquer elemento que exija singularidade no tratamento da matéria. 6. A aposentadoria compulsória traduz a necessidade de renovação dos cargos públicos efetivos ou vitalícios, como imperativo republicano. Esse interesse está presente em igual grau e importância em todos os Poderes estatais, de modo que, **à luz da isonomia, deve ser uniforme o tratamento da idade máxima para ida à inatividade**. 7. Pedido improcedente, com a fixação da seguinte tese de julgamento: **"Não se submete a reserva de iniciativa a lei complementar nacional que, regulamentando a EC nº 88/2015, fixa em 75 (setenta e cinco) anos a idade de aposentadoria compulsória para todos os agentes públicos titulares de cargos efetivos ou vitalícios".**" **(ADI 5430, Pleno, Rel. Min. ROBERTO BARROSO, j. 22/05/2023)**

Aplicando essa mesma linha de raciocínio, o Supremo Tribunal Federal também decidiu que, **mesmo antes da EC 88/2015** (que ampliou o limite etário da aposentadoria compulsória e previu que para a maioria dos servidores públicos esse limite seria estabelecido em lei complementar), **os Estados não tinham competência para definir a idade da aposentadoria compulsória para os seus agentes públicos de forma diversa da prevista na CF/88**, ainda que apenas em relação a algumas categorias específicas (como os magistrados). Isso porque, como vimos acima, segundo o STF, a idade limite da aposentadoria compulsória é uma norma da CF/88 de observância obrigatória em todas as esferas federativas.

Logo, desde a redação originária da CF/88, os entes subnacionais não podem, nem mesmo por meio de norma prevista em Constituição Estadual, definir limite etário de aposentadoria compulsória diverso do estabelecido pela CF/88.

Esse entendimento foi adotado pelo STF nas **ADIs 5298 e 5304** (j. 14/02/2024), nas quais a Corte afirmou expressamente que *"é inconstitucional previsão normativa de Constituição Estadual que estabelece limite de idade para aposentadoria compulsória diverso daquele fixado pela Constituição Federal de 1988"*.

Em relação ao valor do benefício, nos termos do art. 40, § 1º, II, da CF/88, **os proventos da aposentadoria compulsória são sempre proporcionais ao tempo de contribuição**, sendo eles calculados, portanto, a partir da multiplicação da média aritmética obtida de acordo com o art. 1º da Lei 10.887/04 (que é a média aritmética das 80% maiores bases de cálculo das contribuições pagas pelo servidor ao longo da sua vida contributiva) pela fração correspondente à divisão do tempo de contribuição do servidor pelo tempo mínimo de contribuição exigido para a aposentadoria com proventos integrais.

Para que isso fique melhor compreendido, veja o seguinte exemplo: imagine que um servidor público homem tenha atingido a idade de 75 (setenta e cinco anos) e possua 30 anos de contribuição. Em virtude da sua idade, ele será aposentado compulsoriamente. Os seus proventos, por sua vez, corresponderão a 30/35 avos da média aritmética das 80% maiores bases de cálculo das contribuições que foram pagas por ele. Isso porque, para se aposentar com proventos integrais (na aposentadoria voluntária), ele teria de contar com pelo menos 35 (trinta e cinco) anos de contribuição, de modo que, para calcular os proventos proporcionais que lhe são devidos na aposentadoria compulsória, é necessário dividir o seu tempo de contribuição (30 anos) pelo tempo de contribuição que ele precisaria ter para obter proventos integrais (35 anos).

Por fim, é importante registrar que, segundo o Supremo Tribunal Federal, **a aposentadoria compulsória não se aplica aos servidores ocupantes exclusivamente de cargo em comissão**, assim como não há idade limite para que alguém seja nomeado para um cargo comissionado.

Em relação ao servidor ocupante de cargo efetivo que também ocupa um cargo comissionado, caso ele atinja a idade limite da aposentadoria compulsória, ele será aposentado compulsoriamente no cargo efetivo, mas poderá continuar exercendo o cargo em comissão.

Nas palavras do STF, *"sujeitam-se à aposentadoria compulsória apenas os servidores públicos efetivos. (...) Os servidores ocupantes exclusivamente de cargo em comissão, em virtude do disposto no art. 40, § 13 da Lei Maior, não estão obrigados a passar à inatividade ao atingirem a idade limite, tampouco encontram-se proibidos de assumir cargo em comissão em razão de terem ultrapassado essa idade"*.

Isso foi decidido pela Corte no **Tema de Repercussão Geral nº 763** (RE 786540, j. 15/12/2016), no qual foram fixadas as seguintes teses:

> "I - Os servidores ocupantes de cargo exclusivamente em comissão **não se submetem à regra da aposentadoria compulsória** prevista no art. 40, § 1º, II, da Constituição Federal, **a qual atinge apenas os ocupantes de cargo de provimento efetivo**, inexistindo, também, qualquer idade limite para fins de nomeação a cargo em comissão;
>
> II - Ressalvados impedimentos de ordem infraconstitucional, **não há óbice constitucional a que o servidor efetivo aposentado compulsoriamente permaneça no cargo comissionado** que já desempenhava ou a que seja nomeado para cargo de livre nomeação e exoneração, uma vez que não se trata de continuidade ou criação de vínculo efetivo com a Administração."

1.3. Aposentadoria por invalidez

A aposentadoria por invalidez, prevista no art. 40, § 1º, I, da CF/88, não exige idade mínima nem tempo de contribuição mínimo, podendo ser concedida com proventos integrais ou com proventos proporcionais. Veja:

> "**Art. 40, § 1º, CF/88.** Os servidores abrangidos pelo regime de previdência de que trata este artigo serão aposentados, calculados os seus proventos a partir dos valores fixados na forma dos §§ 3º e 17:
>
> **I** - por invalidez permanente, sendo os proventos proporcionais ao tempo de contribuição, exceto se decorrente de acidente em serviço, moléstia profissional ou doença grave, contagiosa ou incurável, na forma da lei;
>
> (...)"

Como se pode perceber, a regra na aposentadoria por invalidez é que ela seja concedida com **proventos proporcionais**. Apenas **excepcionalmente os proventos serão integrais**, o que somente ocorrerá quando a invalidez for decorrente de moléstia profissional, de acidente em serviço ou de uma doença (grave, contagiosa ou incurável) que esteja prevista em lei (mais precisamente, em uma lei **ordinária**).

O grande debate travado na jurisprudência sobre a aposentadoria por invalidez envolveu o cálculo dos proventos nessa espécie de aposentadoria, mais precisamente, a natureza do rol legal de doenças que permitem o pagamento de proventos integrais quando o servidor se aposenta por invalidez. **Esse rol é taxativo ou exemplificativo?**

Segundo decidiu o Supremo Tribunal Federal no **Tema de Repercussão Geral nº 524** (RE 656860, j. 21/08/2014), esse rol legal é **taxativo**, devendo, portanto, ser interpretado restritivamente. Nos exatos termos da tese fixada pela Corte nesse julgado, *"a concessão de aposentadoria de servidor público por invalidez com proventos integrais exige que a doença incapacitante esteja prevista em* **rol taxativo** *da legislação de regência"*.

A ementa desse precedente ficou redigida nos seguintes termos:

> "(...) SERVIDOR PÚBLICO. **APOSENTADORIA POR INVALIDEZ COM PROVENTOS INTEGRAIS.** ART. 40, § 1º, I, DA CF. SUBMISSÃO AO DISPOSTO EM LEI ORDINÁRIA. 1. O art. 40, § 1º, I, da Constituição Federal assegura aos servidores públicos abrangidos pelo regime de previdência nele estabelecido o direito a aposentadoria por invalidez com proventos proporcionais ao tempo de contribuição. O benefício será devido com proventos integrais quando a invalidez for decorrente de acidente em serviço, moléstia profissional ou doença grave, contagiosa ou incurável, "na forma da lei". **2. Pertence, portanto, ao domínio normativo ordinário a definição das doenças e moléstias que ensejam aposentadoria por invalidez com proventos integrais, cujo rol, segundo a jurisprudência assentada pelo STF, tem natureza taxativa.** (...)"
>
> **(RE 656860, Tema de Repercussão Geral 524, Rel. Min. TEORI ZAVASCKI, j. 21/08/2014, Pleno)**

Uma observação quanto à forma de cálculo dos proventos é bastante importante: os proventos integrais da aposentadoria por invalidez (quando é caso de concessão do benefício integral) são apurados de acordo com a regra geral de cálculo de aposentadoria prevista no art. 40 da CF/88, ou seja, eles são correspondentes à média aritmética prevista no art. 1º da Lei 10.887/04 (que é a média aritmética das 80% maiores bases de cálculo das contribuições previdenciárias pagas pelo servidor ao longo da sua vida contributiva).

No entanto, se o servidor ingressou no serviço público antes da EC 41/03 e, depois dessa emenda, vem a se aposentar por invalidez, aplica-se a ele a regra de transição trazida pela EC 70/12 (que estudamos anteriormente), de modo que, se ele tiver direito a proventos integrais (o que ocorre quando a invalidez decorre de moléstia profissional, de acidente em serviço ou de uma doença prevista em lei), os seus proventos corresponderão à integralidade. Por outro lado, se esse servidor tiver direito a proventos proporcionais, os seus proventos serão correspondentes a uma parcela da integralidade calculada de acordo com o seu tempo de contribuição.

Isso ocorre porque a EC 70/12 incluiu na EC 41/03 o art. 6º-A e determinou, nesse dispositivo, que a aposentadoria por invalidez dos servidores que ingressaram no serviço público antes da EC 41/03 deve seguir as regras da paridade e da integralidade no cálculo dos proventos, de modo que a integralidade (isto é, a última remuneração recebida pelo servidor na atividade) deve ser o parâmetro para calcular tanto os proventos integrais quanto os proventos proporcionais desses servidores, caso se aposentem por invalidez. Veja:

> "**Art. 6º-A, EC 41/03.** O servidor da União, dos Estados, do Distrito Federal e dos Municípios, incluídas suas autarquias e fundações, **que tenha ingressado no serviço público até a data de publicação desta Emenda Constitucional e que tenha se aposentado ou venha a se aposentar por invalidez permanente**, com fundamento no inciso I do § 1º do art. 40 da Constituição Federal, **tem direito a proventos de aposentadoria calculados com base na remuneração do cargo efetivo em que se der a aposentadoria**, na forma da lei, não sendo aplicáveis as disposições constantes dos §§ 3º, 8º e 17 do art. 40 da Constituição Federal.
>
> **Parágrafo único.** Aplica-se ao valor dos proventos de aposentadorias concedidas com base no caput o disposto no art. 7º desta Emenda Constitucional, observando-se igual critério de revisão às pensões derivadas dos proventos desses servidores."

Em relação à EC 70/12 e os proventos de aposentadoria dos servidores que ingressaram no serviço público antes da EC 41/03 e se aposentaram por invalidez depois dela, há uma observação importante: quando a EC 41/03 entrou em vigor e extinguiu a paridade e a integralidade de proventos, não previu regra de transição para manter a paridade e a integralidade para o servidor que se viesse a se aposentar por invalidez a partir de então, mas apenas para o servidor que viesse a se aposentar voluntariamente.

Como consequência disso, os proventos (tanto os integrais quanto os proporcionais) dos servidores que ingressaram no serviço público antes da EC 41/03 e se aposentaram por invalidez após a entrada em vigor dessa emenda passaram a ser calculados pela média aritmética do art. 1º da Lei 10.887/04 (que é a média das 80% maiores bases de cálculo das contribuições pagas pelo servidor).

Em outras palavras: para os servidores anteriores à EC 41/03 e que vinham a se aposentar por invalidez após essa emenda, os proventos integrais correspondiam a 100% da média aritmética da Lei 10.887/04, enquanto os proventos proporcionais correspondiam a uma parcela dessa média que fosse proporcional ao tempo de contribuição do servidor. Já para os servidores anteriores à EC 41/03 que viessem a se aposentar **voluntariamente** após essa emenda, os proventos poderiam ser calculados com paridade e integralidade, desde que os requisitos das regras de transição dessa emenda (ou da EC 47/05) fossem atendidos.

Como se pode perceber, havia uma lacuna no texto da EC 41/03 quanto aos proventos dos servidores que ingressaram no serviço público antes dessa emenda e que viessem a se aposentar **por invalidez** depois dela.

Essa lacuna foi preenchida pela EC 70/12, que introduziu uma regra de transição (prevista no art. 6º-A da EC 41/03) assegurando, também na aposentadoria por invalidez, paridade e integralidade de proventos para os servidores que ingressaram no serviço público antes da EC 41/03 e viessem a se aposentar (por invalidez) depois dela.

E o que aconteceu com os servidores que, tendo ingressado no serviço público antes da EC 41/03, foram aposentados por invalidez depois dessa emenda, mas antes da EC 70/12?

Esses servidores, ao serem aposentados, tiveram inicialmente os seus proventos (tanto os integrais quanto os proporcionais) calculados a partir da média aritmética da Lei 10.887/04 (que é a média aritmética das 80% maiores bases de cálculo das contribuições pagas pelo servidor ao longo da sua vida contributiva). Porém, a EC 70/12 determinou, com efeitos financeiros a partir da data da sua promulgação, que fosse realizada a revisão dos proventos desses servidores, para que passassem a observar a paridade e a integralidade.

Essa determinação foi prevista no art. 2º da EC 70/12. Veja:

> "**Art. 1º, EC 70/12.** A Emenda Constitucional nº 41, de 19 de dezembro de 2003, passa a vigorar acrescida do seguinte art. 6º-A:
>
> > "**Art. 6º-A.** O servidor da União, dos Estados, do Distrito Federal e dos Municípios, incluídas suas autarquias e fundações, que tenha ingressado no serviço público até a data de publicação desta Emenda Constitucional e que tenha se aposentado ou venha a se aposentar por invalidez permanente, com fundamento no inciso I do § 1º do art. 40 da Constituição Federal, tem direito a proventos de aposentadoria calculados com base na remuneração do cargo efetivo em que se der a aposentadoria, na forma da lei, não sendo aplicáveis as disposições constantes dos §§ 3º, 8º e 17 do art. 40 da Constituição Federal.
>
> **Parágrafo único.** Aplica-se ao valor dos proventos de aposentadorias concedidas com base no caput o disposto no art. 7º desta Emenda Constitucional, observando-se igual critério de revisão às pensões derivadas dos proventos desses servidores."

> **Art. 2º, EC 70/12.** A União, os Estados, o Distrito Federal e os Municípios, assim como as respectivas autarquias e fundações, procederão, no prazo de 180 (cento e oitenta) dias da entrada em vigor desta Emenda Constitucional, à revisão das aposentadorias, e das pensões delas decorrentes, concedidas a partir de 1º de janeiro de 2004, com base na redação dada ao § 1º do art. 40 da Constituição Federal pela Emenda Constitucional nº 20, de 15 de dezembro de 1998, com efeitos financeiros a partir da data de promulgação desta Emenda Constitucional."

Inclusive, o Supremo Tribunal Federal já confirmou a aplicação da regra do art. 2º da EC 70/12, tendo determinado a revisão dos proventos dos servidores que ingressaram no serviço público antes da EC 41/03 e que se aposentaram por invalidez depois dela, com efeitos financeiros (isto é, com o pagamento de eventuais diferenças devidas aos servidores aposentados) desde a data da promulgação da EC 70/12 (tal qual foi previsto no art. 2º dessa emenda). Os efeitos financeiros da revisão dos proventos desses servidores, portanto, não podem retroagir a uma data anterior à EC 70/12, ficando essa retroação limitada à data da promulgação dessa emenda.

Essa decisão foi tomada pelo STF no **Tema de Repercussão Geral nº 754** (RE 924456, j. 05/04/2017), no qual foi fixada a tese segundo a qual *"os efeitos financeiros das revisões de aposentadoria concedidas com base no art. 6º-A da Emenda Constitucional 41/2003, introduzido pela Emenda Constitucional 70/2012, somente se produzirão a partir da data de sua promulgação (30/2/2012)"*.

Confira a ementa desse julgamento:

> "(...) APOSENTADORIA POR INVALIDEZ DECORRENTE DE DOENÇA GRAVE ESPECIFICADA EM LEI. (...) **EMENDA CONSTITUCIONAL 70/2012. CORRESPONDÊNCIA DOS PROVENTOS À REMUNERAÇÃO DO CARGO. EFEITOS FINANCEIROS PROSPECTIVOS.** 1. Os proventos de aposentadoria por invalidez decorrente de doença grave ou acidente de trabalho (art. 40, § 1º, I, da Constituição Federal) correspondiam à integralidade da remuneração percebida pelo servidor no momento da aposentação, até o advento da EC 41/2003, a partir de quando o conceito de proventos integrais deixou de ter correspondência com a remuneração recebida em atividade e foi definida pela Lei 10.887/2004 como a média aritmética de 80% da melhores contribuições revertidas pelo servidor ao regime previdenciário. 2. A Emenda Constitucional 70/2012 inovou no tratamento da matéria ao introduzir o art. 6º-A no texto da Emenda Constitucional 41/2003. **A regra de transição pela qual os servidores que ingressaram no serviço público até a data de promulgação da EC 41/2003 terão direito ao cálculo de suas aposentadorias com base na remuneração do cargo efetivo**

> **foi ampliada para alcançar os benefícios de aposentadoria concedidos a esses servidores com fundamento no art. 40, § 1º, I, CF, hipótese que, até então, submetia-se ao disposto nos §§ 3º, 8º e 17 do art. 40 da CF.** 3. Por expressa disposição do art. 2º da EC 70/2012, os efeitos financeiros dessa metodologia de cálculo somente devem ocorrer a partir da data de promulgação dessa Emenda, sob pena, inclusive, de violação ao art. 195, § 5º, CF, que exige indicação da fonte de custeio para a majoração de benefício previdenciário. 4. Recurso provido, com afirmação de tese de repercussão geral: **"Os efeitos financeiros das revisões de aposentadoria concedidas com base no art. 6º-A da Emenda Constitucional 41/2003, introduzido pela Emenda Constitucional 70/2012, somente se produzirão a partir da data de sua promulgação (30/2/2012)".**
>
> **(RE 924456, Pleno, Rel. Min. DIAS TOFFOLI; Redator do Acórdão Min. ALEXANDRE DE MORAES, j. 05/04/2017)**

1.4. Aposentadoria especial

A aposentadoria especial nada mais é do que uma aposentadoria voluntária para a qual uma norma infraconstitucional (mais precisamente, uma lei complementar), por ter sido autorizada pela Constituição Federal, estabelece requisitos diversos dos previstos no art. 40 da CF/88.

Em outras palavras: a aposentadoria especial é uma aposentadoria voluntária que é concedida ao servidor mediante o atendimento de requisitos diversos daqueles estabelecidos no texto constitucional para a aposentadoria voluntária geral, e esses requisitos diferenciados devem ser previstos em lei complementar.

Note que a CF/88 proíbe que o regime próprio de previdência adote, para a concessão de aposentadorias aos servidores públicos, critérios diversos dos que estão previstos no seu art. 40. Mas, como exceção, permite, em apenas 03 (três) hipóteses, que sejam utilizados critérios diferenciados para a aposentadoria de determinados servidores (ou seja, o texto constitucional permite a concessão de aposentadoria especial em três hipóteses, e em nenhuma outra além dessas).

As três situações em que a aposentadoria especial é admitida são as seguintes (além disso, é necessário lembrar que a aposentadoria de professor também é uma aposentadoria especial):

a) Servidores **com deficiência**;

b) Servidores que exercem suas atribuições em **condições de risco**; e

c) Servidores que exercem suas atribuições em **condições prejudiciais à saúde ou à integridade física**.

Isso tudo está previsto no art. 40, § 4º, da CF/88 (na redação anterior à EC 103/2019). Veja:

> "**Art. 40, § 4º, CF/88.** É vedada a adoção de requisitos e critérios diferenciados para a concessão de aposentadoria aos abrangidos pelo regime de que trata este artigo, ressalvados, nos termos definidos em leis complementares, os casos de servidores:
>
> **I** - portadores de deficiência;
>
> **II** - que exerçam atividades de risco;
>
> **III** - cujas atividades sejam exercidas sob condições especiais que prejudiquem a saúde ou a integridade física."

Esse dispositivo, como se pode perceber, é uma norma constitucional de **eficácia limitada**, pois depende de regulamentação infraconstitucional (mediante **lei complementar**) para ser aplicado aos casos concretos.

Vamos analisar, nos tópicos seguintes, cada uma dessas hipóteses de aposentadoria especial. Mas, antes, é importante deixar registrado que a aposentadoria dos professores prevista no art. 40, § 5º, da CF/88 (na redação anterior à EC 103/2019), conforme já estudamos, também é uma aposentadoria especial, mas, como ela é tratada em dispositivo próprio e específico que faz referência expressa à aposentadoria voluntária prevista no art. 40, § 1º, III, "a", da CF/88, fizemos a sua abordagem dentro do tópico da aposentadoria voluntária.

É importante registrar também que, em virtude de as hipóteses de aposentadoria especial admitidas pela CF/88 terem caráter excepcional, o legislador estadual ou municipal (ou mesmo o legislador infraconstitucional federal) não pode ampliá-las, isto é, não pode prever a possibilidade de concessão de aposentadoria especial fora das situações autorizadas pela Constituição Federal.

Em outras palavras: as hipóteses de aposentadoria especial previstas na CF/88 são taxativas.

Isso, inclusive, chegou a ser afirmado expressamente pelo Supremo Tribunal Federal, como ocorreu na **ADI 6316**, que, embora tenha sido julgada em 22/03/2023, teve como objeto norma editada antes da EC 103/2019.

Nessa ação, a norma impugnada foi uma emenda constitucional estadual (mais precisamente do Estado do Ceará) que assegurava a Conselheiros de Tribunal de Contas uma aposentadoria concedida mediante o atendimento de requisitos não previstos na CF/88 e fora das hipóteses de aposentadoria especial previstas na Constituição Federal.

Segundo decidiu o STF, essa norma, além de ter ampliado o rol das hipóteses de aposentadoria especial admitidas no nosso ordenamento jurídico (violando, assim, o art. 40 da CF/88), deixou de observar o art. 75 da CF/88, que determina a aplicação aos Tribunais de Contas estaduais das normas que regem o TCU. Isso porque, em relação aos direitos previdenciários, os Ministros do TCU se submetem às regras constitucionais gerais do RPPS (conforme determina o art. 73, § 3º, da CF/88), de modo que, por força da simetria imposta pelo art. 75 da CF/88, as Cortes de Contas dos Estados também devem ficar submetidas ao mesmo regime.

Para melhor compreender o tema, veja o teor dos arts. 73, § 3º, e 75 da CF/88:

> "**Art. 73, § 3º, CF/88.** Os Ministros do Tribunal de Contas da União terão as mesmas garantias, prerrogativas, impedimentos, vencimentos e vantagens dos Ministros do Superior Tribunal de Justiça, **aplicando-se-lhes, quanto à aposentadoria e pensão, as normas constantes do art. 40**."
>
> "**Art. 75, CF/88.** As normas estabelecidas nesta seção **aplicam-se, no que couber, à organização, composição e fiscalização dos Tribunais de Contas dos Estados e do Distrito Federal**, bem como dos Tribunais e Conselhos de Contas dos Municípios.
>
> **Parágrafo único.** As Constituições estaduais disporão sobre os Tribunais de Contas respectivos, que serão integrados por sete Conselheiros."

O STF esclareceu ainda que uma norma estadual que amplia as hipóteses de aposentadoria especial viola a competência legislativa da União para editar normas gerais de direito previdenciário (como vimos, previdência social é um tema de competência legislativa concorrente, no âmbito da qual, a edição de normas gerais cabe à União, tudo nos termos do art. 24 da CF/88). Isso porque o art. 40 da CF/88 é uma norma geral de previdência (mais precisamente, de regime próprio de previdência), de modo que eventuais normas locais que tenham disposições que conflitem com esse dispositivo acabam, em última análise, usurpando a competência da União para criar normas gerais em matéria previdenciária.

Nos termos da tese fixada pelo STF, *"é inconstitucional norma estadual que crie modalidade de aposentadoria voluntária especial, pelo regime próprio de previdência dos servidores efetivos, sem observância aos requisitos estabelecidos na Constituição Federal para todos os entes federativos"*.

Confira a ementa desse julgamento:

"(...) 3. O art. 40, § 1º, III, da CF, na redação vigente ao tempo da edição da norma impugnada, ao dispor sobre a aposentadoria voluntária no regime próprio de previdência dos servidores titulares de cargos efetivos da União, dos Estados, do Distrito Federal e dos Municípios, previa requisitos de (i) tempo mínimo de efetivo exercício no serviço público, (ii) tempo mínimo no cargo em que se daria a aposentação, (iii) tempo mínimo de contribuição e (iv) idade mínima. 4. Art. 24, XII, e §§ 1º a 4º, da CF. Competência concorrente da União, dos Estados e do Distrito Federal para legislar sobre previdência social. **Competência da União Federal para a edição de normas gerais de direito previdenciário, cuja disciplina básica tem assento na própria Constituição Federal**, que já traça os princípios fundamentais tanto do regime geral de previdência social (art. 201) quanto do regime próprio dos servidores públicos titulares de cargo efetivo de todas as entidades federativas (art. 40). 5. O constituinte derivado decorrente do Estado do Ceará, **ao inserir na Constituição estadual normas que afastam a incidência do art. 40, § 1º, III, da CF, além de violar esse dispositivo constitucional, afrontou os § 1º a 4º do art. 24 da CF**. Precedentes. 6. Não bastasse isso, o art. 75 da CF determina que as normas estabelecidas pela Constituição Federal sobre o Tribunal de Contas da União aplicam-se, no que couber, à organização, composição e fiscalização dos Tribunais de Contas dos Estados e do Distrito Federal, bem como dos Tribunais e Conselhos de Contas dos Municípios. Aplicabilidade do princípio da simetria à hipótese. Precedentes. 7. Art. 73, § 3º, da CF. Aos Ministros do Tribunal de Contas da União aplicam-se, quanto a aposentadoria e pensão, as normas constantes do art. 40 da CF. Interpretação sistemática dessa norma com a do art. 75 conduz à **inafastabilidade das regras do art. 40 da CF quando se trata de direitos previdenciários dos membros das Cortes de Contas estaduais e municipais**. (...)" **(ADI 6316, Pleno, Rel. Min. ROBERTO BARROSO, j. 22/02/2023)**

1.4.1. Servidores que exercem atividades em condições prejudiciais à saúde ou à integridade física (art. 40, § 4º, III, CF/88)

Nunca chegou a ser editada lei complementar tratando da aposentadoria especial dos servidores que exercem suas atribuições em condições prejudiciais à saúde ou à integridade física.

Por conta disso, o Supremo Tribunal Federal, julgando diversos mandados de injunção, fixou o entendimento no sentido de que, enquanto não editada a lei complementar exigida pelo art. 40, § 4º, III, da CF/88, deve ser aplicada por analogia, no que for compatível com o regime de previdência do funcionalismo público, a norma que disciplina a aposentadoria especial por exposição a condições prejudiciais à saúde no RGPS. Essa norma é o art. 57 da Lei 8.213/91.

Tal entendimento do Supremo Tribunal Federal encontra-se expresso na **Súmula Vinculante nº 33**, que estabelece que *"aplicam-se ao servidor* *público, no que couber, as regras do regime geral da previdência social sobre aposentadoria especial de que trata o artigo 40, § 4º, inciso III da Constituição Federal, até a edição de lei complementar específica".*

Portanto, segundo o STF, o servidor público tem direito à aposentadoria especial por exposição a agentes nocivos à saúde e à integridade física, aplicando-se, naquilo que for cabível, a norma disciplinadora desse tema no âmbito do RGPS, enquanto não editada lei complementar regulando a matéria no RPPS.

Acontece que a aplicação das regras do RGPS para disciplinar a concessão da aposentadoria especial por condições prejudiciais à saúde no âmbito do RPPS trouxe consigo o seguinte questionamento: considerando que, nos termos da Lei 8.213/91 (que é a lei do RGPS), existe a possibilidade de conversão de tempo especial em tempo comum para os segurados que, tendo passado uma parte do seu período contributivo submetidos a condições prejudiciais à saúde, pretendem se aposentar segundo as regras da aposentadoria comum, esse direito de conversão de tempo especial em comum também se aplica no âmbito do RPPS?

A previsão da conversão de tempo especial em comum no RGPS se encontra no art. 57, § 5º, da Lei 8.213/91. Veja:

> "**Art. 57, § 5º, Lei 8.213/91.** O tempo de trabalho exercido sob condições especiais que sejam ou venham a ser consideradas prejudiciais à saúde ou à integridade física **será somado, após a respectiva conversão ao tempo de trabalho exercido em atividade comum**, segundo critérios estabelecidos pelo Ministério da Previdência e Assistência Social, para efeito de concessão de qualquer benefício."

Quanto à aplicação da conversão de tempo especial em comum no âmbito do regime próprio de previdência, o Supremo Tribunal Federal, em um primeiro momento, afirmou reiteradas vezes a impossibilidade disso, inclusive porque a Súmula Vinculante nº 33 não garante esse direito, já que, como vimos, ela determina a aplicação da Lei 8.213/91 apenas *"no que couber"*.

Logo, considerando que a CF/88 não prevê a possibilidade de conversão de tempo especial em comum no RPPS e que ela (a CF/88) veda a contagem de tempo fictício no âmbito desse regime (art. 40, § 10), essa conversão de tempo realmente não teria cabimento no âmbito da previdência dos servidores públicos (mesmo porque converter tempo especial em comum é, em última análise, uma forma de contagem de tempo fictício).

A propósito, veja o teor do art. 40, § 10, da CF/88:

> "**Art. 40, § 10, CF/88.** A lei não poderá estabelecer qualquer forma de contagem de tempo de contribuição fictício."

Esse entendimento (no sentido da impossibilidade de conversão de tempo no RPPS) foi adotado pelo STF, por exemplo, nos seguintes precedentes: **MI 6584 AgR**, Pleno, j. 01/12/2017; **Rcl 27045 AgR**, Segunda Turma, j. 20/02/2018.

Acontece que, em momento posterior e de forma surpreendente, o Supremo Tribunal Federal abandonou essa linha de raciocínio. Ao julgar o **Tema de Repercussão Geral nº 942** (RE 1014286, j. 31/08/2020), o STF decidiu que **é cabível a conversão de tempo especial em comum na aposentadoria de servidores públicos em virtude do exercício de atividades prejudiciais à saúde, mas apenas até a entrada em vigor da EC 103/2019**. A partir da entrada em vigor dessa emenda, a existência ou não do direito à conversão será definida pelas normas de cada ente federado, já que ela (a EC 103/2019) remeteu o estabelecimento das novas regras sobre aposentadoria no RPPS dos Estados e Municípios às suas próprias ordens jurídicas, conforme ainda estudaremos.

O STF fundamentou esse entendimento no princípio da isonomia, afirmando que, se a Constituição Federal previu uma aposentadoria com requisitos e critérios diferenciados para os servidores que se submeteram, durante suas vidas funcionais, a condições prejudiciais à saúde, isso significa que o constituinte quis assegurar a esses servidores uma compensação pelos riscos a que foram expostos, o que revela o objetivo de implementar um cenário de igualdade. E permitir a conversão de tempo especial em comum é uma medida que concretiza essa igualdade.

Além disso, a Corte destacou que a CF/88 não vedou expressamente a conversão de tempo especial em comum, de modo que, se é aplicável a Lei 8.213/91 enquanto não editada lei específica para o RPPS e se essa lei prevê a conversão de tempo especial em comum, ela (a conversão) deve ser aplicada.

Segundo a tese fixada nesse julgamento, *"até a edição da Emenda Constitucional nº 103/2019, o direito à conversão, em tempo comum, do prestado sob condições especiais que prejudiquem a saúde ou a integridade física de servidor público decorre da previsão de adoção de requisitos e critérios diferenciados para a jubilação daquele enquadrado na hipótese prevista no então vigente inciso III do § 4º do art. 40 da Constituição da República, devendo ser aplicadas as normas do regime geral de previdência social relativas à aposentadoria especial contidas na Lei 8.213/1991 para viabilizar sua concretização enquanto não sobrevier lei complementar disciplinadora da matéria. Após a vigência da EC n.º 103/2019, o direito à conversão em tempo comum, do prestado sob condições especiais pelos servidores obedecerá à legislação complementar dos entes federados, nos termos da competência conferida pelo art. 40, § 4º-C, da Constituição da República".*

Para enriquecer a compreensão do tema, confira a ementa do acórdão:

> "(...) 1. A Constituição impõe a construção de critérios diferenciados para o cômputo do tempo de serviço em condições de prejuízo à saúde ou à integridade física, conforme permite verificar a interpretação sistemática e teleológica do art. 40, § 4°, CRFB. 2. Desde a edição das Emendas Constitucionais 20/1998 e 47/2005, não há mais dúvida acerca da efetiva existência do direito constitucional daqueles que laboraram em condições especiais à submissão a requisitos e critérios diferenciados para alcançar a aposentadoria. Nesse sentido é a orientação desta Suprema Corte, cristalizada no verbete de n.º 33 da Súmula da Jurisprudência Vinculante: "Aplicam-se ao servidor público, no que couber, as regras do regime geral da previdência social sobre aposentadoria especial de que trata o artigo 40, § 4º, inciso III da Constituição Federal, até a edição de lei complementar específica." 3. Ao permitir a norma constitucional a aposentadoria especial com tempo reduzido de contribuição, verifica-se que reconhece os danos impostos a quem laborou em parte ou na integralidade de sua vida contributiva sob condições nocivas, de modo que nesse contexto **o fator de conversão do tempo especial em comum opera como preceito de isonomia**, equilibrando a compensação pelos riscos impostos. **A conversão surge, destarte, como consectário lógico da isonomia na proteção dos trabalhadores expostos a agentes nocivos.** 4. **Após a EC 103/2019**, o § 4º-C do art. 40 da Constituição, passou a dispor que o ente federado poderá estabelecer por lei complementar idade e tempo de contribuição diferenciados para aposentadoria de servidores cujas atividades sejam exercidas com efetiva exposição a agentes químicos, físicos e biológicos prejudiciais à saúde, ou associação desses agentes, vedada a caracterização por categoria profissional ou ocupação. **Não há vedação expressa ao direito à conversão do tempo comum em especial, que poderá ser disposta em normativa local pelos entes federados**, tal como operou a legislação federal em relação aos filiados ao RGPS, nos termos do art. 57, da Lei 8213/91. (...)" **(RE 1014286, Pleno, Rel. Min. LUIZ FUX, Redator do acórdão Min. EDSON FACHIN, j. 31/08/2020**)

Por fim, é importante registrar que, após a mudança de entendimento do Supremo Tribunal Federal (que vimos acima), o Superior Tribunal de Justiça, que não admitia a conversão de tempo especial em comum quando fosse caso de contagem recíproca de tempo de contribuição (em virtude de o art. 96, I, da Lei 8.213/91 proibir a contagem recíproca de tempo computado em dobro ou em outras "condições especiais"), adequou a sua jurisprudência ao novo posicionamento do STF e passou a admitir a conversão nesse caso.

Por exemplo, no **REsp 1.592.380** (j. 08/02/2022), o STJ decidiu ser possível que servidores públicos convertam tempo especial (de atividades prejudiciais à saúde ou à integridade física) em tempo comum para fins de contagem recíproca com a consequente obtenção de benefício no RPPS, desde que o período convertido seja anterior à EC 103/2019.

Veja a ementa desse julgado:

> "PREVIDENCIÁRIO. MANDADO DE SEGURANÇA. **CONVERSÃO DE TEMPO ESPECIAL EM COMUM.** CERTIDÃO DE TEMPO DE CONTRIBUIÇÃO DO RGPS. **SERVIDOR PÚBLICO.** CONTAGEM RECÍPROCA. **APOSENTADORIA EM REGIME PRÓPRIO DE PREVIDÊNCIA.** JUÍZO DE ADEQUAÇÃO. POSSIBILIDADE. TEMA N. 942/STF.
>
> I - A impetrante pretende a conversão de tempo especial em comum, com ulterior emissão de certidão por tempo de contribuição, para poder utilizar o tempo de serviço exercido no Regime Geral da Previdência Social - RGPS, na sua aposentadoria no Regime Próprio de Previdência Social - RPPS.
>
> II - No EREsp n. 524.267/PB, rel. Ministro Jorge Mussi, Terceira Seção, DJe 24.3.2014, foi sedimentado o entendimento de que, objetivando a contagem recíproca de tempo de serviço, não se admite a conversão do tempo de serviço especial em comum, em razão da expressa vedação legal (arts. 4º, I, da Lei n. 6.226/1975 e 96, I, da Lei n. 8.213/1991). Contudo, **o Supremo Tribunal Federal, no julgamento do RE n. 1.014.286, firmou a tese no sentido de que, "até a edição da EC 103/2019, não havia impedimento à aplicação, aos servidores públicos, das regras do RGPS para a conversão do período de trabalho em condições nocivas à saúde ou à integridade física em tempo de atividade comum"**.
>
> III - Dessa forma, forçosa a reforma do acórdão para realinhar o entendimento desta Corte Superior e, nos termos do art. 1.040 do CPC/2015, fazer a **devida adequação ao decidido pelo Supremo Tribunal Federal, no Tema n. 942**.
>
> (...)" **(REsp 1592380, SEGUNDA TURMA, Rel. Min. FRANCISCO FALCÃO, j. 08/02/2022)**

1.4.2. Servidores com deficiência

Em relação à aposentadoria especial dos servidores com deficiência, também nunca foi editada a lei complementar exigida pelo art. 40, § 4º, I, da CF/88 para regulamentá-la.

Para "driblar" essa omissão, o Supremo Tribunal Federal firmou entendimento no sentido de que, enquanto não editada a lei (complementar) específica para tratar dessa aposentadoria especial no âmbito do RPPS, deve-se aplicar, por analogia, a Lei Complementar 142/2013, que disciplina a aposentadoria especial do portador de deficiência no RGPS.

É importante registrar, porém, que, antes de ser editada a LC 142/2013, o STF determinava a aplicação do art. 57 da Lei 8.213/91 (que, como vimos, trata da aposentadoria especial por condições prejudiciais à saúde no RGPS) para disciplinar, no RPPS, a aposentadoria especial do servidor com deficiência.

Por isso, segundo a jurisprudência que foi firmada pelo STF, na concessão da aposentadoria especial do servidor com deficiência, apenas o período contributivo posterior à LC 142/2013 deve ser regido por essa lei. Já em relação ao período anterior a ela deve ser aplicado o art. 57 da Lei 8.213/91.

Tudo isso fica bastante claro nos seguintes precedentes:

> "(...) APOSENTADORIA ESPECIAL DE SERVIDOR PÚBLICO PORTADOR DE DEFICIÊNCIA. ART. 40, § 4º, I, DA CONSTITUIÇÃO DA REPÚBLICA. (...) (...) 3. In casu, a) o acórdão questionado consignou que a aferição dos requisitos para a aposentadoria especial do servidor portador de deficiência será feita nos moldes do art. 57 da Lei 8.213/1991 até a entrada em vigor da LC 142/2013; **b) após a vigência da LC nº 142/2013, a referida verificação deverá ser feita nos moldes previstos na aludida Lei Complementar.** 4. Embargos de declaração rejeitados."
>
> **(MI 4153 AgR-segundo-ED, Pleno, Rel. Min. LUIZ FUX, j. 27/02/2014)**
>
> "(...) **APOSENTADORIA ESPECIAL DE SERVIDORES PÚBLICOS PORTADORES DE DEFICIÊNCIA.** PRETENSÃO DE APLICAÇÃO DOS PARÂMETROS DA LC Nº 142/2013 AO TEMPO DE SERVIÇO ANTERIOR A SUA VIGÊNCIA. DESPROVIMENTO. 1. Mandado de injunção impetrado com base no art. 40, § 4º, I, da Constituição, que assegura o direito à aposentadoria especial aos servidores portadores de deficiência. 2. Ordem concedida nos termos da integração realizada pelo Plenário do STF: **aplicação supletiva do art. 57 da Lei nº 8.213/1991, com relação ao período anterior à entrada em vigor da LC nº 142/2013, e do disposto na referida Lei Complementar, no que se refere ao período posterior**. (...)"
>
> **(MI 4625 AgR, Pleno, Rel. Min. ROBERTO BARROSO, j. 29/10/2014)**
>
> "**EMENTA:** MANDADO DE INJUNÇÃO – SERVIDOR PÚBLICO PORTADOR DE DEFICIÊNCIA – DIREITO PÚBLICO SUBJETIVO À APOSENTADORIA ESPECIAL (CF, ART. 40, § 4º, N. I) – RECONHECIMENTO DESSE DIREITO PELO SUPREMO TRIBUNAL FEDERAL – **SUPERVENIÊNCIA DA LEI COMPLEMENTAR Nº 142/2013 – APLICAÇÃO ANALÓGICA DE SUAS REGRAS À APOSENTADORIA ESPECIAL DO SERVIDOR PÚBLICO PORTADOR DE DEFICIÊNCIA – POSSIBILIDADE – PRECEDENTES** – PRETENSÃO RECURSAL DA UNIÃO FEDERAL QUE CONFLITA COM DIRETRIZ JURISPRUDENCIAL PREVALECENTE NESTA SUPREMA CORTE – LEGITIMIDADE DA DECISÃO DO RELATOR QUE EXTINGUE O PROCEDIMENTO RECURSAL – RECURSO DE AGRAVO IMPROVIDO."
>
> **(MI 3322 AgR-segundo-ED-ED-AgR, Pleno, Rel. Min. CELSO DE MELLO, j. 01/08/2014)**

1.4.3. Servidores que exercem atividade de risco

Em relação aos servidores que exercem atividade de risco, o cenário é um pouco diferente das outras hipóteses de aposentadoria especial.

Isso porque, na aposentadoria especial por atividade de risco, o texto constitucional (na redação anterior à EC 103/2019) deu ao Poder Legislativo certa margem de liberdade para definir quais categorias de servidores exercem atividades consideradas de risco, sendo necessário editar uma lei complementar específica para disciplinar a aposentadoria especial de cada uma dessas categorias.

Isso ocorreu, por exemplo, com a categoria dos policiais civis, que teve a aposentadoria especial (por atividade de risco) prevista na Lei Complementar nº 51/85 (lei essa que foi recepcionada pela CF/88, segundo decidiu o STF na ADI 3817 e no RE 567110, Tema de Repercussão Geral nº 26). Nos termos dessa lei, **os policiais civis podem se aposentar com proventos integrais, desde que atendidos os seguintes requisitos** (que são mais benéficos do que os da aposentadoria voluntária comum):

I) **Homem:** 30 (trinta) anos de contribuição e 20 (vinte) anos de exercício em cargo de natureza estritamente policial, **sem exigência de idade mínima**.

II) **Mulher:** 25 (vinte e cinco) anos de contribuição e 15 (quinze) anos de exercício em cargo de natureza estritamente policial, **sem exigência de idade mínima**.

Esses requisitos foram estabelecidos no art. 1º, II, da LC 51/85. Veja:

> "**Art. 1º, LC 51/85.** O **servidor público policial** será aposentado:
>
> (...)
>
> II - voluntariamente, **com proventos integrais**, independentemente da idade:
>
> a) após **30 (trinta) anos de contribuição**, desde que conte, pelo menos, **20 (vinte) anos de exercício em cargo de natureza estritamente policial**, se homem;
>
> b) após **25 (vinte e cinco) anos de contribuição**, desde que conte, pelo menos, **15 (quinze) anos de exercício em cargo de natureza estritamente policial**, se mulher."

Portanto, é o próprio Legislador que define, caso a caso, se a categoria faz jus ou não à aposentadoria especial por atividade de risco.

Tendo isso em vista, surge o seguinte questionamento: é possível alegar omissão inconstitucional caso o Poder Legislativo deixe de editar lei prevendo essa aposentadoria especial para alguma categoria? Por exemplo, o Congresso Nacional disciplinou a aposentadoria especial por atividade de risco dos policiais civis, mas não tratou da situação dos guardas municipais. Seria possível afirmar que houve omissão inconstitucional em relação à guarda municipal?

Segundo o Supremo Tribunal Federal, como a definição das categorias que exercem atividade de risco e que, portanto, devem ser contempladas com a aposentadoria especial do art. 40, § 4º, II, da CF/88 cabe ao Legislativo (que possui certa margem de liberdade para disciplinar a questão), a regra é que não se pode reconhecer omissão inconstitucional quando o Legislador deixa de criar previsão legal assegurando essa aposentadoria a determinados servidores públicos. Excepcionalmente, contudo, quando o risco for claramente inerente às atribuições do cargo, será possível reconhecer violação à Constituição caso haja omissão do Poder Legislativo **(MI 833, j. 11/06/2015)**.

No mesmo precedente, o Supremo Tribunal Federal também decidiu que o simples fato de o servidor receber adicional de periculosidade ou de ter porte de arma de fogo não autoriza o reconhecimento automático de omissão inconstitucional na hipótese de ele não ser contemplado com a aposentadoria especial por atividade de risco. Isso porque as prerrogativas decorrentes do vínculo funcional do servidor não têm necessária relação com os direitos que decorrem do seu vínculo previdenciário com o Estado.

Inclusive, especificamente em relação aos **guardas municipais**, o Supremo Tribunal Federal já se manifestou e rejeitou a alegação de omissão inconstitucional decorrente da não edição de lei complementar para disciplinar, em favor dessa categoria, a aposentadoria especial por atividade de risco. Isso porque, segundo decidiu a Corte, esses servidores não exercem atividade de risco, mesmo porque não integram as carreiras da Segurança Pública. Logo, guarda municipal não possui direito subjetivo à aposentadoria especial do art. 40, § 4º, II, da CF/88 **(MI 6515 AgR, j. 20/06/2018)**.

Confira as ementas dos dois precedentes mencionados acima:

> "(...) OFICIAIS DE JUSTIÇA. ALEGADA ATIVIDADE DE RISCO. APOSENTADORIA ESPECIAL. ORDEM DENEGADA. **1. Diante do caráter aberto da expressão atividades de risco (art. 40, § 4º, II, da Constituição) e da relativa liberdade de conformação do legislador, somente há omissão inconstitucional quando a periculosidade seja**

> **inequivocamente inerente ao ofício.** 2. A eventual exposição a situações de risco – a que podem estar sujeitos os Oficiais de Justiça e, de resto, diversas categorias de servidores públicos – não garante direito subjetivo constitucional à aposentadoria especial. 3. A percepção de gratificações ou adicionais de periculosidade, assim como o porte de arma de fogo, não são, por si sós, suficientes para reconhecer o direito à aposentadoria especial, em razão da autonomia entre o vínculo funcional e o previdenciário. 4. Voto pela denegação da ordem, sem prejuízo da possibilidade, em tese, de futura lei contemplar a pretensão da categoria."
>
> **(MI 833, Pleno, Rel. Min. CÁRMEN LÚCIA, Redator do Acórdão Min. ROBERTO BARROSO, j. 11/06/2015)**
>
> "(...) Guarda municipal. Alegada atividade de risco. Aposentadoria especial. 1. Diante do caráter aberto da expressão atividades de risco (art. 40, § 4º, II, da Constituição) e da relativa liberdade de conformação do legislador, somente há omissão inconstitucional quando a periculosidade seja inequivocamente inerente ao ofício. **2. A eventual exposição a situações de risco a que podem estar sujeitos os guardas municipais e, de resto, diversas outras categorias, não garante direito subjetivo constitucional à aposentadoria especial. 3. A percepção de gratificações ou adicionais de periculosidade, assim como o porte de arma de fogo, não são suficientes para reconhecer o direito à aposentadoria especial, em razão da autonomia entre o vínculo funcional e o previdenciário.** (...)"
>
> **(MI 6515 AgR, Pleno, Rel. Min. ROBERTO BARROSO, j. 20/06/2018)**

Quanto aos guardas municipais, o STF chegou até mesmo a reafirmar o seu entendimento no **Tema de Repercussão Geral nº 1057** (ARE 1215727, j. 29/08/2019), no qual foi fixada a tese segundo a qual *"os guardas civis não possuem direito constitucional à aposentadoria especial por exercício de atividade de risco prevista no artigo 40, § 4º, inciso II, da Constituição Federal"*.

Essa mesma linha raciocínio foi adotada pelo Supremo Tribunal Federal em relação aos magistrados. Isso ocorreu na **AO 1800 AgR** (j. 18/10/2022), na qual a Corte decidiu que os magistrados não exercem atividade que possua um risco inerente, embora em algumas situações haja a exposição de juízes (e seus familiares) a situações de risco.

E, justamente porque a magistratura não é uma atividade de risco inerente, os juízes não têm direito a regras especiais de aposentadoria, ou seja, não é compatível com a CF/88 reconhecer aos magistrados o direito a uma aposentadoria especial com o pretexto de eles exercerem atividade de risco. Segundo o STF, os magistrados, portanto, devem se aposentar de acordo com as regras gerais de aposentadoria previstas no art. 40 da CF/88, não sendo possível aplicar a eles o regime especial de aposentadoria previsto na LC 35/79 (a Lei Orgânica da Magistratura Nacional – LOMAN).

Nos termos do voto do relator da AO 1800 AgR (Min. Luís Roberto Barroso), "*não se desconhece quc, em algumas hipóteses eventuais, magistrados e familiares podem ser expostos a situações de risco. Por essa razão o Conselho Nacional de Justiça aprovou a política nacional de segurança do Poder Judiciário, regida pela Resolução CNJ nº 435, de 28 de outubro de 2021. Isso não equivale a afirmar, porém, que a magistratura constitua atividade de risco inerente*".

É importante lembrar, porém, que, conforme estudamos anteriormente, até a EC 20/98 os magistrados podiam ter regras próprias específicas de aposentadoria, pois o art. 93, VI, da CF/88 permitia isso. Com a entrada em vigor dessa emenda, contudo, esse regime especial dos juízes passou a ser vedado, pois o art. 93, VI, da CF/88 passou a determinar a sujeição da magistratura às regras previdenciárias gerais do art. 40 da CF/88.

Como vimos, a LC 51/85 disciplina a aposentadoria especial por atividade de risco dos policiais civis. E quanto aos policiais militares? Considerando que eles não foram contemplados por lei com a concessão dessa espécie de aposentadoria especial, é possível afirmar que há, aí, uma omissão inconstitucional?

Segundo decidiu o STF na **ADO 28** (j. 16/04/2015), **não**.

Isso porque, conforme vimos anteriormente e será melhor abordado em tópico próprio, a previdência dos militares é disciplinada por lei, e não pelas normas contidas na Constituição Federal. Em outras palavras: o regime previdenciário dos militares é eminentemente infraconstitucional, pois a CF/88, em vez de estabelecer as regras que regem esse regime, determina que elas sejam previstas em lei (que é uma norma de *status* infraconstitucional).

Além disso, segundo estabelecido na jurisprudência do STF, o art. 40 da CF/88 somente se aplica aos servidores civis, exceto quando a própria CF/88 determina que alguma disposição especifica desse artigo (como é o caso do seu § 9º) seja aplicada aos militares.

Por conta de tudo isso, o § 4º do art. 40 da CF/88 não pode ser invocado pelos militares para invocar direito subjetivo a aposentadoria especial nem tampouco para alegar que há omissão inconstitucional na ausência de regulamentação dessa modalidade de aposentadoria em seu favor.

Confira a ementa desse julgado:

> "(...) APOSENTADORIA ESPECIAL PARA POLICIAIS FEMININAS CIVIS E MILITARES. ART. 40, § 1º E § 4º, DA CONSTITUIÇÃO DA REPÚBLICA. (...) 1. Inexistência de omissão inconstitucional relativa à aposentadoria especial das servidoras da Polícia Militar. A Lei Complementar n. 144/2014, norma geral editada pela União nos termos do art. 24, § 4º, da Constituição da República, é aplicável às servidoras da Polícia Civil do Estado de São Paulo. Precedentes. 2. O art. 42, § 1º, da Constituição da República preceitua: a) o regime previdenciário próprio dos militares, a ser instituído por lei específica estadual; b) não contempla a aplicação de normas relativas aos servidores públicos civis para os militares, ressalvada a norma do art. 40, § 9º, pela qual se reconhece que "o tempo de contribuição federal, estadual ou municipal será contado para efeito de aposentadoria e o tempo de serviço correspondente para efeito de disponibilidade". **Inaplicabilidade do art. 40, §§ 1º e § 4º, da Constituição da República, para os policiais militares.** Precedentes. 3. Ação direta de inconstitucionalidade por omissão julgada improcedente." **(ADO 28, Pleno, Rel. Min. CÁRMEN LÚCIA, j. 16/04/2015)**

Outra questão importante enfrentada pelo STF quanto à aposentadoria especial dos policiais civis prevista na LC 51/85 foi a seguinte: essa aposentadoria pode ser concedida aos policiais que, durante a vida funcional, não exerceram atividades com efetiva exposição a condições de risco (como é o caso dos policiais que são cedidos a outros órgãos da Administração Pública e, assim, passam a exercer suas funções fora da Polícia Civil)?

Na **ADI 3817** (j. 13/11/2008), o Supremo Tribunal Federal, além de declarar que a LC 51/85 foi recepcionada pela CF/88, decidiu que é inconstitucional a concessão da aposentadoria especial prevista nessa lei sem que o policial civil tenha exercido atividades verdadeiramente policiais com risco à sua integridade física. Segundo o STF, a exposição do policial a condições de risco é pressuposto inafastável para que ele tenha direito à aposentadoria especial em questão.

Nessa ação, a norma específica impugnada foi uma lei do Distrito Federal que, em um de seus dispositivos, permitia, para os fins da aposentadoria especial do policial civil, a contagem de tempo de serviço independentemente de ter havido, no período, exposição a condições de risco. Isso porque a norma assegurava essa aposentadoria também a policiais civis cedidos a outros órgãos da Administração Pública, não restringindo o benefício aos que tivessem exercido suas funções na própria Polícia Civil.

Segundo o STF, uma previsão legal como essa é inconstitucional, pois, nos termos do art. 40, § 4º, II, da CF/88, a aposentadoria especial em questão exige que o servidor público tenha exercido atividades de risco, o que não ocorre quando o policial é cedido a outro órgão da Administração Pública.

Confira a ementa desse julgado:

> "(...) ART. 3º DA LEI DISTRITAL N. 3.556/2005. **SERVIDORES DAS CARREIRAS POLICIAIS CIVIS CEDIDOS À ADMINISTRAÇÃO PÚBLICA DIRETA E INDIRETA DA UNIÃO E DO DISTRITO FEDERAL**: TEMPO DE SERVIÇO CONSIDERADO PELA NORMA QUESTIONADA COMO DE EFETIVO EXERCÍCIO DE ATIVIDADE POLICIAL. AMPLIAÇÃO DO BENEFÍCIO DE APOSENTADORIA ESPECIAL DOS POLICIAIS CIVIS ESTABELECIDO NO ARTIGO 1º DA LEI COMPLEMENTAR FEDERAL Nº 51, DE 20.12.1985. (...) 3. O art. 1º da Lei Complementar Federal n. 51/1985 que dispõe que o policial será aposentado voluntariamente, com proventos integrais, após 30 (trinta) anos de serviço, desde que conte pelo menos 20 anos de exercício em cargo de natureza estritamente policial foi recepcionado pela Constituição da República de 1988. A combinação desse dispositivo com o art. 3º da Lei Distrital n. 3.556/2005 **autoriza a contagem do período de vinte anos previsto na Lei Complementar n. 51/1985 sem que o servidor público tenha, necessariamente, exercido atividades de natureza estritamente policial, expondo sua integridade física a risco, pressuposto para o reconhecimento da aposentadoria especial do art. 40, § 4º, da Constituição da República: inconstitucionalidade configurada**. (...)" **(ADI 3817, Pleno, Rel. Min. CÁRMEN LÚCIA, j. 13/11/2008)**

Por fim, é interessante notar que, embora esse precedente tenha tratado especificamente do caso do policial civil que é cedido a outro órgão da Administração Pública (e que, por isso, deixa de exercer atividade de risco), nada impede que o mesmo raciocínio seja aplicado ao policial civil que, embora permaneça exercendo suas funções na Polícia Civil, desempenhe exclusivamente atividades internas de caráter burocrático sem qualquer exposição a condições que coloquem em risco a sua integridade física. Nesse caso (de policial que exerce tão somente atividades internas burocráticas), considerando que não há desempenho de atividade de risco, também parece ser indevida a concessão da aposentadoria especial em questão.

1.4.4. As aposentadorias especiais asseguram o pagamento de proventos com paridade e integralidade?

Uma questão bastante debatida judicialmente foi a seguinte: o fato de um servidor público ter direito a uma aposentadoria especial decorrente do art. 40, § 4º, da CF/88, faz com que os seus proventos sejam contemplados com integralidade (valor equivalente à última remuneração recebida na atividade) e com paridade (reajustes na mesma data e nos mesmos índices dos reajustes concedidos aos servidores ativos)?

É comum que servidores ajuízem ações pleiteando o reconhecimento do direito à integralidade e à paridade, alegando que isso seria uma decorrência do direito à aposentadoria especial (seja ela uma aposentadoria por atividade de risco, uma aposentadoria por condições prejudiciais à saúde ou uma aposentadoria de pessoa com deficiência). Ou seja, essa tese afirma que, se a aposentadoria não é comum (a qual, conforme vimos, assegura proventos correspondentes a uma média aritmética das bases de cálculo das contribuições previdenciárias do servidor), os proventos devem ser contemplados com a integralidade e a paridade.

A Administração Pública de determinados entes federados (como é o caso do Estado de São Paulo) rejeita essa tese, pois as aposentadorias especiais têm fundamento no art. 40 da CF/88, e as aposentadorias fundamentadas nesse artigo devem ter seus proventos calculados também nos termos desse artigo, o qual determina que o valor da aposentadoria deve ser apurado de acordo com o disposto em lei (lei essa que, como vimos exaustivamente, é a Lei 10.887/04, que estabelece o cálculo dos proventos pela média aritmética das 80% maiores bases de cálculo das contribuições pagas pelo servidor).

Além disso, o § 4º do art. 40 da CF/88 deixa bem claro que, nas aposentadorias especiais, a única coisa diferente em relação à aposentadoria "comum" são os critérios de concessão do benefício (isto é, os requisitos de idade, tempo de serviço, tempo de contribuição etc.), mas não a forma de cálculo dos respectivos proventos. Ou seja, **os critérios de concessão de uma aposentadoria não se confundem com a forma de cálculo dos seus proventos.**

Para robustecer ainda mais o entendimento da Fazenda Pública, a EC 41/03 extinguiu a possibilidade de concessão de aposentadorias com integralidade e paridade de proventos. As únicas exceções a isso foram as hipóteses dos servidores que ingressaram no serviço público antes dessa emenda e que viessem a se aposentar preenchendo as regras de transição das ECs 41/03, 47/05 e 70/12, as quais estabelecem requisitos que em nada se confundem com os requisitos exigidos nas aposentadorias especiais.

Segundo a interpretação da Fazenda Pública, portanto, ou o servidor se aposenta pelas regras de transição das referidas emendas constitucionais, e aí recebe proventos com integralidade e paridade, ou ele se aposenta com fundamento no art. 40 da CF/88 (seja pela aposentadoria "comum", seja por alguma das aposentadorias especiais), e nesse caso recebe proventos calculados da mesma forma como são calculados os proventos de aposentadoria de todo servidor que não se enquadra nas excepcionais regras de transição das ECs 41/03, 47/05 e 70/12 (ou seja, proventos correspondentes a uma média aritmética obtida a partir das bases de cálculo das contribuições pagas pelo servidor).

Essa questão já foi apreciada pelo Supremo Tribunal Federal, encontrando-se definida atualmente.

Em um primeiro momento (ADI 5403, j. 13/10/2020), o STF admitiu a possibilidade de os Estados, no exercício da competência legislativa concorrente em matéria previdenciária (art. 24, XII, CF/88), editarem normas estabelecendo que nas aposentadorias especiais dos seus servidores os proventos fossem calculados com paridade e integralidade (o caso envolveu aposentadoria especial por atividade de risco de agentes penitenciários). A Corte entendeu que a criação de uma norma com esse teor estaria dentro da margem de liberdade dos Estado para estabelecerem normas específicas no âmbito da competência legislativa concorrente.

Como se pode perceber, o STF, nesse precedente, ignorou (ou considerou irrelevante) o fato de que a própria CF/88 (na redação anterior à EC 103/2019) já estabelece as regras aplicáveis no cálculo dos proventos de aposentadoria no RPPS, não havendo liberdade para o legislador estadual inovar nessa questão.

Em momento posterior, o Supremo Tribunal Federal, acolhendo a tese da Fazenda Pública, modificou seu posicionamento e passou a entender que as regras de cálculo dos proventos de aposentadoria dos servidores públicos, inclusive nas aposentadorias especiais, já estão estabelecidas no texto constitucional, não podendo normas infraconstitucionais dispor em sentido diverso.

Essa alteração de entendimento ocorreu na **ADI 5039** (j. 11/11/2020), na qual o STF decidiu que os Estados, ainda que a pretexto de exercer a competência legislativa concorrente em matéria previdenciária (art. 24, XII, CF/88), não podem estabelecer regras de cálculo de proventos diversas das estabelecidas no texto constitucional. Por isso, ainda que a norma local envolva aposentadoria especial de alguma categoria, ela não poderia assegurar o pagamento de proventos com paridade e integralidade fora das hipóteses em que essa forma de cálculo é assegurada por normas constitucionais federais.

Nesse precedente, a norma analisada era uma lei do Estado de Rondônia que assegurava pagamento de proventos com paridade e integralidade na aposentadoria especial dos policiais civis independentemente de esses servidores preencherem outros requisitos constitucionais relacionados ao cálculo dos proventos. E isso foi declarado inconstitucional pelo Supremo Tribunal Federal, em virtude de essa norma destoar da disciplina constitucional dos proventos de aposentadoria no RPPS.

Como vimos, desde a EC 41/03, a paridade e a integralidade de proventos passaram a ser asseguradas apenas aos servidores que já haviam preenchido os requisitos para se aposentar antes dessa emenda e aos que, não tendo preenchido os requisitos antes dela, viessem a atender as exigências das regras de transição da própria EC 41/03, da EC 47/05 ou da EC 70/12.

Por isso, em se tratando de aposentadoria especial de servidor público, o simples fato de se estar diante de uma modalidade diferente de aposentadoria não permitiria, segundo decidiu o STF nesse caso, ignorar as regras constitucionais de cálculo de proventos. Como consequência disso, os servidores contemplados com aposentadoria especial deveriam ter seus proventos calculados de acordo com a regra geral aplicável a todos os demais servidores (ou seja, a partir da média aritmética das 80% maiores bases de cálculo das contribuições pagas ao longo da vida contributiva).

Como consequência dessa decisão do STF, após a EC 41/03, o servidor público que não preencheu os requisitos para se aposentar antes dessa emenda, deveria necessariamente preencher as regras de transição das ECs 41/03, 47/05 ou 70/12 para obter aposentadoria com integralidade e paridade de proventos, ainda que tivesse direito a alguma aposentadoria especial. Em outras palavras: esse servidor, para ter paridade e integralidade de proventos, teria que abrir mão das regras mais benéficas da aposentadoria especial e deveria atender as exigências das referidas emendas constitucionais. Caso contrário, seus proventos seriam calculados pelas mesmas regras de cálculo aplicáveis nas aposentadorias "comuns" do art. 40 da CF/88.

Nas exatas palavras utilizadas pelo STF nesse caso, *"os Estados e os Municípios podem, no exercício da competência legislativa conferida pela Constituição Federal, elaborar leis que regulamentem a aposentadoria dos seus servidores,* ***desde que não desbordem do conteúdo do art. 40, da CRFB*** *e, especificamente no tocante aos policiais civis, atentem à Lei Complementar 51/85, norma geral editada pela União e recepcionada pela Constituição Federal, conforme precedentes do STF. (...) O § 12 do art. 45 e os §§ 1º, 5º e 6º do* *art. 91-A, da Lei Complementar do Estado de Rondônia 432/2008, na redação dada pela Lei Complementar 672/2012,* ***ao reconhecerem aos policiais civis o direito à aposentadoria com paridade e integralidade, sem observar regras de transição quanto à data de ingresso no serviço público, nos termos das Emendas Constitucionais 41/2003 e 47/2005, violam os §§ 3º e 8º do artigo 40 da Constituição Federal****"*.

Posteriormente, esse entendimento chegou a ser confirmado pela Corte, no mesmo processo, ao julgar, em 13/02/2023, os embargos de declaração que foram opostos contra o acórdão do julgamento de mérito.

Ocorre que, em setembro de 2023, ao julgar o **Tema de Repercussão Geral nº 1019** (RE 1162672, j. 04/09/2023), o Supremo Tribunal Federal modificou novamente o seu posicionamento sobre o tema e passou a entender que o art. 40, § 4º, da CF/88 (na redação anterior à EC 103/2019), ao estabelecer que lei complementar pode fixar requisitos e critérios diferenciados para a concessão de aposentadoria especial, permite que essa lei complementar estabeleça, também, a forma de cálculo e de reajuste dos respectivos proventos.

Em outras palavras: nesse julgamento, o STF decidiu que a expressão "requisitos e critérios diferenciados" contida no art. 40, § 4º, da CF/88 (na redação anterior à EC 103/2019) engloba não apenas os requisitos e critérios (como idade e tempo de contribuição) para a concessão da aposentadoria especial, mas também a definição da forma de calcular e de reajustar os proventos pagos nessa aposentadoria. Consequentemente, se a lei complementar disciplinadora de determinada hipótese de aposentadoria especial estabelecer que os servidores contemplados com essa aposentadoria têm direito a receber proventos com integralidade e paridade independentemente do atendimento das regras de transição das ECs 41/03 e 47/05, não haverá inconstitucionalidade alguma.

A hipótese específica de aposentadoria especial objeto desse julgamento foi a aposentadoria especial dos policiais civis (que é uma aposentadoria especial por atividade de risco), a qual é disciplinada pela Lei Complementar nº 51/85, lei essa que, antes da EC 103/2019, era a norma geral disciplinadora da aposentadoria especial dos servidores integrantes das Polícias Civis de todos os entes federados (mais precisamente, da União, dos Estados e do Distrito Federal, que são as entidades federativas que possuem órgãos policiais civis).

A LC 51/85, como vimos anteriormente, prevê, no seu art. 1º, II, que, cumpridos determinados requisitos diferenciados (mais benéficos do que os da aposentadoria voluntária comum) de tempo de contribuição e de serviço policial, o servidor policial civil tem direito a se aposentar com "proventos integrais". Veja:

> "**Art. 1º, LC 51/85.** O servidor público policial será aposentado:
>
> II - voluntariamente, **com proventos integrais**, independentemente da idade:
>
> a) após 30 (trinta) anos de contribuição, desde que conte, pelo menos, 20 (vinte) anos de exercício em cargo de natureza estritamente policial, se homem;
>
> b) após 25 (vinte e cinco) anos de contribuição, desde que conte, pelo menos, 15 (quinze) anos de exercício em cargo de natureza estritamente policial, se mulher."

O STF, ao julgar o caso (Tema de Repercussão Geral nº 1019), entendeu que, como a lei complementar que disciplina uma aposentadoria especial pode definir a forma de cálculo e de reajuste dos respectivos proventos, a expressão "proventos integrais" contida no art. 1º, II, da LC 51/85 deve ser entendida como garantia de integralidade de proventos aos policiais civis contemplados com a aposentadoria especial prevista nessa norma. E isso se aplica, segundo a Corte, aos integrantes das carreiras policiais civis de todos os entes federados, ou seja, esse entendimento alcança os integrantes de todas as Polícias não militares do País, o que engloba não apenas as Polícias Civis dos Estados, mas também, por exemplo, a Polícia Federal e a Polícia Rodoviária Federal.

Perceba que a LC 51/85 nada fala sobre a aplicação da paridade aos proventos da aposentadoria especial dos policiais civis. Porém, o STF deixou claro, ao julgar o Tema de Repercussão Geral nº 1019, que, como a lei complementar que disciplina uma hipótese de aposentadoria especial pode tratar da forma de cálculo e de reajuste dos respectivos proventos, nada impede que seja editada alguma outra lei complementar assegurando a aplicação da paridade de reajustes aos proventos da aposentadoria especial concedida com base na LC 51/85.

Essa lei complementar pode, inclusive, ser editada pelos Estados (não há necessidade de ser uma lei complementar federal), tendo em vista que direito previdenciário é tema de competência legislativa concorrente, o que permite que, na ausência de norma geral federal, a omissão seja suprida por norma editada por cada Estado para ser aplicada em seu respectivo âmbito, tudo conforme prevê o art. 24, XII e §§ 1º a 4º, da CF/88. Confira o teor desses dispositivos constitucionais:

> "**Art. 24, CF/88.** Compete à União, aos Estados e ao Distrito Federal legislar concorrentemente sobre:
>
> (...)
>
> XII - **previdência social**, proteção e defesa da saúde;
>
> (...)
>
> **§ 1º** No âmbito da legislação concorrente, a competência da União limitar-se-á a estabelecer normas gerais.
>
> **§ 2º** A competência da União para legislar sobre normas gerais não exclui a competência suplementar dos Estados.
>
> **§ 3º** Inexistindo lei federal sobre normas gerais, os Estados exercerão a competência legislativa plena, para atender a suas peculiaridades.
>
> **§ 4º** A superveniência de lei federal sobre normas gerais suspende a eficácia da lei estadual, no que lhe for contrário."

Especificamente para o âmbito da Administração Pública federal, existe norma (federal) assegurando o reajuste pela paridade nas aposentadorias especiais dos servidores policiais. Trata-se da Lei 4.878/65, que cuida do regime jurídico dos policiais civis da União e do Distrito Federal e, ao fazer isso, prevê o direito desses servidores à paridade de proventos no seu art. 38, que tem o seguinte teor:

> "**Art. 38, Lei 4.878/65.** O provento do policial inativo **será revisto sempre que ocorrer**:
>
> a) modificação geral dos vencimentos dos funcionários policiais civis em atividade; ou
>
> b) reclassificação do cargo que o funcionário policial inativo ocupava ao aposentar-se."

Esse dispositivo, anterior a 1988, foi recepcionado pelo art. 40, § 4º, da CF/88 (na redação dada pela EC 41/03) com "status" de lei complementar, tratando-se, portanto, de uma norma disciplinadora da aposentadoria especial dos policiais civis da esfera federal.

Em relação aos policiais civis estaduais, não existe norma geral federal assegurando paridade na aposentadoria especial. No entanto, conforme vimos acima, nada impede, segundo decidiu o STF no Tema de Repercussão Geral nº 1019, que cada Estado, por meio de lei complementar própria, supra essa omissão da legislação federal e assegure, para seus policiais civis, paridade de reajustes na aposentadoria especial.

Nos exatos termos da tese fixada pelo STF nesse julgamento (Tema de Repercussão Geral nº 1019), *"o servidor público policial civil que preencheu os requisitos para a aposentadoria especial voluntária prevista na LC nº 51/85 tem direito ao cálculo de seus proventos com base na regra da integralidade e, quando também previsto em lei complementar, na regra da paridade, independentemente do cumprimento das regras de transição especificadas nos arts. 2º e 3º da EC 47/05, por enquadrar-se na exceção prevista no art. 40, § 4º, inciso II, da Constituição Federal, na redação anterior à EC 103/19, atinente ao exercício de atividade de risco".*

Portanto, o entendimento atual do Supremo Tribunal Federal (fixado no Tema de Repercussão Geral nº 1019) é no sentido de que a lei complementar disciplinadora de uma aposentadoria especial pode assegurar o pagamento de proventos com paridade e integralidade, pois a expressão "requisitos e critérios diferenciados" contida no art. 40, § 4º, da CF/88 (na redação anterior à EC 103/2019) deve ser interpretada de modo a englobar a definição da forma de cálculo e de reajuste dos proventos.

Apenas para provocar a reflexão, é importante registrar que esse posicionamento do Supremo Tribunal Federal não é imune a críticas, e a principal crítica que pode ser feita é a de que o STF, ao decidir dessa forma, acabou interpretando a Constituição à luz da legislação infraconstitucional, e não a legislação infraconstitucional à luz da Constituição (que, tecnicamente, é o que seria correto, tendo em vista que o princípio da supremacia da Constituição determina que o ordenamento jurídico seja interpretado "de cima para baixo", posicionando-se a Constituição como a norma suprema a partir da qual todas as demais normas - que são inferiores a ela - devem ser interpretadas).

Quando o STF afirma que a expressão "proventos integrais" prevista na LC 51/85 deve ser compreendida como integralidade de proventos, ele ignora que, desde a EC 41/03, a Constituição Federal deixou de assegurar pagamento de proventos com integralidade e passou a determinar que os proventos integrais são aqueles calculados de acordo com o estabelecido em norma infraconstitucional (norma essa que, conforme já vimos, é a Lei Federal 10.887/04, a qual estabeleceu que os proventos integrais correspondem à média aritmética dos 80% maiores salários de contribuição do servidor).

Ora, se a própria Constituição Federal já estabelece o que deve ser entendido como proventos integrais, não é tecnicamente correto ignorar esse fato e interpretar a expressão "proventos integrais" contida na legislação infraconstitucional (mais precisamente, na LC 51/85) sem levar em consideração a definição contida no texto constitucional. Ao fazer isso, o STF, em vez de interpretar a LC 51/85 à luz da Constituição (que seria o correto), realiza uma interpretação do texto constitucional a partir da LC 51/85, ou seja, interpreta o ordenamento jurídico "de baixo para cima", violando a supremacia constitucional.

Além disso, ao compreender a expressão "requisitos e critérios diferenciados" como algo que engloba a definição da forma de cálculo e de reajuste dos proventos das aposentadorias especiais, o Supremo Tribunal Federal ignorou o fato de que a própria CF/88, em seu art. 40, já estabelece de que maneira os proventos de aposentadoria no RPPS devem ser calculados e reajustados.

Decidindo dessa forma, a Corte ignorou também que a CF/88, ao disciplinar o cálculo e o reajuste dos proventos no RPPS, faz isso em dispositivo diverso daquele em que são fixados os requisitos e os critérios para a concessão de aposentadorias, o que deixa claro que, segundo o texto constitucional, os requisitos e critérios para a concessão de uma aposentadoria não são a mesma coisa que o cálculo e o reajuste dos respectivos proventos.

Isso fica claro quando se percebe que os requisitos e critérios para a concessão de aposentadorias no RPPS são tratados no § 1º do art. 40 da CF/88, enquanto a forma de cálculo e de reajuste dos respectivos proventos é disciplinada nos §§ 2º, 3º, 8º e 17 do mesmo artigo. Veja o teor desses dispositivos, todos na redação anterior à EC 103/2019:

> "**Art. 40, CF/88.** (...)
>
> **§ 1º** Os servidores abrangidos pelo regime de previdência de que trata este artigo serão aposentados, calculados os seus proventos a partir dos valores fixados na forma dos §§ 3º e 17:
>
> I - por invalidez permanente, sendo os proventos proporcionais ao tempo de contribuição, exceto se decorrente de acidente em serviço, moléstia profissional ou doença grave, contagiosa ou incurável, na forma da lei;
>
> II - compulsoriamente, com proventos proporcionais ao tempo de contribuição, aos 70 (setenta) anos de idade, ou aos 75 (setenta e cinco) anos de idade, na forma de lei complementar;
>
> III - voluntariamente, desde que cumprido tempo mínimo de dez anos de efetivo exercício no serviço público e cinco anos no cargo efetivo em que se dará a aposentadoria, observadas as seguintes condições:
>
> a) sessenta anos de idade e trinta e cinco de contribuição, se homem, e cinqüenta e cinco anos de idade e trinta de contribuição, se mulher;
>
> b) sessenta e cinco anos de idade, se homem, e sessenta anos de idade, se mulher, com proventos proporcionais ao tempo de contribuição.
>
> **§ 2º** Os proventos de aposentadoria e as pensões, por ocasião de sua concessão, não poderão exceder a remuneração do respectivo servidor, no cargo efetivo em que se deu a aposentadoria ou que serviu de referência para a concessão da pensão.

> **§ 3º** Para o cálculo dos proventos de aposentadoria, por ocasião da sua concessão, serão consideradas as remunerações utilizadas como base para as contribuições do servidor aos regimes de previdência de que tratam este artigo e o art. 201, na forma da lei.
>
> (...)
>
> **§ 8º** É assegurado o reajustamento dos benefícios para preservar-lhes, em caráter permanente, o valor real, conforme critérios estabelecidos em lei.
>
> (...)
>
> **§ 17** Todos os valores de remuneração considerados para o cálculo do benefício previsto no § 3° serão devidamente atualizados, na forma da lei.
>
> (...)"

Por isso, tecnicamente, é equivocado concluir (como fez o STF) que a expressão "requisitos e critérios diferenciados" contida no art. 40, § 4º, da CF/88 engloba a forma de cálculo e de reajuste dos proventos das aposentadorias especiais.

Seja como for, o fato é que o entendimento atual do Supremo Tribunal Federal sobre a questão é o que foi estabelecido no Tema de Repercussão Geral nº 1019, que é o entendimento que deve ser adotado nas provas de concurso.

E, para finalizarmos este tópico, é importante registrar que, apesar de o STF ter deixado claro no Tema de Repercussão Geral nº 1019 que, na aposentadoria especial de policial civil pelas regras anteriores à EC 103/2019, a paridade só é devida quando houver previsão em lei complementar, muitos Tribunais de Justiça, julgando ações ajuizadas por policiais civis dos respectivos Estados, têm assegurado a eles o direito à paridade mesmo não existindo lei complementar local prevendo esse direito.

Essas decisões, como se pode perceber, deixam de observar o que foi estabelecido no Tema de Repercussão Geral nº 1019, e, segundo decidiu o próprio Supremo Tribunal Federal, dessa vez no **Tema de Repercussão Geral nº 1307**, tais decisões, por assegurarem a paridade aos policiais civis aposentados de forma especial pelas regras anteriores à EC 103/2019 sem que haja previsão nesse sentido em lei complementar local, **são nulas.**

Nos termos da **tese fixada pelo STF** (no Tema de Repercussão Geral nº 1307), *"é nulo o acórdão que garante a paridade para aposentadoria especial de policial civil sem examinar a legislação do ente federativo ao qual pertença o servidor"*.

2. APOSENTADORIAS APÓS A EC 103/2019

Vimos que, antes da EC 103/2019, as espécies de aposentadoria eram as seguintes:

V) Aposentadoria voluntária;

VI) Aposentadoria compulsória;

VII) Aposentadoria por invalidez;

VIII) Aposentadoria especial.

A EC 103/2019 manteve o rol de aposentadorias que já existia, mas trouxe diversas alterações ao regime anterior. E aqui é necessário repetir mais uma vez: as alterações nas regras de concessão e de cálculo de aposentadoria constantes do texto constitucional (sejam as formalmente introduzidas na CF/88, sejam as que ficaram apenas no corpo da EC 103/2019) se aplicam apenas no âmbito da União. Conforme vimos, as modificações no regime das aposentadorias dos servidores dos Estados, Distrito Federal e Municípios dependem, para que ocorram, da edição de lei própria em cada entidade federativa e de aprovação de emenda à Constituição Estadual ou Lei Orgânica respectiva.

2.1. Aposentadoria voluntária

A aposentadoria voluntária está prevista no art. 40, § 1º, III, da CF/88, tendo esse dispositivo recebido nova redação dada pela EC 103/2019.

A partir da EC 103/2019, a CF/88, ao tratar da aposentadoria voluntária, não fala mais em dois tipos dessa aposentadoria (um com proventos integrais e outro com proventos proporcionais), mesmo porque agora, na vigência da EC 103/2019, no que diz respeito à forma de cálculo dos proventos das diferentes aposentadorias no RPPS, a CF/88 passou a estabelecer tão somente que ela seguirá o que for estabelecido na legislação de cada ente federado (art. 40, § 3º), sem haver referência expressa a proventos integrais ou proventos proporcionais (exceto na aposentadoria compulsória, conforme veremos à frente).

Confira o § 3º do art. 40 da CF/88:

> "**Art. 40, § 3º, CF/88.** As regras para cálculo de proventos de aposentadoria serão disciplinadas em lei do respectivo ente federativo." ***(Redação dada pela EC 103/2019)***

Aqui é importante lembrar que, conforme já estudamos, especificamente em relação aos servidores da União, a própria EC 103/2019 estabeleceu a forma de cálculo dos proventos de aposentadoria que deve ser observada enquanto não houver lei federal disciplinando a questão.

Segundo essa forma de cálculo, o valor dos proventos dos servidores federais na aposentadoria voluntária segue uma gradação que se inicia em 60% (sessenta por cento) da média aritmética dos salários de contribuição e tem como limite máximo 100% (cem por cento) dessa média. Essa gradação (de 60% a 100% da média aritmética das bases de cálculo das contribuições pagas) varia de acordo com o tempo de contribuição do servidor, havendo o acréscimo de dois pontos percentuais para cada ano de contribuição que supere o mínimo de 20 (vinte) anos, o que mostra que, para ter direito a 100% da média aritmética (isto é, para ter direito a "proventos integrais"), o servidor deve contar com 40 (quarenta) anos de contribuição.

No que diz respeito aos requisitos para a concessão da aposentadoria voluntária, a EC 103/2019 trouxe novidades, e, assim como fez em relação à forma de cálculo dos proventos, determinou que a questão fosse disciplinada pela legislação de cada ente federado. A exceção a isso foi a União, pois, especificamente para os servidores federais, a referida emenda já fixou os requisitos de idade e tempo de contribuição para a aposentadoria voluntária.

Portanto, a partir da EC 103/2019, no que diz respeito aos requisitos para a concessão de aposentadoria voluntária no RPPS, a CF/88, no art. 40, § 1º, III, passou a estabelecer o seguinte:

a) Para os servidores federais, exige-se apenas **62 (sessenta e dois) anos de idade para mulher e 65 (sessenta e cinco) anos de idade para homem**, além do **tempo de contribuição e outros requisitos que forem estabelecidos em lei complementar federal** (enquanto não for editada essa lei complementar, será exigido o **tempo de contribuição mínimo de 25 anos, além de 10 anos de efetivo serviço público e 5 anos no cargo** em que ocorrer a aposentadoria, conforme prevê o art. 10, § 1º, da EC 103/2019).

b) Para os servidores dos demais entes federados (Estados, Distrito Federal e Municípios), deve haver a **fixação de idade mínima na respectiva Constituição ou Lei Orgânica**, bem como de **tempo de contribuição mínimo e eventuais outros requisitos em lei complementar própria**.

Veja como ficou, após a EC 103/2019, o texto constitucional fixando os requisitos para a obtenção da **aposentadoria voluntária**:

> "**Art. 40, § 1º, CF/88.** O servidor abrangido por regime próprio de previdência social será aposentado: ***(Redação dada pela EC 103/2019)***
>
> (...)
>
> III - no **âmbito da União**, aos **62 (sessenta e dois) anos de idade, se mulher**, e aos **65 (sessenta e cinco) anos de idade, se homem**, e, **no âmbito dos Estados, do Distrito Federal e dos Municípios**, na idade mínima estabelecida mediante **emenda às respectivas Constituições e Leis Orgânicas**, observados o tempo de contribuição e os demais requisitos estabelecidos em **lei complementar do respectivo ente federativo**. ***(Redação dada pela EC 103/2019)***
>
> (...)"
>
> "**Art. 10, EC 103/2019.** Até que entre em vigor **lei federal** que discipline os benefícios do regime próprio de previdência social dos **servidores da União**, aplica-se o disposto neste artigo.
>
> **§ 1º** Os servidores públicos federais serão aposentados:
>
> I - **voluntariamente**, observados, cumulativamente, os seguintes requisitos:
>
> a) **62 (sessenta e dois) anos de idade**, se mulher, e **65 (sessenta e cinco) anos de idade**, se homem; e
>
> b) **25 (vinte e cinco) anos de contribuição**, desde que cumprido o tempo mínimo de **10 (dez) anos de efetivo exercício no serviço público** e de **5 (cinco) anos no cargo efetivo** em que for concedida a aposentadoria;
>
> (...)"

Agora, confira a tabela esquematizada abaixo para facilitar a visualização desses requisitos:

APOSENTADORIA VOLUNTÁRIA NO RPPS APÓS A EC 103/2019 (ART. 40, § 1º, III, CF/88)	
IDADE MÍNIMA	
NA UNIÃO	**NOS DEMAIS ENTES FEDERADOS**
- 65 anos para o servidor homem; e - 62 anos para a servidora mulher.	- A idade que for definida na respectiva Constituição ou Lei Orgânica

APOSENTADORIA VOLUNTÁRIA NO RPPS APÓS A EC 103/2019 (ART. 40, § 1º, III, CF/88)	
TEMPO DE CONTRIBUIÇÃO	
NA UNIÃO - O que for definido em lei complementar federal. - Enquanto não for editada a lei complementar federal fixando o tempo de contribuição mínimo, ele será de **25 (vinte e cinco) anos**, conforme prevê o art. 10, § 1º, I, "b", da EC 103/2019.	**NOS DEMAIS ENTES FEDERADOS** - O que for definido em lei complementar própria.
OUTROS REQUISITOS	
NA UNIÃO - O que for definido em lei complementar federal. - Enquanto não for editada a lei complementar federal disciplinando esses requisitos, eles serão os seguintes: **10 (dez) anos de efetivo serviço público** e **5 (cinco) anos no cargo em que ocorrer a aposentadoria**, conforme prevê o art. 10, § 1º, I, "b", da EC 103/2019.	**NOS DEMAIS ENTES FEDERADOS** - O que for definido em lei complementar própria.

É importante registrar que o requisito de idade na aposentadoria voluntária sofre redução de 05 (cinco anos) quando o servidor ocupa o cargo de professor e exerceu funções de magistério na educação básica (que, como já estudamos, compreende a educação infantil e os ensinos fundamental e médio). Essa redução de requisitos caracteriza a chamada **"aposentadoria especial de professor" (ou "aposentadoria especial docente")**, que foi mantida pela EC 103/2019, no art. 40, § 5º, da CF/88.

Veja o teor desse dispositivo:

> "**Art. 40, § 5º, CF/88.** Os ocupantes do cargo de professor terão **idade mínima reduzida em 5 (cinco) anos** em relação às idades decorrentes da aplicação do disposto no **inciso III do § 1º**, desde que comprovem **tempo de efetivo exercício das funções de magistério** na educação infantil e no ensino fundamental e médio **fixado em lei complementar do respectivo ente federativo.**" ***(Redação dada pela EC 103/2019)***

ATENÇÃO! Note que, a partir da EC 103/2019, a CF/88 (no seu art. 40, § 5º) passou a assegurar, na aposentadoria especial de professor, **redução**

apenas no requisito idade mínima, não prevendo mais a redução do tempo de contribuição.

Como vimos anteriormente, antes da EC 103/2019, a aposentadoria especial de professor assegurava ao servidor redução de 5 (cinco) anos tanto no requisito idade mínima quanto no requisito tempo de contribuição. Agora, com a EC 103/2019, a CF/88 assegura, nessa modalidade de aposentadoria, redução (de 5 anos) apenas no requisito idade mínima, e nem mesmo permite que os entes federados, por meio de suas legislações próprias, estabeleçam redução do tempo de contribuição.

Em outras palavras: **a partir da EC 103/2019, a aposentadoria especial de professor assegura redução de 5 (cinco) anos no requisito idade mínima, mas não mais permite que o requisito tempo de contribuição sofra redução** (e isso se aplica a todos os entes federados, pois o art. 40, § 5º, da CF/88, não restringe sua regra a nenhuma esfera federativa). Isso se deve ao fato de que a EC 103/2019 teve como um de seus objetivos equilibrar as contas públicas (mais precisamente, as contas dos regimes de previdência) e reduzir o tempo de contribuição para a obtenção de aposentadoria seria uma medida contrária a esse objetivo.

Note também que a aplicação do disposto no § 5º do art. 40 da CF/88 (na redação dada pela EC 103/2019) depende de edição de lei complementar de cada ente federado para regulamentar a aposentadoria especial docente, especialmente, para fixar o **tempo de efetivo exercício das funções de magistério** que deve ser cumprido para que o servidor ocupante de cargo de professor tenha direito a essa aposentadoria.

Especificamente para o âmbito da União (isto é, para os servidores federais), a própria EC 103/2019 já fixou os requisitos para a concessão da aposentadoria especial de professor a serem observados enquanto não for editada a lei complementar exigida pelo art. 40, § 5º, da CF/88. Esses requisitos (que, repita-se, aplicam-se apenas aos servidores federais) foram estabelecidos no art. 10, § 2º, III, da EC 103/2019, e são os seguintes:

I) Idade mínima de **60 (sessenta anos) para homem e 57 (cinquenta e sete) anos para mulher** (a idade é a mesma da aposentadoria voluntária comum, mas com a redução de 5 anos, e isso independe da edição de lei complementar, pois já se encontra estabelecido no art. 40, § 5º, da CF/88);

II) Tempo mínimo de **contribuição de 25 (vinte e cinco) anos tanto** para homem quanto para mulher, devendo esse tempo se dar

exclusivamente em funções de magistério na educação infantil, no ensino fundamental e/ou no ensino médio (além disso, esse tempo deve ser de **efetivo exercício nessas funções**, isto é, apenas podem ser computados os períodos em que o servidor esteve no cargo efetivamente exercendo as funções de magistério, devendo ser desconsiderados os períodos de afastamento do cargo);

III) Efetivo exercício de **serviço público pelo tempo mínimo de 10 (dez) anos** tanto para homem quanto para mulher; e

IV) Tempo mínimo de **5 (cinco) anos de permanência no cargo em que ocorrer a aposentadoria** tanto para homem quanto para mulher.

Como se pode perceber, na aposentadoria especial de professor no âmbito da União, os requisitos de tempo de contribuição, de tempo de serviço público e de tempo no cargo a serem observados enquanto não for editada lei complementar federal disciplinando a questão são os mesmos da aposentadoria voluntária comum.

Tudo isso está previsto no art. 10 da EC 103/2019. Veja:

> "**Art. 10, EC 103/2019.** Até que entre em vigor **lei federal** que discipline os benefícios do regime próprio de previdência social dos **servidores da União**, aplica-se o disposto neste artigo.
>
> **§ 1º** Os **servidores públicos federais** serão aposentados:
>
> I - **voluntariamente**, observados, cumulativamente, os seguintes requisitos:
>
> a) 62 (sessenta e dois) anos de idade, se mulher, e 65 (sessenta e cinco) anos de idade, se homem; e
>
> b) 25 (vinte e cinco) anos de contribuição, desde que cumprido o tempo mínimo de 10 (dez) anos de efetivo exercício no serviço público e de 5 (cinco) anos no cargo efetivo em que for concedida a aposentadoria;
>
> (...)
>
> **§ 2º** Os **servidores públicos federais** com direito a idade mínima ou tempo de contribuição distintos da regra geral para concessão de aposentadoria na forma dos §§ 4º-B, 4º-C e 5º do art. 40 da Constituição Federal poderão aposentar-se, observados os seguintes requisitos:
>
> (...)
>
> **III** - o titular do **cargo federal de professor**, aos **60 (sessenta) anos de idade**, se homem, aos **57 (cinquenta e sete) anos**, se mulher, com **25 (vinte e cinco) anos de contribuição** exclusivamente em efetivo exercício das funções de magistério na educação infantil e no ensino fundamental e médio, **10 (dez) anos de efetivo exercício de serviço público e 5 (cinco) anos no cargo efetivo** em que for concedida a aposentadoria, para ambos os sexos.

> (...)
>
> **§ 4º** Os proventos das aposentadorias concedidas nos termos do disposto neste artigo serão apurados na forma da lei.
>
> (...)
>
> **§ 7º** Aplicam-se às aposentadorias dos **servidores dos Estados, do Distrito Federal e dos Municípios** as normas constitucionais e infraconstitucionais anteriores à data de entrada em vigor desta Emenda Constitucional, enquanto não promovidas alterações na legislação interna relacionada ao respectivo regime próprio de previdência social."

A propósito, é importante deixar claro que a jurisprudência do Supremo Tribunal Federal sobre aposentadoria especial de professor que vimos quando do estudo do regime constitucional anterior à EC 103/2019 **continua aplicável após essa emenda**, pois ela (a EC 103/2019) não alterou a substância (isto é, o conteúdo) das disposições constitucionais que fundamentaram os precedentes que estudamos.

Quanto ao valor dos proventos na aposentadoria voluntária (inclusive na aposentadoria especial de professor), conforme já estudamos, ele deve ser fixado segundo a forma de cálculo que for estabelecida em lei própria do respectivo ente federado.

E, especificamente para os servidores federais, a própria EC 103/2019 já estabeleceu a forma de cálculo a ser observada enquanto não for editada nova regulamentação infraconstitucional sobre a questão, devendo o valor dos proventos variar entre o mínimo de 60% e o máximo de 100% da média aritmética das bases de cálculo das contribuições previdenciárias pagas pelo servidor durante a sua vida contributiva. Isso é o que prevê o art. 26, *caput* e § 2º, II, da EC 103/2019. Veja:

> "**Art. 26, EC 103/2019.** Até que lei discipline o cálculo dos benefícios do regime próprio de previdência social da União e do Regime Geral de Previdência Social, será utilizada a média aritmética simples dos salários de contribuição e das remunerações adotados como base para contribuições a regime próprio de previdência social e ao Regime Geral de Previdência Social, ou como base para contribuições decorrentes das atividades militares de que tratam os arts. 42 e 142 da Constituição Federal, atualizados monetariamente, correspondentes a 100% (cem por cento) do período contributivo desde a competência julho de 1994 ou desde o início da contribuição, se posterior àquela competência.
>
> (...)
>
> **§ 2º** O valor do benefício de aposentadoria corresponderá a 60% (sessenta por cento) da média aritmética definida na forma prevista no caput e no § 1º, com acréscimo de 2 (dois) pontos percentuais para

> cada ano de contribuição que exceder o tempo de 20 (vinte) anos de contribuição nos casos:
>
> (...)
>
> II - do **§ 4º do art. 10**, ressalvado o disposto no inciso II do § 3º e no § 4º deste artigo;
>
> (...)"

2.1.1. *A demora na concessão da aposentadoria voluntária caracteriza prejuízo ao servidor?*

Um tema recorrente nas demandas judiciais que tramitam em diferentes órgãos jurisdicionais espalhados pelo País é o seguinte: no âmbito do RPPS, se um servidor apresenta requerimento de aposentadoria e o poder público demora para conceder o benefício, fica caracterizado algum prejuízo ao servidor e, consequentemente, passa ele a ter direito a indenização? Há, aí, um enriquecimento ilícito do Estado decorrente do fato de o servidor ser "forçado" a trabalhar enquanto aguarda que o seu requerimento de aposentadoria seja analisado?

O instinto inicial pode ser o de responder que, nesse caso, há enriquecimento ilícito do Estado e que o servidor sofre prejuízo e tem direito à indenização. **Porém, essa não é a resposta mais adequada, inclusive segundo a jurisprudência do STF.**

Isso porque, no âmbito do RPPS e da Administração Pública, existem regras que mitigam (ou até mesmo eliminam) eventual "prejuízo" que o servidor possa alegar ter sofrido em virtude de demora na concessão da sua aposentadoria após a apresentação do respectivo requerimento administrativo.

Por exemplo, a CF/88 prevê a possibilidade de o ente federado assegurar o pagamento de abono de permanência ao servidor público que, após o preenchimento dos requisitos da aposentadoria voluntária, continua trabalhando (o abono de permanência é estudado em capítulo próprio deste livro, motivo pelo qual ele não será detalhado neste momento). Isso está previsto no art. 40, § 19, da CF/88, que, na redação dada pela EC 103/2019, estabelece que, *"observados critérios a serem estabelecidos em lei do respectivo ente federativo, o servidor titular de cargo efetivo que tenha completado as exigências para a aposentadoria voluntária e que opte por permanecer em atividade* ***poderá fazer jus a um abono de permanência equivalente, no máximo, ao***

***valor da sua contribuição previdenciária**, até completar a idade para aposentadoria compulsória"*

Portanto, a depender da legislação própria de cada ente federado, é possível que os respectivos servidores tenham direito a receber o abono de permanência quando continuam trabalhando apesar de terem preenchido os requisitos para a aposentadoria voluntária.

Além disso, também acontece de alguns entes federados terem previsão, em sua legislação, de que o servidor público pode se afastar do exercício das suas funções (em uma espécie de licença remunerada) quando, após apresentar seu requerimento administrativo de aposentadoria, decorre determinado período de tempo sem resposta do poder público.

Esse tipo "licença" existe, por exemplo, no Estado de São Paulo, que, no art. 126, § 22, da Constituição Estadual, assegura ao servidor público o direito de se afastar das suas funções quando decorridos mais de 90 (noventa) dias da apresentação do pedido administrativo de aposentadoria. Nos exatos termos desse dispositivo, *"o servidor, após noventa dias decorridos da apresentação do pedido de aposentadoria voluntária, instruído com prova de ter cumprido os requisitos necessários à obtenção do direito, poderá cessar o exercício da função pública, independentemente de qualquer formalidade"*.

Isso também ocorre no Estado do Paraná, onde a Lei Estadual 14.502/04 prevê, no seu art. 2º, que o servidor público tem direito a se afastar das suas funções sem prejuízo da sua remuneração quando o seu pedido administrativo de aposentadoria voluntária se encontra sem andamento por mais de 60 (sessenta) dias. Nos exatos termos desse dispositivo, *"o servidor público estadual somente fará jus à Licença Remuneratória para Fins de Aposentadoria decorridos sessenta dias ininterruptos de paralisação do pedido no setor da PARANAPREVIDÊNCIA responsável pela análise de benefícios"*.

No entanto, diferentemente do que acontece no Estado de São Paulo, a lei paranaense condiciona a concessão dessa licença remunerada à apresentação de requerimento nesse sentido pelo servidor. Isso está previsto no § 2º do art. 2º da Lei Paranaense nº 14.502/04, segundo o qual *"a concessão da Licença Remuneratória para Fins de Aposentadoria dependerá de requerimento expresso do servidor"*.

Seja como for, os Estados do Paraná e de São Paulo são apenas dois exemplos de entes federados que permitem que o servidor se afaste de suas funções sem prejuízo da sua remuneração quando há demora na apreciação do pedido administrativo de concessão de aposentadoria.

Como se pode perceber, não é incomum, no âmbito da Administração Pública e do RPPS, que o servidor tenha direito a determinadas "benesses" que amenizam ou eliminam qualquer prejuízo que ele possa alegar ter sofrido em virtude de eventual demora do poder público na apreciação do seu pedido de aposentadoria.

E, segundo já decidiu o Supremo Tribunal Federal, quando essas benesses estão presentes, não é possível falar em prejuízo sofrido pelo servidor ou em enriquecimento ilícito do Estado.

Esse raciocínio do STF parece ser bastante acertado, pois, se o servidor público tem direito a receber abono de permanência e/ou a se afastar de suas funções sem prejuízo da remuneração quando há demora na apreciação do seu pedido administrativo de aposentadoria, não há motivo para se cogitar que a mora administrativa lhe causou algum tipo de prejuízo ou que o poder público teve vantagens indevidas decorrentes da sua ineficiência na concessão da aposentadoria ao servidor.

O Supremo Tribunal Federal decidiu nesse sentido na **ADI 6849** (j. 19/11/2024), na qual foi questionada a constitucionalidade de uma norma do Estado do Paraná que estabelecia como termo inicial do efetivo pagamento das aposentadorias dos servidores estaduais o mês subsequente ao da publicação do ato concessivo do benefício.

Um dos argumentos apresentados no sentido da inconstitucionalidade da norma impugnada foi o de que a previsão de um termo inicial de pagamento posterior ao deferimento do benefício poderia estimular o poder público a postergar propositalmente a concessão da aposentadoria, o que causaria prejuízo aos servidores.

No entanto, inicialmente, o STF considerou a norma constitucional, por inexistir norma geral federal que trate do tema no âmbito do RPPS (por exemplo, a Lei Federal 9.717/98 nada diz sobre isso), de modo que, como previdência é tema de competência legislativa concorrente (art. 24, XII, CF/88), os Estados podem criar leis estabelecendo a data de efetivo início do pagamento das aposentadorias concedidas no âmbito dos seus regimes próprios de previdência levando em conta a realidade atuarial local. A esse respeito, o STF registrou ainda que não é possível aplicar a regra do RGPS que prevê o pagamento da aposentadoria a partir de determinado prazo após o segurado apresentar o requerimento com a documentação necessária para se aposentar (art. 41-A, § 5º, Lei 8.213/91), pois o RGPS e o RPPS são regimes de naturezas distintas.

Além disso, seguindo na sua linha de raciocínio, o Supremo Tribunal Federal esclareceu que, no Estado do Paraná, há pagamento de abono de permanência aos servidores que já preencheram os requisitos para a aposentadoria voluntária, além de previsão legal de licença remunerada em caso de demora administrativa na análise de pedido de aposentadoria. Logo, no caso do Paraná, não é possível falar em prejuízo sofrido pelo servidor público (ou em enriquecimento ilícito do Estado) como decorrência da mora da Administração na concessão de aposentadoria aos seus servidores.

Nos exatos termos do voto do Min. Dias Toffoli (relator do caso), *"é importante salientar que a percepção de abono de permanência e licença remunerada para fins de aposentadoria, nos termos da Lei nº 14.502/04 do Estado do Paraná,* ***afastam as alegações de prejuízo ao servidor decorrente de eventual mora na apreciação dos requerimentos de aposentadoria****"*.

Portanto, considerando o que decidiu o Supremo Tribunal Federal na ADI 6849, é possível concluir que **a demora da Administração Pública na concessão de aposentadoria no âmbito do RPPS não causa, por si só, prejuízo ao servidor**. Tudo depende da realidade de cada ente federado.

Assim, se houver, por exemplo, pagamento de abono de permanência e/ou possibilidade de o servidor se afastar das suas funções sem prejuízo da remuneração em caso de mora administrativa na apreciação do seu pedido de aposentadoria, não será possível falar em qualquer prejuízo sofrido pelo servidor. Por outro lado, se não houver nada que "compense" o servidor por continuar trabalhando enquanto poderia (e queria) estar aposentado, aí sim, a depender das circunstâncias do caso concreto, será possível reconhecer eventual prejuízo suportado pelo servidor e o seu consequente direito de ser indenizado por isso.

2.2. Aposentadoria compulsória

A disposição contida no art. 40 da CF/88 sobre aposentadoria compulsória (que é o seu § 1º, II) **não foi alterada pela EC 103/2019**, de modo que nada mudou em relação à idade máxima (que continua sendo de **75 anos**) e aos proventos dessa espécie de aposentadoria (os quais continuam sendo **proporcionais ao tempo de contribuição**). Isso, aliás, é **aplicável a qualquer esfera da Federação**, não havendo espaço para normas próprias de nenhum ente federado disporem de forma diferente.

Veja:

> "**Art. 40, § 1º, CF/88.** Os servidores abrangidos pelo regime de previdência de que trata este artigo serão aposentados, calculados os seus proventos a partir dos valores fixados na forma dos §§ 3º e 17:
>
> (...)
>
> **II** - compulsoriamente, com proventos proporcionais ao tempo de contribuição, aos 70 (setenta) anos de idade, ou aos 75 (setenta e cinco) anos de idade, na forma de lei complementar;
>
> (...)"

Aqui é interessante perceber que a aposentadoria compulsória é a única espécie de aposentadoria em que o texto constitucional ainda faz referência a proventos proporcionais, e isso ocorreu porque o dispositivo em que ela está prevista não sofreu alteração pela EC 103/2019.

Isso, porém, não significa que em todas as demais espécies de aposentadoria os proventos serão sempre integrais. Na verdade, conforme estudamos, o valor dos proventos no RPPS deve ser apurado conforme for estabelecido na legislação de cada ente federado, e, para a União, a EC 103/2019 tratou de estabelecer a forma de cálculo a ser seguida enquanto não for editada lei federal a respeito (segundo essa forma de cálculo estabelecida para os servidores federais, os proventos podem ser "integrais" ou não, a depender do tempo de contribuição do servidor, de modo que, na prática, continuam existindo proventos integrais e proventos proporcionais, embora a CF/88 não faça mais essa distinção de forma expressa).

Na aposentadoria compulsória isso também se aplica, ou seja, a forma de cálculo dos proventos da aposentadoria compulsória deve ser definida por cada ente federativo em sua própria legislação. Enquanto não for editada lei própria tratando disso, continuam aplicáveis no âmbito do ente federado as normas de cálculo de proventos anteriores à EC 103/2019.

Especificamente para o RPPS da União, no entanto, a própria EC 103/2019 já estabeleceu (no art. 26, § 4º) a forma de cálculo dos proventos da aposentadoria compulsória a ser observada enquanto não for editada nova lei federal disciplinando a questão (e é aí que está a grande novidade trazida pela EC 103/2019 em relação à aposentadoria compulsória).

Antes da EC 103/2019, os proventos da aposentadoria compulsória correspondiam a uma proporção da média aritmética das 80% maiores bases de cálculo das contribuições previdenciárias pagas pelo servidor durante a sua vida contributiva (essa proporção era o resultado da divisão do tempo de contribuição do servidor pelo tempo mínimo de contribuição necessário para se obter aposentadoria voluntária integral). E, como vimos acima, essa forma de cálculo continua aplicável no âmbito dos entes federados que não editaram nova lei disciplinando o cálculo dos proventos de aposentadorias no seu RPPS.

No âmbito da União, porém, isso mudou. Isso porque, especificamente para o regime próprio de previdência federal, a EC 103/2019 estabeleceu, no seu art. 26, as regras aplicáveis no cálculo dos proventos de aposentadoria enquanto não for editada nova lei (federal) fixando a nova forma de cálculo a ser observada.

Para a aposentadoria compulsória dos servidores públicos federais, a forma de cálculo a ser observada foi estabelecida no § 4º do art. 26 da EC 103/2019.

Isso foi melhor estudado no tópico específico sobre cálculo de proventos de aposentadoria (e o ideal é reler esse tópico para revisar a matéria), mas, segundo o art. 26, § 4º, da EC 103/2019, para se apurar o valor dos proventos do servidor (federal) aposentado compulsoriamente, será calculada a média aritmética de todas as bases de cálculo das contribuições pagas por ele a partir de julho de 1994 e será apurado se ele tem direito a 60% ou mais dessa média (ou seja, se ele contribuiu por mais de 20 anos ou não). O valor obtido nessa operação deve ser multiplicado por um **coeficiente**, o qual, por sua vez, é obtido pela divisão do tempo de contribuição do servidor por 20 (vinte), e **não pode ser superior a 01 (um)**.

A fórmula para o cálculo dos proventos da aposentadoria compulsória no RPPS federal, portanto, nada mais é do que a multiplicação do valor dos proventos a que o servidor teria direito se fosse se aposentar voluntariamente pelo coeficiente resultante da divisão do tempo de contribuição do servidor por 20 (coeficiente esse que – repita-se – não pode ser superior a um).

Confira os dispositivos da EC 103/2019 que estabelecem a forma de cálculo dos proventos da aposentadoria compulsória dos servidores federais (conforme vimos acima):

> "**Art. 10, EC 103/2019.** Até que entre em vigor lei federal que discipline os benefícios do regime próprio de previdência social dos **servidores da União**, aplica-se o disposto neste artigo.
>
> **§ 1º** Os **servidores públicos federais** serão aposentados:
>
> (...)

> **III - compulsoriamente**, na forma do disposto no inciso II do § 1º do art. 40 da Constituição Federal."
>
> "**Art. 26, EC 103/2019.** Até que lei discipline o cálculo dos benefícios do **regime próprio de previdência social da União** e do Regime Geral de Previdência Social, será utilizada a média aritmética simples dos salários de contribuição e das remunerações adotados como base para contribuições a regime próprio de previdência social e ao Regime Geral de Previdência Social, ou como base para contribuições decorrentes das atividades militares de que tratam os arts. 42 e 142 da Constituição Federal, atualizados monetariamente, correspondentes a 100% (cem por cento) do período contributivo desde a competência julho de 1994 ou desde o início da contribuição, se posterior àquela competência.
>
> (...)
>
> **§ 4º** O valor do benefício da aposentadoria de que trata o **inciso III do § 1º do art. 10** corresponderá ao resultado do tempo de contribuição dividido por 20 (vinte) anos, limitado a um inteiro, multiplicado pelo valor apurado na forma do caput do § 2º deste artigo, ressalvado o caso de cumprimento de critérios de acesso para aposentadoria voluntária que resulte em situação mais favorável."

Por fim, quanto à idade da aposentadoria compulsória, é importante lembrar que, conforme já estudamos, a **LC 152/15** regulamentou o art. 40, § 1º, II, da CF/88, estendendo a todos os servidores do País o limite de 75 (setenta e cinco) anos de idade para serem compulsoriamente aposentados. A exceção a isso foram apenas os servidores do Serviço Exterior Brasileiro, para os quais foi criada uma regra de aumento paulatino do limite etário da aposentadoria compulsória, de modo que a eles somente será aplicada a idade máxima de 75 (setenta e cinco) anos em **04/12/2025**.

2.2.1. A aposentadoria compulsória se aplica aos empregados das empresas estatais?

Os empregados públicos são os agentes da Administração Pública submetidos ao regime celetista (isto é, às normas da legislação trabalhista). Eles não são segurados do RPPS, mas sim do RGPS.

As normas trabalhistas e as que regem o RGPS não possuíam disposições que estabelecessem a aposentadoria compulsória dos trabalhadores vinculados ao regime geral de previdência nos mesmos moldes estabelecidos para os servidores efetivos (que são segurados do regime próprio de previdência).

O máximo que havia era a norma do art. 51 da Lei 8.213/91, que previa a possibilidade de a empresa requerer a aposentadoria (compulsória) do seu empregado quando ele atingisse a idade limite estabelecida nesse dispositivo. Essa idade é de 70 (setenta) anos no caso de homem e de 65 (sessenta e cinco) anos no caso de mulher.

Veja:

> "**Art. 51, Lei 8.213/91.** A aposentadoria por idade **pode ser requerida pela empresa**, desde que o segurado empregado tenha cumprido o período de carência e completado **70 (setenta) anos de idade, se do sexo masculino, ou 65 (sessenta e cinco) anos, se do sexo feminino**, sendo **compulsória**, caso em que será garantida ao empregado a indenização prevista na legislação trabalhista, considerada como data da rescisão do contrato de trabalho a imediatamente anterior à do início da aposentadoria."

O que o art. 51 da Lei 8.213/91 prevê é uma aposentadoria compulsória para os trabalhadores da iniciativa privada, mas se diferencia da aposentadoria compulsória do RPPS, pois nesta última o servidor público é obrigatoriamente aposentado de forma imediata e automática ao atingir a idade limite (a aposentadoria compulsória nesse caso decorre direta e automaticamente da lei, mais precisamente, da Constituição). Já na aposentadoria compulsória da Lei 8.213/91 o empregado só é obrigado a se aposentar se o seu empregador quiser que ele se aposente e requeira isso ao INSS (a aposentadoria compulsória nesse caso depende da vontade de uma das partes da relação de emprego, não decorrendo direta e automaticamente da lei).

No que diz respeito à aposentadoria compulsória do RPPS (prevista no art. 40 da CF/88), o Supremo Tribunal Federal possui diversos precedentes no sentido da sua não aplicação aos empregados públicos (isto é, aos agentes celetistas da Administração Pública), especialmente porque eles são segurados do RGPS, e não do RPPS. Pelo mesmo motivo, essa modalidade de aposentadoria também não se aplica aos titulares de cartórios, já que eles não são titulares de cargo efetivo, de modo que não são vinculados ao RPPS.

Esse entendimento foi adotado pela Corte, por exemplo, nos seguintes precedentes:

I) Na **ADI 2602**, julgado pelo Pleno do STF em 24/11/2005, foi decidido que *"o artigo 40, § 1º, inciso II, da Constituição do Brasil, na redação que lhe foi conferida pela EC 20/98, está restrito aos cargos efetivos da União, dos Estados-membros, do Distrito Federal e dos Municípios – incluídas as autarquias e fundações. (...) Os serviços de registros públicos, cartorários e notariais são exercidos em caráter privado por delegação do Poder Público – serviço público não-privativo. (...)* ***Os notários e os***

registradores exercem atividade estatal, entretanto não são titulares de cargo público efetivo*, tampouco ocupam cargo público. Não são servidores públicos,* ***não lhes alcançando a compulsoriedade imposta pelo mencionado artigo 40 da CB/88 – aposentadoria compulsória aos setenta anos de idade****".*

II) No **ARE 1091313 AgR**, julgado pela Segunda Turma do STF em 27/09/2019, foi decidido que, *"à luz do art. 40, § 1º, II da Constituição Federal,* ***no caso de empregado público celetista, não se aplica a regra constitucional da aposentadoria compulsória****, a qual se destina aos titulares de cargo efetivo".*

III) No **ARE 1113285 AgR**, julgado pela Primeira Turma do STF em 04/05/2020, foi decidido que *"****submetem-se à aposentadoria pelo implemento de idade apenas servidores públicos titulares de cargo efetivo****, excluídos os empregados públicos regidos pela Consolidação das Leis do Trabalho, cujo vínculo com a Administração é de índole contratual".*

IV) No **ARE 1049570 AgR**, julgado pela Primeira Turma do STF em 08/06/2020, foi decidido que *"a orientação jurisprudencial do Supremo Tribunal Federal é no sentido de que,* ***no caso de empregado público celetista, não se aplica a regra constitucional da aposentadoria compulsória****, a qual se destina a servidores públicos titulares de cargos efetivos em sentido estrito".*

Esse cenário **sofreu alteração com a entrada em vigor da EC 103/2019**.

Isso porque a EC 103/2019 incluiu o § 16 no art. 201 da CF/88 e nele passou a estabelecer que a aposentadoria compulsória do RPPS também se aplica aos empregados das empresas públicas (e suas subsidiárias), das sociedades de economia mista (e suas subsidiárias) e dos consórcios públicos. Esse dispositivo deixou claro, inclusive, que a idade limite aplicável é a mesma do RPPS.

Veja:

> "**Art. 201, CF/88.**
>
> (...)
>
> **§ 16** Os **empregados dos consórcios públicos, das empresas públicas, das sociedades de economia mista e das suas subsidiárias** serão **aposentados compulsoriamente**, observado o cumprimento do tempo mínimo de contribuição, ao atingir a **idade máxima de que trata o inciso II do § 1º do art. 40**, na forma estabelecida em lei. ***(Incluído pela EC 103/2019)***
>
> (...)"

Aqui é pertinente lembrar que, conforme estudamos, a idade máxima aplicável na aposentadoria compulsória do RPPS, desde a LC 152/2015, é de 75 (setenta e cinco) anos para todos os servidores de todas as esferas da Federação, com exceção dos servidores do Serviço Exterior Brasileiro, em relação aos quais a ampliação da idade limite de 70 para 75 anos foi gradativa, com aumento de 1 (um) ano a cada dois anos de vigência da LC 152/2015.

Há, porém, uma grande celeuma envolvendo o § 16 do art. 201 da CF/88, que é a seguinte: esse dispositivo é autoaplicável ou ele é uma norma constitucional de eficácia limitada, dependendo, portanto, de regulamentação infraconstitucional para ser aplicado no caso concreto?

O Supremo Tribunal Federal ainda não se manifestou sobre a questão, mas a conclusão que parece ser a mais correta (inclusive se for considerada a jurisprudência do próprio STF) é a de que o art. 201, § 16, da CF/88 é uma **norma de eficácia limitada**, de modo que apenas pode ser aplicada quando for regulamentada por lei.

Isso porque o próprio dispositivo estabelece expressamente que a aposentadoria compulsória dos empregados das estatais e dos consórcios públicos se aplica *"na forma estabelecida em lei"*, e, quando o texto constitucional prevê que a sua aplicação se dá "na forma da lei" (ou "na forma estabelecida em lei"), isso significa que ele depende de regulamentação.

O Supremo Tribunal Federal já decidiu nesse exato sentido, por exemplo, no **RE 544.655-AgR**, no qual a Corte analisou a aplicabilidade da norma do art. 37, I, da CF/88 que assegura aos estrangeiros o acesso a cargos públicos *"na forma da lei"*. Nesse precedente o STF afirmou expressamente que *"o artigo 37, I, da Constituição do Brasil [redação após a EC 19/98], **consubstancia, relativamente ao acesso aos cargos públicos por estrangeiros, preceito constitucional dotado de eficácia limitada**, dependendo de regulamentação para produzir efeitos, sendo assim, não auto-aplicável"*.

Portanto, segundo a jurisprudência do STF, os dispositivos constitucionais que estabelecem preceitos a serem seguidos "na forma da lei" (ou "na forma estabelecida em lei") consagram normas de eficácia limitada, as quais somente podem ser aplicadas concretamente após serem regulamentadas.

Esse é o caso do § 16 do art. 201 da CF/88, motivo pelo qual a conclusão mais acertada quanto à sua aplicabilidade parece ser a de que ela depende de regulamentação (tendo em vista tratar-se de uma norma de eficácia limitada).

E é possível encontrar a adoção desse entendimento até mesmo no âmbito da Administração Pública, como ocorre no Estado de São Paulo, onde a Procuradoria Geral do Estado (PGE/SP) firmou, no Parecer PA 60/2020, posicionamento no sentido de que o art. 201, § 16, da CF/88 estabelece uma norma de eficácia limitada e que, portanto, depende de regulamentação infraconstitucional para ser aplicada.

Agora surge mais um questionamento: **a lei exigida pelo art. 201, § 16, da CF/88 é uma lei federal? Ou cada ente federado deve editar a sua própria lei?**

A lei da qual o art. 201, § 16, da CF/88 depende para ter aplicabilidade é, naturalmente, uma **lei federal**, já que a questão diz respeito a normas gerais sobre previdência social, e, conforme já estudamos, a matéria previdenciária é de **competência legislativa concorrente** (como prevê o art. 24, XII, da CF/88), no âmbito da qual **a edição de normas gerais é atribuição da União**.

No entanto, justamente por se tratar de um tema inserido na competência legislativa concorrente, nada impede que, em caso de omissão da União na sua regulamentação, os Estados e o Distrito Federal disciplinem a questão por meio de leis próprias editadas com fundamento no art. 24, § 3º, da CF/88 (os Municípios poderão fazer a mesma coisa com fundamento na sua competência para legislar sobre questões de interesse local, prevista no art. 30, I, da CF/88).

Veja o teor dos dispositivos mencionados acima:

> "**Art. 24, CF/88.** Compete à União, aos Estados e ao Distrito Federal **legislar concorrentemente sobre**:
>
> (...)
>
> XII - **previdência social**, proteção e defesa da saúde;
>
> (...)
>
> **§ 1º** No âmbito da legislação concorrente, **a competência da União limitar-se-á a estabelecer normas gerais**.
>
> **§ 2º** A competência da União para legislar sobre normas gerais não exclui a competência suplementar dos Estados.
>
> **§ 3º** Inexistindo lei federal sobre normas gerais, **os Estados exercerão a competência legislativa plena**, para atender a suas peculiaridades.
>
> **§ 4º** A superveniência de lei federal sobre normas gerais **suspende a eficácia da lei estadual**, no que lhe for contrário."
>
> "**Art. 30, CF/88.** Compete aos Municípios:
>
> I - legislar sobre assuntos de **interesse local**;
>
> (...)"

Até o presente momento, não houve edição da norma regulamentadora do § 16 do art. 201 da CF/88, o que, ao menos a princípio, impede a aplicação desse dispositivo.

Apesar disso (e de tudo que vimos acima), é importante registrar, apenas para se ter conhecimento, que, no âmbito do Tribunal Superior do Trabalho, há precedente em que o art. 201, § 16, da CF/88 foi aplicado mesmo sem haver lei regulamentadora. Ou seja, a Corte Trabalhista tratou esse dispositivo como uma norma dotada de aplicabilidade imediata, e não como uma norma de eficácia limitada. Isso ocorreu, por exemplo, no **Recurso de Revista nº 220-61.2021.5.06.0004**, julgado em 29/06/2022 pela Primeira Turma do TST.

2.3. Aposentadoria por invalidez (aposentadoria por incapacidade permanente)

A aposentadoria por invalidez continua existindo no RPPS, mas, com a EC 103/2019, a CF/88 passou a condicionar expressamente a concessão dessa aposentadoria à **impossibilidade de readaptação do servidor** (ou seja, deve ser impossível designá-lo para exercer funções compatíveis com as suas limitações), além de exigir a realização de **perícias periódicas** com o objetivo de verificar se o servidor permanece incapaz para o trabalho.

É importante destacar também que, agora, o texto constitucional não chama mais essa espécie de aposentadoria de aposentadoria por invalidez, mas sim de **aposentadoria por incapacidade permanente para o trabalho**.

Portanto, desde a EC 103/2019, os **requisitos da aposentadoria por incapacidade permanente** (antiga aposentadoria por invalidez) são os seguintes:

I) O servidor deve se encontrar **permanentemente incapacitado para o trabalho**;

II) A **readaptação do servidor** (para exercer funções compatíveis com as suas limitações) deve ser **impossível** (caso a readaptação seja possível, o servidor não poderá ser aposentado por incapacidade e será readaptado para um cargo compatível com as suas limitações, desde que o seu nível de escolaridade permita que exerça esse cargo, e a sua remuneração continuará sendo a do cargo de origem); e

III) Uma vez aposentado por incapacidade permanente, o servidor deve se submeter a **avaliações periódicas para verificar se ele continua**

incapacitado para o trabalho, e isso será feito conforme for estabelecido em lei própria do respectivo ente federado.

Tudo isso consta dos **arts. 40, § 1º, I, e 37, § 13, da CF/88**. Veja o teor desses dispositivos (na redação dada pela EC 103/2019):

> "**Art. 40, § 1º, CF/88.** O servidor abrangido por regime próprio de previdência social será aposentado: ***(Redação dada pela EC 103/2019)***
>
> I - por **incapacidade permanente para o trabalho**, no cargo em que estiver investido, quando **insuscetível de readaptação**, hipótese em que será obrigatória a realização de **avaliações periódicas** para verificação da continuidade das condições que ensejaram a concessão da aposentadoria, **na forma de lei** do respectivo ente federativo; ***(Redação dada pela EC 103/2019)***
>
> (...)"
>
> "**Art. 37, CF/88.**
>
> (...)
>
> **§ 13** O servidor público titular de cargo efetivo **poderá ser readaptado** para exercício de cargo cujas **atribuições e responsabilidades sejam compatíveis com a limitação que tenha sofrido** em sua capacidade física ou mental, enquanto permanecer nesta condição, desde que possua **a habilitação e o nível de escolaridade exigidos** para o cargo de destino, **mantida a remuneração do cargo de origem.** ***(Incluído pela EC 103/2019)***
>
> (...)"

Em relação ao valor dos proventos na aposentadoria por invalidez (atualmente denominada **aposentadoria por incapacidade permanente para o trabalho**), essa questão, conforme vimos anteriormente, deve ser disciplinada em lei própria de cada ente federado. Isso porque, desde a EC 103/2019, a União, o Distrito Federal, cada Estado e cada Município deve editar uma nova lei estabelecendo a forma de cálculo dos proventos a ser seguida no seu regime próprio de previdência, o que, evidentemente, engloba os proventos da aposentadoria por incapacidade permanente. Enquanto não for editada essa nova lei, continuam aplicáveis no ente federativo as regras anteriores à EC 103/2019.

No entanto, **especificamente para o RPPS da União**, a própria EC 103/2019 já estabeleceu a forma de cálculo dos proventos de aposentadoria a ser observada enquanto não for editada a nova lei (federal) disciplinando essa questão.

Essa forma de cálculo "provisória" está prevista no art. 26 da EC 103/2019, e, segundo esse dispositivo, os proventos na aposentadoria por incapacidade permanente dos servidores federais corresponderá à **totalidade**

da média aritmética de todas as bases de cálculo das contribuições pagas pelo servidor durante a sua vida contributiva, **desde que a incapacidade seja decorrente de acidente de trabalho, de doença profissional ou de doença do trabalho** (perceba que o texto constitucional não mais prevê o pagamento de proventos integrais para o caso de incapacidade decorrente de doença grave, contagiosa ou incurável prevista em lei).

Caso não se trate de incapacidade decorrente de acidente de trabalho, de doença profissional ou de doença do trabalho, os proventos serão calculados de acordo com a **regra geral** (que já estudamos), correspondendo, portanto, ao valor de **60% a 100% da média aritmética** de todas as bases de cálculo das contribuições pagas pelo servidor durante a sua vida contributiva.

Tudo isso decorre dos **arts. 10, §§ 1º, II, 4º e 7º, e 26, *caput* e §§ 2º, II, e 3º, II, da EC 103/2019**. Veja:

> "**Art. 10, EC 103/2019.** Até que entre em vigor **lei federal** que discipline os benefícios do regime próprio de previdência social dos **servidores da União**, aplica-se o disposto neste artigo.
>
> **§ 1º** Os **servidores públicos federais** serão aposentados:
>
> (...)
>
> II - por **incapacidade permanente para o trabalho**, no cargo em que estiverem investidos, quando insuscetíveis de readaptação, hipótese em que será obrigatória a realização de avaliações periódicas para verificação da continuidade das condições que ensejaram a concessão da aposentadoria; ou
>
> (...)
>
> **§ 4º** Os proventos das aposentadorias concedidas nos termos do disposto neste artigo serão apurados na forma da lei.
>
> (...)
>
> **§ 7º** Aplicam-se às aposentadorias dos **servidores dos Estados, do Distrito Federal e dos Municípios** as normas constitucionais e infraconstitucionais anteriores à data de entrada em vigor desta Emenda Constitucional, **enquanto não promovidas alterações na legislação interna** relacionada ao respectivo regime próprio de previdência social."
>
> "**Art. 26, EC 103/2019.** Até que lei discipline o cálculo dos benefícios do **regime próprio de previdência social da União** e do Regime Geral de Previdência Social, será utilizada a média aritmética simples dos salários de contribuição e das remunerações adotados como base para contribuições a regime próprio de previdência social e ao Regime Geral de Previdência Social, ou como base para contribuições decorrentes das atividades militares de que tratam os arts. 42 e 142 da Constituição Federal, atualizados monetariamente, correspondentes a 100% (cem por cento) do período contributivo desde

> a competência julho de 1994 ou desde o início da contribuição, se posterior àquela competência.
>
> **§ 1º** A média a que se refere o caput será limitada ao valor máximo do salário de contribuição do Regime Geral de Previdência Social para os segurados desse regime e para o servidor que ingressou no serviço público em cargo efetivo após a implantação do regime de previdência complementar ou que tenha exercido a opção correspondente, nos termos do disposto nos §§ 14 a 16 do art. 40 da Constituição Federal.
>
> **§ 2º** O valor do benefício de aposentadoria corresponderá a **60% (sessenta por cento) da média aritmética** definida na forma prevista no caput e no § 1º, com **acréscimo de 2 (dois) pontos percentuais para cada ano de contribuição que exceder o tempo de 20 (vinte) anos de contribuição** nos casos:
>
> I - do inciso II do § 6º do art. 4º, do § 4º do art. 15, do § 3º do art. 16 e do § 2º do art. 18;
>
> II - do **§ 4º do art. 10**, ressalvado o disposto no **inciso II do § 3º** e no § 4º deste artigo;
>
> III - de aposentadoria por incapacidade permanente aos segurados do Regime Geral de Previdência Social, ressalvado o disposto no inciso II do § 3º deste artigo; e
>
> IV - do § 2º do art. 19 e do § 2º do art. 21, ressalvado o disposto no § 5º deste artigo.
>
> **§ 3º** O valor do benefício de aposentadoria corresponderá a **100% (cem por cento) da média aritmética** definida na forma prevista no caput e no § 1º:
>
> I - no caso do inciso II do § 2º do art. 20;
>
> II - no caso de **aposentadoria por incapacidade permanente**, quando decorrer de **acidente de trabalho, de doença profissional e de doença do trabalho**."

Para finalizar este tópico, é interessante registrar um entendimento do Supremo Tribunal Federal que tem mais a ver com as disciplinas de Direito Civil e Constitucional do que com Direito Previdenciário, mas que, por envolver o pagamento da aposentadoria por invalidez (atualmente chamada de aposentadoria por incapacidade permanente), tem relevância para o nosso estudo.

No **Tema de Repercussão Geral nº 1096** (RE 918315, j. 17/12/2022), o Supremo Tribunal Federal decidiu que é inconstitucional a norma (no caso, tratava-se de uma lei do Distrito Federal) que estabelece que, quando o segurado teve a sua curatela decretada, os proventos da sua aposentadoria por invalidez (ou por incapacidade permanente) só podem ser pagos ao respectivo curador. Segundo o STF, uma norma desse teor viola a dignidade humana e a proporcionalidade, tendo em vista que a decretação da curatela não é suficiente, por si só, para afirmar que o segurado não tem discernimento para a prática dos atos da vida civil (dentre os quais se encontra o ato de receber os pagamentos da sua aposentadoria).

Essa norma viola também a Convenção sobre os Direitos das Pessoas com Deficiência, que foi incorporada ao ordenamento jurídico brasileiro com *status* constitucional, por ter sido aprovada de acordo com o rito do art. 5º, § 3º, da CF/88.

Nos termos da tese fixada nesse caso, *"a enfermidade ou doença mental, ainda que tenha sido estabelecida a curatela, não configura, por si, elemento suficiente para determinar que a pessoa com deficiência não tenha discernimento para os atos da vida civil"*.

Veja a ementa do julgamento:

> "(...) LEI COMPLEMENTAR DO DISTRITO FEDERAL QUE DETERMINA O PAGAMENTO DA APOSENTADORIA AO CURADOR. (...) I – **O pagamento dos proventos de aposentadoria por invalidez ao curador, independentemente de qualquer análise acerca da capacidade do curatelado para prática de atos da vida civil, afronta o postulado da dignidade da pessoa humana e o princípio da proporcionalidade.** II – Aplicação da Teoria das Incapacidades, inserida em nosso ordenamento pela Convenção Sobre os Direitos das Pessoas com Deficiência, assinada na cidade de Nova York, em 30 de março de 2007, que foi aprovada pelo Decreto Legislativo 186/2008, nos termos do art. 5°, § 3°, da Constituição Federal de 1988. III – Inconstitucionalidade do § 7° do art. 18 da Lei Complementar 769/2008 do Distrito Federal. (...)" **(RE 918315, Tema de Repercussão Geral nº 1096, Pleno, Rel. Min. RICARDO LEWANDOWSKI, j. 17/12/2022)**

2.4. Aposentadoria especial

A EC 103/2019 **manteve inalteradas as hipóteses de aposentadoria especial** que existiam antes dela, a saber (lembrando que aqui não trataremos da aposentadoria especial de professor, pois ela foi abordada no tópico sobre aposentadoria voluntária):

a) Servidores **com deficiência**;
b) Servidores que exercem **atividades de risco**; e
c) Servidores que exercem suas funções em **condições prejudiciais à saúde**.

As novidades trazidas pela EC 103/2019 em relação à aposentadoria especial são principalmente as seguintes:

I) Os critérios diferenciados (de idade e tempo de contribuição) para a concessão de aposentadoria especial em cada uma dessas hipóteses devem ser **definidos por cada ente federativo**, por meio de **lei complementar própria**. Portanto, não existe mais a possibilidade de uma norma geral federal (mais precisamente, uma lei complementar federal) estabelecer para todos os entes federados os critérios a serem observados para conceder aposentadoria especial.

II) Para a concessão da aposentadoria especial dos servidores com deficiência, a CF/88 passou a exigir expressamente a **prévia submissão do servidor a uma avaliação biopsicossocial** realizada por uma equipe formada por profissionais de diferentes áreas.

III) Os casos de aposentadoria especial por atividade de risco **não podem mais ser livremente definidos pelo legislador infraconstitucional**, pois as hipóteses de concessão dessa modalidade de aposentadoria foram restringidas pela CF/88 a apenas **03 (três) categorias**: a) **agentes penitenciários**; b) **agentes socioeducativos**; e c) **policiais não militares** (o que engloba as polícias da Câmara dos Deputados e do Senado Federal, as polícias civis dos Estados e do Distrito Federal, a polícia federal, a polícia rodoviária federal e a polícia ferroviária federal).

IV) Em relação à aposentadoria especial por exercício das funções em condições prejudiciais à saúde, o texto constitucional passou a proibir expressamente que esse benefício seja assegurado de forma genérica a determinado cargo ou a determinada categoria de servidores (essa vedação consta da parte final do § 4º-C do art. 40 da CF/88, mais precisamente, no trecho que diz *"vedada a caracterização por categoria profissional ou ocupação"*). Ou seja, para ter direito a essa aposentadoria, o servidor deve demonstrar que, durante a sua vida funcional, foi efetivamente exposto a condições prejudiciais à saúde, pouco impor tando a sua categoria profissional ou o seu cargo. Portanto, o direito a essa aposentadoria especial decorre das circunstâncias de cada caso concreto, variando de acordo com o histórico funcional de cada servidor.

Isso tudo está previsto nos **§§ 4º a 4º-C do art. 40 da CF/88** (na redação dada pela EC 103/2019). Veja:

"**Art. 40, CF/88.**

(...)

§ 4º É vedada a adoção de requisitos ou critérios diferenciados para concessão de benefícios em regime próprio de previdência social, ressalvado o disposto nos §§ 4º-A, 4º-B, 4º-C e 5º. ***(Redação dada EC 103/2019)***

§ 4º-A. Poderão ser estabelecidos por **lei complementar do respectivo ente federativo** idade e tempo de contribuição diferenciados para aposentadoria de **servidores com deficiência**, previamente submetidos a avaliação biopsicossocial realizada por equipe multiprofissional e interdisciplinar. ***(Incluído pela EC 103/2019)***

§ 4º-B. Poderão ser estabelecidos por **lei complementar do respectivo ente federativo** idade e tempo de contribuição diferenciados para aposentadoria de ocupantes do cargo de **agente penitenciário**, de **agente socioeducativo** ou de **policial** dos órgãos de que tratam o inciso IV do caput do art. 51, o inciso XIII do caput do art. 52 e os incisos I a IV do caput do art. 144. ***(Incluído pela EC 103/2019)***

§ 4º-C. Poderão ser estabelecidos por **lei complementar do respectivo ente federativo** idade e tempo de contribuição diferenciados para aposentadoria de servidores cujas atividades sejam exercidas com **efetiva exposição a agentes químicos, físicos e biológicos prejudiciais à saúde, ou associação desses agentes**, vedada a caracterização por categoria profissional ou ocupação. ***(Incluído pela EC 103/2019)***

(...)"

Sobre esse tema, o Supremo Tribunal Federal já decidiu, após a entrada em vigor da EC 103/2019, que norma estadual (ou mesmo norma municipal ou norma infraconstitucional federal) não pode ampliar as hipóteses em que a CF/88 permite a concessão de aposentadoria especial nem tampouco a lista de categorias de servidores que podem ser contemplados com esse benefício diferenciado, pois essas questões estão previstas no texto constitucional de forma taxativa.

Essa decisão foi tomada na **ADI 6917** (j. 21/03/2022), na qual foi reconhecida a inconstitucionalidade de dispositivos de uma lei do Estado de Mato Grosso que previa concessão de aposentadoria especial a oficiais de justiça e a policiais militares. Inclusive, quanto aos policiais militares, a inconstitucionalidade da norma foi ainda maior, porque, com a EC 103/2019, o art. 22, XXI, da CF/88 passou a estabelecer que é da competência legislativa privativa da União a criação de normas gerais de inatividades e pensões dos militares estaduais, e essa lei federal de normas gerais já foi editada pela União (trata-se da Lei 13.954/19), tendo sido nela estabelecido que os Estados não podem aplicar aos seus militares regras do regime de previdência dos servidores civis. E essa vedação de aplicação aos militares das regras do regime próprio dos servidores civis acaba sendo violada quando a norma inclui os militares na lista das categorias contempladas com aposentadoria especial, já que esse benefício diferenciado (a aposentadoria especial) é previsto na CF/88 apenas para servidores civis.

Segundo o STF, portanto, as aposentadorias especiais são exceções taxativas à aposentadoria comum (que é a regra geral), de modo que elas não podem sofrer ampliação em âmbito estadual (ou mesmo municipal) nem tampouco pelo legislador infraconstitucional federal.

Nas exatas palavras da Corte, "*o regime constitucional da aposentadoria especial, com as significativas modificações promovidas pela EC 103/2019, admite uma relevante margem de conformação ao Legislador Estadual, a quem cabe assentar, em lei complementar, os critérios diferenciados para a concessão de benefícios previdenciários,* ***desde que circunscritos às categorias de servidores mencionados no art. 40, § 4º-B, da Constituição Federal***".

Esse entendimento foi posteriormente reafirmado pelo Supremo Tribunal Federal em outros casos, como ocorreu na **ADI 7494** (j. 04/04/2024), na qual foi declarada a inconstitucionalidade de disposições da Constituição do Estado de Rondônia que asseguravam a aposentadoria especial por atividade de risco (aquela dos policiais civis e dos agentes penitenciários e socioeducativos) aos membros do Ministério Público, do Judiciário, da Defensoria Pública e da Advocacia Pública, bem como aos oficiais de justiça e aos auditores fiscais de tributos. Nesse caso, a norma impugnada considerava as atividades desempenhadas por esses agentes públicos como análogas às dos policiais civis para fins previdenciários, e o STF a declarou inconstitucional por ampliar as hipóteses (taxativas) de aposentadoria especial previstas na CF/88 após a EC 103/2019.

Além disso, é imprescindível saber que, especificamente para o âmbito da União, a própria EC 103/2019 determinou como deve ser a concessão dessas aposentadorias especiais enquanto não for editada a nova lei complementar exigida pelos §§ 4º-A a 4º-C do art. 40 da CF/88. Já em relação aos demais entes federados, enquanto não forem editadas novas leis (complementares) disciplinando as aposentadorias especiais, continuam aplicáveis as regras anteriores à EC 103/2019.

Isso está estabelecido nos **arts. 10, §§ 2º, 3º e 7º, e 22 da EC 103/2019.** Veja:

"**Art. 10, EC 103/2019.** Até que entre em vigor lei federal que discipline os benefícios do regime próprio de previdência social dos **servidores da União**, aplica-se o disposto neste artigo.

(...)

§ 2º Os **servidores públicos federais** com direito a **idade mínima ou tempo de contribuição distintos da regra geral** para concessão de aposentadoria na forma dos §§ 4º-B, 4º-C e 5º do art. 40 da Constituição Federal poderão aposentar-se, observados os seguintes requisitos:

I - o **policial civil** do órgão a que se refere o inciso XIV do caput do art. 21 da Constituição Federal, o **policial** dos órgãos a que se referem o inciso IV do caput do art. 51, o inciso XIII do caput do art. 52 e os incisos I a III do caput do art. 144 da Constituição Federal e o ocupante de cargo de **agente federal penitenciário ou socioeducativo**, aos **55 (cinquenta e cinco) anos de idade**, com **30 (trinta) anos de contribuição** e **25 (vinte e cinco) anos de efetivo exercício em cargo dessas carreiras**, para ambos os sexos;

II - o **servidor público federal** cujas atividades sejam exercidas com **efetiva exposição a agentes químicos, físicos e biológicos prejudiciais à saúde, ou associação desses agentes**, vedada a caracterização por categoria profissional ou ocupação, aos **60 (sessenta) anos de idade**, com **25 (vinte e cinco) anos de efetiva exposição e contribuição**, **10 (dez) anos de efetivo exercício de serviço público** e **5 (cinco) anos no cargo efetivo** em que for concedida a aposentadoria;

III - o titular do cargo federal de professor, aos 60 (sessenta) anos de idade, se homem, aos 57 (cinquenta e sete) anos, se mulher, com 25 (vinte e cinco) anos de contribuição exclusivamente em efetivo exercício das funções de magistério na educação infantil e no ensino fundamental e médio, 10 (dez) anos de efetivo exercício de serviço público e 5 (cinco) anos no cargo efetivo em que for concedida a aposentadoria, para ambos os sexos.

§ 3º A aposentadoria a que se refere o **§ 4º-C do art. 40 da Constituição Federal** observará **adicionalmente as condições e os requisitos estabelecidos para o Regime Geral de Previdência Social**, naquilo em que não conflitarem com as regras específicas aplicáveis ao regime próprio de previdência social da União, **vedada a conversão de tempo especial em comum.**

(...)

§ 7º Aplicam-se às aposentadorias dos **servidores dos Estados, do Distrito Federal e dos Municípios** as normas constitucionais e infraconstitucionais **anteriores à data de entrada em vigor desta Emenda Constitucional**, enquanto não promovidas alterações na legislação interna relacionada ao respectivo regime próprio de previdência social."

"**Art. 22, EC 103/2019.** Até que lei discipline o **§ 4º-A do art. 40** e o inciso I do § 1º do art. 201 da Constituição Federal, a aposentadoria da pessoa com deficiência segurada do Regime Geral de Previdência

Social ou do **servidor público federal com deficiência** vinculado a regime próprio de previdência social, desde que cumpridos, no caso do servidor, o tempo mínimo de **10 (dez) anos de efetivo exercício no serviço público** e de **5 (cinco) anos no cargo efetivo** em que for concedida a aposentadoria, será concedida **na forma da Lei Complementar nº 142, de 8 de maio de 2013**, inclusive quanto aos critérios de cálculo dos benefícios.

Parágrafo único. Aplicam-se às aposentadorias dos **servidores com deficiência dos Estados, do Distrito Federal e dos Municípios** as normas constitucionais e infraconstitucionais **anteriores à data de entrada em vigor desta Emenda Constitucional**, enquanto não promovidas alterações na legislação interna relacionada ao respectivo regime próprio de previdência social."

Segundo esses dispositivos, portanto, as aposentadorias especiais dos servidores dos Estados, Distrito Federal e Municípios devem ser disciplinadas em lei complementar própria de cada um desses entes, e, enquanto não forem editadas essas leis próprias, continuam aplicáveis as regras existentes antes da EC 103/2019.

Já em relação à União, as aposentadorias especiais também devem ser disciplinadas em leis complementares próprias (ou seja, em leis complementares federais), mas, enquanto essas novas leis não forem editadas, devem ser seguidas, na concessão dessas aposentadorias, as regras estabelecidas na própria EC 103/2019 (são, portanto, verdadeiras regras "provisórias" a serem observadas no âmbito da União enquanto não houver nova legislação federal sobre o tema).

É importante fazer a seguinte observação: essas regras "provisórias", como vimos, aplicam-se apenas aos servidores federais, não alcançando os servidores dos demais entes federados. Mas, especificamente no que diz respeito aos servidores que exercem atividade de risco, **as regras provisórias em questão são aplicáveis também aos policiais civis do Distrito Federal**. Isso porque, nos termos do art. 21, XIV, da CF/88, a polícia civil do DF é organizada e mantida pela União. Veja:

"**Art. 21, CF/88. Compete à União:**

(...)

XIV - **organizar e manter a polícia civil**, a polícia penal, a polícia militar e o corpo de bombeiros militar **do Distrito Federal**, bem como prestar assistência financeira ao Distrito Federal para a execução de serviços públicos, por meio de fundo próprio; ***(Redação dada pela EC 104/2019)***

(...)"

Outra observação importante é que, embora o art. 21, XIV, da CF/88 também se refira à policial penal do Distrito Federal ao dispor que a organização e manutenção desse órgão é de competência da União, o art. 10, § 2º, I, da EC 103/2019, ao estabelecer regras "provisórias" a serem observadas na concessão da aposentadoria especial por atividade de risco, não se refere à polícia penal do Distrito Federal, mas apenas à polícia civil desse ente federado. Isso se deve ao fato de que a polícia penal apenas foi inserida expressamente na CF/88 como um órgão de segurança pública (dos Estados e do Distrito Federal) com a entrada em vigor da EC 104/2019, portanto, posteriormente à edição da EC 103/2019.

Certamente, o correto seria aplicar as regras provisórias do art. 10, § 2º, I, da EC 103/2019 também aos policiais penais do Distrito Federal, mas, por conta do descompasso entre a EC 103/2019 e a EC 104/2019, o fato é que não há previsão expressa disso no texto constitucional (mais precisamente, no texto da EC 103/2019).

Voltemos agora à análise das regras provisórias da EC 103/2019 aplicáveis às aposentadorias especiais dos servidores federais (e dos policiais civis do DF).

Para as aposentadorias especiais dos servidores federais (e dos policiais civis do DF), a EC 103/2019 estabeleceu os seguintes requisitos a serem observados enquanto não forem editadas novas leis complementares (federais) sobre a questão:

I) Na aposentadoria especial por **atividade de risco**, exige-se do servidor federal (e do policial civil do Distrito Federal), tanto homem quanto mulher, a presença dos seguintes **requisitos cumulativos** (art. 10, § 2º, I, EC 103/2019):

   a. **55 (cinquenta e cinco) anos** de idade (aqui, é importante mencionar que, na **ADI 7727**, em decisão monocrática cautelar de 17/10/2024, o Min. Flávio Dino determinou que, por questão de **igualdade material**, até que o Congresso Nacional aprove nova norma para exigir das mulheres idade menor do que a dos homens estabelecendo a diferença etária que entender adequada, não se pode aplicar para homens e mulheres a mesma idade de 55 anos como requisito da aposentadoria especial em questão, **devendo as mulheres ser aposentadas com idade 3 anos menor do que a dos homens**, ou seja, aos 52 anos de idade, por simetria com a regra geral de aposentadoria do art. 40, § 1º, III, da CF/88, que, na aposentadoria voluntária comum, exige das mulheres 3 anos de idade a menos do que dos homens);

b. **30 (trinta) anos** de contribuição; e

c. **25 (vinte e cinco) anos** de efetivo exercício em cargo considerado de risco (isto é, o servidor deve ter pelo menos 25 anos de efetivo exercício nos cargos aos quais a CF/88 assegura aposentadoria especial por atividade de risco).

II) Na aposentadoria especial por **exposição a condições prejudiciais à saúde**, exige-se do servidor federal, tanto homem quanto mulher, a presença dos seguintes **requisitos cumulativos** (art. 10, §§ 2º, II, e 3º, EC 103/2019):

a. **60 (sessenta) anos** de idade;

b. **25 (vinte e cinco) anos** de efetiva exposição às condições prejudiciais à saúde;

c. **25 (vinte e cinco) anos** de contribuição;

d. **10 (dez) anos** de efetivo exercício de serviço público;

e. **5 (cinco) anos** no cargo efetivo em que for concedida a aposentadoria;

f. **Outros requisitos estabelecidos para essa modalidade de aposentadoria no âmbito RGPS**, desde que compatíveis com o RPPS da União, ficando **vedada a conversão de tempo especial em comum** (é importante notar que a própria EC 103/2019 estabeleceu que, a partir da sua entrada em vigor, **não pode haver conversão de tempo especial em comum no RPPS federal**, além de ter estabelecido a mesma coisa para o RGPS, conforme consta do seu art. 25, § 2º, transcrito abaixo).

> "**Art. 25, § 2º, EC 103/2019.** Será reconhecida a conversão de tempo especial em comum, na forma prevista na Lei nº 8.213, de 24 de julho de 1991, ao segurado do Regime Geral de Previdência Social que comprovar tempo de efetivo exercício de atividade sujeita a condições especiais que efetivamente prejudiquem a saúde, cumprido até a data de entrada em vigor desta Emenda Constitucional, **vedada a conversão para o tempo cumprido após esta data.**"

III) Na aposentadoria especial dos **servidores com deficiência**, exige-se do servidor federal, tanto homem quanto mulher, a presença dos seguintes **requisitos cumulativos** (art. 22, EC 103/2019):

a. **10 (dez) anos** de efetivo exercício no serviço público;

b. **5 (cinco) anos** no cargo efetivo em que for concedida a aposentadoria; e

c. O preenchimento de **outros requisitos estabelecidos na Lei Complementar 142/2013** (que, como vimos, é a lei que disciplina a aposentadoria especial da pessoa com deficiência segurada do RGPS e que, antes da EC 103/2019, o STF mandava aplicar para suprir a omissão na regulamentação da aposentadoria especial dos servidores com deficiência). A LC 142/2013 **será aplicada, inclusive, no que diz respeito aos critérios de cálculo dos proventos**.

2.4.1. *Regras de transição aplicáveis aos servidores federais que exercem atividade de risco (art. 5°, EC 103/2019)*

É importante registrar que, **especificamente para o âmbito da União**, a EC 103/2019 estabeleceu, no seu art. 5º, "regras de transição" aplicáveis aos servidores integrantes das categorias enquadradas como de risco no § 4º-B do art. 40 da CF/88 (policiais de natureza civil, agentes penitenciários e agentes socioeducativos). Além dos servidores federais, **essas regras de transição também se aplicam aos policiais civis do Distrito Federal**, pois, conforme vimos, os órgãos de segurança pública do DF são organizados e mantidos pela União, nos termos do art. 21, XIV, da CF/88.

Essas regras asseguram a concessão da aposentadoria especial prevista na Lei Complementar 51/85 (que era a lei que disciplinava a aposentadoria especial dos policiais civis antes da EC 103/2019) a todas as categorias previstas no art. 40, § 4º-B, da CF/88 (ou seja, **asseguram a aposentadoria especial de policial civil a servidores que não são policiais civis**, mas exercem atividade de risco), desde que o servidor (da União ou o policial civil do DF) tenha ingressado na carreira de risco antes da EC 103/2019.

No entanto, diferentemente do que estabeleceu a LC 51/85, as regras de transição do art. 5º da EC 103/2019 exigem uma idade mínima para os servidores que forem contemplados com a sua aplicação. Segundo esse dispositivo, para que os servidores federais integrantes das carreiras de risco (e os policiais civis do DF) que ingressaram nessas carreiras antes da EC 103/2019 tenham direito de se aposentar nos termos da LC 51/85, eles devem ter a **idade mínima de 55 (cinquenta e cinco) anos, independentemente de ser homem ou mulher**. Isso é o que está previsto no *caput* do art. 5º da EC 103/2019.

Porém, **ainda que esses servidores tenham menos de 55 (cinquenta e cinco) anos de idade, eles poderão se aposentar com base no art. 5º da EC 103/2019**, mas, para que isso aconteça, eles devem atender os requisitos do § 3º desse artigo, que exige o seguinte:

I) Em se tratando de **servidor homem**, deve ter pelo menos **53 (cinquenta e três) anos de idade** e tempo de contribuição equivalente à **soma do tempo de contribuição exigido pela LC 51/85 com o tempo de contribuição que**, na data da entrada em vigor da EC 103/2019, **faltava para o servidor atingir o tempo de contribuição exigido pela referida lei**. Conforme já estudamos, a LC 51/85 exigia 30 (trinta) anos de contribuição para a concessão da aposentadoria ao servidor homem. Logo, se, na data da entrada em vigor da EC 103/2019, o servidor (homem) tinha, por exemplo, 25 (vinte e cinco) anos de contribuição, ele poderá, após a EC 103/2019, aposentar-se nos termos da LC 51/85, desde que tenha 53 (cinquenta e três) anos de idade e 35 (trinta e cinco) anos de contribuição.

II) Em se tratando de **servidora mulher**, deve ter pelo menos **52 (cinquenta e dois) anos de idade** e tempo de contribuição equivalente à **soma do tempo de contribuição exigido pela LC 51/85 com o tempo de contribuição que**, na data da entrada em vigor da EC 103/2019, **faltava para a servidora atingir o tempo de contribuição exigido pela referida lei**. Conforme já estudamos, a LC 51/85 exigia 25 (vinte e cinco) anos de contribuição para a concessão da aposentadoria à servidora mulher. Logo, se, na data da entrada em vigor da EC 103/2019, a servidora (mulher) tinha, por exemplo, 20 (vinte) anos de contribuição, ela poderá, após a EC 103/2019, aposentar-se nos termos da LC 51/85, desde que tenha 52 (cinquenta e dois) anos de idade e 30 (trinta) anos de contribuição.

Aqui é importante mencionar que, na **ADI 7727**, em decisão monocrática cautelar de 17/10/2024, o Min. Flávio Dino determinou que, por questão de **igualdade material**, até que o Congresso Nacional aprove nova norma para exigir das mulheres idade menor do que a dos homens estabelecendo a diferença etária que entender adequada, não se pode aplicar para homens e mulheres a mesma idade de 55 anos (no caso da regra de transição do art. 5º, *caput*, da EC 103) nem tampouco idades com a diferença insignificante de 1 (um) ano (no caso da regra de transição do art. 5º, § 3º, da EC 103) como requisito da aposentadoria especial em questão.

Ficou decidido que, enquanto não houver nova norma editada pelo Congresso Nacional, **as mulheres devem ser aposentadas (tanto na regra do *caput* do art. 5º quanto na regra do § 3º desse artigo) com idade 3 anos menor do que a dos homens** (ou seja, aos 52 anos de idade no caso do *caput* e aos 50 anos de idade no caso do § 3º), por simetria com a regra geral de aposentadoria do art. 40, § 1º, III, da CF/88, que, na aposentadoria voluntária comum, exige das mulheres 3 anos de idade a menos do que dos homens.

Outro detalhe importante das regras de transição do art. 5º da EC 103/2019 é que, para os fins da sua aplicação, será considerado como tempo de atividade de natureza estritamente policial (ou seja, será considerado como tempo apto para a concessão da aposentadoria especial nos termos desse artigo) o tempo exercido pelo servidor como militar da União ou dos Estados e como agente penitenciário e agente socioeducativo. Isso está previsto no § 1º do art. 5º da Emenda.

Além disso, conforme já foi registrado acima, as regras de transição do art. 5º da EC 103/2019, como prevê expressamente o § 2º desse artigo, **aplicam-se apenas aos servidores federais (que exercem atividade de risco) e aos policiais civis do Distrito Federal**, não abrangendo os servidores dos Estados. Em relação a esses últimos, a aposentadoria especial por atividade de risco deve ser disciplinada na legislação própria do respectivo ente federado, e, enquanto não for editada essa nova legislação, continuam aplicáveis as regras anteriores à EC 103/2019. Não há, para eles, "regras de transição" estabelecidas na EC 103/2019.

Confira agora o teor do art. 5º da EC 103/2019:

> "**Art. 5º, EC 103/2019.** O **policial civil** do órgão a que se refere o inciso XIV do caput do art. 21 da Constituição Federal, o **policial** dos órgãos a que se referem o inciso IV do caput do art. 51, o inciso XIII do caput do art. 52 e os **incisos I a III do caput do art. 144 da Constituição Federal** e o ocupante de cargo de **agente federal penitenciário ou socioeducativo** que tenham ingressado na respectiva carreira até a data de entrada em vigor desta Emenda Constitucional poderão aposentar-se, na forma da Lei Complementar nº 51, de 20 de dezembro de 1985, observada a idade mínima de 55 (cinquenta e cinco) anos para ambos os sexos ou o disposto no § 3º.
>
> **§ 1º** Serão considerados **tempo de exercício em cargo de natureza estritamente policial**, para os fins do inciso II do art. 1º da Lei Complementar nº 51, de 20 de dezembro de 1985, o **tempo de atividade militar** nas Forças Armadas, nas polícias militares e nos corpos de bombeiros militares e o **tempo de atividade como agente penitenciário ou socioeducativo**.

> **§ 2º** Aplicam-se às aposentadorias dos **servidores dos Estados** de que trata o § 4º-B do art. 40 da Constituição Federal as normas constitucionais e infraconstitucionais **anteriores à data de entrada em vigor desta Emenda Constitucional**, enquanto não promovidas alterações na legislação interna relacionada ao respectivo regime próprio de previdência social.
>
> **§ 3º** Os servidores de que trata o caput poderão aposentar-se aos **52 (cinquenta e dois) anos de idade, se mulher**, e aos **53 (cinquenta e três) anos de idade, se homem**, desde que cumprido **período adicional de contribuição** correspondente ao tempo que, na data de entrada em vigor desta Emenda Constitucional, **faltaria para atingir o tempo de contribuição** previsto na Lei Complementar nº 51, de 20 de dezembro de 1985."

3. CUMULAÇÃO DE APOSENTADORIAS ANTES DA EC 103/2019

Nos termos do art. 40, § 6º, da CF/88 (na redação anterior à EC 103/2019), é vedada a cumulação de aposentadorias pagas por regime próprio de previdência social, exceto quando se trata de aposentadorias decorrentes de cargos que, na atividade, poderiam ser acumulados. Veja:

> "**Art. 40, § 6º, CF/88.** Ressalvadas as aposentadorias decorrentes dos cargos acumuláveis na forma desta Constituição, é vedada a percepção de mais de uma aposentadoria à conta do regime de previdência previsto neste artigo."

Quanto aos cargos acumuláveis na atividade, eles são tratados nos incisos XVI e XVII do art. 37 da CF/88. Confira:

> "**Art. 37, CF/88.**
>
> (...)
>
> XVI - é vedada a acumulação remunerada de cargos públicos, exceto, quando houver compatibilidade de horários, observado em qualquer caso o disposto no inciso XI:
>
> a) a de dois cargos de professor;
>
> b) a de um cargo de professor com outro técnico ou científico;
>
> c) a de dois cargos ou empregos privativos de profissionais de saúde, com profissões regulamentadas;
>
> XVII - a proibição de acumular estende-se a empregos e funções e abrange autarquias, fundações, empresas públicas, sociedades de economia mista, suas subsidiárias, e sociedades controladas, direta ou indiretamente, pelo poder público;"
>
> (...)"

É necessário fazer algumas observações importantes sobre a vedação de cumulação de aposentadorias no RPPS.

A primeira delas é que essa vedação de cumulação não impede que uma mesma pessoa receba aposentadoria paga por regime próprio de previdência cumulada com aposentadoria paga pelo RGPS, pois a vedação de cumulação se refere a duas aposentadorias pagas pelo RPPS. No entanto, para receber essas duas aposentadorias (uma paga pelo RPPS e outra paga pelo RGPS), o indivíduo precisará ter contribuído para os dois regimes separadamente, não podendo aproveitar o tempo de contribuição de um regime (e que nele foi utilizado para obter aposentadoria) em outro regime (para tentar obter nova aposentadoria). Nesse sentido, temos, por exemplo, os seguintes precedentes do STJ: **AgRg no REsp 924423** e **REsp 687479**.

Além disso, é necessário registrar que a vedação de cumulação de aposentadorias pagas pelo RPPS foi estabelecida na CF/88 (no seu art. 40, § 6º) pela EC 20/98, e essa emenda também proibiu a cumulação de proventos de aposentadoria referentes a um cargo com vencimentos de atividade referentes a outro cargo, exceto se os cargos envolvidos forem acumuláveis ou se pelo menos um deles for eletivo ou comissionado.

Essa vedação de cumulação de proventos de aposentadoria com vencimentos de atividade foi inserida pela EC 20/98 no art. 37, § 10, da CF/88, que recebeu a seguinte redação:

> "**Art. 37, § 10, CF/88.** É **vedada a percepção simultânea de proventos de aposentadoria** decorrentes do art. 40 ou dos arts. 42 e 142 **com a remuneração** de cargo, emprego ou função pública, **ressalvados os cargos acumuláveis na forma desta Constituição, os cargos eletivos e os cargos em comissão** declarados em lei de livre nomeação e exoneração."

A EC 20/98, no entanto, trouxe uma exceção à vedação de cumulação de proventos de aposentadoria com vencimentos de atividade. Essa exceção foi prevista no art. 11 do texto da própria Emenda, e foi a seguinte: se o servidor havia se aposentado em um cargo e reingressou no serviço público mediante novo concurso antes da EC 20/98, ele pode acumular os proventos de aposentadoria com os vencimentos do novo cargo, ainda que não se trate de cargos acumuláveis. No entanto, mesmo nesse caso, a regra do art. 37, § 10, da CF/88 se aplica normalmente, ou seja, continua incidindo a vedação de cumulação de aposentadorias, de modo que, quando o servidor vier a se aposentar no novo cargo, ele não poderá acumular as aposentadorias, exceto se os cargos forem acumuláveis ou se pelo menos um deles for eletivo ou comissionado.

Veja o teor do art. 11 da EC 20/98:

> "**Art. 11, EC 20/98.** A vedação prevista no art. 37, § 10, da Constituição Federal, não se aplica aos membros de poder e aos inativos, servidores e militares, que, até a publicação desta Emenda, tenham ingressado novamente no serviço público por concurso público de provas ou de provas e títulos, e pelas demais formas previstas na Constituição Federal, sendo-lhes proibida a percepção de mais de uma aposentadoria pelo regime de previdência a que se refere o art. 40 da Constituição Federal, aplicando-se-lhes, em qualquer hipótese, o limite de que trata o § 11 deste mesmo artigo.

Portanto, desde a EC 20/98, o segurado do RPPS só pode acumular duas aposentadorias se elas forem decorrentes de cargos acumuláveis na atividade.

E aqui é importante registrar que, segundo o Supremo Tribunal Federal, o servidor que acumula duas aposentadorias pode, ainda, receber em conjunto com elas uma pensão por morte deixada por militar das Forças Armadas.

Isso porque a previdência militar é regida eminentemente por normas infraconstitucionais, e a lei que rege a pensão militar no âmbito federal permite que ela (a pensão militar) seja acumulada com outros benefícios previdenciários sem exigir que esses benefícios sejam acumuláveis. Trata-se da Lei 3.765/60, que disciplina a cumulação da pensão (deixada por militar federal) com outros benefícios previdenciários no seu art. 29. Veja:

> "**Art. 29, Lei 3.765/60.** É permitida a acumulação:
>
> I - de uma pensão militar com proventos de disponibilidade, reforma, vencimentos ou aposentadoria;
>
> II - de uma pensão militar com a de outro regime, observado o disposto no art. 37, inciso XI, da Constituição Federal."

Esse entendimento foi adotado pelo STF, por exemplo, no **Tema de Repercussão Geral nº 627** (RE 658999, j. 17/12/2022), no qual o Min. Dias Toffoli (relator do caso) esclareceu no seu voto que o art. 29, II, da Lei 3.765/60 *"autoriza a acumulação de uma pensão militar com a de outro regime, sem exigir, no ponto, que sejam acumuláveis os cargos públicos envolvidos.*

Ademais, cumpre ressaltar que, segundo a firme jurisprudência do Supremo Tribunal Federal, é possível acumular duas aposentadorias decorrentes de cargos acumuláveis com pensão militar por morte, afastando no caso a incidência do Tema nº 921 da Repercussão Geral".

Apenas para facilitar a compreensão do que foi dito pelo Ministro nessa passagem do seu voto, é necessário registrar que o Tema de Repercussão Geral nº 921 foi aquele em que o STF decidiu que a cumulação remuneratória no serviço público envolvendo mais de dois cargos é proibida em qualquer hipótese. Nos termos da tese fixada nesse julgamento, *"é vedada a cumulação tríplice de vencimentos e/ou proventos, ainda que a investidura nos cargos públicos tenha ocorrido anteriormente à EC 20/1998"*.

Segundo a jurisprudência do próprio STF, o que foi decidido no Tema de Repercussão Geral nº 921 fica afastado quando a mesma pessoa recebe duas aposentadorias de cargos acumuláveis com uma pensão por morte de militar das Forças Armadas.

Esse mesmo entendimento é aplicável em relação a pensão por morte deixada por militar estadual, se a legislação do respectivo Estado permitir a cumulação desse benefício sem exigir que os outros benefícios recebidos pelo pensionista sejam acumuláveis.

Não se pode esquecer, porém, que, apesar de o STF permitir que o servidor que acumula regularmente duas aposentadorias receba, além das aposentadorias, pensão por morte militar, o fato é que **a vedação de cumulação de vencimentos de atividade com proventos de inatividade prevista no art. 37, § 10, da CF/88 alcança, inclusive, os militares** (tanto os estaduais quanto os federais). Isso porque esse dispositivo, ao proibir a cumulação de aposentadorias, menciona expressamente as inatividades decorrentes dos arts. 42 e 142 da CF/88, isto é, as inatividades dos militares dos Estados (art. 42, CF/88) e dos militares das Forças Armadas (art. 142, CF/88).

Inclusive, a aplicação do art. 37, § 10, da CF/88, aos militares (tanto os estaduais quanto os federais) já foi reconhecida expressamente pelo Supremo Tribunal Federal, como ocorreu na **ADI 3663**, julgada em 28/08/2023.

Logo, os militares (estaduais e federais) que estejam em atividade ou na inatividade somente podem receber cumulativamente vencimentos ou proventos de outro cargo, emprego ou função se for um caso em que a Constituição Federal permite essa cumulação nos termos dos arts. 37, XVI, 42, § 3º, e 142, § 3º, II e III.

No entanto, segundo o que foi decidido pelo STF na própria ADI 3663, essa vedação de cumulação de vencimentos e proventos imposta aos militares somente se aplica quando o novo cargo ocupado pelo militar resultar na formação de um novo vínculo permanente com a Administração Pública.

Por isso, se um militar que se encontra na inatividade for designado, com fundamento em previsão legal, para o desempenho de determinadas tarefas na corporação militar com prazo certo de duração, não haverá aí violação à proibição de cumulação de vencimentos e proventos prevista no art. 37, XVI e § 10, da CF/88, pois, nesse caso, o militar não terá um novo vínculo (permanente) com a Administração gerado pelo desempenho das funções transitórias.

Nas exatas palavras do STF, *"**o militar da reserva que presta tarefas por tempo certo permanece em situação de inatividade**, exercendo de modo voluntário e transitório função anômala que não importa investidura em cargo público nem formação de novo vínculo com a Administração, razão pela qual **não há incompatibilidade com a regra da não acumulação de cargos e funções públicas** prevista no art. 37, inciso XVI, da Constituição e aplicável aos militares dos estados, do Distrito Federal e dos territórios por força do § 3º do art. 42 da Constituição".*

Por fim, é importante chamar atenção para o fato de que a regra do art. 37, § 10, da CF/88, tem especial relevância nas situações em que servidores públicos ajuízam ações para requerer que a Administração Pública seja compelida a lhes conceder aposentadoria (isso geralmente ocorre quando, por diversas razões, o Poder Público interpreta as normas que regem as aposentadorias do RPPS de uma forma com a qual os seus servidores não concordam).

Isso porque é bastante comum que, nessas ações, os servidores requeiram que a aposentadoria seja concedida com efeitos a partir de alguma data passada (por exemplo, a partir da data em que foi apresentado à Administração o pedido administrativo para se aposentar).

Na prática, portanto, o que o servidor que ajuizou a ação pretende é obter o pagamento da aposentadoria desde um momento em que ele ainda se encontrava em atividade e no qual ele, evidentemente, vinha recebendo regularmente os vencimentos decorrentes do desempenho do cargo.

Logo, no período entre a data indicada pelo servidor como o termo inicial dos efeitos da aposentadoria e a data em que ela (a aposentadoria) fosse efetivamente concedida, o servidor acabaria acumulando os vencimentos do seu cargo com os proventos de aposentadoria desse mesmo cargo. Haveria, portanto, uma cumulação de vencimentos de atividade com proventos de inatividade decorrentes de um mesmo cargo.

Ocorre que essa hipótese de cumulação remuneratória não tem previsão em dispositivo algum da CF/88, o que, por si só, torna impossível o acolhimento do pedido em questão.

Além disso, o art. 37, § 10, da CF/88, ao proibir expressamente a cumulação de proventos de aposentadoria com remuneração de cargo, impede que a aposentadoria seja concedida com efeitos anteriores à data da sua efetiva concessão, ainda que o ato concessivo do benefício tenha sido praticado em virtude de condenação judicial que impôs ao Poder Público a obrigação de conceder a aposentadoria.

Isso, inclusive, já foi afirmado expressamente pelo Supremo Tribunal Federal, como ocorreu na **ADI 6849** (j. 19/11/2024).

Nesse julgamento, o STF, ao considerar constitucional a previsão legal de início de pagamento da aposentadoria de servidores públicos a partir de uma data específica posterior ao requerimento administrativo de aposentação, registrou expressamente que, *"até que o provento de aposentadoria seja efetivamente pago, o servidor público permanece recebendo seus vencimentos da ativa. Assim,* ***eventual acolhimento da tese suscitada pelo requerente, segundo a qual os proventos deveriam ser pagos desde a data da entrega do requerimento (DET), acarretaria nítida violação do art. 37, § 10, da Constituição****, segundo o qual, em regra, é vedada a percepção simultânea de proventos de aposentadoria decorrentes do regime próprio com a remuneração do cargo, emprego ou função pública"*.

Essa, portanto, é a importância do art. 37, § 10, da CF/88, nas ações judiciais propostas por servidores públicos pedindo concessão de aposentadoria.

4. CUMULAÇÃO DE APOSENTADORIAS APÓS A EC 103/2019

O regime da cumulação de aposentadorias no RPPS não foi modificado pela EC 103/2019. Essa emenda trouxe como única novidade em relação a isso mais uma forma de aproximar o RPPS do RGPS, ao estabelecer que se aplicam à cumulação de aposentadorias no regime próprio de previdência *"outras vedações, regras e condições para a acumulação de benefícios previdenciários estabelecidas no Regime Geral de Previdência Social"*.

Veja como ficou a redação do art. 40, § 6º, da CF/88 após a EC 103/2019:

> "**Art. 40, § 6º, CF/88.** Ressalvadas as aposentadorias decorrentes dos cargos acumuláveis na forma desta Constituição, é vedada a percepção

de mais de uma aposentadoria à conta de regime próprio de previdência social, aplicando-se outras vedações, regras e condições para a acumulação de benefícios previdenciários estabelecidas no Regime Geral de Previdência Social." ***(Redação dada pela EC 103/2019)***

5. ROMPIMENTO DO VÍNCULO FUNCIONAL PELA APOSENTADORIA ANTES DA EC 103/2019

É comum ter a percepção de que a aposentadoria do servidor público efetivo rompe o seu vínculo funcional e, assim, gera a vacância do cargo.

O grande detalhe nisso é que pouco se fala sobre o fundamento jurídico do rompimento do vínculo funcional como decorrência da aposentadoria do servidor. O vínculo se rompe por qual motivo? Existe disposição na Constituição Federal determinando isso?

Conhecer esse fundamento jurídico é indispensável, pois, na Administração Pública, vigora o princípio da legalidade (previsto no art. 37, *caput*, da CF/88), por força do qual, o Poder Público apenas pode fazer o que a lei permite que ele faça. Na ausência de lei, a Administração não pode agir.

Portanto, para que a aposentadoria do servidor acarrete o rompimento do seu vínculo funcional, é indispensável que haja alguma disposição no ordenamento jurídico prevendo isso. Caso contrário, haverá violação ao princípio da legalidade.

Há, então, previsão no texto constitucional no sentido de que o servidor público perde o seu vínculo funcional ao se aposentar?

Na verdade, antes da EC 103/2019, não havia previsão, na CF/88, de que a aposentadoria do servidor público efetivo causaria o rompimento do seu vínculo funcional e, consequentemente, a vacância do cargo.

Porém, a maioria (talvez a totalidade) dos estatutos que regem os servidores públicos nos diversos entes federados estabeleciam como causa de vacância do cargo efetivo a aposentadoria do respectivo servidor.

Portanto, a razão do rompimento do vínculo funcional do servidor efetivo como consequência da sua aposentadoria era a existência de previsão legal (no respectivo estatuto) no sentido de que, uma vez aposentado o servidor, o cargo ficaria vago. Logo, inexistindo essa previsão legal, a aposentadoria não teria o efeito de romper o vínculo do servidor, já que o texto constitucional não possuía disposição nesse sentido.

E, justamente em virtude de a CF/88 não ter estabelecido (pelo menos até a EC 103/2019) que a aposentadoria geraria o rompimento do vínculo funcional do servidor, acabou ocorrendo a judicialização da questão a respeito da possibilidade de o servidor efetivo continuar no seu cargo mesmo após se aposentar e, dessa forma, cumular a sua remuneraçao com os seus proventos de inatividade.

Esse questionamento foi apresentado principalmente por servidores efetivos de Municípios nos quais não há regime próprio de previdência, pois, nesses casos, como o ente federado não possui RPPS, os seus servidores efetivos são segurados do RGPS, conforme estudamos anteriormente.

O debate chegou ao Supremo Tribunal Federal, que decidiu a questão no **Tema de Repercussão Geral nº 1150** (RE 1302501, j. 17/06/2021) e em diversos precedentes anteriores a ele.

Segundo decidiu o STF, se houver previsão na lei de regência dos servidores efetivos do ente federado no sentido de que a aposentadoria é causa de vacância do cargo, uma vez aposentado o servidor, o seu vínculo funcional é rompido e ele não pode permanecer no cargo nem tampouco ser reintegrado a ele sem ser aprovado em novo concurso público. Caso contrário, haveria violação à regra constitucional que exige aprovação em concurso público para o acesso a cargos públicos (regra essa prevista no art. 37, II, CF/88).

Ademais, como bem registrou a Corte, caso o servidor público já aposentado pudesse continuar no seu cargo (acumulando a sua remuneração com a sua aposentadoria), o que ocorreria aí seria uma cumulação de vencimentos com proventos decorrentes de um mesmo cargo, e essa cumulação remuneratória não é autorizada pela Constituição Federal no seu art. 37, XVI e XVII, e § 10, dispositivos que estuamos anteriormente.

Tudo isso, segundo ficou decidido pelo Supremo Tribunal Federal, deve ser observado **ainda que o servidor efetivo se aposente pelo RGPS** (o que ocorre quando o ente federado respectivo não possui regime próprio de previdência).

Nos termos da tese fixada pelo STF nesse julgamento, *"o servidor público aposentado pelo Regime Geral de Previdência Social,* **com previsão de vacância do cargo em lei local, não tem direito a ser reintegrado ao mesmo cargo no qual se aposentou ou nele manter-se**, *por violação à regra do concurso público e à impossibilidade de acumulação de proventos e remuneração não acumuláveis em atividade"*.

Portanto, antes da EC 103/2019, o fundamento jurídico do rompimento do vínculo funcional do servidor efetivo que se aposenta é a existência de previsão nesse sentido na legislação do respectivo ente federado, ainda que a aposentadoria se dê pelo RGPS. Além disso, mesmo que não houvesse lei estabelecendo a vacância do cargo como uma consequência da aposentadoria do servidor, ele não poderia acumular a remuneração do cargo com os proventos de inatividade decorrentes desse mesmo cargo, pois haveria aí uma cumulação remuneratória vedada pela CF/88.

6. ROMPIMENTO DO VÍNCULO FUNCIONAL PELA APOSENTADORIA APÓS A EC 103/2019

Com a EC 103/2019, tivemos uma alteração na CF/88 que modificou a disciplina jurídica relativa ao rompimento (ou não) do vínculo funcional do servidor como decorrência da sua aposentadoria.

Agora, desde a entrada em vigor da EC 103/2019, a própria CF/88 passou a prever que **a aposentadoria do servidor efetivo acarreta o rompimento do seu vínculo funcional** e, assim, gera a vacância do cargo.

Isso está previsto no § 14 do art. 37 da CF/88, que foi incluído no texto constitucional pela referida emenda. Veja:

> "**Art. 37, CF/88.**
>
> (...)
>
> **§ 14** A aposentadoria concedida com a utilização de tempo de contribuição decorrente de cargo, emprego ou função pública, inclusive do Regime Geral de Previdência Social, **acarretará o rompimento do vínculo que gerou o referido tempo de contribuição**. ***(Incluído pela EC 103/2019)***
>
> (...)"

É importante registrar que, como o art. 37, § 14, da CF/88 estabelece expressamente que o seu comando de rompimento do vínculo pela aposentadoria engloba, inclusive, o RGPS, o Supremo Tribunal Federal já decidiu que, a partir da EC 103/2019, o titular de emprego público (o qual se submete a regime trabalhista e é vinculado ao RGPS) perde o seu vínculo com a Administração Pública ao se aposentar, devendo obrigatoriamente deixar o emprego.

Esse rompimento automático do vínculo como decorrência da aposentadoria, porém, não se aplica quando a aposentação ocorreu antes da EC 103/2019, pois a própria Emenda, no seu art. 6º, estabelece que *"o disposto no*

§ 14 do art. 37 da Constituição Federal não se aplica a aposentadorias concedidas pelo Regime Geral de Previdência Social até a data de entrada em vigor desta Emenda Constitucional".

Isso foi decidido pelo STF no **Tema de Repercussão Geral nº 606** (RE 655283, j. 16/06/2021), no qual foi fixada a tese segundo a qual *"a concessão de aposentadoria aos empregados públicos inviabiliza a permanência no emprego, nos termos do art. 37, § 14, da CRFB, salvo para as aposentadorias concedidas pelo Regime Geral de Previdência Social até a data de entrada em vigor da Emenda Constitucional nº 103/19, nos termos do que dispõe seu art. 6º".*

Nesse julgamento, o STF estabeleceu também que, apesar de as ações judiciais em que se discute o rompimento do vínculo dos empregados públicos pela aposentadoria envolverem agentes públicos com vínculo trabalhista, a competência para julgar essas demandas não é da Justiça do Trabalho, mas da Justiça comum. Na tese fixada pela Corte ficou registrado que ***"a natureza do ato de demissão de empregado público é constitucional-administrativa e não trabalhista, o que atrai a competência da Justiça comum para julgar a questão"***.

6

PENSÃO POR MORTE NO REGIME PRÓPRIO DE PREVIDÊNCIA SOCIAL

1. PENSÃO POR MORTE ANTES DA EC 103/2019

Ao longo do tempo, a disciplina da pensão por morte também sofreu modificação no texto constitucional, especialmente em relação à forma de calcular o seu valor.

Até a EC 41/03, o benefício de pensão por morte tinha o mesmo valor da aposentadoria que o servidor recebia antes de falecer ou o mesmo valor da aposentadoria à qual ele (o servidor) teria direito na data do seu óbito, caso ainda se encontrasse em atividade nesse momento.

Porém, após a entrada em vigor da EC 41/03, os proventos pagos na pensão por morte sofreram uma redução, passando a corresponder aos vencimentos ou proventos do servidor falecido limitados ao valor máximo dos benefícios pagos pelo INSS (o chamado "teto do RGPS") com o acréscimo de 70% de eventual parcela superior a esse limite. Isso foi previsto no art. 40, § 7º, da CF/88. Veja:

> "**Art. 40, § 7º, CF/88.** Lei disporá sobre a concessão do benefício de pensão por morte, que será igual:
>
> **I** - ao valor da totalidade dos proventos do servidor falecido, até o limite máximo estabelecido para os benefícios do regime geral de previdência social de que trata o art. 201, acrescido de setenta por cento da parcela excedente a este limite, caso aposentado à data do óbito; ou

II - ao valor da totalidade da remuneração do servidor no cargo efetivo em que se deu o falecimento, até o limite máximo estabelecido para os benefícios do regime geral de previdência social de que trata o art. 201, acrescido de setenta por cento da parcela excedente a este limite, caso em atividade na data do óbito."

Portanto, com a EC 41/03, assim como ocorreu com as aposentadorias, deixou de haver integralidade no cálculo da pensão por morte do RPPS.

Além disso, a paridade também deixou de ser aplicada nos reajustes da pensão por morte no RPPS. A partir da EC 41/03, tal qual ocorreu com as aposentadorias, a pensão por morte no regime próprio de previdência passou a ser reajustada de acordo com índices definidos nas leis de cada ente federado. Isso foi estabelecido no § 8º do art. 40 da CF/88. Veja:

> "**Art. 40, § 8º, CF/88.** É assegurado o reajustamento dos benefícios para preservar-lhes, em caráter permanente, o valor real, **conforme critérios estabelecidos em lei**."

No estudo da pensão por morte, não se pode esquecer a **Súmula 340 do STJ**, que consagra a aplicação do princípio *tempus regit actum* ao tratamento jurídico desse benefício previdenciário. Segundo essa súmula, a pensão por morte deve observar as normas vigentes no momento do óbito do segurado (que, no caso do RPPS, é o servidor público). Isso porque a morte do segurado é o fato gerador do benefício, de modo que ela deve ser o marco temporal adotado para definir as normas jurídicas aplicáveis em cada caso concreto.

Súmula 340/STJ: "A lei aplicável à concessão de pensão previdenciária por morte é aquela vigente na data do óbito do segurado."

Essa súmula foi editada, principalmente, por conta de julgados envolvendo pensões concedidas pelo RGPS, mas se aplica perfeitamente ao RPPS, pois os fundamentos jurídicos envolvidos são os mesmos em ambos os regimes.

Portanto, para saber se determinada pessoa tem direito a receber uma pensão por morte, é necessário analisar as normas que estavam em vigor no momento do óbito do servidor que deixou o benefício.

Justamente adotando essa linha de raciocínio, o Supremo Tribunal Federal, ao julgar o mérito do **Tema de Repercussão Geral nº 396** (RE 603580, j. 20/05/2015), fixou a tese segundo a qual *"os pensionistas de servidor falecido posteriormente à EC 41/2003 têm direito à paridade com servidores* *em atividade (EC 41/2003, art. 7º), caso se enquadrem na regra de transição prevista no art. 3º da EC 47/2005. Não tem, contudo, direito à integralidade (CF, art. 40, § 7º, inciso I)".*

E, na ementa desse julgamento, a Corte registrou expressamente que *"o benefício previdenciário da pensão por morte deve ser regido pela lei vigente à época do óbito de seu instituidor"*. O STF decidiu, portanto, no **mesmo sentido da Súmula 340 do STJ**, que vimos acima.

Em outras palavras, segundo decidiu a Corte, se o servidor que deixou a pensão faleceu após a EC 41/03, mas tinha direito à integralidade e à paridade (seja porque preencheu os requisitos para se aposentar antes da EC 41/03, seja porque preencheu os requisitos das regras de transição das ECs 41/03, 47/05 ou 70/12, conforme estudamos anteriormente), o respectivo pensionista, embora não possa ser contemplado com a integralidade (por conta da limitação de valor imposta pelo art. 40, § 7º, da CF/88 a partir da EC 41/03, como vimos acima), terá direito à paridade, porque ela (a paridade) é assegurada pelo art. 7º da EC 41/03 quando o servidor que deixou a pensão tinha direito a ela.

E por que isso ocorre?

Por conta da aplicação do princípio *tempus regit actum* (estabelecido na Súmula 340/STJ), que, em última análise, é uma **decorrência da proteção dada ao direito adquirido**, proteção essa que, no ordenamento jurídico brasileiro, está estabelecida no art. 5º, XXXVI, da CF/88 (*"Art. 5º, XXXVI, CF/88 - a lei não prejudicará o* ***direito adquirido****, o ato jurídico perfeito e a coisa julgada"*).

Segundo o princípio *tempus regit actum*, determinada situação jurídica deve ser regida pelas normas que eram aplicáveis no momento em que ocorreu o fato que fez surgir o direito. No caso da pensão por morte, o fato gerador do direito ao pensionamento é o óbito do servidor que deixou o benefício, de modo que é esse momento na linha do tempo que define as normas que devem ser aplicadas para verificar se a pensão deve ser concedida e como ela deve ser calculada.

Como vimos, a EC 41/03 promoveu alterações da forma de calcular os proventos de aposentadoria e de pensão no RPPS.

Por isso, se o servidor ingressou no serviço público após a EC 41/03, os proventos de aposentadoria e de pensão que decorram do seu vínculo com o RPPS devem ser pagos nos termos das novas regras trazidas por essa emenda, a qual, conforme vimos, extinguiu a paridade e a integralidade no âmbito do regime próprio de previdência.

Por outro lado, se o servidor ingressou no serviço público antes da EC 41/03, três possibilidades surgem:

I) Se o servidor preencheu os requisitos para se aposentar antes da EC 41/03, ele tem direito ao cálculo dos seus proventos de aposentadoria com paridade e integralidade (pois essa era a forma de cálculo que existia antes da entrada em vigor da referida emenda). Caso esse servidor tenha falecido **também antes da EC 41/03**, eventual pensão por morte deixada por ele será igualmente paga com paridade e integralidade. Tudo isso se encontra previsto no art. 3º da EC 41/03.

II) Se o servidor preencheu os requisitos para se aposentar antes da EC 41/03, ele tem direito ao cálculo dos seus proventos de aposentadoria com paridade e integralidade (pois essa era a forma de cálculo que existia antes da entrada em vigor da referida emenda). Caso esse servidor venha a falecer **após a EC 41/03**, eventual pensão por morte deixada por ele **será paga com paridade, mas não poderá ser paga com integralidade**, pois o direito à pensão nessa hipótese apenas terá surgido após a entrada em vigor da EC 41/03, e, conforme vimos, a partir dessa emenda a forma de cálculo da pensão foi alterada, não mais sendo possível que ela corresponda à totalidade dos vencimentos ou proventos do servidor falecido. A partir da EC 41/03, os proventos de pensão passaram a corresponder ao valor dos vencimentos ou proventos do servidor falecido limitados ao "teto do RGPS" com o acréscimo de 70% da parcela que ultrapassa esse limite. Essa forma de cálculo, como vimos, foi inserida pela EC 41/03 no art. 40, § 7º, da CF/88.

III) Se o servidor somente preencheu os requisitos para se aposentar após a EC 41/03, mas atendeu as regras de transição dessa emenda ou das ECs 47/05 ou 70/12, ele tem direito ao cálculo dos seus proventos de aposentadoria com paridade e integralidade. Por outro lado, **eventual pensão por morte deixada por ele será paga com paridade, mas não poderá ser paga com integralidade**, pois o direito à pensão nessa hipótese apenas terá surgido após a entrada em vigor da EC 41/03, e, conforme vimos, a partir dessa emenda a forma de cálculo da pensão foi alterada, não mais sendo possível que ela corresponda à totalidade dos vencimentos ou proventos do servidor falecido. A partir da EC 41/03, os proventos de pensão passaram a corresponder ao valor dos vencimentos ou proventos do servidor falecido limitados ao "teto do

RGPS" com o acréscimo de 70% da parcela que ultrapassa esse limite. Essa forma de cálculo, como vimos, foi inserida pela EC 41/03 no art. 40, § 7º, da CF/88.

Tudo isso está previsto nos arts. 3º, 6º, 6º-A e 7º da EC 41/03 e nos arts. 2º e 3º da EC 47/05. Veja:

> "**Art. 3º, EC 41/03.** É assegurada a concessão, a qualquer tempo, de aposentadoria aos servidores públicos, bem como pensão aos seus dependentes, que, **até a data de publicação desta Emenda, tenham cumprido todos os requisitos para obtenção desses benefícios**, com base nos critérios da legislação então vigente.
>
> (...)
>
> **§ 2º** Os proventos da aposentadoria a ser concedida aos servidores públicos referidos no caput, em termos integrais ou proporcionais ao tempo de contribuição já exercido até a data de publicação desta Emenda, bem como as pensões de seus dependentes, **serão calculados de acordo com a legislação em vigor à época em que foram atendidos os requisitos nela estabelecidos** para a concessão desses benefícios ou nas condições da legislação vigente."
>
> "**Art. 6º, EC 41/03.** Ressalvado o direito de opção à aposentadoria pelas normas estabelecidas pelo art. 40 da Constituição Federal ou pelas regras estabelecidas pelo art. 2º desta Emenda, o servidor da União, dos Estados, do Distrito Federal e dos Municípios, incluídas suas autarquias e fundações, **que tenha ingressado no serviço público até a data de publicação desta Emenda poderá aposentar-se com proventos integrais, que corresponderão à totalidade da remuneração do servidor no cargo efetivo em que se der a aposentadoria**, na forma da lei, quando, observadas as reduções de idade e tempo de contribuição contidas no § 5º do art. 40 da Constituição Federal, vier a preencher, cumulativamente, as seguintes condições:
>
> (...)"
>
> "**Art. 6º-A, EC 41/03 (Incluído pela EC 70/12).** O servidor da União, dos Estados, do Distrito Federal e dos Municípios, incluídas suas autarquias e fundações, que tenha ingressado no serviço público até a data de publicação desta Emenda Constitucional e que tenha se aposentado ou venha a se aposentar por invalidez permanente, com fundamento no inciso I do § 1º do art. 40 da Constituição Federal, tem direito a **proventos de aposentadoria calculados com base na remuneração do cargo efetivo em que se der a aposentadoria**, na forma da lei, não sendo aplicáveis as disposições constantes dos §§ 3º, 8º e 17 do art. 40 da Constituição Federal.
>
> **Parágrafo único.** Aplica-se ao valor dos proventos de aposentadorias concedidas com base no caput **o disposto no art. 7º desta Emenda Constitucional**, observando-se **igual critério de revisão às pensões** derivadas dos proventos desses servidores."

"**Art. 7º, EC 41/03.** Observado o disposto no art. 37, XI, da Constituição Federal, **os proventos de aposentadoria dos servidores públicos titulares de cargo efetivo e as pensões dos seus dependentes** pagos pela União, Estados, Distrito Federal e Municípios, incluídas suas autarquias e fundações, em fruição na data de publicação desta Emenda, bem como **os proventos de aposentadoria dos servidores e as pensões dos dependentes abrangidos pelo art. 3º desta Emenda**, serão **revistos na mesma proporção e na mesma data**, sempre que se modificar a remuneração dos servidores em atividade, **sendo também estendidos aos aposentados e pensionistas quaisquer benefícios ou vantagens posteriormente concedidos aos servidores em atividade**, inclusive quando decorrentes da transformação ou reclassificação do cargo ou função em que se deu a aposentadoria ou que serviu de referência para a concessão da pensão, na forma da lei."

"**Art. 2º, EC 47/05.** Aplica-se aos proventos de aposentadorias dos servidores públicos que se aposentarem na forma do caput do art. 6º da Emenda Constitucional nº 41, de 2003, **o disposto no art. 7º da mesma Emenda.**"

"**Art. 3º, EC 47/05.** Ressalvado o direito de opção à aposentadoria pelas normas estabelecidas pelo art. 40 da Constituição Federal ou pelas regras estabelecidas pelos arts. 2º e 6º da Emenda Constitucional nº 41, de 2003, o servidor da União, dos Estados, do Distrito Federal e dos Municípios, incluídas suas autarquias e fundações, que tenha ingressado no serviço público até 16 de dezembro de 1998 poderá aposentar-se com **proventos integrais**, desde que preencha, cumulativamente, as seguintes condições:

(...)

Parágrafo único. Aplica-se ao valor dos proventos de aposentadorias concedidas com base neste artigo **o disposto no art. 7º da Emenda Constitucional nº 41, de 2003, observando-se igual critério de revisão às pensões** derivadas dos proventos de servidores falecidos que tenham se aposentado em conformidade com este artigo."

Conhecendo o princípio *tempus regit actum* (Súmula 340/STJ) e as regras constitucionais que vimos acima (a limitação do valor das pensões trazida pela EC 41/03 e as "regras de transição" das ECs 41/03, 47/05 e 70/12 que asseguraram paridade e integralidade aos servidores aposentados após a EC 41/03), fica fácil compreender o motivo de o Supremo Tribunal Federal, no **Tema de Repercussão Geral nº 396**, ter decidido que "*os pensionistas de servidor falecido posteriormente à EC 41/2003 têm direito à paridade com servidores em atividade (EC 41/2003, art. 7º), caso se enquadrem na regra de transição prevista no art. 3º da EC 47/2005. Não tem, contudo, direito à integralidade (CF, art. 40, § 7º, inciso I)*".

2. PENSÃO POR MORTE APÓS A EC 103/2019

Com a EC 103/2019, a disciplina da pensão por morte sofreu mais uma modificação, havendo alguns aspectos bastante relevantes que receberam novo tratamento jurídico. É o que vamos analisar agora.

Em primeiro lugar, é importante registrar que agora, nos termos do art. 40, § 7º, da CF/88, a pensão por morte deve ser disciplinada por lei própria de cada ente federado. Portanto, a União, os Estados, o Distrito Federal e os Municípios devem editar leis próprias disciplinando a concessão da pensão por morte no respectivo RPPS.

Além disso, esse dispositivo (o § 7º do art. 40 da CF/88 na redação dada pela EC 103/2019) passou a estabelecer que, quando a pensão for a única fonte de renda formal do dependente do servidor falecido, ela não poderá ter valor inferior ao de um salário mínimo. Isso porque o art. 40, § 7º, da CF/88, manda observar, nessa situação, o art. 201, § 2º, da CF/88, que assegura, no RGPS, esse limite mínimo de valor quando o benefício pago substitui a remuneração do segurado.

O art. 40, § 7º, da CF/88 passou a estabelecer também que a pensão por morte no RPPS deverá ser diferenciada para os pensionistas dos servidores policiais, agentes penitenciários e agentes socioeducativos que houverem falecido em virtude de agressão sofrida no desempenho das funções do cargo ou em razão dessas funções (ou seja, em caso de "falecimento em combate" desses servidores). Em outras palavras: a pensão por morte deixada por esses servidores falecidos "em combate" deve ter regras próprias, e, naturalmente, o intuito da EC 103/2019 foi o de que as regras regentes do benefício nesse caso sejam mais benéficas, especialmente no que diz respeito ao valor dos proventos e ao tempo de duração do benefício.

Note, também, que o art. 40, § 7º, da CF/88 é uma **regra geral aplicável a todos os entes federados**, de modo que as suas disposições se aplicam igualmente no âmbito da União, dos Estados, do Distrito Federal e dos Municípios.

Em resumo, segundo o art. 40, § 7º, da CF/88 (na atual redação, dada pela EC 103/2019):

I) As regras de concessão da pensão por morte devem ser estabelecidas em lei própria de cada ente federado (ou seja, a União, os Estados, o Distrito Federal e os Municípios devem editar leis próprias disciplinando a concessão da pensão por morte no respectivo RPPS).

II) Quando a pensão por morte for a única fonte de renda formal do pensionista, o benefício pago não pode ser de valor inferior a um salário mínimo (aplicação do art. 40, § 7º, c/c o art. 201, § 2º, ambos da CF/88).

III) Quando a pensão por morte for deixada por servidor policial, agente penitenciário ou agente socioeducativo falecido em virtude de agressão sofrida no desempenho das funções do cargo ou em razão dessas funções (ou seja, em caso de "falecimento em combate" desses servidores), o benefício deve se submeter a regras especiais não aplicáveis à pensão por morte paga aos dependentes dos demais servidores. Essas regras especiais, naturalmente, devem ser mais benéficas.

Confira o teor dos dispositivos mencionados acima:

> "**Art. 40, § 7º, CF/88.** Observado o disposto no § 2º do art. 201, quando se tratar da única fonte de renda formal auferida pelo dependente, o benefício de pensão por morte será concedido nos termos de lei do respectivo ente federativo, a qual tratará de forma diferenciada a hipótese de morte dos servidores de que trata o § 4º-B decorrente de agressão sofrida no exercício ou em razão da função." ***(Redação dada pela EC 103/2019)***
>
> "**Art. 40, § 4º-B, CF/88.** Poderão ser estabelecidos por lei complementar do respectivo ente federativo idade e tempo de contribuição diferenciados para aposentadoria de ocupantes do cargo de agente penitenciário, de agente socioeducativo ou de policial dos órgãos de que tratam o inciso IV do caput do art. 51, o inciso XIII do caput do art. 52 e os incisos I a IV do caput do art. 144." ***(Incluído pela EC 103/2019)***
>
> "**Art. 201, § 2º, CF/88.** Nenhum benefício que substitua o salário de contribuição ou o rendimento do trabalho do segurado terá valor mensal inferior ao salário mínimo."

Além do que vimos acima, a EC 103/2019 trouxe algumas regras a serem observadas na concessão da pensão por morte no âmbito do RPPS da União, especialmente no que diz respeito ao cálculo e ao pagamento desse benefício. Conforme prevê o art. 23, § 7º, da Emenda, essas regras devem ser observadas no âmbito federal enquanto não houver edição de lei (federal) estabelecendo tratamento jurídico diverso. Por outro lado, quanto às pensões pagas pelos regimes próprios de previdência dos Estados, Distrito Federal e Municípios, a EC 103/2019 estabeleceu que elas devem observar a nova legislação editada por cada um desses entes federados e que, enquanto essa nova legislação não for editada, continuam aplicáveis a esses entes subnacionais as normas constitucionais e infraconstitucionais que estavam em vigor antes da Emenda.

A partir de agora, veremos quais são as novas regras previstas na EC 103/2019 aplicáveis à pensão por morte paga no RPPS da União (o que veremos abaixo, portanto, não se aplica no âmbito dos Estados, do Distrito Federal e dos Municípios).

Primeiramente, o valor da pensão (mais precisamente, a sua forma de cálculo) sofreu alteração. Agora, o benefício de pensão por morte corresponde a uma cota de 50% (cinquenta por cento) da aposentadoria que o servidor recebia no momento do seu falecimento ou, sendo o servidor ativo quando do óbito, da aposentadoria por incapacidade permanente a que ele teria direito, e essa cota de 50% é acrescida de uma cota de 10% (dez por cento) para cada dependente deixado pelo servidor. O total da pensão (somando a cota básica de 50% com as cotas individuais de 10%) fica limitado ao máximo de 100% da aposentadoria que o servidor recebia (ou da aposentadoria por incapacidade permanente a que ele teria direito se estivesse em atividade no momento do falecimento).

Havendo vários beneficiários recebendo o benefício de pensão, o que acontece com a cota individual (de 10%) correspondente a cada um deles, quando eles perdem a qualidade de dependente (e, portanto, deixam de receber o benefício)?

Quando o beneficiário da pensão deixa de ser pensionista, a sua cota individual (de 10%) é extinta e não é revertida em favor do "bolo", isto é, não é revertida em favor dos beneficiários remanescentes. Porém, enquanto houver pelo menos 5 (cinco) pensionistas recebendo a pensão, o valor do benefício continuará sendo de 100% da aposentadoria do servidor falecido, pois, nesse caso, ainda haverá 5 (cinco) cotas individuais ativas, as quais, somadas à cota básica de 50%, totalizam 100%.

O cálculo da pensão muda um pouco caso o servidor tenha deixado algum dependente inválido ou com deficiência intelectual, mental ou grave. Nessa situação, o valor da pensão é obtido através de uma forma de cálculo diferente, que assegura um benefício de valor superior ao da regra geral.

Quando o servidor deixa algum dependente inválido ou com deficiência intelectual, mental ou grave, a pensão equivale ao valor da aposentadoria que ele (o servidor) recebia no momento do seu falecimento ou, sendo ele ativo quando do óbito, da aposentadoria por incapacidade permanente a que ele teria direito, ficando esse valor, porém, limitado ao "teto do RGPS". Caso a aposentadoria do servidor (ou a aposentadoria por incapacidade a que ele teria direito) ultrapasse o "teto do RGPS", a pensão será acrescida de uma cota familiar de 50% (cinquenta por cento) desse montante excedente e de cotas individuais de 10% (dez por cento) por cada dependente, sempre limitando-se a 100% da aposentadoria que o servidor recebia no momento do seu falecimento (ou da aposentadoria por incapacidade permanente a que o servidor teria direito se estivesse em atividade no momento do seu óbito).

Se o inválido (ou a pessoa com deficiência intelectual, mental ou grave) perder a qualidade de dependente e não houver mais nenhum dependente inválido (ou que seja pessoa com deficiência intelectual, mental ou grave), a pensão deverá ser recalculada para passar a observar a regra geral de cálculo.

A respeito do pensionista inválido, é necessário lembrar que, segundo o **Superior Tribunal de Justiça**, o seu direito à pensão só existe se a invalidez for anterior ao óbito do servidor segurado. Esse entendimento se encontra na **Súmula 663** da Corte, segundo a qual *"a pensão por morte de servidor público federal pode ser concedida ao filho inválido de qualquer idade, desde que a invalidez seja anterior ao óbito"*.

Perceba que a **Súmula 663/STJ** segue a mesma linha de raciocínio da **Súmula 340/STJ**, que diz que o direito à pensão por morte é definido de acordo com as circunstâncias fáticas e jurídicas existentes no momento do óbito do servidor segurado (que é o fato gerador do direito ao benefício de pensão).

A Súmula 340 diz que *"a lei aplicável à concessão de pensão previdenciária por morte é aquela vigente na data do óbito do segurado"*, o que significa dizer que o direito à pensão por morte depende das normas vigentes no momento do óbito do servidor e do preenchimento dos requisitos estabelecidos nessas normas.

Já a Súmula 663 exige que, para fins de concessão de pensão por morte a dependente inválido, a invalidez já seja existente no momento do falecimento do servidor. Em outras palavras: segundo essa súmula, o requisito básico para a concessão da pensão por morte nesse caso (que é a invalidez do dependente) deve estar preenchido no momento da ocorrência do fato gerador do benefício (que é o óbito do segurado), não podendo a invalidez ser posterior a esse momento. Essa linha de raciocínio é a mesma que está contida na Súmula 340.

É importante notar também que, embora a Súmula 663/STJ se refira apenas ao RPPS federal, não há impedimento algum à sua aplicação no âmbito do RPPS de outros entes federados, já que ela nada mais é do que uma decorrência da Súmula 340/STJ.

Além disso, embora a Súmula 663/STJ somente mencione a situação dos pensionistas inválidos, não parece haver razão para deixar de aplicá-la aos pensionistas com deficiência (intelectual, mental ou grave), de modo que, em relação aos pensionistas com deficiência, para que haja o direito à pensão, a deficiência também deve ser anterior ao óbito do servidor.

É importante registrar, ainda, que o Supremo Tribunal Federal já decidiu que a forma de cálculo da pensão por morte estabelecida pela EC 103/2019 para o RGPS e para o RPPS federal (art. 23, *caput*, da Emenda) é **constitucional**.

Isso aconteceu na **ADI 7051** (j. 26/06/2023), na qual a Corte fixou a tese segundo a qual *"é constitucional o art. 23, caput, da Emenda Constitucional no 103/2019, que fixa novos critérios de cálculo para a pensão por morte no Regime Geral e nos Regimes Próprios de Previdência Social"*.

Os **fundamentos** da decisão do STF foram os seguintes:

I) No controle de constitucionalidade, o Judiciário deve dar preferência à interpretação da norma impugnada que faça com que ela seja compatível com a Constituição. **Quando a norma impugnada é uma emenda constitucional, esse esforço para manter a validade da norma deve ser ainda maior**, pois as emendas constitucionais são aprovadas mediante a elevada maioria qualificada de 3/5 (três quintos) dos votos dos membros do Parlamento, e essa deliberação é confirmada em um segundo turno de votação (tudo conforme prevê o art. 60, § 2º, da CF/88). Isso faz com que o ônus argumentativo para a declaração da inconstitucionalidade de uma emenda constitucional seja maior do que para declarar a invalidade de outras normas, já que as emendas constitucionais contam com uma carga de legitimação popular diferenciada. Nos termos do voto do Min. Barroso (relator do caso), *"não sendo evidente a inconstitucionalidade da emenda, deve o órgão competente abster-se de declará-la. Além disso, havendo alguma interpretação possível que permita afirmar a compatibilidade da norma com a Constituição, em meio a outras que carreavam para ela um juízo de invalidade, deve o intérprete optar pela interpretação legitimadora, mantendo o preceito em vigor.* ***A cautela e deferência próprias da jurisdição constitucional acentuam-se aqui pelo fato de se tratar de uma emenda à Constituição****, cuja aprovação tem o batismo da maioria de três quintos de cada Casa do Congresso Nacional. A declaração de inconstitucionalidade de uma emenda é possível, mas não fará parte da rotina da vida".*

II) Apesar de a alteração no cálculo da pensão por morte realizada pela EC 103/2019 ter causado decréscimo no valor desse benefício, isso não permite concluir que houve aí violação a alguma cláusula pétrea (que é a situação em que se pode reconhecer a inconstitucionalidade material de uma emenda constitucional). Nessa linha de raciocínio, o STF explicou que **o direito fundamental à previdência social e o valor supremo da dignidade humana não fornecem parâmetros objetivos e precisos para nortear o cálculo da pensão por morte, de modo que a redução desse benefício, por si só, não pode ser tomada como uma violação ao núcleo essencial desses valores constitucionalmente tutelados**. Diferente seria a situação se a EC 103/2019 tivesse estabelecido para a pensão por morte um valor inferior ao salário mínimo, pois, nesse caso, haveria o desrespeito a um critério objetivo de proteção da dignidade humana. Nos termos do voto do Min. Barroso (relator do caso), *"a EC nº 103/2019 provocou um decréscimo relevante no valor do benefício, que exigirá um planejamento financeiro maior dos segurados com dependentes. Isso não significa, contudo, que tenha violado alguma cláusula pétrea.* ***Não se pode afirmar que o núcleo essencial do direito à previdência social e do princípio da dignidade da pessoa humana ofereça parâmetros precisos para o cálculo da prestação pecuniária.*** *A barreira que, se ultrapassada, certamente levaria à inconstitucionalidade não foi desrespeitada pela reforma: vedou-se que o benefício seja inferior ao salário mínimo quando for a única fonte de renda formal do dependente".*

III) Por conta das características e atribuições institucionais de cada um dos Poderes da República, o Poder Judiciário não tem capacidade para analisar os impactos atuariais de uma reforma da previdência, o que é feito de forma mais adequada no debate travado no Executivo e no Legislativo. Por conta disso, **ao analisar a constitucionalidade ou não de uma emenda constitucional que altera regras de regimes previdenciários, o Poder Judiciário deve adotar uma postura de autocontenção e fazer o máximo esforço para respeitar as decisões dos Poderes Executivo e Legislativo**. Nos termos do voto do Min. Barroso (relator do caso), *"A questão envolve a análise de impactos atuariais na Previdência Social, que refogem à atribuição dos magistrados. A falta de capacidade institucional do Judiciário e o risco de efeitos sistêmicos recomendam uma postura autocontida, que prestigie a solução dada pelo poder reformador. Para resguardar o equilíbrio do sistema, os critérios para a determinação do valor da pensão morte levam em conta as condições de elegibilidade , tais como a idade do beneficiário e o tempo de convívio marital ou de união estável, bem como o tempo de duração do benefício. Qualquer interferência judicial no montante da prestação deveria considerar todos esses aspectos, o que se revela praticamente inviável"*.

IV) A alteração no cálculo da pensão por morte realizada pela EC 103/2019 **não violou o direito adquirido** (que é uma cláusula pétrea e, portanto, não pode ser violado nem mesmo por emenda constitucional), pois a Emenda expressamente estabeleceu que, para os segurados e seus dependentes que houvessem preenchido as condições para receber benefícios previdenciários antes da sua entrada em vigor, as regras aplicáveis para o cálculo do benefício seriam as anteriormente vigentes. Nos termos do voto do Min. Barroso (relator do caso), *"não há afronta a direitos adquiridos, expectativas legítimas ou à segurança jurídica. O art. 3º da EC nº 103/2019 dispõe que as novas regras só se aplicam a quem ainda não havia adquirido o direito à pensão nos termos da legislação então vigente. Como se sabe, somente se adquire o direito à pensão no momento do óbito do servidor (RE 603.580, Rel. Min. Ricardo Lewandowski, j. em 20.05.2015). Como consequência, esse é o marco temporal que define as regras aplicáveis ao benefício previdenciário, de modo que a pensão por morte se rege pelas normas em vigor ao tempo da morte de seu instituidor. Não há, assim, ofensa a direitos adquiridos. Ademais, não há violação a legítimas expectativas. Ainda que não haja regra de transição específica para as pensões, aquelas incidentes sobre a aposentadoria acabam por produzir reflexos no cálculo do benefício por morte. Como já visto, as pensões corresponderão a 50%, mais 10% por dependente, dos proventos de aposentadoria do servidor falecido"*.

V) A alteração da forma de cálculo da pensão por morte realizada pela EC 103/2019, embora tenha causado um decréscimo no valor desse benefício, **não caracteriza violação ao princípio da vedação de retrocesso social**, pois esse princípio não pode ser entendido como um impedimento a toda e qualquer modificação legislativa que restrinja direitos fundamentais, sob pena de acabar se transformando em um instrumento de violação da própria democracia. Isso porque compreender a vedação de retrocesso social como uma proibição a qualquer atuação do legislador que traga restrições a direitos fundamentais representaria uma limitação exagerada ao espaço de deliberação democrática, já que, em determinadas situações, o contexto fático e jurídico exige, de forma legítima, que determinados direitos sofram algum grau de restrição para que outros valores constitucionais sejam protegidos. Nos exatos termos do voto do Min. Barroso (relator do caso), *"o princípio da vedação ao retrocesso, que ainda desperta controvérsias na doutrina, não pode ser interpretado como uma proibição a qualquer atuação restritiva do legislador em matéria de direitos*

> *fundamentais, sob pena de violação ao princípio democrático. Só permitir que se modifique a regulamentação de um direito fundamental para ampliar o seu alcance, cristalizando-se tudo o mais, impõe amarras excessivas ao poder de conformação legislativa e limita exageradamente o espaço de deliberação democrática. E não se pode esquecer que muitas das escolhas feitas na Previdência Social tiveram como pano de fundo um quadro de abundância de recursos, que já não se põe mais. A mudança nas circunstâncias fáticas não pode ser desconsiderada na interpretação constitucional. O Direito tem, sim, a pretensão de conformar a realidade, mas também sofre a influência dos aspectos fáticos que se apresentam diante de cada caso".*

Outra novidade bastante marcante trazida pela EC 103/2019 (também aplicável apenas no âmbito da União) foi a **exclusão da possibilidade de equiparar o menor sob guarda a filho do servidor para fins de pensionamento.** Atualmente, portanto, o menor sob guarda, pelo menos no RPPS federal, não pode mais ser equiparado a filho para fins de recebimento de pensão por morte.

A esse respeito, é interessante registrar que o STJ, fundamentando-se no ECA (Estatuto da Criança e do Adolescente) e no art. 227 da CF/88 (que assegura proteção integral e absoluta prioridade à criança e ao adolescente), havia firmado sua jurisprudência no sentido de que, tanto no RGPS quanto no RPPS, o menor sob guarda deveria ser equiparado a filho para fins previdenciários, fazendo jus, assim, a pensão por morte. Esse entendimento foi adotado pela Corte no **Tema de Recursos Repetitivos nº 732**, no qual foi fixada a seguinte tese:

> "**O menor sob guarda tem direito à concessão do benefício de pensão por morte do seu mantenedor, comprovada sua dependência econômica**, nos termos do art. 33, § 3º do Estatuto da Criança e do Adolescente, ainda que o óbito do instituidor da pensão seja posterior à vigência da Medida Provisória 1.523/96, reeditada e convertida na Lei 9.528/97. Funda-se essa conclusão na qualidade de **lei especial do Estatuto da Criança e do Adolescente (8.069/90), frente à legislação previdenciária**."

Esse entendimento do STJ, inclusive, também foi adotado pelo Supremo Tribunal Federal, como ocorreu, por exemplo, nas **ADIs 4878 e 5083** (j. 08/06/2021) e no **RE 1164452 AgR** (j. 03/11/2022). Neste último precedente, o STF registrou que, *"segundo o entendimento firmado pela Suprema Corte no julgamento conjunto das ADI nºs 4.878/DF e 5.083/DF (...), deve ser assegurado ao menor sob guarda o direito à proteção previdenciária, desde que comprovada a dependência econômica, com fundamento na doutrina da proteção integral, no princípio da prioridade absoluta, na máxima eficácia dos direitos fundamentais e na previsão de tal direito no Estatuto da Criança e do Adolescente. Nessas ações, o Tribunal conferiu "interpretação conforme ao § 2º do art. 16, da Lei n.º 8.213/1991, para contemplar, em seu âmbito de proteção, o 'menor sob guarda', na categoria de dependentes do Regime Geral de Previdência Social, em* *consonância com o princípio da proteção integral e da prioridade absoluta, nos termos do art. 227 da Constituição da República, desde que comprovada a dependência econômica, nos termos em que exige a legislação previdenciária (art. 16, § 2º, Lei 8.213/1991 e Decreto 3048/1999)". (...)".*

Agora, em sentido oposto ao entendimento do STJ e do STF, o art. 23, § 6º, da EC 103/2019 estabeleceu que, pelo menos no âmbito do RPPS da União (e no RGPS), **exclusivamente o enteado e o menor tutelado**, desde que comprovem dependência econômica, podem ser equiparados a filho para fins de recebimento de pensão por morte (a EC 103/2019, portanto, excluiu o menor sob guarda da possibilidade de recebimento de pensão por morte no regime próprio federal e no regime geral de previdência). Para a Fazenda Pública, essa previsão é extremamente importante, pois adota a tese defendida por ela e que havia sido rejeitada pelo STJ e pelo STF.

Porém, surge o seguinte questionamento: **o entendimento adotado pelo STF nas ADIs 4878 e 5083 continua aplicável mesmo após a entrada em vigor da EC 103/2019, apesar de essa emenda ter excluído o menor sob guarda da proteção previdenciária no RGPS e no RPPS federal?** Algumas considerações precisam ser feitas a esse respeito.

É necessário ter em mente que um dos fundamentos utilizados pelo STF (e pelo STJ) para reconhecer direitos previdenciários ao menor sob guarda foi o art. 227 da CF/88 (que assegura proteção integral e absoluta prioridade à criança e ao adolescente). Logo, para se concluir que após a EC 103/2019 deve continuar sendo assegurado o direito à pensão por morte ao menor sob guarda, será necessário reconhecer o art. 227 da CF/88 como uma cláusula pétrea, de modo que as disposições nele contidas não possam ser afastadas por emenda constitucional.

Ocorre que, até o presente momento, não há decisão do Supremo Tribunal Federal nesse sentido. Na verdade, o que nós temos na jurisprudência é o contrário disso.

Nas ADIs 4878 e 5083 houve a oposição de embargos de declaração nos quais se pediu justamente que o Supremo Tribunal Federal se manifestasse sobre o fato de que, durante a tramitação desses processos, ocorreu a entrada em vigor da EC 103/2019 excluindo o menor sob guarda da proteção previdenciária no RGPS e no RPPS federal. E, ao julgar esses embargos, o STF esclareceu expressamente que o art. 26, § 3º, da EC 103/2019 (que é a norma constitucional que pôs fim à possibilidade de pagamento de pensão por morte ao menor sob guarda no regime próprio da União e no regime geral de previdência) não foi objeto de julgamento, não tendo sido analisada a sua constitucionalidade. Isso também foi afirmado pela Corte no RE 1164452 AgR.

Qual posicionamento deve ser adotado nas provas? **Depende.**

Em prova de concurso, esse tema pode ser cobrado de diferentes formas, e, a depender dos termos em que essa cobrança for feita, a estratégia de resposta deve variar.

Se a banca examinadora questionar o que diz a EC 103/2019 sobre o tema, o ideal é responder que, desde a entrada em vigor dessa emenda, passou a ser vedada, no âmbito do RGPS e do RPPS federal, a concessão de pensão por morte ao menor sob guarda.

Por outro lado, se a banca examinadora cobrar qual é o entendimento da jurisprudência do STJ e do STF sobre a questão, o ideal é responder que, em ambos os tribunais, com fundamento no ECA e no art. 227 da CF/88, há o reconhecimento do direito do menor sob guarda à pensão por morte. E, caso a pergunta seja feita em uma prova discursiva ou oral, deve ser esclarecido também que esse entendimento foi firmado sem se considerar a validade ou não do art. 26, § 3º, da EC 103/2019, pois esse dispositivo ainda não foi objeto de controle de constitucionalidade.

Quanto ao tempo de duração da pensão por morte, ao rol de dependentes (que é a lista de pessoas ligadas ao servidor que podem receber a pensão por morte deixada por ele) e às condições que devem ser atendidas para a concessão do benefício, essas questões, no âmbito do RPPS da União, passam a seguir as mesmas regras do RGPS, pois, nos termos do art. 23, § 4º, da EC 103/2019, elas devem seguir a disciplina estabelecida pela Lei 8.213/91, que é a lei que trata do RGPS.

Os dispositivos da Lei 8.213/91 que tratam dessas questões relacionadas ao benefício de pensão por morte são os arts. 16, § 7º, e 74, § 1º.

Segundo o art. 16, § 7º, da Lei 8.213/91, o pensionista que cometer homicídio doloso (ou a sua tentativa) contra o segurado e for, em virtude disso, condenado criminalmente com trânsito em julgado perderá o direito à pensão, a menos que seja (o pensionista) absolutamente incapaz ou inimputável. Nos exatos termos desse dispositivo, *"será excluído definitivamente da condição de dependente quem tiver sido condenado criminalmente por sentença com trânsito em julgado, como autor, coautor ou partícipe de homicídio doloso, ou de tentativa desse crime, cometido contra a pessoa do segurado, ressalvados os absolutamente incapazes e os inimputáveis"*.

A mesma coisa é dita pelo art. 74, § 1º, da Lei 8.213/91, mas com palavras um pouco diferentes. Nos exatos termos desse dispositivo, *"perde o direito à pensão por morte o condenado criminalmente por sentença com trânsito em julgado, como autor, coautor ou partícipe de homicídio doloso, ou de tentativa desse crime, cometido contra a pessoa do segurado, ressalvados os absolutamente incapazes e os inimputáveis"*.

Portanto, no RPPS (mais precisamente, no RPPS federal), a consumação ou a tentativa do crime de homicídio doloso contra o segurado faz com que o pensionista perca o direito à pensão se for condenado definitivamente por isso.

Perceba que essa hipótese de perda da qualidade de pensionista foi criada inicialmente para o RGPS. A sua aplicação ao RPPS foi uma determinação da EC 103/2019, e, mesmo assim, apenas para o RPPS federal (conforme prevê o art. 23, § 4º, da EC 103/2019). No entanto, nada impede que ela também se aplique ao regime próprio de previdência dos demais entes federados, desde que a legislação própria de cada um deles assim estabeleça, o que é possível, tendo em vista que o art. 23, § 8º, da EC 103/2019 prevê que os entes subnacionais (Estados, Distrito Federal e Municípios) devem editar suas próprias normas disciplinadoras do benefício de pensão por morte (e, enquanto esses entes não editarem suas novas normas sobre pensão por morte, continuarão aplicáveis no âmbito dos seus regimes próprios de previdência as normas que disciplinavam esse benefício antes da EC 103/2019).

Tudo que vimos acima está previsto no art. 23 da EC 103/2019 e no art. 16 da Lei 8.213/91. Veja:

> "**Art. 23, EC 103/2019.** A pensão por morte concedida a dependente de segurado do Regime Geral de Previdência Social ou de servidor público federal será equivalente a uma cota familiar de 50% (cinquenta por cento) do valor da aposentadoria recebida pelo segurado ou servidor ou daquela a que teria direito se fosse aposentado por incapacidade permanente na data do óbito, acrescida de cotas de 10 (dez) pontos percentuais por dependente, até o máximo de 100% (cem por cento).
>
> **§ 1º** As cotas por dependente cessarão com a perda dessa qualidade e não serão reversíveis aos demais dependentes, preservado o valor de 100% (cem por cento) da pensão por morte quando o número de dependentes remanescente for igual ou superior a 5 (cinco).
>
> **§ 2º** Na hipótese de existir **dependente inválido ou com deficiência intelectual, mental ou grave**, o valor da pensão por morte de que trata o caput será equivalente a:
>
> I - 100% (cem por cento) da aposentadoria recebida pelo segurado ou servidor ou daquela a que teria direito se fosse aposentado por incapacidade permanente na data do óbito, até o limite máximo de benefícios do Regime Geral de Previdência Social; e
>
> II - uma cota familiar de 50% (cinquenta por cento) acrescida de cotas de 10 (dez) pontos percentuais por dependente, até o máximo de 100% (cem por cento), para o valor que supere o limite máximo de benefícios do Regime Geral de Previdência Social.
>
> **§ 3º** Quando não houver mais dependente inválido ou com deficiência intelectual, mental ou grave, o valor da pensão será recalculado na forma do disposto no caput e no § 1º.
>
> **§ 4º** O tempo de duração da pensão por morte e das cotas individuais por dependente até a perda dessa qualidade, o rol de dependentes e

sua qualificação e as condições necessárias para enquadramento serão aqueles estabelecidos na **Lei nº 8.213, de 24 de julho de 1991**.

§ 5º Para o dependente inválido ou com deficiência intelectual, mental ou grave, sua condição pode ser reconhecida previamente ao óbito do segurado, por meio de avaliação biopsicossocial realizada por equipe multiprofissional e interdisciplinar, observada revisão periódica na forma da legislação.

§ 6º Equiparam-se a filho, para fins de recebimento da pensão por morte, **exclusivamente o enteado e o menor tutelado**, desde que comprovada a **dependência econômica**.

§ 7º As regras sobre pensão previstas neste artigo e na legislação vigente na data de entrada em vigor desta Emenda Constitucional **poderão ser alteradas na forma da lei** para o Regime Geral de Previdência Social e para o regime próprio de previdência social da União.

§ 8º Aplicam-se às pensões concedidas aos **dependentes de servidores dos Estados, do Distrito Federal e dos Municípios** as normas constitucionais e infraconstitucionais **anteriores à data de entrada em vigor desta Emenda Constitucional, enquanto não promovidas alterações na legislação interna** relacionada ao respectivo regime próprio de previdência social."

"**Art. 16, Lei 8.213/91.** São beneficiários do Regime Geral de Previdência Social, na condição de dependentes do segurado:

I - o cônjuge, a companheira, o companheiro e o filho não emancipado, de qualquer condição, menor de 21 (vinte e um) anos ou inválido ou que tenha deficiência intelectual ou mental ou deficiência grave;

II - os pais;

III - o irmão não emancipado, de qualquer condição, menor de 21 (vinte e um) anos ou inválido ou que tenha deficiência intelectual ou mental ou deficiência grave;

§ 1º A existência de dependente de qualquer das classes deste artigo exclui do direito às prestações os das classes seguintes.

§ 2º O enteado e o menor tutelado equiparam-se a filho mediante declaração do segurado e desde que comprovada a dependência econômica na forma estabelecida no Regulamento.

§ 3º Considera-se companheira ou companheiro a pessoa que, sem ser casada, mantém união estável com o segurado ou com a segurada, de acordo com o § 3º do art. 226 da Constituição Federal.

§ 4º A dependência econômica das pessoas indicadas no inciso I é presumida e a das demais deve ser comprovada

§ 5º As provas de união estável e de dependência econômica exigem início de prova material contemporânea dos fatos, produzido em período não superior a 24 (vinte e quatro) meses anterior à data do óbito ou do recolhimento à prisão do segurado, não admitida a prova exclusivamente testemunhal, exceto na ocorrência de motivo de força maior ou caso fortuito, conforme disposto no regulamento.

§ 6º Na hipótese da alínea c do inciso V do § 2º do art. 77 desta Lei, a par da exigência do § 5º deste artigo, deverá ser apresentado, ainda, início de prova material que comprove união estável por pelo menos 2 (dois) anos antes do óbito do segurado.

> § 7º Será excluído definitivamente da condição de dependente quem tiver sido **condenado criminalmente por sentença com trânsito em julgado, como autor, coautor ou partícipe de homicídio doloso, ou de tentativa desse crime, cometido contra a pessoa do segurado**, ressalvados os absolutamente incapazes e os inimputáveis."

2.1. Cumulação de pensão por morte com aposentadoria ou com outra pensão por morte

A EC 103/2019 trouxe também disposições importantes sobre a possibilidade de uma mesma pessoa receber, cumulativamente, uma pensão por morte e uma aposentadoria ou outra pensão por morte. Essas disposições são **aplicáveis em todos os entes federados** (União, Estados, Distrito Federal e Municípios), e não apenas à União.

Com a EC 103/2019, a regra passou a ser a seguinte: é **vedada a cumulação de mais de uma pensão por morte deixada por cônjuge ou companheiro** dentro do mesmo regime de previdência, exceto se se tratar de **cumulação de duas pensões decorrentes da morte do mesmo servidor** e que sejam referentes a **cargos acumuláveis nos termos da Constituição Federal**.

Excepcionalmente, é possível cumular pensão por morte com outra pensão por morte, além da possibilidade de cumulação com aposentadoria. Essas hipóteses excepcionais são as seguintes:

I) Quem recebe pensão por morte de cônjuge ou companheiro pode receber outra pensão por morte de outro regime de previdência, seja civil ou militar.

II) Quem recebe pensão por morte de cônjuge ou companheiro pode receber aposentadoria paga por qualquer regime de previdência (seja RPPS, RGPS ou previdência militar).

III) Quem recebe pensão por morte paga por regime de previdência militar pode receber aposentadoria paga por RPPS ou por RGPS (aqui é importante notar que a EC 103/2019 não permite que a pensão por morte concedida por regime previdenciário militar seja acumulada com proventos de inatividade militar).

Caso haja cumulação em uma das hipóteses indicadas nos itens I, II e III acima, os benefícios **não serão pagos ambos em sua inteireza**, sendo assegurado ao beneficiário receber **a totalidade do benefício mais vantajoso e uma parte do segundo benefício**, observando-se uma "tabela" de gradações prevista no § 2º do art. 24 da EC 103/2019.

Segundo a gradação estabelecida no art. 24, § 2º, da EC 103/2019, a apuração do valor do benefício menos vantajoso a ser acumulado com o benefício mais vantajoso será feita de forma "progressiva", isto é, por faixas (à semelhança do que ocorre na incidência do imposto de renda).

Nos termos desse dispositivo, existem **5 (cinco) faixas de valor** que devem ser consideradas no cálculo do montante do benefício menos vantajoso que será acumulado com o mais vantajoso. Essas faixas são as seguintes: **I)** até um salário mínimo; **II)** acima de um e até dois salários mínimos; **III)** acima de dois e até três salários mínimos; **IV)** acima de três e até quatro salários mínimos; **V)** acima de quatro salários mínimos.

De cada uma dessas faixas, o beneficiário receberá apenas um percentual, e esse percentual será menor conforme a faixa for mais elevada, da seguinte forma:

I) Da faixa de **até um salário mínimo**, o beneficiário recebe **100%**;

II) Da faixa **acima de um e até dois salários mínimos**, o beneficiário recebe **60%**;

III) Da faixa **acima de dois e até três salários mínimos**, o beneficiário recebe **40%**;

IV) Da faixa **acima de três e até quatro salários mínimos**, o beneficiário recebe **20%**;

V) Da faixa **acima de quatro salários mínimos**, o beneficiário recebe **10%**.

É importante registrar que a faixa de até um salário mínimo não está prevista expressamente no art. 24, § 2º, da EC 103/2019, mas ela está implícita nele. Isso porque a lista de gradações contida nesse dispositivo se inicia na faixa acima de um e até dois salários mínimos, de modo que, se a faixa de até um salário mínimo não fosse considerada implicitamente prevista, haveria um enriquecimento ilícito do Estado, já que o beneficiário não receberia nenhum valor relativo a essa faixa.

Ademais, a interpretação lógica desse dispositivo leva à mesma conclusão, pois fugiria do pensamento lógico afirmar que ele permite que benefícios de valor superior a um salário mínimo sejam pagos (embora parcialmente, de acordo com as faixas que vimos acima), mas impede completamente o pagamento de benefícios de menor valor.

No que diz respeito à cumulação de pensão por morte com outros benefícios previdenciários, há ainda o seguinte questionamento que merece atenção: se, ao longo do tempo, o benefício que tinha maior valor passou, por qualquer motivo (notadamente, por conta de alguma diferença nos reajustes aplicados), a ser o de menor valor, o beneficiário pode optar por inverter as coisas e passar a receber integralmente o benefício que agora se tornou o de maior valor, fazendo, assim, com que o benefício que anteriormente era o maior (e agora se tornou o menor) passe a ser pago parcialmente?

Sim, isso é possível, pois há previsão expressa desse direito no § 3º do art. 24 da EC 103/2019. Segundo esse dispositivo, o cálculo da cumulação dos benefícios pode ser revisto a qualquer tempo a pedido do beneficiário, caso os benefícios acumulados sofram alteração. Isso nada mais é do que a aplicação da cláusula "rebus sic stantibus" na cumulação de pensão por morte com outros benefícios previdenciários.

Segundo a cláusula "rebus sic stantibus", uma determinada relação jurídica somente deve permanecer inalterada se as circunstâncias fáticas e jurídicas presentes no momento em que ela (a relação jurídica) foi formada também se mantiverem inalteradas. Caso contrário, a relação jurídica pode ser revista para se adequar ao novo contexto fático-jurídico. E é justamente isso que está consagrado no art. 24, § 3º, da EC 103/2019.

As regras que vimos acima estão previstas no art. 24 da EC 103/2019 e **se aplicam a todos os entes federados**, não se limitando à União.

É importante destacar, porém, que o § 4º desse artigo estabelece que as restrições à cumulação de pensão com outros benefícios previdenciários que vimos acima **não se aplicam a quem, antes da entrada em vigor da EC 103/2019, já possuía direito adquirido** a acumular os benefícios de outra forma.

> "**Art. 24, EC 103/2019.** É vedada a acumulação de mais de uma pensão por morte deixada por cônjuge ou companheiro, no âmbito do mesmo regime de previdência social, ressalvadas as pensões do mesmo instituidor decorrentes do exercício de cargos acumuláveis na forma do art. 37 da Constituição Federal.
>
> **§ 1º** Será admitida, nos termos do § 2º, a acumulação de:
>
> I - pensão por morte deixada por cônjuge ou companheiro de um regime de previdência social com pensão por morte concedida por outro regime de previdência social ou com pensões decorrentes das atividades militares de que tratam os arts. 42 e 142 da Constituição Federal;
>
> II - pensão por morte deixada por cônjuge ou companheiro de um regime de previdência social com aposentadoria concedida no âmbito do Regime Geral de Previdência Social ou de regime próprio de previdência social ou com proventos de inatividade decorrentes das atividades militares de que tratam os arts. 42 e 142 da Constituição Federal; ou
>
> III - pensões decorrentes das atividades militares de que tratam os arts. 42 e 142 da Constituição Federal com aposentadoria concedida no âmbito do Regime Geral de Previdência Social ou de regime próprio de previdência social.
>
> **§ 2º** Nas hipóteses das acumulações previstas no § 1º, é assegurada a percepção do valor integral do benefício mais vantajoso e de uma parte de cada um dos demais benefícios, apurada cumulativamente de acordo com as seguintes faixas:

> I - 60% (sessenta por cento) do valor que exceder 1 (um) salário-mínimo, até o limite de 2 (dois) salários-mínimos;
>
> II - 40% (quarenta por cento) do valor que exceder 2 (dois) salários-mínimos, até o limite de 3 (três) salários-mínimos;
>
> III - 20% (vinte por cento) do valor que exceder 3 (três) salários-mínimos, até o limite de 4 (quatro) salários-mínimos; e
>
> IV - 10% (dez por cento) do valor que exceder 4 (quatro) salários-mínimos.
>
> **§ 3º** A aplicação do disposto no § 2º poderá ser revista a qualquer tempo, a pedido do interessado, em razão de alteração de algum dos benefícios.
>
> **§ 4º** As restrições previstas neste artigo não serão aplicadas se o direito aos benefícios houver sido adquirido antes da data de entrada em vigor desta Emenda Constitucional.
>
> **§ 5º** As regras sobre acumulação previstas neste artigo e na legislação vigente na data de entrada em vigor desta Emenda Constitucional poderão ser alteradas na forma do § 6º do art. 40 e do § 15 do art. 201 da Constituição Federal."

Por fim, é interessante registrar que, no **Tema de Repercussão Geral nº 627** (RE 658999, j. 17/12/2022), o Supremo Tribunal Federal se manifestou sobre o tema da cumulação de pensão por morte com outro benefício previdenciário (notadamente, com outra pensão por morte), e, embora o caso concreto apreciado pela Corte nesse precedente se refira a uma situação anterior à EC 103/2019, a decisão proferida é aplicável mesmo após essa emenda, pois ela não se fundamentou nas regras da Emenda, mas sim no regime constitucional de cumulação de cargos e remunerações no serviço público.

Segundo decidiu o STF, uma mesma pessoa pode receber cumulativamente duas pensões por morte se elas forem decorrentes de cargos acumuláveis na atividade. Porém, se os cargos dos quais decorrem as pensões não puderem ser acumulados, as pensões também não poderão ser.

Veja a ementa desse julgamento e a tese de repercussão geral que foi fixada:

> "(...) Acumulação de dois cargos de médico autorizada pela Constituição. Percepção de duas pensões por morte. Possibilidade. Artigo 11 da EC nº 20/98. Inaplicável. Cargos acumuláveis nos termos do art. 37, inciso XVI, da CF/88. Recurso extraordinário improvido. 1. **Não há óbice ao recebimento acumulado de dois benefícios de pensão por morte se decorrentes de cargos acumuláveis**, nos termos do art. 37, inciso XVI, da Constituição Federal. 2. A hipótese de exceção delineada pelo legislador derivado no art. 11 da EC nº 20/98 tem incidência específica à hipótese de que trata, não se aplicando aos cargos públicos dos quais a Lei Maior autoriza a acumulação, como no caso do art. 37, inciso XVI, da CF/88. 3. Fixada a seguinte tese de repercussão geral: **"Tratando-se de cargos constitucionalmente acumuláveis, descabe aplicar a vedação de acumulação**

de aposentadorias e pensões contida na parte final do art. 11 da Emenda Constitucional nº 20/98, porquanto destinada apenas aos casos de que trata, ou seja, aos reingressos no serviço público por meio de concurso público antes da publicação da referida emenda e que envolvam cargos inacumuláveis". (...)" **(RE 658999, Tema de Repercussão Geral nº 627, Pleno, Rel. Min. DIAS TOFFOLI, j. 17/12/2022)**

3. A PENSÃO POR MORTE E O CONCUBINATO

Primeiramente, é necessário registrar que o que veremos neste tópico se aplica igualmente tanto antes quanto depois da EC 103/2019, pois essa emenda não trouxe alterações no tratamento jurídico do tema.

O concubinato é a relação amorosa dotada de aparência familiar que é mantida por alguém que já é casado ou vive em união estável com uma terceira pessoa.

Nos termos do Código Civil, quem já é casado não pode contrair novo casamento durante a vigência do primeiro. E essa vedação também se aplica a quem vive em união estável, de modo que quem tem uma união estável não pode, enquanto esta existir, casar ou contrair nova união estável com uma terceira pessoa.

No ordenamento jurídico brasileiro, portanto, o casamento e a união estável regem-se pelo princípio da unicidade, pois o nosso legislador estabeleceu a monogamia como uma das regras das relações familiares.

Isso tudo está previsto nos arts. 1.521, VI, e 1.723, § 1º, e 1.727 do Código Civil. O art. 1.521 prevê os impedimentos para o casamento e o art. 1.723, § 1º, estabelece que esses impedimentos também se aplicam à união estável. Já o art. 1.727 dispõe que eventuais relações que violem esses impedimentos caracterizam concubinato.

Veja:

"**Art. 1.521, CC.** Não podem casar:

(...)

VI - **as pessoas casadas**;

(...)"

"**Art. 1.723, CC.** É reconhecida como entidade familiar a união estável entre o homem e a mulher, configurada na convivência pública, contínua e duradoura e estabelecida com o objetivo de constituição de família.

§ 1º A união estável **não se constituirá se ocorrerem os impedimentos do art. 1.521**; não se aplicando a incidência do inciso VI no caso de a pessoa casada se achar separada de fato ou judicialmente.

(...)"

"**Art. 1.727, CC.** As relações não eventuais entre o homem e a mulher, impedidos de casar, **constituem concubinato.**"

Apesar das vedações legais estabelecidas nos dispositivos que vimos acima, é muito comum existirem relações duradouras mantidas por pessoas que já são casadas ou que já vivem em união estável com uma terceira pessoa. Ou seja, é muito comum o concubinato, e essa prática tem repercussões no campo previdenciário.

Em relação a isso, o seguinte questionamento chegou ao Supremo Tribunal Federal: diante do falecimento de um segurado (ou de uma segurada) de um regime de previdência, é possível reconhecer em favor de sua concubina (ou de seu concubino) o direito à pensão por morte?

Perceba o seguinte: se estamos falando de concubinato, significa que o segurado falecido era casado ou mantinha união estável com uma terceira pessoa, a qual, por sua vez, também reivindicará o direito à pensão por morte.

O que decidiu o STF?

O Supremo Tribunal Federal decidiu que, se uma pessoa é casada ou vive em união estável, não se pode reconhecer, em relação ao mesmo período, a existência de um relacionamento paralelo nem mesmo para fins previdenciários, de modo que quem vive em concubinato não tem direito a eventual pensão por morte deixada por segurado de regime previdenciário.

Esse entendimento foi adotado pela Corte em dois temas de repercussão geral que se complementam: os Temas 529 e 526.

No **Tema de Repercussão Geral nº 529** (RE 1045273, j. 21/12/2020), o STF fixou a tese segundo a qual *"a preexistência de casamento ou de união estável de um dos conviventes, ressalvada a exceção do artigo 1.723, § 1º, do Código Civil, impede o reconhecimento de novo vínculo referente ao mesmo período,* **inclusive para fins previdenciários**, *em virtude da consagração do dever de fidelidade e da monogamia pelo ordenamento jurídico-constitucional brasileiro"*.

E, no **Tema de Repercussão Geral nº 526** (RE 883168, j. 03/08/2021), o STF fixou a tese segundo a qual **"é incompatível com a Constituição Federal o reconhecimento de direitos previdenciários (pensão por morte) à pessoa que manteve, durante longo período e com aparência familiar, união com outra casada**, *porquanto o concubinato não se equipara, para fins de proteção estatal, às uniões afetivas resultantes do casamento e da união estável"*.

Para enriquecer o estudo da matéria, veja a ementa desse último julgamento:

> "(...) Pensão por morte. **Rateio entre a concubina e a viúva.** Convivência simultânea. Concubinato e Casamento. **Impossibilidade.** Recurso extraordinário provido. 1. Assentou-se no acórdão recorrido que, comprovada a convivência e a dependência econômica, faz jus a concubina

à quota parte de pensão deixada por ex-combatente, em concorrência com a viúva, a contar do pedido efetivado na seara administrativa. Tal orientação, contudo, contraria a tese fixada pelo Supremo Tribunal Federal no julgamento do processo paradigma do Tema nº 529 sob a sistemática da repercussão geral, *In verbis*: **"A preexistência de casamento ou de união estável de um dos conviventes, ressalvada a exceção do artigo 1723, § 1º, do Código Civil, impede o reconhecimento de novo vínculo referente ao mesmo período, inclusive para fins previdenciários, em virtude da consagração do dever de fidelidade e da monogamia pelo ordenamento jurídico-constitucional brasileiro"**. 2. Antes do advento da Constituição de 1988, havia o emprego indistinto da expressão concubinato para qualquer relação não estabelecida sob as formalidades da lei, daí porque se falava em concubinato puro (hoje união estável) e concubinato impuro (relações duradoras com impedimento ao casamento). Erigida a união estável, pelo texto constitucional (art. 226, § 3º, da CF), ao status de entidade familiar e tendo o Código Civil traçado sua **distinção em face do concubinato** (art. 1.723, § 1º, c/c art. 1.521, VI e art. 1.727 do CC), os termos passaram a disciplinar situações diversas, o que não pode ser desconsiderado pelo intérprete da Constituição. 3. **O art. 1.521 do Código Civil – que trata dos impedimentos para casar -, por força da legislação (art. 1.723, § 1º), também se aplica à união estável, sob claro reconhecimento de que a ela, como entidade familiar, também se assegura proteção à unicidade do vínculo.** A espécie de vínculo que se interpõe a outro juridicamente estabelecido (seja casamento ou união estável) a legislação nomina concubinato (art. 1.727 do CC). Assim, a pessoa casada não pode ter reconhecida uma união estável concomitante, por força do art. 1.723, § 1º, c/c o art. 1.521, VI, do Código Civil. 4. **Considerando que não é possível reconhecer, nos termos da lei civil (art. 1.723, § 1º, c/c art. 1.521, VI e art. 1.727 do Código Civil Brasileiro), a concomitância de casamento e união estável (salvo na hipótese do § 1º, art. 1.723, do CC/02), impende concluir que o concubinato – união entre pessoas impedidas de casar - não gera efeitos previdenciários.** 5. A exegese constitucional mais consentânea ao telos implícito no microssistema jurídico que rege a família, entendida como base da sociedade (art. 226, caput, da CF), orienta-se pelos princípios da exclusividade e da boa-fé, bem como pelos deveres de lealdade e fidelidade que visam a assegurar maior estabilidade e segurança às relações familiares. (...)" **(RE 883168, Tema de Repercussão Geral nº 526, Pleno, Rel. Min. DIAS TOFFOLI, j. 03/08/2021)**

Portanto, segundo o Supremo Tribunal Federal, a relação de concubinato não gera direito à pensão por morte, de modo que não é possível haver o rateio desse benefício entre duas pensionistas, uma na qualidade de cônjuge ou companheira e outra na qualidade de concubina, de um mesmo servidor.

7

A INCIDÊNCIA DO "TETO REMUNERATÓRIO" NA CUMULAÇÃO DE APOSENTADORIAS E PENSÕES

Primeiramente, é importante registrar que o que veremos neste capítulo se aplica igualmente tanto antes quanto depois da EC 103/2019, pois a disciplina constitucional do tema não sofreu alteração com essa emenda. Portanto, não haverá aqui subtópicos abordando o antes e o depois da EC 103/2019.

Feita essa observação, passemos à análise do tema.

Conforme estudamos, no RPPS é possível que uma mesma pessoa receba acumuladamente mais de uma aposentadoria (desde que os cargos envolvidos sejam acumuláveis na atividade) ou aposentadoria com pensão.

O questionamento que surge a partir disso é o seguinte: no caso de recebimento cumulativo desses benefícios previdenciários, como incide o limite remuneratório do art. 37, XI, da CF/88 (o chamado "teto remuneratório" ou "teto constitucional")? **Ele deve incidir sobre cada benefício isoladamente ou sobre o somatório deles?**

Sobre essa questão, o Supremo Tribunal Federal fixou entendimentos diferentes aplicáveis de acordo com a natureza dos vínculos envolvidos.

Segundo o STF, quando se está diante de uma **cumulação de cargos por um mesmo servidor** (seja essa cumulação na atividade, seja ela na inatividade), a incidência do "teto remuneratório" deve se dar sobre cada vínculo, sem considerar o somatório das remunerações. Ou seja, quando o mesmo servidor ocupa dois cargos acumuláveis nos termos da CF/88, o teto deve incidir isoladamente sobre cada um deles, e não sobre o seu somatório.

Isso foi decidido pelo STF no **Tema de Repercussão Geral nº 384** (RE 602043, j. 27/04/2017) e no **Tema de Repercussão Geral nº 377** (RE 612975, j. 27/04/2017). Nos dois casos foi fixada a mesma tese, na qual ficou estabelecido que *"nos casos autorizados constitucionalmente de acumulação de cargos, empregos e funções, a incidência do art. 37, inciso XI, da Constituição Federal pressupõe consideração de cada um dos vínculos formalizados,* ***afastada a observância do teto remuneratório quanto ao somatório dos ganhos do agente público****"*.

Como se pode perceber, sempre que a situação envolver dois vínculos que tenham origem no mesmo servidor (pouco importando se esses vínculos se referem à atividade ou à inatividade), o "teto remuneratório" deverá incidir isoladamente sobre cada um deles.

Diferente é a situação em que os vínculos acumulados não têm origem no mesmo servidor, mas em servidores diferentes, que é o que ocorre quando a pessoa acumula aposentadoria com pensão por morte ou quando ela acumula a remuneração do seu cargo com pensão por morte. Nesse caso, há um vínculo que tem origem no próprio servidor (o vínculo do qual decorre o pagamento da sua remuneração ou da sua aposentadoria) acumulado com um vínculo originado de outro servidor (o vínculo do qual decorre o pagamento da pensão por morte).

Nessa situação (de acumulação de vínculos originados de servidores diferentes), o "teto remuneratório" deve incidir sobre o somatório dos valores pagos, isto é, deve incidir sobre a soma da remuneração ou aposentadoria do servidor com a pensão por morte que lhe é paga em virtude do falecimento de outro servidor. Não há, nesse caso, incidência isolada do teto.

Isso foi estabelecido pelo Supremo Tribunal Federal no **Tema de Repercussão Geral nº 359** (RE 602584, j. 06/08/2020), no qual foi fixada a tese segundo a qual, *"ocorrida a morte do instituidor da pensão em momento posterior ao da Emenda Constitucional nº 19/1998,* ***o teto constitucional previsto no inciso XI do artigo 37 da Constituição Federal incide sobre o somatório de remuneração ou provento e pensão percebida por servidor****"*.

É importante notar que essa tese se refere expressamente aos casos em que o direito à pensão tenha surgido após a EC 19/98 (lembrando que esse direito nasce no momento em que falece o servidor segurado), de modo que, nos casos em que o direito à pensão tenha surgido antes dessa emenda, a incidência do "teto remuneratório" deve ser isolada sobre cada benefício, e não sobre o somatório deles.

Isso porque a EC 19/98 realizou uma modificação na redação do inciso XI do art. 37 da CF/88, estabelecendo que, quando há cumulação de espécies remuneratórias com pensão por morte, o "teto constitucional" deve incidir sobre o somatório dos valores pagos. Antes dessa emenda, não havia menção, no dispositivo, à incidência do teto sobre o somatório dos valores.

Após a EC 19/98, o art. 37, XI, da CF/88 foi novamente alterado, dessa vez, pela EC 41/03, e a previsão de incidência do teto sobre o somatório das espécies remuneratórias com as pensões continuou presente no dispositivo constitucional.

Apenas para ilustrar, essa é a redação atual (que é a que foi dada pela EC 41/03) do art. 37, XI, da CF/88:

> "**Art. 37, CF/88.**
>
> (...)
>
> XI - **a remuneração e o subsídio** dos ocupantes de cargos, funções e empregos públicos da administração direta, autárquica e fundacional, dos membros de qualquer dos Poderes da União, dos Estados, do Distrito Federal e dos Municípios, dos detentores de mandato eletivo e dos demais agentes políticos **e os proventos, pensões ou outra espécie remuneratória, percebidos cumulativamente ou não**, incluídas as vantagens pessoais ou de qualquer outra natureza, não poderão exceder o subsídio mensal, em espécie, dos Ministros do Supremo Tribunal Federal, aplicando-se como limite, nos Municípios, o subsídio do Prefeito, e nos Estados e no Distrito Federal, o subsídio mensal do Governador no âmbito do Poder Executivo, o subsídio dos Deputados Estaduais e Distritais no âmbito do Poder Legislativo e o subsídio dos Desembargadores do Tribunal de Justiça, limitado a noventa inteiros e vinte e cinco centésimos por cento do subsídio mensal, em espécie, dos Ministros do Supremo Tribunal Federal, no âmbito do Poder Judiciário, aplicável este limite aos membros do Ministério Público, aos Procuradores e aos Defensores Públicos;
>
> (...)"

Portanto, em resumo, segundo o STF, quando a cumulação remuneratória envolve vínculos diversos de um mesmo servidor, a incidência do teto remuneratório se dá de forma isolada, mas, quando ela envolve vínculos originados de diferentes servidores (um vínculo gerado pelo próprio servidor e outro relativo a uma pensão por morte deixada por outro servidor que faleceu), o teto remuneratório é aplicado sobre o somatório deles.

8

PREVIDÊNCIA COMPLEMENTAR DOS SERVIDORES PÚBLICOS

1. A PREVIDÊNCIA COMPLEMENTAR ANTES DA EC 103/2019

A previdência complementar dos servidores públicos passou a ser prevista na CF/88 a partir da EC 20/98, que incluiu no art. 40 do texto constitucional os §§ 14, 15 e 16, disciplinando a questão. O § 14 se manteve inalterado até a EC 103/2019, quando foi modificado. O § 15 foi alterado pela EC 41/03 e, depois, também pela EC 103/2019. Já o § 16 se mantém inalterado até hoje desde a sua versão original, que foi estabelecida pela EC 20/98.

Segundo o art. 40, § 14, da CF/88, fica facultado ao ente federativo (ou seja, trata-se de uma opção dada a ele) limitar o valor das aposentadorias e pensões no seu regime próprio de previdência ao "teto do RGPS", isto é, ao valor máximo dos benefícios pagos pelo INSS. No entanto, para impor essa limitação, há uma contrapartida obrigatória imposta ao ente federado: criar um regime de previdência complementar para os seus servidores.

O regime de previdência complementar, portanto, é isso: uma contrapartida exigida do ente federado que pretender exercer a opção de limitar ao "teto do RGPS" o valor das aposentadorias e pensões pagas pelo seu regime próprio de previdência.

Veja o teor dos §§ 14, 15 e 16 do art. 40 da CF/88 (na redação anterior à EC 103/2019):

> "**Art. 40, CF/88.**
>
> (...)
>
> **§ 14 -** A União, os Estados, o Distrito Federal e os Municípios, **desde que instituam regime de previdência complementar** para os seus respectivos servidores titulares de cargo efetivo, **poderão fixar**, para o valor das aposentadorias e pensões a serem concedidas pelo regime de que trata este artigo, **o limite máximo estabelecido para os benefícios do regime geral de previdência social** de que trata o art. 201.
>
> **§ 15 -** O regime de previdência complementar de que trata o § 14 será instituído por lei de iniciativa do respectivo Poder Executivo, observado o disposto no art. 202 e seus parágrafos, no que couber, por intermédio de entidades fechadas de previdência complementar, de natureza pública, que oferecerão aos respectivos participantes planos de benefícios somente na modalidade de contribuição definida.
>
> **§ 16 -** Somente mediante sua prévia e expressa opção, o disposto nos § § 14 e 15 poderá ser aplicado ao servidor que tiver ingressado no serviço público até a data da publicação do ato de instituição do correspondente regime de previdência complementar."

Alguns detalhes são muito importantes nos dispositivos transcritos acima.

Primeiramente, é importante notar que o regime de previdência complementar dos servidores públicos deve ser disciplinado por **lei de iniciativa reservada do Chefe do Poder Executivo** do respectivo ente federado (art. 40, § 15, CF/88).

Além disso, a gestão desse regime de previdência complementar deve se dar por uma **entidade fechada de previdência complementar**, a qual necessariamente deve ter **natureza pública**, o que significa que essa entidade deve ser criada pelo próprio Poder Público (art. 40, § 15, CF/88). Por exemplo, no Estado de São Paulo, a gestão do regime de previdência complementar é feita pela SPPrevcom, que é uma fundação pública de direito privado (é fundação pública porque foi instituída pelo Estado, mas possui personalidade jurídica de direito privado).

Note também que os planos de benefícios no regime de previdência complementar dos servidores públicos somente podem ser oferecidos na modalidade de **contribuição definida** (art. 40, § 15, CF/88), que é aquela modalidade em que o segurado sabe exatamente o valor das suas contribuições, mas não sabe qual será o valor do benefício que receberá no futuro (pois isso depende da maior ou menor eficiência da gestão dos valores pagos ao longo da vida contributiva do servidor, ou seja, depende de quanto esse dinheiro rendeu ao longo do tempo).

Por fim, é importante destacar que **o § 15 do art. 40 da CF/88 manda aplicar ao regime de previdência complementar dos servidores públicos, no que couber, o art. 202 da CF/88**. Esse dispositivo estabelece as **regras constitucionais relativas à previdência complementar privada**, que é a previdência oferecida de forma geral no mercado privado (como é o caso dos planos de previdência oferecidos por bancos e por diferentes corretoras de investimentos).

Portanto, segundo o art. 40, § 15, da CF/88, as regras que regem a previdência privada, desde que haja compatibilidade, devem ser aplicadas ao regime de previdência complementar dos servidores públicos.

As principais regras estabelecidas pelo art. 202, "caput" e parágrafos, são as seguintes:

I) A previdência complementar privada tem **caráter facultativo**, o que significa que as pessoas só aderem aos seus planos se quiserem. Essa regra é plenamente aplicável à previdência complementar dos servidores públicos, de modo que, nos entes federados em que há regime de previdência complementar instituído, os respectivos servidores, embora tenham os seus benefícios pagos pelo RPPS limitados ao "teto do RGPS", somente aderem à previdência complementar se assim desejarem.

II) A previdência complementar privada **deve ser regulamentada no âmbito infraconstitucional por lei complementar**. E, dando cumprimento a essa determinação constitucional, foram editadas duas leis complementares para tratar da matéria, que são as **LCs 108/01 e 109/01**, as quais têm abrangência nacional e se aplicam, no que couber (especialmente quanto às normas gerais), aos regimes de previdência complementar dos servidores públicos de todos os entes federados. A LC 108/01 trata da relação entre os entes federados (União, Estados, Distrito Federal e Municípios) e suas entidades de previdência complementar, enquanto a LC 109/01 traz as regras do regime de previdência complementar em si, inclusive as relativas aos planos de benefícios.

III) A regulamentação infraconstitucional da previdência complementar privada (que, como vimos acima, deve ser feita por lei complementar) deve assegurar aos participantes (isto é, aos "segurados") desse regime de previdência o **acesso irrestrito a todas as informações relativas à gestão dos planos aos quais tenham aderido**. Em outras palavras: deve haver total transparência na gestão da previdência complementar. Essa regra, evidentemente, é plenamente aplicável à previdência complementar dos servidores públicos.

IV) Os entes federados e suas entidades da Administração indireta somente podem realizar aportes nos regimes de previdência complementar quando fizerem isso na qualidade de patrocinadores desse regime, e, nesse caso, **essa contribuição paga por eles não pode ser superior à que é paga pelos segurados**. Essa regra, evidentemente, é aplicável ao regime de previdência complementar dos servidores públicos.

V) Deve existir lei complementar disciplinando a relação dos entes federados (e suas respectivas Administrações indiretas) com as suas entidades de previdência complementar. Essa regra é perfeitamente aplicável ao regime de previdência complementar dos servidores públicos, e, como vimos acima, a lei complementar em questão já existe: trata-se da LC 108/01.

VI) Os membros das diretorias das entidades de previdência complementar criadas pelos entes federados devem ser escolhidos segundo critérios estabelecidos em lei complementar. As LCs 108/01 e 109/01, mencionadas anteriormente, trazem disposições sobre esse tema. Essa regra também é perfeitamente aplicável ao regime de previdência complementar dos servidores públicos.

Veja o teor do art. 202 da CF/88 (na redação anterior à EC 103/2019), onde estão previstas todas as regras que vimos acima:

> "**Art. 202, CF/88.** O regime de previdência privada, de caráter complementar e organizado de forma autônoma em relação ao regime geral de previdência social, **será facultativo**, baseado na constituição de reservas que garantam o benefício contratado, e **regulado por lei complementar**.
>
> **§ 1°** A lei complementar de que trata este artigo assegurará ao participante de planos de benefícios de entidades de previdência privada o **pleno acesso às informações relativas à gestão de seus respectivos planos**.
>
> **§ 2°** As contribuições do empregador, os benefícios e as condições contratuais previstas nos estatutos, regulamentos e planos de benefícios das entidades de previdência privada não integram o contrato de trabalho dos participantes, assim como, à exceção dos benefícios concedidos, não integram a remuneração dos participantes, nos termos da lei.
>
> **§ 3º** É vedado o aporte de recursos a entidade de previdência privada pela União, Estados, Distrito Federal e Municípios, suas autarquias, fundações, empresas públicas, sociedades de economia mista e outras entidades públicas, salvo na qualidade de patrocinador, situação na qual, **em hipótese alguma, sua contribuição normal poderá exceder a do segurado**.

§ 4º Lei complementar disciplinará a relação entre a União, Estados, Distrito Federal ou Municípios, inclusive suas autarquias, fundações, sociedades de economia mista e empresas controladas direta ou indiretamente, enquanto patrocinadoras de entidades fechadas de previdência privada, e suas respectivas entidades fechadas de previdência privada.

§ 5º A lei complementar de que trata o parágrafo anterior aplicar-se-á, no que couber, às empresas privadas permissionárias ou concessionárias de prestação de serviços públicos, quando patrocinadoras de entidades fechadas de previdência privada.

§ 6º A lei complementar a que se refere o § 4° deste artigo estabelecerá os **requisitos para a designação dos membros das diretorias das entidades fechadas de previdência privada** e disciplinará a inserção dos participantes nos colegiados e instâncias de decisão em que seus interesses sejam objeto de discussão e deliberação."

Além desses detalhes contidos na literalidade dos dispositivos que vimos acima, há uma importante discussão que foi levada à apreciação do Poder Judiciário.

Conforme consta do § 16 do art. 40 da CF/88, o regime de previdência complementar somente é compulsório para os servidores que ingressaram no serviço público após a sua instituição. Ou seja, apenas têm a obrigação de se vincular ao regime previdenciário no qual há a previdência complementar os indivíduos que passaram a ser servidores públicos após ter sido instituída a previdência complementar no respectivo ente federado.

Já em relação aos servidores que ingressaram no serviço público antes da instituição do regime complementar no respectivo ente federado, o poder público não pode impor a migração para esse novo regime, dependendo essa migração da prévia e expressa opção manifestada pelo próprio servidor.

O questionamento que surgiu sobre isso foi o seguinte: o que se considera como data de ingresso no serviço público no caso de um servidor que foi investido em um cargo público antes da instituição do regime de previdência complementar e, após a instituição desse novo regime, deixou o seu cargo para tomar posse em outro cargo vinculado a outro ente federativo, sem solução de continuidade (isto é, sem intervalo de tempo) entre os dois vínculos?

O **Superior Tribunal de Justiça** analisou essa questão.

O STJ decidiu que, se não houve solução de continuidade entre os diversos vínculos do servidor, **considera-se como data de ingresso no serviço público aquela em que se formou o primeiro vínculo**, independentemente de qual foi o ente federado no qual isso ocorreu (REsp 1671390). Assim, se o primeiro vínculo do servidor público foi estabelecido antes da instituição do regime de previdência complementar por determinado ente federativo, não pode esse servidor ser obrigado a se submeter à previdência complementar, ainda que só tenha ingressado no serviço público desse ente federado após a instituição do novo regime (desde que – repita-se – não haja solução de continuidade entre um vínculo e outro).

Veja a ementa desse precedente do STJ:

> "(...) NOMEAÇÃO EM CARGO DO PODER JUDICIÁRIO FEDERAL. **VÍNCULO ANTERIOR COM O SERVIÇO PÚBLICO ESTADUAL.** DIREITO À OPÇÃO DE REGIME PREVIDENCIÁRIO. POSSIBILIDADE.
>
> 1. A controvérsia consiste em saber se os servidores egressos de outros entes da federação que, sem solução de continuidade, ingressaram no serviço público federal, tem ou não direito de optar pelo regime previdenciário próprio da União anterior ao regime de previdência complementar estabelecido por esse último ente e sujeito ao teto do RGPS.
>
> **2. O art. 40, § 16, da CF e o art. 1º, § 1º, da Lei 12.618/2012, ao tratar da obrigatoriedade do regime de previdência complementar, utilizaram-se do ingresso no serviço público como critério diferenciador, sem fazer referência expressa a qualquer ente federado. Não há, portanto, nenhuma restrição ao ente federado em que houve o ingresso no serviço público.**
>
> (...)"
>
> **(REsp 1671390, Rel. Min. HERMAN BENJAMIN, Segunda Turma, j. 08/08/2017)**

Esse mesmo entendimento foi aplicado pelo **Supremo Tribunal Federal** em deliberação administrativa relativa ao regime de previdência dos seus servidores. Isso ocorreu na sessão administrativa realizada em 29/11/2017, nos autos do **Processo Administrativo 353.844**, relatado pelo Min. Dias Toffoli, ocasião em que o STF decidiu pela *"possibilidade de manutenção do regime previdenciário dos servidores oriundos dos Estados, do Distrito Federal e dos Municípios que, sem interrupção, ingressaram no Supremo Tribunal Federal após a criação da FUNPRESP-JUD"*.

Em âmbito jurisdicional o Supremo Tribunal Federal ainda não se manifestou sobre a questão, mas isso se encontra pendente de julgamento de mérito no **Tema de Repercussão Geral nº 1071** (RE 1.050.597). Considerando o precedente firmado na esfera administrativa, tudo indica que a Corte, quando julgar esse tema, confirmará o que já decidiu administrativamente, concordando, portanto, com o STJ.

2. A PREVIDÊNCIA COMPLEMENTAR APÓS A EC 103/2019

Com a EC 103/2019, a disciplina constitucional da previdência complementar dos servidores públicos permaneceu a mesma, com algumas pequenas diferenças.

Essas novidades constam do art. 40, §§ 14 e 15, da CF/88 e do art. 9º, § 6º, da EC 103/2019 (lembrando que o § 16 do art. 40 da CF/88 não sofreu alteração pela EC 103/2019). Veja:

> "**Art. 40, CF/88.**
>
> (...)
>
> **§ 14.** A União, os Estados, o Distrito Federal e os Municípios **instituirão**, por lei de iniciativa do respectivo Poder Executivo, regime de previdência complementar para servidores públicos ocupantes de cargo efetivo, observado o limite máximo dos benefícios do Regime Geral de Previdência Social para o valor das aposentadorias e das pensões em regime próprio de previdência social, ressalvado o disposto no § 16. ***(Redação dada pela EC 103/2019)***
>
> **§ 15.** O regime de previdência complementar de que trata o § 14 oferecerá plano de benefícios somente na modalidade contribuição definida, observará o disposto no art. 202 e **será efetivado por intermédio de entidade fechada** de previdência complementar **ou de entidade aberta** de previdência complementar. ***(Redação dada pela EC 103/2019)***
>
> **§ 16 -** Somente mediante sua prévia e expressa opção, o disposto nos §§ 14 e 15 poderá ser aplicado ao servidor que tiver ingressado no serviço público até a data da publicação do ato de instituição do correspondente regime de previdência complementar."
>
> "**Art. 9º, § 6º, EC 103/2019.** A instituição do regime de previdência complementar na forma dos §§ 14 a 16 do art. 40 da Constituição Federal e a adequação do órgão ou entidade gestora do regime próprio de previdência social ao § 20 do art. 40 da Constituição Federal deverão ocorrer no **prazo máximo de 2 (dois) anos da data de entrada em vigor desta Emenda Constitucional.**"

Como é possível extrair dos dispositivos transcritos acima, as novidades trazidas pela EC 103/2019 em relação à previdência complementar dos servidores públicos foram as seguintes:

I) A instituição do regime de previdência complementar **deixou de ser uma faculdade dos entes federados e passou a ser uma obrigação imposta a eles pela CF/88** (art. 40, § 14, CF/88). E essa obrigação teve prazo de cumprimento estabelecido pela EC 103/2019: 02 (dois) anos a partir do início da vigência dessa emenda (art. 9º, § 6º, EC 103/2019).

Ou seja, com a EC 103/2019, as entidades federativas passaram a ter a obrigação de, no prazo de 02 (dois) anos a partir da entrada em vigor da Emenda, instituir em seus âmbitos o regime de previdência complementar para os seus servidores públicos, e, a partir da instituição desse regime, as aposentadorias e pensões pagas pelos respectivos regimes próprios de previdência passariam a ficar limitadas ao "teto do RGPS". Porém, **a adesão dos servidores públicos aos planos oferecidos pela previdência complementar dos respectivos entes federados continua sendo facultativa**, como decorre do art. 202, "caput", da CF/88, que é aplicável à previdência complementar dos servidores públicos por determinação do art. 40, § 15, da CF/88, como vimos anteriormente e veremos novamente abaixo.

II) O regime de previdência complementar passou a poder ser gerido **tanto por entidade fechada quanto por entidade aberta de previdência complementar**, de **natureza pública ou privada** (antes da EC 103/2019, esse regime só podia ser gerido por entidade fechada de caráter público). Isso está previsto no art. 40, § 15, da CF/88.

Por fim, é importante registrar que, após a EC 103/2019, continua existente a determinação contida no art. 40, § 15, da CF/88 no sentido de que são aplicáveis à previdência complementar dos servidores públicos, no que couber, as regras do art. 202 da CF/88 relativas à previdência complementar privada.

Portanto, tudo que vimos no tópico anterior sobre as regras do art. 202 da CF/88 extensíveis à previdência complementar dos servidores públicos continua aplicável. Inclusive, o art. 202 da CF/88, mais precisamente os seus parágrafos 4º, 5º e 6º, embora tenha sofrido pequenas alterações pela EC 103/2019, permanece com conteúdo semelhante ao que possuía antes da Emenda, não tendo ocorrido mudanças significativas no seu texto.

Veja o teor do art. 202 da CF/88 na redação dada pela EC 103/2019:

> "**Art. 202, CF/88.** O regime de previdência privada, de caráter complementar e organizado de forma autônoma em relação ao regime geral de previdência social, **será facultativo**, baseado na constituição de reservas que garantam o benefício contratado, e **regulado por lei complementar**.
>
> **§ 1°** A lei complementar de que trata este artigo assegurará ao participante de planos de benefícios de entidades de previdência privada o **pleno acesso às informações relativas à gestão de seus respectivos planos**.
>
> **§ 2°** As contribuições do empregador, os benefícios e as condições contratuais previstas nos estatutos, regulamentos e planos de benefícios das

entidades de previdência privada não integram o contrato de trabalho dos participantes, assim como, à exceção dos benefícios concedidos, não integram a remuneração dos participantes, nos termos da lei.

§ 3º É vedado o aporte de recursos a entidade de previdência privada pela União, Estados, Distrito Federal e Municípios, suas autarquias, fundações, empresas públicas, sociedades de economia mista e outras entidades públicas, salvo na qualidade de patrocinador, situação na qual, **em hipótese alguma, sua contribuição normal poderá exceder a do segurado**.

§ 4º Lei complementar disciplinará a relação entre a União, Estados, Distrito Federal ou Municípios, inclusive suas autarquias, fundações, sociedades de economia mista e empresas controladas direta ou indiretamente, enquanto patrocinadores de planos de benefícios previdenciários, e as entidades de previdência complementar. ***(Redação dada pela EC 103/2019)***

§ 5º A lei complementar de que trata o § 4º aplicar-se-á, no que couber, às empresas privadas permissionárias ou concessionárias de prestação de serviços públicos, quando patrocinadoras de planos de benefícios em entidades de previdência complementar. ***(Redação dada pela EC 103/2019)***

§ 6º Lei complementar estabelecerá os **requisitos para a designação dos membros das diretorias das entidades fechadas de previdência complementar instituídas pelos patrocinadores de que trata o § 4º** e disciplinará a inserção dos participantes nos colegiados e instâncias de decisão em que seus interesses sejam objeto de discussão e deliberação. ***(Redação dada pela EC 103/2019)***"

9

CONTAGEM RECÍPROCA DO TEMPO DE CONTRIBUIÇÃO

1. A CONTAGEM RECÍPROCA ANTES DA EC 103/2019

A chamada contagem recíproca do tempo de contribuição nada mais é do que utilizar em um determinado regime previdenciário o tempo de contribuição oriundo de outro regime previdenciário. Ou seja, trata-se da migração do tempo de contribuição do indivíduo entre diferentes regimes de previdência, para que esse indivíduo obtenha benefícios em um desse regimes.

Na contagem recíproca do tempo de contribuição, portanto, o tempo de contribuição perante o RPPS é considerado no RGPS (para fins de nele obter benefícios) e vice-versa. Da mesma forma, o tempo de contribuição perante o RPPS de um ente federado é considerado no RPPS de outro ente federado (para fins de nele obter benefícios) e vice-versa.

Imagine, então, o caso de um indivíduo que é servidor público (e, portanto, é segurado do RPPS) e que ainda precisa de mais 10 (dez) anos de contribuição para obter aposentadoria no regime próprio de previdência em que se encontra. Ele, porém, antes de se tornar servidor público, havia trabalhado na iniciativa privada e contribuiu perante o RGPS durante 10 (dez) anos. Em virtude da contagem recíproca, ele pode transferir para o RPPS (ao qual está vinculado atualmente) o tempo de contribuição que teve no RGPS e, assim, obter aposentadoria no regime próprio de previdência.

O principal dispositivo que trata da contagem recíproca na CF/88 é o art. 201, § 9º, que determina que o tempo de contribuição no RPPS seja considerado para fins de aposentadoria no RGPS e vice-versa. Como esse dispositivo se encontra inserido no trecho da Constituição Federal que trata do RGPS, é natural que o seu enfoque, ao tratar da contagem recíproca do tempo de contribuição, seja a transferência do tempo de contribuição de um regime próprio de previdência para o RGPS ou do RGPS para um regime próprio de previdência.

Em outras palavras: no art. 201, § 9º, da CF/88, o foco é a migração de tempo de contribuição envolvendo o RGPS, seja ele (o RGPS) a origem do tempo de contribuição ou o seu destino.

Veja o teor desse dispositivo (na redação anterior à EC 103/2019):

> "**Art. 201, § 9º, CF/88.** Para efeito de aposentadoria, **é assegurada a contagem recíproca do tempo de contribuição** na administração pública e na atividade privada, rural e urbana, hipótese em que **os diversos regimes de previdência social se compensarão financeiramente**, segundo critérios estabelecidos em lei."

Além da contagem recíproca do tempo de contribuição entre RPPS e RGPS (prevista no art. 201, § 9º, da CF/88), **a Constituição Federal também prevê a contagem recíproca entre diferentes regimes próprios de previdência**, isto é, entre os regimes próprios dos diferentes entes federados.

A contagem recíproca entre diferentes regimes próprios de previdência está prevista no art. 40, § 9º, da CF/88, que diz o seguinte (na redação anterior à EC 103/2019):

> "**Art. 40, § 9º, CF/88.** O tempo de contribuição federal, estadual ou municipal será contado para efeito de aposentadoria e o tempo de serviço correspondente para efeito de disponibilidade."

Havendo contagem recíproca, o regime previdenciário que suportar a concessão do benefício (que é o regime previdenciário destinatário do tempo de contribuição) deverá receber, do regime de previdência de origem, uma compensação financeira equivalente ao tempo aproveitado. Essa compensação é necessária para manter o equilíbrio financeiro e atuarial do regime, pois, sem ela, haveria a concessão de benefício previdenciário sem que o respectivo regime de previdência houvesse recebido as contribuições correspondentes.

Na CF/88 (antes da EC 103/2019), a compensação financeira entre regimes previdenciários no caso de contagem recíproca apenas foi prevista expressamente no art. 201, § 9º, que é o dispositivo que trata da contagem recíproca entre RPPS e RGPS. Não houve previsão expressa dessa compensação no caso de contagem recíproca entre diferentes regimes próprios de previdência (a qual é tratada no art. 40, § 9º, da CF/88).

No entanto, a compensação financeira deve ser feita sempre que há contagem recíproca de tempo de contribuição, seja ela entre RGPS e RPPS, seja ela entre diferentes regimes próprios de previdência, pelos seguintes motivos:

I) Como vimos acima, a compensação financeira em caso de contagem recíproca **é necessária para que se preserve a saúde financeira e atuarial** do regime previdenciário que suporta o pagamento do benefício, e, segundo estabelece a CF/88, tanto o RPPS (art. 40) quanto o RGPS (art. 201) devem ser regidos por critérios que preservem seu equilíbrio financeiro e atuarial.

II) A Lei 9.717/98 (que é a lei geral sobre RPPS) determina, no seu art. 1º, § 2º, que **tanto o regime geral quanto os regimes próprios de previdência** devem adotar providências para realizar a compensação financeira em caso de contagem recíproca de tempo de contribuição, **inclusive quando a contagem recíproca se der entre diferentes regimes próprios.** Essa lei estabelece, ainda, no seu art. 7º, sanções a serem impostas aos entes federados que não realizarem essa compensação. Veja:

> "**Art. 1º, § 2º, Lei 9.717/98.** Os regimes próprios de previdência social da União, dos Estados, do Distrito Federal e dos Municípios **operacionalizarão a compensação financeira** a que se referem o § 9º do art. 201 da Constituição Federal e a Lei nº 9.796, de 5 de maio de 1999, **entre si e com o regime geral de previdência social**, sob pena de incidirem nas sanções de que trata o art. 7º desta Lei."
>
> "**Art. 7º, Lei 9.717/98.** O descumprimento do disposto nesta Lei pelos Estados, Distrito Federal e Municípios e pelos respectivos fundos, implicará, a partir de 1º de julho de 1999:
>
> I - suspensão das transferências voluntárias de recursos pela União;
>
> II - impedimento para celebrar acordos, contratos, convênios ou ajustes, bem como receber empréstimos, financiamentos, avais e subvenções em geral de órgãos ou entidades da Administração direta e indireta da União;
>
> III - suspensão de empréstimos e financiamentos por instituições financeiras federais."

III) Existe uma lei que disciplina a forma como deve ocorrer a compensação financeira em caso de contagem recíproca de tempo de contribuição, e essa lei prevê que as suas disposições se aplicam tanto em caso de contagem recíproca entre RGPS e RPPS quanto em caso de contagem recíproca entre diferentes regimes próprios de previdência. Trata-se da **Lei 9.796/99**, que estabelece, no seu art. 1º, que *"a compensação financeira **entre o Regime Geral de Previdência Social e os regimes próprios de previdência social dos servidores da União, dos Estados, do Distrito Federal e dos Municípios**, na hipótese de contagem recíproca de tempos de contribuição, obedecerá às disposições desta Lei"* e, no seu **art. 8º-A**, que *"a compensação financeira **entre os regimes próprios de previdência social da União, dos Estados, do Distrito Federal e dos Municípios**, na hipótese de contagem recíproca de tempos de contribuição, obedecerá, no que couber, às disposições desta Lei"*.

Em relação à contagem recíproca do tempo de contribuição, há algumas questões interessantes previstas na legislação previdenciária que já foram tratadas pelo Superior Tribunal de Justiça e que merecem ser registradas aqui.

A primeira delas diz respeito à impossibilidade de concomitância dos períodos contributivos somados: para fins de contagem recíproca, não se admite que os períodos contributivos somados (um oriundo do RPPS e outro oriundo do RGPS) sejam **concomitantes**.

Logo, apesar de ser possível obter, cumulativamente, uma aposentadoria no RPPS e outra no RGPS valendo-se de períodos contributivos simultâneos (mas, evidentemente, distintos), não é permitida a simultaneidade de períodos para fins de contagem recíproca de tempo de contribuição.

Perceba o seguinte: no âmbito do RPPS, até é possível haver simultaneidade de períodos contributivos, mas apenas se for uma situação em que o servidor ocupa simultaneamente cargos que a CF/88 permite acumular. Nesse caso, porém, os tempos de contribuição simultâneos relativos a esses cargos acumuláveis não poderão ser somados em contagem recíproca para fins de obtenção de benefício previdenciário. O que o servidor pode fazer é obter um benefício previdenciário em cada um dos seus vínculos, mas não somar tempos concomitantes com a finalidade de "encurtar" o tempo de contribuição que precisa cumprir para gozar benefícios.

Essa vedação se encontra prevista de forma expressa no **art. 96, II, da Lei 8.213/91** e no **art. 130, § 12, do Decreto 3.048/99** (que é o Regulamento da Previdência Social).

Além disso, caso queira, o indivíduo pode aproveitar, para fins de contagem recíproca, apenas uma parcela do seu período contributivo, sendo possível a expedição de certidão de tempo de contribuição (para fins de cômputo perante outro regime) que contemple apenas **uma parte do período contributivo total**, aproveitando-se a parcela remanescente para obter benefício no regime de origem.

Nesse caso, evidentemente, o tempo de contribuição que houver sido utilizado para obter benefício em um regime previdenciário (inclusive mediante contagem recíproca) **não poderá ser utilizado para obter benefício em outro regime de previdência**.

Isso está previsto no **art. 96, III, da Lei 8.213/91** e no **art. 130, §§ 10, 11 e 13, do Decreto 3.048/99**.

Para facilitar a compreensão, imagine a seguinte situação hipotética: Mariazinha é servidora pública no Estado "A", contando com 20 (vinte) anos de contribuição. Ocorre que, antes de ingressar no serviço público, já havia contribuído para o INSS durante 20 (vinte anos), e ela se manteve vinculada ao RGPS até os dias atuais. Logo, hoje, Mariazinha, além de possuir 20 (vinte) anos de contribuição no RPPS, possui 40 (quarenta) anos de contribuição no RGPS. Assim, ela pode requerer ao INSS a expedição de certidão de tempo de contribuição parcial, contemplando apenas os seus 10 (dez) primeiros anos de contribuição, para fins de contagem recíproca e, com isso, obter aposentadoria no RPPS. Fazendo isso, ainda sobrarão, intocados, 30 (trinta) anos de contribuição perante o RGPS, de modo que Mariazinha poderá utilizá-los para obter um benefício pago pelo INSS.

Todas essas regras **já foram aplicadas pelo STJ** nos exatos termos que vimos acima.

Confira agora o teor dos dispositivos mencionados e das ementas dos precedentes do STJ em que essas regras foram aplicadas:

> "**Art. 96, Lei 8.213/91.** O tempo de contribuição ou de serviço de que trata esta Seção será contado de acordo com a legislação pertinente, observadas as normas seguintes:
>
> (...)
>
> II - é vedada a contagem de tempo de serviço público com o de atividade privada, **quando concomitantes**;
>
> III - não será contado por um sistema o **tempo de serviço utilizado para concessão de aposentadoria pelo outro**;
>
> (...)
>
> "**Art. 130, Decreto 3.048/99.**

(...)

§ 10. Poderá ser emitida, por solicitação do segurado, certidão de tempo de contribuição para **período fracionado**.

§ 11. Na hipótese do parágrafo anterior, a certidão conterá informação de todo o tempo de contribuição ao Regime Geral de Previdência Social e a indicação dos períodos a serem aproveitados no regime próprio de previdência social.

§ 12. É vedada a contagem de tempo de contribuição de atividade privada com a do serviço público ou de mais de uma atividade no serviço público, **quando concomitantes**, ressalvados os casos de **acumulação de cargos ou empregos públicos admitidos pela Constituição**.

§ 13. Em hipótese alguma será expedida certidão de tempo de contribuição para **período que já tiver sido utilizado para a concessão de aposentadoria**, em qualquer regime de previdência social.

(...)"

"(...) **SEGURADO JÁ APOSENTADO NO SERVIÇO PÚBLICO** COM UTILIZAÇÃO DA CONTAGEM RECÍPROCA. **CONCESSÃO DE APOSENTADORIA JUNTO AO RGPS.** TEMPO NÃO UTILIZADO NO INSTITUTO DA CONTAGEM RECÍPROCA. **FRACIONAMENTO DE PERÍODO. POSSIBILIDADE.** ART. 98 DA LEI N.º 8.213/91. INTERPRETAÇÃO RESTRITIVA.

1. A norma previdenciária não cria óbice a percepção de duas aposentadorias em regimes distintos, quando os tempos de serviços realizados em atividades concomitantes sejam computados em cada sistema de previdência, havendo a respectiva contribuição para cada um deles.

2. O art. 98 da Lei n.º 8.213/91 deve ser interpretado restritivamente, dentro da sua objetividade jurídica. A vedação contida em referido dispositivo surge com vistas à reafirmar a revogação da norma inserida na Lei n.º 5.890/73, que permitia o acréscimo de percentual a quem ultrapassasse o tempo de serviço máximo, bem como para impedir a utilização do tempo excedente para qualquer efeito no âmbito da aposentadoria concedida.

3. **É permitido ao INSS emitir certidão de tempo de serviço para período fracionado, possibilitando ao segurado da Previdência Social levar para o regime de previdência próprio dos servidores públicos apenas o montante de tempo de serviço que lhe seja necessário para obtenção do benefício almejado naquele regime.** Tal período, uma vez considerado no outro regime, **não será mais contado para qualquer efeito no RGPS**. O tempo não utilizado, entretanto, valerá para efeitos previdenciários junto à Previdência Social.

(...)"

(REsp 687479, Rel. Min. LAURITA VAZ, Quinta Turma, j. 26/04/2005)

"(...) **SEGURADO APOSENTADO EM REGIME PRÓPRIO DE SERVIDOR PÚBLICO COM CONTAGEM RECÍPROCA.** PERMANÊNCIA DE VÍNCULO COM O REGIME GERAL DA PREVIDÊNCIA SOCIAL. **CONCESSÃO DE NOVA APOSENTADORIA. POSSIBILIDADE QUANDO OS REQUISITOS SÃO CUMPRIDOS.** (...)

1. De acordo com o entendimento de ambas as Turmas que compõem a Terceira Seção do Superior Tribunal de Justiça, **a concessão de aposentadoria pelo Regime Geral da Previdência Social a segurado aposentado em regime próprio não ofende o disposto nos arts. 96 e 98 da Lei nº 8.213/1991**, se o autor permaneceu vinculado ao RGPS e **cumpriu os requisitos para nova aposentadoria, excluído o tempo de serviço utilizado para a primeira jubilação.**

2. Ademais, **o Decreto nº 3.048/1999 permite a expedição de certidão de tempo de contribuição para período fracionado (art. 130, § 10).** As vedações nele previstas dizem respeito ao duplo cômputo do tempo de serviço exercido simultaneamente na atividade privada e pública e daquele outrora utilizado para a concessão de aposentadoria (art. 130, §§ 12 e 13), circunstâncias não verificadas no caso concreto.

(...)"

(AgRg no REsp 924423, Rel. Min. JORGE MUSSI, Quinta Turma, j. 15/04/2008)

Por fim, há os seguintes entendimentos jurisprudenciais (envolvendo o STJ e o STF) que merecem atenção:

I) Quando se tratar de pedido, perante o RPPS, de contagem recíproca de tempo de contribuição anterior à Lei 8.213/91 referente a **trabalhador rural,** é necessário haver a efetiva comprovação do pagamento das contribuições ao INSS. Isso se deve ao fato de que, antes da Lei 8.213/91, o trabalhador rural não era segurado do RGPS, mas sim da Previdência Social Rural, que era regulada pela Lei Complementar 11/71, a qual previa que o tempo de contribuição podia ser computado mesmo sem a efetiva contribuição do segurado, permitindo, com isso, que fosse considerado, para fins de concessão de benefício, tempo no qual não houvesse ocorrido o pagamento de contribuições. A Lei 8.213/91, por sua vez, sabendo da existência desse tipo de situação na realidade brasileira, estabeleceu, no seu art. 96, IV, que a contagem recíproca de tempo de contribuição depende da comprovação do efetivo pagamento das contribuições durante o período que se pretende transferir para outro regime previdenciário ou do pagamento de indenização correspondente às contribuições que tenham deixado de ser pagas (*"**Art. 96, Lei 8.213/91.** O tempo de contribuição ou de serviço de que trata esta Seção será contado de acordo com a legislação pertinente, observadas as normas seguintes: (...) **IV** - o tempo de serviço anterior ou posterior à obrigatoriedade de filiação à Previdência Social **só será contado mediante indenização da contribuição correspondente ao período respectivo**, com acréscimo de juros moratórios de zero vírgula cinco por* *cento ao mês, capitalizados anualmente, e multa de dez por cento.*"). Por esses motivos, o STJ pacificou sua jurisprudência no sentido de que, quando se tratar de tempo de contribuição de trabalhador rural anterior à Lei 8.213/91, a contagem recíproca perante o RPPS depende da comprovaçao do efetivo pagamento das contribuições previdenciárias durante esse período ou (como exige o art. 96, IV, da Lei 8.213/91) do pagamento de indenização correspondente às contribuições que deixaram de ser pagas. Isso, no entanto, não significa que, para obter certidão de tempo de contribuição emitida pelo INSS, o segurado trabalhador rural precise, previamente, comprovar o pagamento das contribuições do período objeto da certidão, pois o direito à contagem recíproca (que depende da comprovação do pagamento das contribuições) não se confunde com o direito de obter certidão (que não depende da comprovação do pagamento das contribuições). Esse entendimento, após ser reafirmado no âmbito do STJ por vários anos, foi adotado pela Corte no **Tema de Recursos Repetitivos nº 609** (REsp 1682671, j. 25/04/2018), no qual foi fixada a tese segundo a qual "*o segurado que tenha provado o desempenho de serviço rurícola em período anterior à vigência da Lei n. 8.213/1991, embora faça jus à expedição de certidão nesse sentido para mera averbação nos seus assentamentos, somente tem direito ao cômputo do aludido tempo rural, no respectivo órgão público empregador, para contagem recíproca no regime estatutário se, com a certidão de tempo de serviço rural, acostar o comprovante de pagamento das respectivas contribuições previdenciárias, na forma da indenização calculada conforme o dispositivo do art. 96, IV, da Lei n. 8.213/1991*". No âmbito do STF, houve a confirmação desse entendimento, tendo ele sido adotado, por exemplo, no **AI 735130 AgR** e no **RE 478058 ED**.

II) Não pode uma norma local disciplinadora de regime próprio de previdência impor restrições à contagem recíproca de tempo de contribuição. Por exemplo, não pode uma lei local exigir que, para a averbação de período de contribuição oriundo do INSS, o servidor deva ter, pelo menos, 10 (dez) anos de serviço. Esse entendimento se fundamenta na inexistência de qualquer condição imposta pela CF/88 à contagem recíproca de tempo de contribuição e foi firmado pelo STF no **Tema de Repercussão Geral nº 522** (RE 650851 QO, j. 01/10/2014), no qual foi fixada a tese segundo a qual "*a imposição de restrições, por legislação local, à contagem recíproca do tempo de contribuição na administração pública e na atividade privada para fins de concessão de aposentadoria viola o art. 202, § 2º, da Constituição Federal, com redação anterior à EC 20/98*".

III) É perfeitamente possível a contagem recíproca de tempo especial. Assim, caso um segurado possua, em um regime previdenciário, tempo especial decorrente do exercício de atividade com exposição a condições prejudicais à saúde ou à integridade física, ele pode levar esse tempo para outro regime de previdência mantendo o seu caráter especial. Esse entendimento já vinha sendo adotado no STF (a exemplo do **RE 603581 AgR**, julgado pela Primeira Turma em 18/11/2014) e passou a ser adotado também no STJ após o STF julgar o **Tema de Repercussão Geral nº 942** no sentido de que, em relação ao período anterior à EC 103/2019, aplica-se no RPPS o regramento da aposentadoria especial por atividades prejudiciais à saúde e à integridade física inclusive para assegurar a possibilidade de conversão de tempo especial em tempo comum. Segundo passou a entender o STJ após essa decisão do STF, como no RPPS também há conversão de tempo especial em comum (tal qual ocorre no RGPS), não há motivo para não se admitir a contagem recíproca de tempo especial, inclusive com a possibilidade de conversão em tempo comum no regime previdenciário de destino. Esse entendimento foi adotado no STJ, por exemplo, no **REsp 1592380**, julgado pela Segunda Turma em 08/02/2022. Além disso, a **Turma Nacional de Uniformização (TNU)** adotava esse posicionamento antes mesmo do STJ, pois no seu **Tema 278**, envolvendo contagem recíproca entre o RGPS e o RPPS da União, já havia fixado tese segundo a qual, *"na contagem recíproca entre o Regime Geral da Previdência Social - RGPS e o Regime Próprio da União, é possível a conversão de tempo especial em comum, cumprido até o advento da EC n.º 103/2019"*. Esse entendimento, aliás, já foi cobrado em prova, como ocorreu na etapa discursiva do concurso para o cargo de Procurador do Estado do Paraná realizado pelo CESPE em 2024 (com a aplicação da prova discursiva em 2025).

IV) Quando um determinado tempo de serviço é reconhecido em sentença judicial que homologa acordo trabalhista e não há outros documentos que comprovem esse tempo (de serviço e de contribuição), ele não pode ser objeto de contagem recíproca. Em outras palavras: a sentença trabalhista homologatória de acordo não é, por si só, apta para assegurar o direito à contagem recíproca de tempo de contribuição, sendo necessário que ela seja acompanhada de outros documentos para que o tempo possa ser levado de um regime previdenciário para outro. Esse entendimento foi adotado pelo STJ no **Tema de Recursos Repetitivos nº 1188** (REsp 1938265 e REsp 2056866, j. 11/09/2024) e é bastante lógico, já que o acordo trabalhista, quando é firmado, não necessariamente reflete de forma fiel o tempo durante o qual realmente houve o exercício da atividade profissional, pois ele é celebrado simplesmente para dar fim à disputa, havendo concessões de ambas as partes envolvidas (essa observação, inclusive, foi feita pelo STJ ao julgar o caso). Logo, não é possível tomar como base para a contagem recíproca unicamente um acordo trabalhista homologado por sentença judicial. Nos termos da tese fixada pelo STJ nesse julgamento, *"a sentença trabalhista homologatória de acordo, assim como a anotação na CTPS e demais documentos dela decorrentes, somente será considerada início de prova material válida, conforme o disposto no art. 55, § 3º, da Lei n. 8.213/91,* ***quando houver nos autos elementos probatórios contemporâneos que comprovem os fatos alegados e que sejam aptos a demonstrar o tempo de serviço no período que se pretende reconhecer na ação previdenciária****, exceto na hipótese de caso fortuito ou força maior"*. Esse entendimento também foi cobrado na etapa discursiva do concurso para o cargo de Procurador do Estado do Paraná realizado pelo CESPE em 2024 (com a aplicação da prova discursiva em 2025).

Confira as ementas dos julgados mencionados acima:

> "(...)
>
> 3. Reconhecido o tempo de serviço rural, **não pode o Instituto Nacional do Seguro Social se recusar a cumprir seu dever de expedir a certidão de tempo de serviço**. O direito à certidão simplesmente atesta a ocorrência de um fato, seja decorrente de um processo judicial (justificação judicial), seja por força de justificação de tempo de serviço efetivada na via administrativa, sendo questão diversa o efeito que essa certidão terá para a esfera jurídica do segurado.
>
> 4. Na forma da jurisprudência consolidada deste Superior Tribunal de Justiça, **"nas hipóteses em que o servidor público busca a contagem de tempo de serviço prestado como trabalhador rural para fins de contagem recíproca, é preciso recolher as contribuições previdenciárias pertinentes que se buscam averbar, em razão do disposto nos arts. 94 e 96, IV, da Lei 8.213/1991"** (REsp 1.579.060/SP, Rel. Ministro Herman Benjamin, Segunda Turma, julgado em 23/2/2016, DJe 30/5/2016).
>
> 5. Descabe falar em contradição do art. 96, IV, com o disposto pelo art. 55, § 2º, da mesma Lei n. 8.213/1991, uma vez que se trata de coisas absolutamente diversas: o art. 96, IV, se reporta às regras relativas à contagem recíproca de tempo de serviço, que se dá no concernente a regimes diferenciados de aposentadoria; o art. 55 se refere às regras em si para concessão de aposentadoria por tempo de serviço dentro do mesmo regime, ou seja, o Regime Geral da Previdência Social.

(...)

7. Não se há de falar em discriminação entre o servidor público e o segurado vinculado ao Regime Geral de Previdência Social, porque, para aquele primeiro, exige-se, quanto ao tempo de serviço rurícola anterior a 1991, o recolhimento das contribuições previdenciárias, o que não é exigido para o segundo. É que se trata de regimes diferentes e, no caso do segurado urbano e o rurícola, nada obstante as diferenças de tratamento quanto à carência e requisitos para obtenção dos benefícios, ambos se encontram vinculados ao mesmo Regime Geral da Previdência Social, o que não ocorre para o servidor estatutário.

(...)"

(REsp 1682671, Tema de Recursos Repetitivos nº 609, Primeira Seção, Rel. Min. OG FERNANDES, j. 25/04/2018)

"(...) PREVIDENCIÁRIO. **CONTAGEM RECÍPROCA. ART. 201, § 9º, DA CONSTITUIÇÃO. TEMPO DE SERVIÇO RURAL.** CONTRIBUIÇÕES. INSTITUIÇÃO. ALEGADA OFENSA AO ART. 146, III, 'A' E AO ART. 154, I, DA CONSTITUIÇÃO. (...) COMPROVAÇÃO DO RECOLHIMENTO DAS CONTRIBUIÇÕES. NECESSIDADE. PRECEDENTES. (...) No que diz respeito à aposentadoria no serviço público, a pacífica jurisprudência desta Corte entende que **o art. 201, § 9º, da Constituição subordina o aproveitamento do tempo de serviço rural à prova do recolhimento das contribuições devidas**. (...)"

(AI 735130 AgR, Segunda Turma, Rel. Min. JOAQUIM BARBOSA, j. 29/03/2011)

"(...) 2. **A imposição de restrições, por legislação local, à contagem recíproca do tempo de contribuição na administração pública e na atividade privada para fins de concessão de aposentadoria viola o art. 202, § 2º, da Constituição Federal, com redação anterior à EC 20/98.** Precedentes. A Lei n. 1.109/81 do Município de Franco da Rocha/SP não foi recepcionada pela Constituição Federal de 1988. 3. Jurisprudência pacificada pela Corte. Repercussão Geral. Aplicabilidade. 4. Questão de ordem acolhida para reconhecer a repercussão geral, reafirmar a jurisprudência do Tribunal e dar parcial provimento ao recurso extraordinário para determinar à Administração Municipal que examine o pedido de aposentadoria do recorrente considerando a contagem recíproca do tempo de contribuição na administração pública e na atividade privada para o fim de sua concessão. (...)"

(RE 650851 QO, Tema de Repercussão Geral nº 522, Pleno, Rel. Min. GILMAR MENDES, j. 01/10/2014)

"(...) Direito Constitucional e Administrativo. Tempo de serviço prestado em condições especiais sob regime celetista. Conversão em tempo de atividade comum. Transformação do vínculo em estatutário. Averbação. Aposentadoria. **Contagem recíproca. Possibilidade.** Precedentes. 1. A jurisprudência da Corte é no sentido de que **o servidor que laborou em condições insalubres, quando regido pelo regime celetista, pode somar esse período, ainda que convertido em tempo de atividade comum, com a incidência dos acréscimos legais,**

ao tempo trabalhado posteriormente sob o regime estatutário, inclusive para fins de aposentadoria e **contagem recíproca** entre regimes previdenciários distintos. (...)" **(RE 603581 AgR, Primeira Turma, Rel. Min. DIAS TOFFOLI, j. 18/11/2014)**

"(...) **CONVERSÃO DE TEMPO ESPECIAL EM COMUM**. CERTIDÃO DE TEMPO DE CONTRIBUIÇÃO DO RGPS. SERVIDOR PÚBLICO. **CONTAGEM RECÍPROCA**. APOSENTADORIA EM REGIME PRÓPRIO DE PREVIDÊNCIA. JUÍZO DE ADEQUAÇÃO. **POSSIBILIDADE**. TEMA N. 942/STF.

I - A impetrante pretende a **conversão de tempo especial em comum**, com ulterior emissão de certidão por tempo de contribuição, para poder **utilizar o tempo de serviço exercido no Regime Geral da Previdência Social - RGPS, na sua aposentadoria no Regime Próprio de Previdência Social - RPPS**.

II - No EREsp n. 524.267/PB, rel. Ministro Jorge Mussi, Terceira Seção, DJe 24.3.2014, foi sedimentado o entendimento de que, objetivando a contagem recíproca de tempo de serviço, não se admite a conversão do tempo de serviço especial em comum, em razão da expressa vedação legal (arts. 4º, I, da Lei n. 6.226/1975 e 96, I, da Lei n. 8.213/1991). Contudo, **o Supremo Tribunal Federal, no julgamento do RE n. 1.014.286, firmou a tese no sentido de que, "até a edição da EC 103/2019, não havia impedimento à aplicação, aos servidores públicos, das regras do RGPS para a conversão do período de trabalho em condições nocivas à saúde ou à integridade física em tempo de atividade comum"**.

III - Dessa forma, forçosa a reforma do acórdão para realinhar o entendimento desta Corte Superior e, nos termos do art. 1.040 do CPC/2015, fazer a devida **adequação ao decidido pelo Supremo Tribunal Federal, no Tema n. 942**.

(...)" **(REsp 1592380, Rel. Min. FRANCISCO FALCÃO, SEGUNDA TURMA, j. 08/02/2022)**

"(...) APOSENTADORIA POR TEMPO DE CONTRIBUIÇÃO. I**MPOSSIBILIDADE DE UTILIZAÇÃO DA SENTENÇA TRABALHISTA HOMOLOGATÓRIA DE ACORDO** COMO INÍCIO DE PROVA, QUANDO NÃO FUNDADA EM OUTROS ELEMENTOS DE PROVA MATERIAL CONTEMPORÂNEA. (...)

1. A questão submetida ao Superior Tribunal de Justiça (STJ) cinge-se em definir se a sentença trabalhista homologatória de acordo, assim como a anotação na Carteira de Trabalho e Previdência Social (CTPS) e demais documentos dela decorrentes constitui início de prova material para fins de reconhecimento de tempo de serviço, nos termos do art. 55, § 3º, da Lei n. 8.213/91.

2. A jurisprudência desta Corte é firme no sentido de que **a sentença trabalhista homologatória de acordo só pode ser considerada como início de prova material se fundada em elementos que demonstrem o labor exercido na função e os períodos alegados pelo trabalhador**, sendo, dessa forma, apta a comprovar o tempo de serviço, conforme previsão do art. 55, § 3º, da Lei n. 8.213/91 e do art. 60 do Decreto n. 2.172/1997.

3. A temática também foi reanalisada pela Primeira Seção do STJ em 20/12/2022, por ocasião do julgamento do Pedido de Uniformização de Lei (PUIL) n. 293/PR, no qual, após amplo debate e por maioria de votos, fixou a seguinte tese: "A sentença trabalhista homologatória de acordo somente será considerada início válido de prova material, para os fins do art. 55, § 3º, da Lei 8.213/91, quando fundada em elementos probatórios contemporâneos dos fatos alegados, aptos a evidenciar o exercício da atividade laboral, o trabalho desempenhado e o respectivo período que se pretende ter reconhecido, em ação previdenciária" (...).

4. De fato, da interpretação da legislação de regência, extrai-se que o início de prova material é aquele realizado mediante documentos que comprovem o exercício de atividade nos períodos a serem contados.

5. O entendimento mencionado está baseado na ideia de que, na ausência de instrução probatória adequada, incluindo início de prova material e exame de mérito da demanda trabalhista, não é possível considerar a existência de um início válido de prova material que demonstre efetivamente o exercício da atividade laboral no período correspondente. Isso significa que **a sentença trabalhista meramente homologatória do acordo** não constitui início válido de prova material, apto à comprovação do tempo de serviço, na forma do art. 55, § 3º, da Lei 8.213/91, uma vez que, **na prática, equivale à homologação de declaração das partes**, reduzida a termo, exceto na hipótese de ocorrência de motivo de força maior ou caso fortuito devidamente comprovado.

6. Tese repetitiva: **"A sentença trabalhista homologatória de acordo, assim como a anotação na CTPS e demais documentos dela decorrentes, somente será considerada início de prova material válida, conforme o disposto no art. 55, § 3º, da Lei 8.213/91, quando houver nos autos elementos probatórios contemporâneos que comprovem os fatos alegados e que sejam aptos a demonstrar o tempo de serviço no período que se pretende reconhecer na ação previdenciária, exceto na hipótese de caso fortuito ou força maior."**

(...)" **(REsp 1938265, Tema Repetitivo 1188, Rel. Min. BENEDITO GONÇALVES, PRIMEIRA SEÇÃO, j. 11/09/2024)**

2. A CONTAGEM RECÍPROCA APÓS A EC 103/2019

A contagem recíproca do tempo de contribuição foi mantida pela EC 103/2019, e a disciplina constitucional desse tema permaneceu mais ou menos como era antes da Emenda.

Portanto, continuou havendo a previsão da contagem recíproca entre o RGPS e o RPPS, previsão essa contida no art. 201, § 9º, da CF/88.

Da mesma forma, continuou prevista na CF/88 a contagem recíproca entre os diferentes regimes próprios de previdência. O detalhe aqui é que, com as alterações promovidas no texto constitucional pela EC 103/2019, essa hipótese de contagem recíproca, que era prevista apenas no art. 40, § 9º, da CF/88, passou a ser prevista também no art. 201, § 9º, da CF/88.

Além disso, o texto constitucional passou a prever expressamente (no art. 40, § 9º) que a compensação financeira que precisa ser feita entre os regimes previdenciários em caso de contagem recíproca deve ocorrer também quando o aproveitamento do tempo de contribuição se dá entre diferentes regimes próprios de previdência. Como vimos anteriormente, a compensação financeira nessa hipótese de contagem recíproca já era devida mesmo antes da EC 103/2019, mas ela não estava prevista expressamente na CF/88. Agora, com a entrada em vigor dessa emenda, o art. 40, § 9º, da CF/88 passou a estabelecer expressamente que, na contagem recíproca entre diferentes regimes próprios, devem ser observados os §§ 9º e 9º-A do art. 201, e esses dispositivos mandam realizar a compensação financeira quando há contagem recíproca.

É importante saber que, apesar de a EC 103/2019 ter mantido, na CF/88, a garantia da contagem recíproca de tempo de contribuição entre o RGPS e o RPPS e entre os diferentes regimes próprios de previdência, ela trouxe algumas novidades relevantes sobre o tema.

A primeira dessas novidades foi a previsão expressa de que não se pode considerar tempo fictício para fins de contagem recíproca, ou seja, para que seja admitida a contagem recíproca de tempo de contribuição, é indispensável que tenha havido o efetivo pagamento das contribuições previdenciárias durante o período aproveitado. Essa regra foi inserida no art. 201, § 14, da CF/88.

E, seguindo essa linha de pensamento, o art. 25, § 3º, da EC 103/2019 estabeleceu que, se houver concessão de aposentadoria **por regime próprio de previdência** mediante a utilização de tempo oriundo do RGPS sem que tenha havido o efetivo pagamento de contribuições durante esse período que foi objeto da contagem recíproca, a aposentadoria concedida será nula. Essa regra, porém, apenas se aplica quando o tempo de contribuição trazido do RGPS disser respeito a segurado obrigatório que era responsável (ele mesmo) pelo recolhimento das suas contribuições ao INSS. Nas situações em que o recolhimento das contribuições era de responsabilidade de terceiro, não há a aplicação dessa sanção de nulidade da aposentadoria concedida no RPPS.

Confira o teor dos dispositivos mencionados acima (na redação dada pela EC 103/2019):

> "**Art. 40, CF/88.**
>
> (...)
>
> **§ 9º** O tempo de contribuição federal, estadual, distrital ou municipal será contado para fins de aposentadoria, observado o disposto nos §§ 9º e 9º-A do art. 201, e o tempo de serviço correspondente será contado para fins de disponibilidade. ***(Redação dada pela EC 103/2019)***
>
> (...)"
>
> "**Art. 201, CF/88.**
>
> (...)
>
> **§ 9º** Para fins de aposentadoria, **será assegurada a contagem recíproca do tempo de contribuição** entre o Regime Geral de Previdência Social e os regimes próprios de previdência social, e destes entre si, **observada a compensação financeira**, de acordo com os critérios estabelecidos em lei. ***(Redação dada pela EC 103/2019)***
>
> (...)
>
> **§ 14** É vedada a contagem de **tempo de contribuição fictício** para efeito de concessão dos benefícios previdenciários e de contagem recíproca. ***(Incluído pela EC 103/2019)***
>
> (...)"
>
> "**Art. 25, EC 103/2019.** Será assegurada a contagem de tempo de contribuição fictício no Regime Geral de Previdência Social decorrente de hipóteses descritas na legislação vigente até a data de entrada em vigor desta Emenda Constitucional para fins de concessão de aposentadoria, observando-se, a partir da sua entrada em vigor, o disposto no § 14 do art. 201 da Constituição Federal.
>
> (...)
>
> **§ 3º** Considera-se **nula a aposentadoria** que tenha sido concedida ou que venha a ser concedida por regime próprio de previdência social com contagem recíproca do Regime Geral de Previdência Social mediante o cômputo de tempo de serviço **sem o recolhimento da respectiva contribuição ou da correspondente indenização** pelo segurado obrigatório responsável, à época do exercício da atividade, pelo recolhimento de suas próprias contribuições previdenciárias."

A maior novidade trazida pela EC 103/2019 quanto à contagem recíproca do tempo de contribuição foi a seguinte: a partir dessa emenda, a CF/88 passou a prever que **também é alcançado pela contagem recíproca o tempo de contribuição perante as previdências militares**, o que, antes da EC 103/2019, dependia de previsão em lei própria de cada ente federado (exceto a contagem recíproca de tempo de contribuição oriundo de regime próprio de previdência de qualquer ente federado em favor de militares estaduais, pois o art. 42, § 1º, da CF/88, antes mesmo da EC 103/2019, já mandava aplicar a clcs o art. 40, § 9º, da CF/88, que é o dispositivo que prevê a contagem recíproca entre os regimes próprios dos servidores civis dos diferentes entes federados).

Em outras palavras: antes da EC 103/2019, para que um militar pudesse utilizar, para fins de ser transferido para a inatividade, tempo de contribuição oriundo de outro regime previdenciário, era necessário haver previsão na legislação do ente federado ao qual ele fosse vinculado (exceto, como vimos acima, em caso de contagem recíproca de tempo de contribuição oriundo de regime próprio de previdência de qualquer ente federado em favor de militar estadual, pois o art. 42, § 1º, da CF/88, antes mesmo da EC 103/2019, já mandava aplicar ao militar estadual o art. 40, § 9º, da CF/88).

Isso porque, conforme estudamos anteriormente, a previdência militar não é tratada detalhadamente na Constituição Federal, mas sim disciplinada em normas infraconstitucionais de cada ente federativo, de modo que são essas normas infraconstitucionais locais que, respeitadas as poucas disposições contidas na CF/88 (bem como as normas gerais infraconstitucionais federais), devem estabelecer o regime jurídico previdenciário dos respectivos militares.

A contagem recíproca do tempo de contribuição dos militares encontra-se prevista no art. 201, § 9º-A, da CF/88, que estabelece que o tempo de contribuição militar pode ser utilizado em qualquer outro regime de previdência (tanto no RGPS quanto no RPPS) e vice-versa. Veja:

> "**Art. 201, CF/88.**
>
> (...)
>
> **§ 9º-A.** O tempo de serviço militar exercido nas atividades de que tratam os arts. 42, 142 e 143 e o tempo de contribuição ao Regime Geral de Previdência Social ou a regime próprio de previdência social **terão contagem recíproca para fins de inativação militar ou aposentadoria**, e a **compensação financeira** será devida entre as receitas de contribuição referentes aos militares e as receitas de contribuição aos demais regimes. ***(Incluído pela EC 103/2019)***
>
> (...)"

É interessante registrar que, com a reforma previdenciária de 2019, disposição semelhante a essa do art. 201, § 9º-A, da CF/88 passou a existir, na legislação federal, também em âmbito infraconstitucional. Trata-se do art. 24-J do Decreto-Lei 667/69, dispositivo que foi incluído pela Lei 13.954/19. Veja:

> "**Art. 24-J, Decreto-Lei 667/69.** O tempo de serviço militar e o tempo de contribuição ao Regime Geral de Previdência Social ou a regime próprio de previdência social terão contagem recíproca para fins de inativação militar ou aposentadoria, e a compensação financeira será devida entre as receitas de contribuição referentes aos militares e as receitas de contribuição referentes aos demais regimes."

10

ABONO DE PERMANÊNCIA

1. O ABONO DE PERMANÊNCIA ANTES DA EC 103/2019

O abono de permanência foi criado pela EC 41/2003, com previsão no art. 40, § 19, da CF/88, tendo como objetivo incentivar o servidor público a permanecer em atividade mesmo que já possa se aposentar.

Trata-se de uma verba paga ao servidor público que atingiu todos os requisitos para obter aposentadoria voluntária com proventos integrais no RPPS, mas, em vez de se aposentar, continua trabalhando.

Segundo o Supremo Tribunal Federal, o direito ao abono de permanência existe, inclusive, quando o servidor preenche os requisitos para obter alguma modalidade de aposentadoria especial e, mesmo podendo se aposentar de forma especial, opta por continuar em atividade. Esse entendimento foi firmado pela Corte no **Tema de Repercussão Geral nº 888** (ARE 954408, j. 14/04/2016), no qual foi fixada a tese segundo a qual *"é legítimo o pagamento do abono de permanência previsto no art. 40, § 19, da Constituição Federal ao servidor público que opte por permanecer em atividade após o preenchimento dos requisitos para a concessão da aposentadoria voluntária especial (art. 40, § 4º, da Carta Magna)"*.

Portanto, se o servidor público cumpriu os requisitos para obter, por exemplo, uma aposentadoria especial por atividade de risco (como é o caso da aposentadoria especial dos policiais civis), mas prefere continuar trabalhando, ele, a partir desse momento, passa a ter direito a receber o abono de permanência.

O abono de permanência, porém, não é devido quando o servidor atingiu a idade mínima para a aposentadoria voluntária com proventos proporcionais, mas apenas quando ele já preencheu as exigências para se aposentar com proventos integrais (que é o caso da aposentadoria voluntária comum por tempo de contribuição e das aposentadorias especiais).

O abono de permanência deixa de ser pago quando o servidor se aposenta, pois essa verba **apenas é devida ao servidor que se encontra em atividade**. Portanto, o termo final máximo do pagamento do abono de permanência admitido pela CF/88 é o atingimento da idade da aposentadoria compulsória pelo servidor, pois, ao atingir essa idade, ele (o servidor) deve obrigatoriamente se aposentar.

O valor do abono de permanência foi estabelecido pela EC 41/03 como idêntico ao da contribuição previdenciária paga pelo servidor, mas é necessário perceber o seguinte: ele (o abono de permanência) não consiste no não pagamento da contribuição previdenciária, mas sim em uma verba que é paga pelo Poder Público ao servidor no mesmo valor da contribuição previdenciária devida por este último.

Portanto, quando um servidor tem direito ao abono de permanência, há duas rubricas diferentes no seu contracheque: a rubrica da contribuição previdenciária que ele paga e a rubrica do abono de permanência que ele recebe. O que ocorre é que essas duas rubricas possuem o mesmo valor, mas uma delas consiste em um desconto que o servidor sofre (a rubrica da contribuição previdenciária) e a outra consiste em um crédito que o servidor recebe (a rubrica do abono de permanência).

É importante perceber também o seguinte: o abono de permanência **não é um benefício previdenciário**, ou seja, não é custeado pelos cofres do regime de previdência, mas sim uma verba paga pelo próprio órgão ao qual se vincula o servidor. Trata-se, portanto, de uma vantagem funcional do servidor.

Isso, inclusive, já foi afirmado expressamente pelo Supremo Tribunal Federal, como ocorreu na **ADI 4859** (j. 13/03/2023). Nessa ação, a Corte esclareceu que, por ser o abono de permanência uma contraprestação devida ao servidor em virtude de se encontrar em atividade, ele não deve ser custeado pelo regime de previdência, mas pelo próprio órgão ao qual é vinculado o servidor. Inclusive, caso esse órgão seja um órgão dotado de autonomia (como é o caso do Ministério Público e do Poder Judiciário), será ele próprio que deverá realizar o pagamento dessa verba, e não o Poder Executivo ou o regime de previdência do respectivo ente federado.

Nas exatas palavras do STF, "*o abono de permanência é uma contraprestação pela continuidade em serviço para além do tempo necessário, de caráter remuneratório. Assim sendo, compete a cada Poder ou órgão autônomo arcar com o pagamento dessa parcela, para os respectivos membros e servidores públicos*".

Veja o teor do art. 40, § 19, da CF/88 (na redação anterior à EC 103/2019), onde foi previsto o abono de permanência:

> "**Art. 40, CF/88.**
>
> (...)
>
> **§ 19** O servidor de que trata este artigo que tenha completado as exigências para aposentadoria voluntária estabelecidas no § 1º, III, a, e que opte por permanecer em atividade fará jus a um abono de permanência equivalente ao valor da sua contribuição previdenciária até completar as exigências para aposentadoria compulsória contidas no § 1º, II. ***(Incluído pela EC 41/03)***
>
> (...)"

Como se pode perceber a partir da leitura do dispositivo, o art. 40, § 19, da CF/88 foi estabelecido pela EC 41/03 como uma **norma de aplicabilidade imediata e eficácia plena**, de modo que, uma vez preenchidos os requisitos para receber o abono de permanência, essa verba deve ser imediatamente paga ao servidor, independentemente do atendimento de qualquer outra condição.

Por esse motivo, o Supremo Tribunal Federal firmou o entendimento de que é inconstitucional exigir que o servidor apresente requerimento administrativo para que lhe seja pago o abono de permanência, devendo essa verba ser paga de forma automática e imediata assim que o servidor preencher os requisitos necessários.

O STF decidiu nesse sentido, por exemplo, na **ADI 5026** (j. 03/03/2020), na qual a Corte registrou que "***o abono de permanência deve ser concedido uma vez preenchidos os seus requisitos, sem necessidade de formulação de requerimento ou outra exigência não prevista constitucionalmente****. A jurisprudência desta Suprema Corte tem afirmado que cumpridas as condições para o gozo da aposentadoria, o servidor que decida continuar a exercer as atividades laborais tem direito ao aludido abono sem qualquer tipo de exigência adicional*".

No que diz respeito à natureza do abono de permanência (se remuneratória ou indenizatória), o Supremo Tribunal Federal vem se negando a analisar a questão, por entender que se trata de matéria de caráter infraconstitucional, o que, a princípio, exclui da sua apreciação esse debate.

Inclusive, no **Tema de Repercussão Geral nº 677 (RE 688001)**, o STF registrou isso expressamente na própria tese fixada, a qual, ao negar a repercussão geral da matéria, estabeleceu que *"a questão da exigibilidade de Imposto de Renda da Pessoa Física - IRPF sobre valores recebidos por servidor público a título de abono de permanência* ***tem natureza infraconstitucional, e a ela se atribuem os efeitos da ausência de repercussão geral****, nos termos do precedente fixado no RE 584.608, rel. a Ministra Ellen Gracie, DJe 13/03/2009"*.

O STJ, por outro lado, por ser um tribunal responsável por resolver problemas de caráter infraconstitucional, possui entendimento sobre o tema.

Segundo a jurisprudência do Superior Tribunal de Justiça, **o abono de permanência tem natureza remuneratória** e, justamente por isso, pode sofrer incidência de imposto de renda, tendo em vista que não há, no nosso ordenamento jurídico, previsão legal que estabeleça isenção desse tributo em relação ao recebimento dessa verba.

Esse entendimento foi adotado pelo STJ no **Tema de Recursos Repetitivos nº 424 (REsp 1192556, j. 25/08/2010)**, no qual foi fixada a tese segundo a qual *"sujeitam-se a incidência do Imposto de Renda os rendimentos recebidos a título de abono de permanência a que se referem o § 19 do art. 40 da Constituição Federal, o § 5º do art. 2º e o § 1º do art. 3º da Emenda Constitucional 41/203, e o art. 7º da Lei 10.887/2004"*.

Portanto, segundo entende o STJ, **o abono de permanência é verba remuneratória e sofre incidência de imposto de renda.**

2. O ABONO DE PERMANÊNCIA APÓS A EC 103/2019

A EC 103/2019 alterou a redação do § 19 do art. 40 da CF/88 e, com isso, modificou sensivelmente a disciplina constitucional do abono de permanência.

O abono de permanência, mesmo com a entrada em vigor da EC 103/2019, continua tendo a mesma natureza que tinha antes (que, segundo o STJ, é remuneratória) e continua sendo uma verba paga ao servidor que completou os requisitos para a aposentadoria voluntária (inclusive a aposentadoria especial) e, apesar disso, continua trabalhando. No entanto, a partir da Emenda, o § 19 do art. 40 da CF/88 não é mais uma norma de aplicabilidade imediata e eficácia plena, e o abono de permanência deixou de ser um direito do servidor público previsto diretamente no texto constitucional.

Desde a EC 103/2019, passou a caber a cada ente federado decidir se irá ou não assegurar aos seus servidores vinculados ao RPPS o pagamento do abono de permanência quando atingidos os requisitos para a aposentadoria voluntária. Isso porque, nos termos do art. 40, § 19, da CF/88, cada entidade federativa, caso queira pagar essa verba aos seus servidores, deve editar lei própria prevendo esse pagamento. Se não houver previsão em lei do ente federado, não haverá direito ao abono de permanência.

Isso mostra, inclusive, que, **desde a EC 103/2019, o direito ao abono de permanência não é mais autoaplicável**, isto é, o servidor não tem mais direito a essa verba tão logo preencha os requisitos para a aposentadoria voluntária e independentemente de qualquer outra condição. O motivo dessa conclusão é simples: se, a partir da EC 103/2019, a existência ou não do direito ao abono de permanência e os critérios para que essa verba seja paga dependem do que estiver estabelecido na legislação do respectivo ente federativo, não é mais possível afirmar que o servidor tem direito ao abono de permanência assim que preenche os requisitos para a aposentadoria voluntária e independentemente de qualquer outra coisa.

Em outras palavras: a legislação de cada entidade federada pode estabelecer novas condições para o pagamento do abono de permanência, condições essas que, antes da EC 103/2019, não eram admitidas, como, inclusive, chegou a decidir o STF (a exemplo do precedente da ADI 5026, que vimos anteriormente).

Além disso, o abono de permanência deixou de ter valor equivalente ao da contribuição previdenciária paga pelo servidor. Desde a EC 103/2019, o valor do abono de permanência passou a depender de fixação na lei do respectivo ente federado, não podendo ser superior ao valor da contribuição previdenciária do servidor.

Tudo isso consta do art. 40, § 19, da CF/88 (na redação dada pela EC 103/2019). Veja:

> "**Art. 40, CF/88.**
>
> (...)
>
> **§ 19** Observados critérios a serem estabelecidos em **lei do respectivo ente federativo**, o servidor titular de cargo efetivo que tenha completado as exigências para a aposentadoria voluntária e que opte por permanecer em atividade **poderá fazer jus a um abono de permanência equivalente, no máximo, ao valor da sua contribuição previdenciária**, até completar a idade para aposentadoria compulsória. ***(Redação dada pela EC 103/2019)***
>
> (...)"

Por fim, é importante registrar que, especificamente para o âmbito da União, a EC 103/2019 estabeleceu que, enquanto não for regulamentado (no âmbito da União) o § 19 do art. 40 da CF/88, **os servidores (federais) terão direito a receber o abono de permanência, e essa verba terá o mesmo valor da contribuição previdenciária paga por eles**. Isso está previsto em três diferentes dispositivos da EC 103/2019, quais sejam, o art. 3º, § 3º, o art. 8º e o art. 10, § 5º, que asseguram o pagamento do abono de permanência tanto aos servidores (federais) que preencheram os requisitos para se aposentar antes da EC 103/2019 quanto aos que os preencheram depois dela.

Veja:

> "**Art. 3º, EC 103/2019.** A concessão de aposentadoria ao **servidor público federal vinculado a regime próprio de previdência social** e ao segurado do Regime Geral de Previdência Social e de pensão por morte aos respectivos dependentes será assegurada, a qualquer tempo, desde que tenham sido cumpridos os requisitos para obtenção desses benefícios até a data de entrada em vigor desta Emenda Constitucional, observados os critérios da legislação vigente na data em que foram atendidos os requisitos para a concessão da aposentadoria ou da pensão por morte.
>
> (...)
>
> **§ 3º** Até que entre em vigor lei federal de que trata o § 19 do art. 40 da Constituição Federal, o servidor de que trata o caput que tenha cumprido os requisitos para aposentadoria voluntária com base no disposto na alínea "a" do inciso III do § 1º do art. 40 da Constituição Federal, na redação vigente até a data de entrada em vigor desta Emenda Constitucional, no art. 2º, no § 1º do art. 3º ou no art. 6º da Emenda Constitucional nº 41, de 19 de dezembro de 2003, ou no art. 3º da Emenda Constitucional nº 47, de 5 de julho de 2005, que optar por permanecer em atividade **fará jus a um abono de permanência equivalente ao valor da sua contribuição previdenciária**, até completar a idade para aposentadoria compulsória."
>
> "**Art. 8º, EC 103/2019.** Até que entre em vigor lei federal de que trata o § 19 do art. 40 da Constituição Federal, o **servidor público federal** que cumprir as exigências para a concessão da aposentadoria voluntária nos termos do disposto nos arts. 4º, 5º, 20, 21 e 22 e que optar por permanecer em atividade **fará jus a um abono de permanência equivalente ao valor da sua contribuição previdenciária**, até completar a idade para aposentadoria compulsória."
>
> "**Art. 10, § 5º, EC 103/2019.** Até que entre em vigor lei federal de que trata o § 19 do art. 40 da Constituição Federal, o **servidor federal** que cumprir as exigências para a concessão da aposentadoria voluntária nos termos do disposto neste artigo e que optar por permanecer em atividade **fará jus a um abono de permanência equivalente ao valor da sua contribuição previdenciária**, até completar a idade para aposentadoria compulsória."

11

REGIME PREVIDENCIÁRIO DOS MILITARES

1. A PREVIDÊNCIA DOS MILITARES ANTES DA EC 103/2019

Como vimos anteriormente, as regras estabelecidas na CF/88 (especialmente, no seu art. 40) sobre regime próprio de previdência, bem como as regras estabelecidas nas emendas constitucionais que realizaram as diferentes "reformas da previdência" no ordenamento jurídico brasileiro (ECs 20/98, 41/03, 47/05, 70/12, 103/2019), **referem-se apenas à previdência dos servidores civis.**

Os dispositivos em que a CF/88 trata da previdência dos militares são os arts. 42, §1º, e 142, § 3º, X, e esses dispositivos estabelecem que **o regime previdenciário dos militares estaduais e das Forças Armadas deve ser tratado em lei própria de cada entidade da Federação (lei própria essa que, como vimos, não precisa tratar exclusivamente da previdência militar, podendo, por exemplo, tratar também da previdência dos servidores civis, conforme decidiu o STF na ADI 5154)**. Ou seja, a previdência dos militares é de índole legal, e não constitucional (no sentido de que as suas regras são estabelecidas por normas infraconstitucionais, e não pela Constituição Federal).

Veja o teor desses dispositivos:

> "**Art. 42, § 1º, CF/88.** Aplicam-se aos militares dos Estados, do Distrito Federal e dos Territórios, além do que vier a ser fixado em lei, as disposições do art. 14, § 8º; do **art. 40, § 9º**; e do art. 142, §§ 2º e 3º, **cabendo**

> **a lei estadual específica dispor sobre as matérias do art. 142, § 3º, inciso X**, sendo as patentes dos oficiais conferidas pelos respectivos governadores."
>
> "**Art. 142, § 3º, CF/88.** Os membros das Forças Armadas são denominados militares, aplicando-se-lhes, além das que vierem a ser fixadas em lei, as seguintes disposições: (...)
>
> **X** - a **lei disporá sobre** o ingresso nas Forças Armadas, os limites de idade, a estabilidade e **outras condições de transferência do militar para a inatividade**, os direitos, os deveres, a remuneração, as prerrogativas e outras situações especiais dos militares, consideradas as peculiaridades de suas atividades, inclusive aquelas cumpridas por força de compromissos internacionais e de guerra."

Portanto, o regime previdenciário dos militares (tanto em âmbito estadual quanto em âmbito federal) deve ser disciplinado por lei, mais precisamente, por **lei ordinária**, já que a CF/88 não exige lei complementar para tratar da matéria.

Inclusive, o Supremo Tribunal Federal já disse isso expressamente, o que ocorreu na **ADI 7092**, julgada em 22/08/2023.

Nessa ação foi impugnada a Lei 13.954/19, na parte em que que alterou o Estatuto dos Militares (Lei 6.880/80) no que diz respeito ao regime previdenciário dos membros das Forças Armadas, mais precisamente, quanto ao direito à reforma dos militares temporários. Na petição inicial, alegou-se que essa lei seria formalmente inconstitucional, em virtude de ser uma lei ordinária e o art. 142, § 1º, da CF/88, exigir lei complementar para tratar da organização das Forças Armadas. Veja:

> "**Art. 142, § 1º, CF/88.** Lei complementar estabelecerá as normas gerais a serem adotadas na organização, no preparo e no emprego das Forças Armadas."

Ao julgar o caso, o STF decidiu que a exigência de lei complementar contida no art. 142, § 1º, da CF/88 diz respeito às normas que regem as Forças Armadas enquanto órgão, não englobando as normas que disciplinam os seus membros, de modo que o tratamento do regime previdenciário dos militares não depende de lei complementar.

É importante perceber que, embora esse precedente se refira especificamente aos militares das Forças Armadas, ele também pode ser aplicado aos militares dos Estados e do Distrito Federal, já que inexiste, na CF/88, exigência de lei complementar para tratar do regime de previdência dos militares em âmbito estadual.

O que vimos acima significa que absolutamente nenhuma disposição da CF/88 que trate da previdência dos servidores civis se aplica aos militares? **Não, não significa.**

É possível aplicar aos militares regras da CF/88 direcionadas à previdência dos servidores civis, mas **apenas se a própria CF/88 determinar que elas sejam aplicadas também aos militares**. Caso contrário, essas regras serão exclusivas dos servidores civis, não podendo ser estendidas aos militares.

Existe alguma regra referente à previdência dos servidores civis que a CF/88 manda aplicar também aos militares? Sim, existe: **o art. 40, § 9º**.

O art. 42, § 1º, da CF/88 (que vimos acima) estabelece que o § 9º do art. 40 da CF/88 se aplica aos militares (mais precisamente, aos militares estaduais, pois é deles que trata o art. 42 da CF/88).

Portanto, dentre as disposições contidas no art. 40 da CF/88, a única que também se aplica aos militares (no caso, aos militares estaduais) é a do § 9º, que prevê a contagem recíproca de tempo de contribuição entre os regimes próprios de previdência dos diferentes entes federativos. Veja:

> "**Art. 40, § 9º, CF/88.** O tempo de contribuição federal, estadual ou municipal será contado para efeito de aposentadoria e o tempo de serviço correspondente para efeito de disponibilidade."

Assim, à exceção do art. 40, § 9º, da CF/88, as demais regras atinentes a aposentadorias e pensões dos militares devem ser objeto de norma infraconstitucional, não sendo regidas pelas disposições estabelecidas na CF/88 (as quais, como vimos, aplicam-se apenas aos servidores civis).

A esse respeito, é interessante fazer a seguinte observação: o art. 40, § 9º, da CF/88 estabelece a contagem recíproca de tempo de contribuição entre os regimes próprios de previdência dos diversos entes federados. Isso não se confunde com a regra do art. 201, § 9º, da CF/88, que prevê a contagem recíproca de tempo de contribuição entre o RGPS e os regimes próprios de previdência.

Portanto, como o art. 42, § 1º, da CF/88 assegurou aos militares (mais precisamente, aos militares estaduais) tão somente a aplicação do art. 40, § 9º, da CF/88 (e não do art. 201, § 9º, da CF/88), isso significa que a Constituição Federal não lhes assegurou a contagem recíproca de tempo de contribuição oriundo do RGPS, mas apenas de tempo de contribuição originário de algum regime próprio de previdência.

No entanto, como o regime previdenciário dos militares deve ser disciplinado por lei própria de cada ente federado, nada impede que, no âmbito de uma determinada entidade federativa, a legislação própria dessa entidade permita que os militares se beneficiem da contagem recíproca de eventual tempo de contribuição que tenham perante o RGPS.

Para finalizar, é interessante mencionar um importante precedente do Supremo Tribunal Federal que se fundamentou justamente no fato de que o regime previdenciário dos militares não é regido pelas normas constitucionais disciplinadoras do RPPS (as quais, como vimos, aplicam-se apenas aos servidores civis).

Trata-se do **ARE 1076718**, j. 04/12/2017.

Nesse precedente, o STF decidiu que, como as regras do regime de previdência dos servidores civis não se aplicam aos militares, eles (os militares) não têm direito à imunidade parcial de contribuição previdenciária prevista no art. 40, § 21, da CF/88 (dispositivo que, conforme já estudamos, assegurou aos aposentados e pensionistas portadores de doença incapacitante a incidência da contribuição previdenciária somente sobre a parcela do benefício que ultrapassasse o dobro do "teto do RGPS").

Esse caso foi julgado por decisão monocrática (do Min. Alexandre de Moraes), em virtude de haver jurisprudência pacificada no âmbito do Supremo Tribunal Federal no sentido de que o regime constitucional dos servidores civis não se aplica aos militares.

Confira o trecho mais importante da decisão:

> "(...)
>
> No caso, o Tribunal de origem concluiu ser aplicável ao ora recorrido, militar aposentado, a redução da contribuição previdenciária prevista no art. 40, § 21, da CF/88, ao fundamento de que, por ser portador de moléstia grave, faz jus à imunidade parcial prevista no aludido dispositivo da Constituição, pois se trata de norma autoaplicável que prescinde de regulamentação. Colhe-se do acórdão o seguinte excerto (e-STJ, fls. 118-121, Vol. 3):
>
>> A matéria não representa novidade nesta Corte. A jurisprudência do TJSP consolidou-se no sentido de que, a despeito de não expressamente mencionado no art. 42, § 1º, da CF/88, a regra do § 21 do art. 40 aplica-se inteiramente aos servidores, sejam eles civis ou militares. (...)Bem por isso, o autor faz jus ao reconhecimento da imunidade parcial contida no § 21 do artigo 40 da CF/88, norma autoaplicável que prescinde de regulamentação. Portanto, descortina-se a presença dos pressupostos da impetração, de forma que o desconto previdenciário deverá incidir apenas sobre a parcela dos proventos

> do servidor que ultrapassar o dobro do limite máximo do benefício estabelecido para o Regime Geral de Previdência Social.
>
> Tal entendimento, todavia, diverge da orientação firmada pelo SUPREMO TRIBUNAL FEDERAL na análise do **RE 570.177 (Rel. Min. RICARDO LEWANDOWSKI, Tema 15)**, julgado pela sistemática da repercussão geral, em que se assentou que **aos militares não se aplica o regime jurídico dos servidores civis**. Confira-se:
>
> CONSTITUCIONAL. SERVIÇO MILITAR OBRIGATÓRIO. SOLDO. VALOR INFERIOR AO SALÁRIO MÍNIMO. VIOLAÇÃO AOS ARTS. 1º, III, 5º, CAPUT, E 7º, IV, DA CF. INOCORRÊNCIA. RE DESPROVIDO. I - A Constituição Federal não estendeu aos militares a garantia de remuneração não inferior ao salário mínimo, como o fez para outras categorias de trabalhadores. II - **O regime a que submetem os militares não se confunde com aquele aplicável aos servidores civis**, visto que têm direitos, garantias, prerrogativas e impedimentos próprios. III - Os cidadãos que prestam serviço militar obrigatório exercem um múnus público relacionado com a defesa da soberania da pátria. IV - A obrigação do Estado quanto aos conscritos limita-se a fornecer-lhes as condições materiais para a adequada prestação do serviço militar obrigatório nas Forças Armadas. V - Recurso extraordinário desprovido. (grifo nosso)
>
> Diante do exposto, com base no art. 21, §§ 1º e 2º, do Regimento Interno do SUPREMO TRIBUNAL FEDERAL, conheço do Agravo para, desde logo, DAR PROVIMENTO AO RECURSO EXTRAORDINÁRIO, denegando a segurança pleiteada.
>
> (...)"
>
> **(ARE 1076718, Rel. Min. ALEXANDRE DE MORAES, j. 04/12/2017)**

2. A PREVIDÊNCIA DOS MILITARES APÓS A EC 103/2019

A EC 103/2019 não realizou grandes alterações nas disposições constitucionais relativas à previdência dos militares, continuando os arts. 42, § 1º, e 142, § 3º, X, da CF/88, com a mesma redação que possuíam antes da Emenda.

Portanto, continua aplicável aos militares o que estudamos no tópico anterior.

Houve apenas duas novidades trazidas pela EC 103/2019 quanto ao regime previdenciário dos militares.

A primeira delas diz respeito à competência legislativa para tratar da previdência dos militares.

Conforme estudamos anteriormente, a partir da EC 103/2019, a edição de **normas gerais** sobre inatividades e pensões dos **militares estaduais** (policiais militares e bombeiros militares) passou a ser de **competência**

legislativa privativa da União. Isso foi estabelecido no art. 22, XXI, da CF/88, que passou a ter a seguinte redação:

> "**Art. 22, CF/88.** Compete **privativamente à União** legislar sobre:
>
> (...)
>
> XXI - **normas gerais de** organização, efetivos, material bélico, garantias, convocação, mobilização, **inatividades e pensões** das polícias militares e dos corpos de bombeiros militares; ***(Redação dada pela EC 103/2019)***

Inclusive, com fundamento nessa nova competência, o Congresso Nacional aprovou a Lei nº 13.954/2019, que, dentre as suas disposições, disciplina diversos aspectos da previdência dos militares dos Estados e do Distrito Federal, notadamente, regras relativas às pensões e à passagem para a inatividade (naquilo que diz respeito a normas gerais, evidentemente). Essas regras foram incluídas, pela Lei 13.954/19, no Decreto-Lei 667/69.

A segunda novidade que a EC 103/2019 trouxe sobre a previdência dos militares foi a expressa previsão, no texto constitucional, da aplicação da contagem recíproca de tempo de contribuição (tanto entre regimes próprios quanto entre estes e o RGPS) aos militares.

Portanto, desde a EC 103/2019, os militares (tanto os estaduais quanto os federais) têm assegurado pela Constituição Federal o direito à contagem recíproca do tempo de contribuição, independentemente de o tempo de contribuição envolvido ser oriundo do RGPS ou de um regime próprio de previdência. Da mesma forma, por conta dessa alteração promovida pela EC 103/2019, o segurado do RGPS tem garantido pela CF/88 o direito de utilizar (no RGPS) eventual tempo de contribuição anterior que tenha computado em regime de previdência militar.

Essa contagem recíproca entre a previdência militar e o RGPS não mais depende, portanto, de previsão na legislação de cada ente federado, pois se tornou um direito assegurado diretamente pela Constituição Federal.

Isso foi previsto no § 9º-A do art. 201 da CF/88. Veja:

> "**Art. 201, CF/88.**
>
> (...)
>
> **§ 9º-A** O tempo de serviço militar exercido nas atividades de que tratam os arts. 42, 142 e 143 e o tempo de contribuição ao Regime Geral de Previdência Social ou a regime próprio de previdência social **terão contagem recíproca para fins de inativação militar ou aposentadoria**, e a compensação financeira será devida entre as receitas de contribuição referentes aos militares e as receitas de contribuição aos demais regimes. ***(Incluído pela EC 103/2019)***
>
> (...)"

2.1. Principais disposições sobre a previdência dos militares estaduais contidas na legislação federal

Vimos acima que, a partir da EC 103/2019, a edição de normas gerais sobre inatividades e pensões dos militares estaduais (policiais militares e bombeiros militares) passou a ser de competência legislativa privativa da União. Vimos também que, por conta dessa nova competência, o Congresso Nacional editou a Lei nº 13.954/19, que, dentre outras coisas, alterou o Decreto-Lei 667/69, trazendo disposições sobre a previdência dos militares dos Estados e do Distrito Federal.

Neste tópico, veremos, de forma objetiva, as principais disposições do Decreto-Lei 667/69 (incluídas pela Lei 13.954/19) relativas às inatividades e às pensões do regime de previdência dos militares estaduais (aí incluído, evidentemente, o Distrito Federal).

Em relação às **inatividades** dos militares estaduais, as principais regras estabelecidas pelo Decreto-Lei 667/69 (incluídas pela Lei 13.954/19), aplicáveis a todos os Estados ao Distrito Federal, são as seguintes (art. 24-A, Decreto-Lei 667/69):

I) Quando o militar tem direito, na inatividade, a proventos integrais, esses proventos integrais são correspondentes à remuneração que era recebida na atividade, ou seja, é assegurada a **integralidade de proventos** (lembrando que, no Decreto-Lei 667/69, os proventos de inatividade são chamados de "remuneração na inatividade").

II) É assegurada a **paridade**, isto é, os proventos de inatividade devem ser reajustados sempre (nas mesmas datas) que a remuneração paga aos militares em atividade for reajustada, devendo ser aplicados os mesmos índices.

III) Para ter direito a proventos integrais, o militar deve contar com, **no mínimo, 35 (trinta e cinco) anos de serviço**, dos quais, **pelo menos 30 (trinta) anos devem ser de atividade de natureza militar.**

IV) **Se o militar não contar com pelo menos 35 (trinta e cinco) anos de serviço**, seus proventos de inatividade serão **proporcionais ao tempo de serviço que possuir**. Nesse caso, a proporcionalidade dos proventos será calculada a partir de quotas, sendo cada quota correspondente a um ano de serviço. Logo, os proventos integrais correspondem a 35 (trinta e cinco) quotas e apenas são pagos ao militar que tenha pelo menos 35 (trinta e cinco) anos de serviço. Caso o militar tenha, por exemplo, apenas 30 (trinta) anos de serviço, seus proventos corresponderão a 30 (trinta) quotas da remuneração que recebia na atividade. Assim, em um cenário em que a remuneração da atividade seja de R$ 35.000,00 (trinta e cinco mil reais), o militar que passar para a inatividade com apenas 30 (trinta) anos de serviço terá proventos de R$ 30.000,00 (trinta mil reais), já que possuirá apenas 30 (trinta) quotas.

V) Na **inatividade em virtude de invalidez**, os proventos do militar são integrais, desde que a invalidez seja decorrente do exercício da função ou tenha ocorrido em razão da função. Caso contrário, os proventos são proporcionais ao tempo de serviço.

VI) **É possível haver, no âmbito de cada Estado e do Distrito Federal, inatividade compulsória em virtude de idade**, que é a passagem do militar para a inatividade de forma compulsória quando atingida determinada idade (o Decreto-Lei 667/69 chama essa inatividade compulsória de **"transferência para a reserva remunerada, de ofício, por atingimento da idade-limite"**). Essa inatividade compulsória **depende de haver previsão na legislação própria do respectivo ente federado**, e a idade limite fixada nessa legislação **não pode ser inferior à idade limite da inatividade compulsória dos militares das Forças Armadas.**

No que diz respeito às **pensões por morte** pagas no âmbito das previdências dos militares estaduais, as principais regras estabelecidas pelo Decreto-Lei 667/69 (incluídas pela Lei 13.954/19), aplicáveis a todos os Estados ao Distrito Federal, são as seguintes (art. 24-B, Decreto-Lei 667/69):

I) O valor da pensão por morte é o mesmo da remuneração que era recebida pelo militar no momento do seu falecimento, ou seja, é assegurada a **integralidade dos proventos de pensão.**

II) Os reajustes das pensões por morte devem ocorrer sempre (nas mesmas datas) que ocorrerem reajustes das remunerações dos militares em atividade, aplicando-se os mesmos índices. Ou seja, é assegurada a **paridade** de reajustes dos benefícios de pensão.

III) As pessoas aptas a receber pensão por morte (isto é, os dependentes do militar para fins de pensão) são as mesmas que podem receber esse benefício no âmbito da previdência das Forças Armadas. Ou seja, **a lista de pensionistas dos militares estaduais é a mesma dos pensionistas dos militares federais**, que são os seguintes (previstos no art. 7º, "caput", da Lei 3.765/60):

a. **O cônjuge ou o companheiro do militar** que tenha sido assim designado pelo próprio militar ou que comprove a existência de união estável no momento do óbito do militar;

b. **O ex-cônjuge ou ex-companheiro do militar**, desde que receba pensão alimentícia dele;

c. **O filho ou o enteado do militar** que tenha até 21 (vinte e um) anos de idade ou seja inválido (no caso de ser inválido, não há limite de idade);

d. **O filho ou o enteado do militar** que tenha mais de 21 (vinte e um) e menos de 24 (vinte e quatro) anos de idade, desde que seja **estudante;**

e. **O menor sob guarda ou tutela do militar** que tenha até 21 (vinte e um) anos de idade ou seja inválido (no caso de ser inválido, não há limite de idade);

f. **O menor sob guarda ou tutela do militar** que tenha mais de 21 (vinte e um) e menos de 24 (vinte e quatro) anos de idade, desde que seja **estudante;**

g. **O pai e a mãe do militar**, desde que comprovem dele dependerem economicamente;

h. **O irmão órfão do militar que comprove dele depender economicamente e** que tenha até 21 (vinte e um) anos de idade ou seja inválido (no caso de ser inválido, não há limite de idade); e

i. **O irmão órfão do militar que comprove dele depender economicamente e** que tenha mais de 21 (vinte e um) e menos de 24 (vinte e quatro) anos de idade, desde que seja **estudante.**

Confira o teor dos dispositivos comentados acima:

> "**Art. 24, Decreto-Lei 667/69.** Os direitos, os deveres, a remuneração, as prerrogativas e outras situações especiais dos militares dos Estados, do Distrito Federal e dos Territórios são estabelecidos em leis específicas dos entes federativos, nos termos do § 1º do art. 42, combinado com o inciso X do § 3º do art. 142 da Constituição Federal.
>
> **Art. 24-A, Decreto-Lei 667/69.** Observado o disposto nos arts. 24-F e 24-G deste Decreto-Lei, aplicam-se aos militares dos Estados, do Distrito Federal e dos Territórios as seguintes **normas gerais relativas à inatividade**:
>
> I - a **remuneração na inatividade**, calculada com base na remuneração do posto ou da graduação que o militar possuir por ocasião da transferência para a inatividade remunerada, a pedido, pode ser:
>
> a) **integral**, desde que cumprido o **tempo mínimo de 35 (trinta e cinco) anos de serviço**, dos quais no mínimo 30 (trinta) anos de exercício de atividade de natureza militar; ou

b) **proporcional**, com base em **tantas quotas de remuneração do posto ou da graduação quantos forem os anos de serviço**, se transferido para a inatividade sem atingir o referido tempo mínimo;

II - a remuneração do militar **reformado por invalidez decorrente do exercício da função ou em razão dela** é integral, calculada com base na remuneração do posto ou da graduação que possuir por ocasião da transferência para a inatividade remunerada;

III - a remuneração na inatividade é irredutível **e deve ser revista automaticamente** na mesma data da revisão da remuneração dos militares da ativa, para preservar o valor equivalente à remuneração do militar da ativa do correspondente posto ou graduação; e

IV - a transferência para a reserva remunerada, de ofício, por atingimento da idade-limite do posto ou graduação, se prevista, **deve ser disciplinada por lei específica do ente federativo, observada como parâmetro mínimo a idade-limite estabelecida para os militares das Forças Armadas** do correspondente posto ou graduação.

Parágrafo único. A transferência para a reserva remunerada, de ofício, por inclusão em quota compulsória, se prevista, deve ser disciplinada por lei do ente federativo.

Art. 24-B, Decreto-Lei 667/69. Aplicam-se aos militares dos Estados, do Distrito Federal e dos Territórios as seguintes **normas gerais relativas à pensão militar**:

I - o benefício da pensão militar é **igual ao valor da remuneração** do militar da ativa ou em inatividade;

II - o benefício da pensão militar é irredutível e **deve ser revisto automaticamente**, na mesma data da revisão das remunerações dos militares da ativa, para preservar o valor equivalente à remuneração do militar da ativa do posto ou graduação que lhe deu origem; e

III - a relação de beneficiários dos militares dos Estados, do Distrito Federal e dos Territórios, para fins de recebimento da pensão militar, é **a mesma estabelecida para os militares das Forças Armadas**."

"**Art. 7º, Lei 3.765/60.** A **pensão militar** é deferida em processo de habilitação, com base na declaração de beneficiários preenchida em vida pelo contribuinte, na ordem de prioridade e nas condições a seguir:

I - primeira ordem de prioridade:

a) **cônjuge ou companheiro** designado ou que comprove união estável como entidade familiar;

b) (revogada);

c) **pessoa separada de fato, separada judicialmente ou divorciada do instituidor, ou ex-convivente**, desde que perceba pensão alimentícia na forma prevista no § 2º-A deste artigo;

> d) filhos ou enteados até vinte e um anos de idade ou até vinte e quatro anos de idade, se estudantes universitários ou, se inválidos, enquanto durar a invalidez; e
>
> e) menor sob guarda ou tutela até vinte e um anos de idade ou, se estudante universitário, até vinte e quatro anos de idade ou, se inválido, enquanto durar a invalidez.
>
> II - segunda ordem de prioridade, a mãe e o pai que comprovem dependência econômica do militar;
>
> III - terceira ordem de prioridade:
>
> a) o irmão órfão, até vinte e um anos de idade ou, se estudante universitário, até vinte e quatro anos de idade, e o inválido, enquanto durar a invalidez, comprovada a dependência econômica do militar;

É interessante registrar que a regra contida no Decreto-Lei 667/69 que determina que em âmbito estadual a lista de dependentes do militar seja a mesma adotada em âmbito federal (art. 24-B, III) é de constitucionalidade duvidosa.

Isso porque a competência legislativa da União na matéria da previdência dos militares estaduais se limita, como vimos, à definição de normas gerais. Por outro lado, conforme estudamos anteriormente, o Supremo Tribunal Federal possui precedentes (como o **MS 31770** e o **ARE 880210**) no sentido de que a definição da lista de dependentes aptos a receber pensão por morte é questão específica de cada ente federado, não possuindo caráter geral, o que retira da União a competência para tratar da matéria.

É verdade que o STJ diverge do STF nesse ponto. Como vimos, o STJ vem entendendo que a definição da lista de beneficiários da pensão por morte não é questão sujeita à legislação específica de cada ente federado, mas sim uma questão de caráter geral, o que dá à União competência para legislar a respeito (o STJ decidiu nesse sentido, por exemplo, no **REsp 1666609** e no **AgInt no RMS 62572**).

No entanto, considerando que, no âmbito do Supremo Tribunal Federal, há precedentes reconhecendo o caráter específico da norma que define a lista de beneficiários da pensão por morte no RPPS, a constitucionalidade da vinculação entre o rol de pensionistas dos militares estaduais e o rol de pensionistas dos militares federais é sim duvidosa, muito embora esses precedentes sejam anteriores à EC 103/2019 e à Lei 13.954/19. Por isso, só poderemos ter certeza sobre a constitucionalidade ou inconstitucionalidade da norma que estabelece a vinculação em questão quando o STF se manifestar a respeito.

Por fim, é importante lembrar que o Supremo Tribunal Federal já reconheceu a inconstitucionalidade do dispositivo do Decreto-Lei 667/69 (art. 24-C, incluído pela Lei 13.954/19) que pretendeu fixar a alíquota e a base de cálculo da contribuição previdenciária cobrada no regime previdenciário dos militares estaduais. O motivo do reconhecimento dessa inconstitucionalidade foi justamente o fato de que a disciplina legal da contribuição previdenciária é uma questão de caráter específico, de modo que a União não tem competência para legislar a seu respeito, devendo o tema ser objeto de tratamento na legislação própria de cada Estado.

Esse entendimento foi firmado pela Corte, conforme estudamos anteriormente, na **ACO 3396**, na **ACO 3350** e no **RE 1.338.750 (Tema de Repercussão Geral nº 1177)**.

3. A SITUAÇÃO DOS MILITARES DO DISTRITO FEDERAL

Chegou ao Supremo Tribunal Federal o seguinte debate a respeito do regime previdenciário dos militares do Distrito Federal: considerando que, nos termos do art. 21, XIV, da CF/88, a União é o ente federado competente para organizar e manter os órgãos de segurança pública do Distrito Federal (polícia civil, polícia penal, polícia militar e corpo de bombeiros militar), o regime de previdência dos agentes públicos integrantes desses órgãos também deve ser mantido e gerido pela União?

Inicialmente, é necessário registrar que os termos desse debate e a conclusão a que se chegou nele não foram alterados pela EC 103/2019, pois essa emenda não modificou as disposições constitucionais envolvidas na questão. Em outras palavras: o que veremos no presente tópico se aplica igualmente tanto antes quanto depois da EC 103/2019.

Feita essa observação, passemos à análise do tema.

O debate em questão foi enfrentado pelo STF na **ADI 5801** (j. 02/09/2024), na qual foi impugnada uma lei do Distrito Federal que previa que o regime previdenciário dos integrantes dos órgãos de segurança pública do DF seria regido pelo próprio DF. O legitimado ativo que ajuizou essa ação alegou que, nos termos da jurisprudência do Supremo Tribunal Federal, a competência da União em relação aos órgãos de segurança pública do Distrito Federal não é apenas administrativa, mas também legislativa (conforme se extrai, por exemplo, da Súmula Vinculante nº 39), abrangendo, inclusive, questões relativas a regime jurídico e remuneração dos agentes públicos integrantes desses órgãos.

O que o Supremo Tribunal Federal decidiu?

O STF decidiu que, embora realmente a sua jurisprudência seja no sentido de que é da União a competência legislativa para tratar da organização, do regime jurídico e da remuneração dos órgãos de segurança pública do Distrito Federal (e isso se extrai de precedentes como o ARE 665632, a ADI 3791 e a ADI 1136, bem como da Súmula Vinculante 39), **essa competência não abrange a disciplina e a gestão do regime previdenciário dos integrantes desses órgãos.**

Segundo explicou o STF, a competência para legislar sobre a organização dos órgãos de segurança pública e o regime jurídico dos seus integrantes é uma coisa e a competência para legislar sobre previdência é outra coisa. São competências que não se confundem, e a única competência que a CF/88 atribuiu à União em relação aos órgãos de segurança pública do Distrito Federal foi a competência para tratar da sua organização (e do regime jurídico e remuneratório dos seus integrantes). No que diz respeito à competência para tratar do regime de previdência dos integrantes dos órgãos de segurança pública do Distrito Federal, ela não foi atribuída pela CF/88 à União.

O Supremo Tribunal Federal esclareceu que, nos termos dos arts. 42 e 144, § 6º, da CF/88, os órgãos de segurança pública do Distrito Federal são parte integrante do Poder Executivo do próprio Distrito Federal (e não do Poder Executivo da União) e são hierarquicamente submetidos ao Governador do Distrito Federal (e não ao Presidente da República).

Isso, inclusive, pode ser facilmente extraído do "caput" do art. 42 da CF/88, que diz expressamente que os policiais militares e os bombeiros militares do Distrito Federal são **DO DISTRITO FEDERAL**. Veja:

> "**Art. 42, CF/88.** Os membros das Polícias Militares e Corpos de Bombeiros Militares, instituições organizadas com base na hierarquia e disciplina, são militares dos Estados, **do Distrito Federal** e dos Territórios.
>
> (...)"

Da mesma forma, o § 6º do art. 144 da CF/88 diz expressamente que todos os órgãos de segurança pública (polícia militar, corpo de bombeiros militar, polícia civil e polícia penal) do Distrito Federal submetem ao **GOVERNADOR DO DISTRITO FEDERAL**. Veja:

> "**Art. 144, § 6º, CF/88.** As polícias militares e os corpos de bombeiros militares, forças auxiliares e reserva do Exército **subordinam-se**, juntamente com as polícias civis e as polícias penais estaduais e distrital, **aos Governadores** dos Estados, **do Distrito Federal** e dos Territórios."

Logo, tratando-se de órgãos que integram o Poder Executivo do Distrito Federal (e não da União), o regime de previdência dos seus integrantes também deve integrar o Distrito Federal.

Além disso, o STF explicou que, se os integrantes dos órgãos de segurança pública do Distrito Federal fossem vinculados ao regime de previdência da União ou tivessem um regime de previdência próprio deles mantido e gerido pela União, haveria **violação à regra constitucional de unicidade do regime próprio de previdência** (art. 40, § 20, CF/88), que estudamos anteriormente neste livro.

Isso porque, se os agentes de segurança pública do DF fossem segurados de regime de previdência da União, haveria um cenário em que:

I) Diferentes servidores civis efetivos do Distrito Federal seriam vinculados a diferentes regimes de previdência, pois os policiais civis e os policiais penais do DF seriam segurados da União, enquanto os outros servidores civis do DF seriam segurados do próprio DF; e

II) Haveria no âmbito da União um segundo regime de previdência militar, pois, ao lado da previdência dos militares das Forças Armadas, haveria a previdência dos militares do Distrito Federal.

Portanto, segundo decidiu o Supremo Tribunal Federal na ADI 5801, os militares do Distrito Federal (assim como os integrantes dos demais órgãos de segurança pública do DF) devem ser vinculados a regime de previdência do próprio Distrito Federal, e não a regime de previdência da União, sendo plenamente constitucional a lei do DF que tenha disposições nesse sentido.

Veja o teor da ementa desse julgamento:

> "(...) 1. A competência legislativa da União para dispor sobre regime jurídico, vencimentos e carreira das polícias civil e militar e do corpo de bombeiros militar do Distrito Federal (art. 21, XIV, da CRFB/88) **é diversa da competência legislativa relativa à regime de previdência social dessas instituições**. 2. Apesar de organizadas e mantidas pela União, **as polícias civil e militar e o corpo de bombeiros militar do Distrito Federal integram a estrutura orgânica do Poder Executivo distrital**, submetendo-se ao poder hierárquico do Governador local (arts. 42 e 144, § 6º, da CRFB/88). Precedentes. 3. Diante dessa vinculação funcional à Administração Pública distrital e da proibição de existência de mais de um regime próprio de previdência social em cada ente federativo (art. 40, § 20, da CRFB/88), **é constitucional a lei distrital que dispõe que os integrantes das carreiras da segurança pública do Distrito Federal, enquanto titulares de cargos efetivos de natureza distrital, terão**

> **regulamentação no regime próprio de previdência social (civil ou militar) deste ente da Federação**, nos termos de lei específica. (...)" **(ADI 5801, Pleno, Rel. Min. LUIZ FUX, j. 02/09/2024)**

Para finalizar, tenha o seguinte **CUIDADO**: da leitura da ementa acima, é possível perceber que o STF decidiu que os militares do Distrito Federal devem se submeter ao regime próprio de previdência do DF (e não da União). Isso, no entanto, não significa que os militares distritais, segundo o STF, devam ser segurados do mesmo regime de previdência dos servidores civis do DF, mesmo porque, na própria ementa que vimos acima ficou expressamente registrado que o regime próprio de previdência do Distrito Federal pode ser civil OU MILITAR, o que deixa claro os militares ficam sujeitos a uma previdência separada da previdência dos servidores civis.

Portanto, permanece inalterado o entendimento do Supremo Tribunal Federal no sentido de que, como uma exceção à exigência constitucional de unicidade do regime próprio de previdência (prevista no art. 40, § 20, da CF/88), os militares se sujeitam a um regime previdência separado do regime previdenciário dos civis, tudo conforme já estudamos em outro capítulo deste livro.

EDITORA
JusPODIVM
www.editorajuspodivm.com.br

Pré-impressão, impressão e acabamento

GRÁFICA
SANTUÁRIO

grafica@editorasantuario.com.br
www.graficasantuario.com.br
Aparecida-SP

JUS4123